本书是中国博士后科学基金会第49批面上资助（项目编号：20110490525）和中国博士后科学基金会第5批特别资助（资助编号：2012T50194）的成果

对冲基金监管制度研究

Study on the Hedge Fund Regulation and Supervision

王 刚 著

经济管理出版社
ECONOMY & MANAGEMENT PUBLISHING HOUSE

图书在版编目（CIP）数据

对冲基金监管制度研究/王刚著. —北京：经济管理出版社，2012.8
ISBN 978-7-5096-2066-3

Ⅰ. ①对… Ⅱ. ①王… Ⅲ. ①对冲基金—金融监管—研究 Ⅳ. ①F830.45

中国版本图书馆 CIP 数据核字（2012）第 171041 号

组稿编辑：宋 娜
责任编辑：郭丽娟
责任印制：黄 铄
责任校对：超 凡

出版发行：经济管理出版社
（北京市海淀区北蜂窝 8 号中雅大厦 A 座 11 层 100038）
网 址：www. E-mp. com. cn
电 话：（010）51915602
印 刷：北京银祥印刷厂
经 销：新华书店
开 本：720mm×1000mm/16
印 张：22.5
字 数：451 千字
版 次：2012 年 12 月第 1 版 2012 年 12 月第 1 次印刷
书 号：ISBN 978-7-5096-2066-3
定 价：85.00 元

编委会及编辑部成员名单

（一）编委会

（二）编辑部

序　一

博士后制度是19世纪下半叶首先在若干发达国家逐渐形成的一种培养高级优秀专业人才的制度，至今已有一百多年历史。

20世纪80年代初，由著名物理学家李政道先生积极倡导，在邓小平同志大力支持下，中国开始酝酿实施博士后制度。1985年，首批博士后研究人员进站。

中国的博士后制度最初仅覆盖了自然科学诸领域。经过若干年实践，为了适应国家加快改革开放和建设社会主义市场经济制度的需要，全国博士后管理委员会决定，将设站领域拓展至社会科学。1992年，首批社会科学博士后人员进站，至今已整整20年。

20世纪90年代初期，正是中国经济社会发展和改革开放突飞猛进之时。理论突破和实践跨越的双重需求，使中国的社会科学工作者们获得了前所未有的发展空间。毋庸讳言，与发达国家相比，中国的社会科学在理论体系、研究方法乃至研究手段上均存在较大的差距。正是这种差距，激励中国的社会科学界正视国外，大量引进，兼收并蓄，同时，不忘植根本土，深究国情，开拓创新，从而开创了中国社会科学发展历史上最为繁荣的时期。在短短20余年内，随着学术交流渠道的拓宽、交流方式的创新和交流频率的提高，中国的社会科学不仅基本完成了理论上从传统体制向社会主义市场经济体制的转换，而且在中国丰富实践的基础上展开了自己的伟大创造。中国的社会科学和社会科学工作者们在改革开放和现代化建设事业中发挥了不可替代的重要作用。在这个波澜壮阔的历史进程中，中国社会科学博士后制度功不可没。

值此中国实施社会科学博士后制度创设20周年之际，为了充分展示中国社会科学博士后的研究成果，推动中国社会科学博士后制度进一步发展，全国博士后管理委员会和中国社会科学院经反复磋商，并征求了多家设站单位的意见，决定推出《中国社会科学博士后文库》（以下简称《文库》）。作为一个集中、系统、全面展示社会科学领域博士后优秀成果的学术平台，《文库》将成为展示中国社会科学博士后学术风采、扩大博士后群体的学术影响力和社会影响力的园地，成为调动广大博士后科研人员的积极性和创造力的加速器，成为培养中国社会科学领域各学科领军人才的孵化器。

创新、影响和规范，是《文库》的基本追求。

我们提倡创新，首先就是要求，入选的著作应能提供经过严密论证的新结论，或者提供有助于对所述论题进一步深入研究的新材料、新方法和新思路。与当前社会上一些机构对学术成果的要求不同，我们不提倡在一部著作中提出多少观点，一般地，我们甚至也不追求观点之“新”。我们需要的是有翔实的资料支撑，经过科学论证，而且能够被证实或证伪的论点。对于那些缺少严格的前提设定，没有充分的资料支撑，缺乏合乎逻辑的推理过程，仅仅凭借少数来路模糊的资料和数据，便一下子导出几个很“强”的结论的论著，我们概不收录。因为，在我们看来，提出一种观点和论证一种观点相比较，后者可能更为重要：观点未经论证，至多只是天才的猜测；经过论证的观点，才能成为科学。

我们提倡创新，还表现在研究方法之新上。这里所说的方法，显然不是指那种在时下的课题论证书中常见的老调重弹，诸如“历史与逻辑并重”、“演绎与归纳统一”之类；也不是我们在很多论文中见到的那种敷衍塞责的表述，诸如“理论研究与实证分析的统一”等等。

我们所说的方法，就理论研究而论，指的是在某一研究领域中确定或建立基本事实以及这些事实之间关系的假设、模型、推论及其检验；就应用研究而言，则指的是根据某一理论假设，为了完成一个既定目标，所使用的具体模型、技术、工具或程序。众所周知，在方法上求新如同在理论上创新一样，殊非易事。因此，我们亦不强求提出全新的理论方法，我们的最低要求，是要按照现代社会科学的研究规范来展开研究并构造论著。

我们支持那些有影响力的著述入选。这里说的影响力，既包括学术影响力，也包括社会影响力和国际影响力。就学术影响力而言，入选的成果应达到公认的学科高水平，要在本学科领域得到学术界的普遍认可，还要经得起历史和时间的检验，若干年后仍然能够为学者引用或参考。就社会影响力而言，入选的成果应能向正在进行着的社会经济进程转化。哲学社会科学与自然科学一样，也有一个转化问题。其研究成果要向现实生产力转化，要向现实政策转化，要向和谐社会建设转化，要向文化产业转化，要向人才培养转化。就国际影响力而言，中国哲学社会科学要想发挥巨大影响，就要瞄准国际一流水平，站在学术高峰，为世界文明的发展作出贡献。

我们尊奉严谨治学、实事求是的学风。我们强调恪守学术规范，尊重知识产权，坚决抵制各种学术不端之风，自觉维护哲学社会科学工作者的良好形象。当此学术界世风日下之时，我们希望本《文库》能通过自己良好的学术形象，为整肃不良学风贡献力量。

李扬

中国社会科学院副院长

中国社会科学院博士后管理委员会主任

2012年9月

序　二

在21世纪的全球化时代，人才已成为国家的核心竞争力之一。从人才培养和学科发展的历史来看，哲学社会科学的发展水平体现着一个国家或民族的思维能力、精神状况和文明素质。

培养优秀的哲学社会科学人才，是我国可持续发展战略的重要内容之一。哲学社会科学的人才队伍、科研能力和研究成果作为国家的“软实力”，在综合国力体系中占据越来越重要的地位。在全面建设小康社会、加快推进社会主义现代化、实现中华民族伟大复兴的历史进程中，哲学社会科学具有不可替代的重大作用。胡锦涛同志强调，一定要从党和国家事业发展全局的战略高度，把繁荣发展哲学社会科学作为一项重大而紧迫的战略任务切实抓紧抓好，推动我国哲学社会科学新的更大的发展，为中国特色社会主义事业提供强有力的思想保证、精神动力和智力支持。因此，国家与社会要实现可持续健康发展，必须切实重视哲学社会科学，“努力建设具有中国特色、中国风格、中国气派的哲学社会科学”，充分展示当代中国哲学社会科学的本土情怀与世界眼光，力争在当代世界思想与学术的舞台上赢得应有的尊严与地位。

在培养和造就哲学社会科学人才的战略与实践上，博士后制度发挥了重要作用。我国的博士后制度是在世界著名物理学家、诺贝尔奖获得者李政道先生的建议下，由邓小平同志亲自决策，经国务院批准于1985年开始实施的。这也是我国有计划、有目的地培养高层次青年人才的一项重要制度。二十多年来，在党中央、国务院的领导下，经过各方共同努力，我国已建立了科学、完备的博士后制度体系，同时，形成了培养和使用相结合，产学研相结合，政府调控和社会参与相结合，服务物质文明与精神文明建设的鲜明特色。通过实施博士后制度，我国培养了一支优秀的高素质哲学社会科学人才队伍。他们在科研机构或高等院校依托自身优势和兴趣，自主从事开拓性、创新性研究工作，从而具有宽广的学术视野、突出的研究能力和强烈的探索精神。其中，一些出站博士后已成为哲学社会科学领域的科研骨干和学术带头人，在“长江学者”、“新世纪百千万人才工程”等国家重大科研人才梯队中占据越来越大的比重。可以说，博士后制度已成为国家培养哲学社会科学拔尖人才的重要途径，而且为哲学社会科学的发展造就了一支新的生力军。

哲学社会科学领域部分博士后的优秀研究成果不仅具有重要的学术价值，而且具有解决当前社会问题的现实意义，但往往因为一些客观因素，这些成果不能尽快问世，不能发挥其应有的现实作用，着实令人痛惜。

可喜的是，今天我们在支持哲学社会科学领域博士后研究成果出版方面迈出了坚实的一步。全国博士后管理委员会与中国社会科学院共同设立了《中国社会科学博士后文库》，每年在全国范围内择优出版哲学社会科学博士后的科研成果，并为其提供出版资助。这一举措不仅在建立以质量为导向的人才培养机制上具有积极的示范作用，而且有益于提升博士后青年科研人才的学术地位，扩大其学术影响力和社会影响力，更有益于人才强国战略的实施。

今天，借《中国社会科学博士后文库》出版之际，我衷心地希望更多的人、更多的部门与机构能够了解和关心哲学社会科学领域博士后及其研究成果，积极支持博士后工作。可以预见，我国的博士后事业也将取得新的更大的发展。让我们携起手来，共同努力，推动实现社会主义现代化事业的可持续发展与中华民族的伟大复兴。

王晓初

人力资源和社会保障部副部长

全国博士后管理委员会主任

2012 年 9 月

摘 要

对冲基金作为一种投资组织模式的创新，1949年出现于美国。私募发行、投资者以高净值的富有个人为主体、管理资产规模相对较小是其豁免监管登记和适用直接监管措施的主要理由。近十年来，对冲基金规模和市场影响迅速扩大，产品结构日益多元化，投资者结构逐步零售化，这既是行业竞争力和灵活性的体现，在全球金融危机背景下也对现有监管模式的有效性提出了挑战。尽管主要司法辖区相继确立对冲基金合法运作的法律模式与规则，但各国立法出发点差异明显，缺乏制度化的监管协调与合作，而美国维持管理人豁免登记地位使全球监管网存在重大漏洞，因此，现行监管法律制度无法同时实现保护投资者利益、维护金融市场完整性、防范系统性风险三大金融监管的目标，也不利于促进对冲基金行业发展，无法实现金融市场全球化带来的经济社会福利的提升。

目前全球范围不存在被普遍接受的对冲基金定义，本书认为与激励费率结构并存的实施不受限制的杠杆化投资策略是对冲基金最本质的运营特征。各国对冲基金都是以信托制度的法律原理为基础构建的，包括契约型、公司型和有限合伙型三种形式。不断创新投资策略、激励相容的费率结构和跨境灵活运作是对冲基金竞争力的重要来源。对冲基金对金融市场和投资者效用的影响既有正效应，又有负效应，同时存在正负外部性使传统的监管技术顾此失彼，因此对冲基金监管法律制度的设计必须在紧密把握对冲基金影响效果与传导机制过程中，提高针对性，力求趋利避害。

对冲基金监管法是具有社会本位属性、体现公法、私法融合特点的衡权法，其制度的设计和实施必须同步实现金融监管法秩序、效率、公平的价值目标。本书提出动态演进的“三棱锥模式”，直观阐释对冲基金监管法律制度的演进历程，并揭示其原则与特征：对冲基金监管法必须坚持对三大价值目标的动态平衡把握，引导市场主体参与形成多元治理结构，在监管原则与规则相配合的前提下坚持激励相容、核算成本效益、推进监管协调与合作；与此同时，设计具有动态调整性、市场友好性、监管公平性、风险导向性的复合型可调整监管模式。在监管手段上，应当坚持直接监管与间接监管相互支持补充，基于主体的监管与基于行为的监管统一，对管理人的监管与基金自身的监督相结合，合规性监管与风险性监管相互促进。在此基础上，设计包括单一对冲基金、组合式对冲基金、对冲基金指数等多层次内在竞争的产品结构框架和监管流程框架。

在市场准入阶段，应当按照以对冲基金在母国接受适当监管换取东道国市场准入的思路，推进不同国家监管法律制度协调。在此基础上，在基金管理人市场准入方面，从最低初始资本要求、高级管理人员任职要求、管理公司内部治理结构、利益冲突管理、外包行为规范等角度设计监管规则。基金募集过程是市场准入监管的核心与重点，其内容包括对对冲基金法律形式、性质与种类的规范、合格投资者标准的确立、合法资金来源的审查、反洗钱监管、基金投资目标和政策的监管、基金产品募集过程监管（包括信息披露要求、广告等营销方式的限制、基金份额流动性限制以及外国基金跨境销售的特殊监管规则等）。

在日常运营过程中，监管者在必要情况下适当的直接监管措施是对冲基金监管法律制度三大目标同步全面实现的重要保障与后盾。为此，一是建立以对监管者强制信息披露为主的对冲基金信息披露制度框架，提高透明度；二是以投资行为控制、流动性管理和费率透明度设计组合式对冲基金运营监管；三是完善场内交易大额披露，提升场外基础设施和交易监控，确保市场完整性；四是加强杠杆监控，构建风险导向型对冲基金管理人监管关系，力求有效控制系统性风险；五是明确管理人受托地位、确立反欺诈监管底线，并建立投资者自我保护救济渠道。

对冲基金破产制度侧重体现对冲基金监管法律制度的秩序价值，维护金融市场稳定，减轻由于对冲基金业务的无序终止可能给金融体系带来的系统性风险。为此，从监管流程整体角度应当加强对对冲基金市场退出的监督，对于不致触发系统性风险的对冲基金不加干预，允许其遵守破产法的实体和程序规则实现有序退出；对于可能造成系统性风险的，及时施加监管干预，阻止市场“挤兑”行为。在解决跨境运作对冲基金破产可能出现的法律冲突问题时，可以通过区分主要破产程序和辅助破产程序来确定破产管辖权，并通过推进衍生品抵销和净额结算条款在各主要金融市场的适用来促进对冲基金破产清算的顺利完成。

为避免单纯依靠政府监管的一系列弊端，对冲基金监管法律制度应当体现治理、善治的理念，引入金融市场多元治理力量，建立对冲基金自身、行业自律组织、外部相关市场力量和必要的政府监管相互支持、协同生效的复合型监管结构框架，提升对冲基金内部治理水平和控制机制的有效性以及加强来自行业协会的自律监督是复合监管框架的基础，是监管目标的最终实现途径。提升治理水平、构建全面风险管理体系、履行合规职责、完善估值过程是推进对冲基金内部管理水平提升、控制非市场性风险、保护投资者利益的关键举措。在此基础上，本书提出，鼓励另类投资管理协会和管理基金协会积极开展合作、完善内部规则，以其为基础和依托加强全球对冲基金行业自律管理，发挥承上启下的枢纽作用。

要在有效控制系统性风险的同时保留对冲基金对金融稳定的独特贡献，就必须承认监管者自身能力的局限性，在找到市场纪律与间接监管之间正确连接的基础上，推进主经纪人、交易对手、外部审计师、评级机构和各类别投资者参与对冲基金行业的多元治理，实现各种因素相互加强促进。首先，从资格准入、利益冲突、风险控制三方面对主经纪人加强监督，并建立全球主要金融市场主经纪人敞口定期调查制度；其次，在执行《新巴塞尔协议》的基础上，完善信贷提供者压力测试，实现自营平台并表监管与单独披露相结合；再次，实施需求方控制，明确投资者受托人责任，加强投资者教育，建立组合式对冲基金投资过程和合格标的基金标准；最后，引导实现行政管理人、外部审计师和评级机构对对冲基金的市场纪律约束。

要实现对冲基金监管法律制度良好有效运行，不容回避的一个关键问题是监管对象——对冲基金的全球化运营与监管主体国别化之间的矛盾，为此必须加强跨国监管协调与合作。本书认为，在世界贸易组织（WTO）程序框架下吸收和采纳以国际证券监管组织（IOSCO）为主的国际金融监管组织制定的有关证券监管的一般原则和对冲基金监管具体标准作为实体法意义上的监管标准、原则是效率最高，也最为实际的国际对冲基金多边监管协调与合作的实现路径。在此基础上，以监管理念协调为前导，推进不同辖区对冲基金监管法律的协调和完善监管合作机制。在明确对冲基金管理人为监管协调牵头者基础上，推进对冲基金注册地国、主经纪人注册地国为核心层，对冲基金托管人注册地国、基金发行募集国家（投资者）所在国家、对冲基金行政管理注册地国、其他主要服务提供者注册地国为外围的双层监管协调与合作框架。本书认为应选定对冲基金市场募集和主经纪人投资标的产品规制两个角度实施具体法律规则的协调。

中国是国际对冲基金无法直接涉足的最后一个大型金融市场，但中国市场所蕴涵巨大商机的吸引和对冲基金自身灵活逐利的特点相结合，国际对冲基金以多种方式间接参与中国市场并发挥其影响。另外，中国境内还存在大量具有对冲基金某些特征的合法或地位模糊的私募基金。在中国资本市场逐步开放的进程中，为在有效控制风险的基础上实现市场效率的提升和投资者多元化需求的满足，应当借鉴国际经验、结合自身市场发育状况和特点，完善金融市场基础设施，从宏观和微观两个层面构建多元化的对冲基金产品与监管法律制度体系，发挥对冲基金价值发现功能和市场润滑剂、流动性提供者的重要作用，并为我国投资者提供更多的投资选择机会。

关键词： 对冲基金　监管制度研究　保护投资者　市场完整性　控制系统性风险

Abstract

Being an innovation of investment operational model, Hedge Funds emerged in the USA in 1949. Private placement, investors being mostly high net wealth persons and the small asset under management relative to mutual funds, are the main reasons why hedge funds can be exempted from regulatory registration and other direct regulatory measures. In the recent decade, the amount of asset management and market influence of hedge funds enlarged very fast. At the same time, product structure is increasingly diversified and the "retailization" of investor structure of hedge funds has turned into reality step by step. All these new characteristics are the reflection of the competitive strength and flexibility of the hedge fund business, but they also challenge the effectiveness of the currently existing regulatory model. Although mainly jurisdictions institute law and regulation model and principals in succession to make hedge funds operate legally, the difference among legislation grounds are very remarkable and there is a lack of systematical regulatory cooperation and harmonization. Since the USA has maintained hedge fund managers' exempt registration status, there exists asignificant loophole in the global regulatory network. So the actual regulatory system cannot achieve the three financial regulatory objects–protect investor's benefit, maintain integrity of financial markets and control systematic risk at the same time. It is not in favor of the development of hedge fund industry and cannot achieve the promotion of economic and social benefits.

Now there is no generally accepted definition of hedge funds. This study believes the unrestricted leverage investment strategy is the most essential operational characteristics of hedge funds. Hedge funds are built on the ground of the principles of trust, and it has three juristic types: contracts, company and limited partnership. Continud innovation of investment strategy, incentive compatibility of fee rate structure and multinational operation are important sources of hedge funds competitive strength. Hedge funds have positive effect and negative effect to the financial markets and investor's benefit. The coexistence of positive and negative influencs makes traditional regulatory techniques unsuitable. So to design the regulatory framework of hedge funds, we should grasp the influential effect and transit mechanism of hedge funds and enhance direction of regulatory measures.

Hedge fund regulatory law has the characteristics of standard of society and inoculation of the public law and private law. The design and implement-ation of hedge fund regulatory system must achieve the three valuation goals of financial regulatory law: order, efficiency and fairness synchronously. This study puts forward the "dynamic triangular pyramid mode" and illuminates the evolution and development trends of hedge fund regulatory system intuitively. It points out the six basic principles and five essential characteristics this system should have. On regulatory method, this article propose four features: direct regulation and indirect regulation should support each other, regulatory measures based on subject and activity should be harmonized, supervision steps on hedge fund managers and on hedge funds should be integrated, compliance-based regulation and risk-based regulation should promote each other. Based on these grounds, we should plan product framework and regulatory flow framework with the characteristics of multi-tier and orderly competition.

In the process of market access, we should impel regulatory rule harmonization of different countries according to the principle of "home country regulation to exchange for market access approval of host country". On the market access of hedge fund managers, we should design regulatory rules from the perspective of minimum initial capital, high level manager's qualification requirement, governance structure of management companies, management of interest conflicts, outsourcing regulation and so on. Hedge fund's raising process is the core of market access regulation which includes the following regulatory contents: legal structure of hedge funds, nature and types, investors' qualification requirement, anti-money laundering regulation, requirement of investment objective and policy and regulation of hedge fund product's placement process such as information disclosure requirement, restriction on advertisement and liquidity of fund share and specific rule on the cross-border placement of foreign funds.

To avoid a series of deficiencies of sole government regulation, the regulatory system of hedge funds should reflect good governance philosophy, introduce multivariate governance force, build mutual support and co-operate mixed mode regulatory structure of hedge funds themselves, industry self-discipline group, market discipline and essential government regulation. Enhancing validity of interior governance and control process and reinforcing self-discipline coming from industry association are the foundation of mixed regulatory mode of hedge funds and ultimate implementation of regulatory objectives. Constructing comprehensive risk management system, fulfilling compliance function, perfecting valuation process are key measures to impel the promotion of interior management standard, controlling non-market risks and protect benefits of investors. This study also puts forward the suggestion of stimulating cooperate between AIMA and MFA and enhancing interior regulatory rules of the two industry associations.

To effectively control systematic risk and maintain unique contributions of hedge funds to financial stability, we should admit limitations of regulatory institutions and find the proper linkage between market discipline and indirect regulation. On this ground we need to impel multivariate governance of hedge funds among prime brokers, counterparties, auditors, rating agencies and all kinds of investors such as funds of hedge funds and institutional investors. First, we should increase supervision of prime brokers from three aspects: qualification examination, interest conflict and risk control. We can also set up regular global primary financial market investigation system of prime broker's exposure to hedge funds. Second, on the ground of Basel II implentation, we need to complete stress testing of loan provider and fulfill the combination of consolidated supervision and separate disclosure. Third, we need to carry out demanding control, make clear the fiduciary duty of investor's trustees, reinforce education of investors and set up qualification standards of fund of hedge funds' target funds. Fourth, we should lead and realize market discipline of hedge funds coming from administrators, auditors and rating agencies.

During the operational process of hedge funds, suitable direct measures of government regulatory institutions are important guarantees and supporters of the synchronous fulfillment of three objectives of financial regulation. So, first of all, we should set up a hedge fund information disclosure system framework and enhance operational transparency of hedge funds. Second, supervise operation of funds of hedge funds form the aspects of investment control, liquidity management and transparency of fee. Third, improve large exposure reporting system of exchange transaction and infrastructures and trading supervision of over-the-counter market transaction to maintain market integration. Fourth, enhance supervision of leverage and set up risk-based regulatory relationship with hedge fund managers to effectively control systematic risk. Fifth, make clear the trustee duty of hedge fund managers and establish anti-fraud regulation baseline.

Market exit should place extra emphasis on the order value of hedge fund regulatory system, maintain stability of financial markets and alleviate systematic risk rooting from disorder termination of hedge funds. So, from the perspective of comprehensive regulatory process, we should increase supervision of hedge funds' market exit. Do not interrupt those funds that cannot trigger systematic risk and permit them to exit financial market orderly according to the substance and procedures of insolvency law. To those who may trigger financial instability, the regulator needs to exert regulatory intervention in time, prevent financial market "run" and facilitate market salvation behavior coming from market subjects such as prime brokers and counterparties etc.

To achieve effective operation of hedge fund regulatory framework, we cannot avoid the conflict between hedge funds' cross-border operation and nationalized regulatory bodies. So we need to strengthen the regulatory harmonization and cooperation between different regulatory bodies. This study believes the most effective and practical implementation route of international hedge fund multi-regulatory cooperation and harmonization, is to adopt regulatory standards and principles formulated by IOSCO under the WTO procedure framework. On the ground of logo coordination, we should impel harmonization of regulatory laws and regulations in different jurisdictions and cooperative actions among different regulatory institutions. First, we should clarify the regulator of hedge fund managers to be the initiator of regulatory cooperation. Then push forward the two double regulatory cooperation frameworks: hedge fund's registration jurisdiction and prime broker's registration jurisdiction to be the core layer, the custodian's regulator, private and public placement jurisdiction, administrative management service provider's regulator are the surrounding. This study believes that we should carry out harmonization of specific law principles from two aspects: marketing of hedge funds and the standards of target funds of fund of hedge funds.

China is the last large scale financial market which international hedge funds cannot set foot in directly. But the great chances in Chinese market's business opportunity has attacted international hedge funds to participate in Chinese market indirectly. On the other side, there are lots of private placement funds in China which have some characteristics of hedge funds but do not have the legal status. During the opening process of the Chinese financial market, to enhance the market efficiency and satisfy multivariate demands of investors while controlling risk effectively, we should learn the international experience of hedge funds' development. First impel the legalization of native private investment funds, then open the market to international hedge funds duly according to the development process of market infrastructure. So that we can develop the valuable function of price discovery, liquidity provider and provide more investment choices for investors.

Key Words: Hedge Funds; Regulatory Framework; Investor Pro–tection; Market Integrity; Systematic Risk Control

目　录

Contents

导 论

对冲基金作为一种投资管理服务的创新，1949年出现于美国，其本质特征是追求绝对收益和超额收益的一种另类投资工具，基金管理人可以选择契约型、公司型、有限合伙型等多种法律形态组建并运营基金。凭借激励相容的薪酬结构、有限信息披露、产业链跨国分布和投资运营灵活性等优势，对冲基金近年来发展迅速，并对金融监管三大目标——防范系统性风险、维护市场完整性和保护投资者利益产生重大影响。2007年下半年爆发并蔓延至今的全球金融危机印证了对冲基金对全球金融稳定和投资者利益的重大影响。虽然各主要司法辖区陆续颁布和实施了关于对冲基金的监管法律规则，但仍存在立法出发点差异明显、监管主体限于政府当局、监管流程偏重市场准入等缺欠。在综述、评析国内外研究现状的基础上，本书就研究目的、研究方法、研究思路与主要内容做了说明，并归纳了研究的主要创新点和不足所在。

第一节 对冲基金概念与法律特征

澄清对冲基金概念是准确界定研究对象内涵、外延的前提。在此基础上，本节从对冲基金内外部法律关系主体、法律形式和法律性质三个方面分析对冲基金的法律结构特征，进而探讨对冲基金行业的竞争优势所在。

一、对冲基金概念评析

对冲基金创立60多年来，虽然监管者、行业协会和学术界为准确界定对冲基金做了大量工作，但由于策略不断创新、投资过程日益复杂，目前仍无全球普遍适用的对冲基金定义。本书从运营特征角度出发，将对冲基金的本质概括为三个A，即另类投资（Alternative）、绝对收益（Absolute）、超额收益（Alpha），并通过与共同基金、私募股权基金、风险投资基金、高杠杆机构等近似概念的比较进一步澄清差异、加深认识。

1. 对冲基金概念与特征

自从琼斯 1949 年创立首只对冲基金以来，经过 60 多年发展，对冲基金的定义不但没有明晰统一，反而变得日益复杂，中国香港证监会主席 Martin Wheatley 承认“对冲基金”至今既无统一定义，也无典型案例可资把握，它是由不同金融工具组合而成。[①] 国际证券监管组织（International Organization of Securities Commission，IOSCO）在 2006 年发布的《对冲基金监管环境：调查与比较》中指出，尽管全球主要金融市场几乎都对对冲基金及其管理人实施某种监管措施，但没有任何司法辖区对对冲基金给出综合完整的法律定义。

长期资本管理公司事件后，对冲基金对金融稳定的威胁引起监管者关注，一些国家和国际组织对对冲基金概念进行了大量研究。1999 年，美国总统金融市场工作组将对冲基金定义为：“描述许多不同种类但又拥有某些相似特征的投资工具，尽管没有法律定义，但包括任何由专业投资经理管理，不向公众广泛募集销售的集合投资工具。其主要投资者为富有的个人和机构投资者，而且对冲基金经理往往在所管理基金中拥有权益。”[②] 该定义概括了对冲基金私募发行、专业管理的特点和集合投资工具的属性，并指出投资者类别和管理人参与收益分配等法律特征，对共同基金作了有效区别，为世界各地监管机构所参考，但没有包括对冲基金投资过程中的特征，也无法与私募股权基金、房地产基金和风险资本公司进行有效区分。2004 年，美国证券监管委员会（Securities and Exchange Commission，以下简称“美国 SEC”）在 1940 年《投资顾问法》下监管规则 203（b）（3）-2 中，以私人基金（Private Fund）为名对对冲基金给出了第一个正式的监管定义：遵从《投资公司法》第三节（c）（1）或第三节（c）（7）豁免适用投资公司定义、禁售期少于两年（投资者可以在两年内提出申请赎回自身在对冲基金中的权益）、依赖投资顾问的个人技巧、能力和经验来实现投资目标的基金。[③] 该定义在强调投资顾问（对冲基金管理人）作用的同时，试图通过禁售期的规定区分对冲基金和其他另类投资工具，但实践中触发投资顾问延长禁售期以规避监管的行为。[④] 欧洲国家把对冲基金视为投资策略不限于持仓和卖空、以赚取绝对回报

---

① 参见中国香港证券及期货事务监察委员会主席 Martin Wheatley 2005 年 12 月 8 日在中国香港举行的“亚洲对冲基金枢纽——2005 年年会”上的演说《对冲基金——是敌是友?》。

② Report of the US President's Working Group on Financial Markets. Hedge Funds, Leverage and Lessons of Long Term Capital Management, 1999.

③ 该定义的渊源来自 2003 年 9 月 22 日美国财政部金融犯罪处置行动组织制定的《未登记投资公司反洗钱计划初步规则》，该规则特别规定未登记投资公司只包括为投资者提供自购买权益后 2 年之内赎回全部或部分权益的公司，以此排除公开交易的房地产信托基金、私募发行房地产信托基金、私募股权投资基金以及风险投资基金，因为上述流动性较低的公司不太可能为洗钱者使用。

④ 对冲基金顾问纷纷规定或延长禁售期至 2 年以上，导致对冲基金行业整体禁售期大幅度延长，与私募股权基金和风险投资基金在这方面的差异显著降低。这也再次印证了对冲基金运作灵活、善于规避监管规则的特点，为今后对冲基金监管法律规则设计中吸取教训提供了很好的例证。

为目的的离岸投资工具。[①] 英国金融服务署（Financial Services Authority，以下简称“英国FSA”）在2005年《对冲基金：风险与监管事项讨论》咨询报告中承认英国司法辖区没有关于通过对冲基金的法律定义，而通过归纳投资管理、组织结构方面特征的方式对对冲基金给出工作定义。[②] 欧洲其他国家多在可转让证券集合投资计划（UCITS）框架基础上对对冲基金设立专门规则，但在法律规则中未对冲基金进行定义，而以其他称谓指代，如德国为“有额外风险的投资基金”、爱尔兰为“专家投资计划”和“合格投资计划”、意大利为“投机基金”、卢森堡为“采用另类策略的集合投资计划”、西班牙为“自由投资基金”、瑞士为“有特殊风险的其他基金”。[③] IOSCO在2003年颁布的《零售投资者参与组合式对冲基金所带来的投资者保护与其他监管问题》报告中将对冲基金定义为具有如下特征的特殊集合投资计划（Collective Investment Schedule）：对融资和杠杆比率不加限制；在年度管理费之外对基金经理另行支付高额业绩奖励；投资者可以定期赎回其权益（季度、半年或一年）；基金经理自己投入大笔资金；为投机目的大量使用衍生产品，可以卖空证券；风险多样，产品复杂。其指出该定义具有开放性，随着行业发展会产生新特征。该定义着眼于运营管理特征，比较准确地概括出对冲基金的主要特点。相比之下，国际货币基金组织（International Monetary Fund，IMF）的定义来自1998年的一份不定期研究报告，认为对冲基金是集合投资工具，通常以私人合伙或离岸方式设立，以逃避税务和监管。[④]

在监管者之外，对冲基金行业协会也给出了自己的定义，其多从本身操作层面或主要业务来考虑，定义侧重于介绍自身专长或优点以招徕客户。[⑤] 全球两大对冲基金行业协会之一的美国管理基金协会（Managed Fund Association，MFA）2007年将对冲基金定义为满足下列标准的集合投资工具：一是不向社会公众营销（私募发行）；二是投资者限于高净值个人和机构；三是不根据相关法律作为投资公司登记；四是基金资产由专业投资管理公司管理，管理公司根据投资工具

---

① 梁兆棋：《对冲基金治理研究》，上海财经大学博士学位论文，2007年，第5页。

② 投资管理技巧包括采用卖空、衍生工具、经济（债务）杠杆借贷及金融产品内嵌杠杆；组织特征包括可以由多种法人形式团体组合而成，及同时设立在境内的国际金融中心、低税率和低监管度的离岸中心，主要取决于税务、靠近交易地点等因素；对冲基金其他特征包括绝对回报、按绩效为基础的经理人佣金、广泛的投资授权、高交易量和高投资参与人场费。

③ European Fund and Asset Management，“Hedge Funds Regulation in Europe：A Comparative Survey”，August 2005，p.6.

④ Barry J. Eichengreen，Donald J.Mathieson，Sunil Sharma，Bankim Chadha，Laura E. Kodres and Anne Janson，“Hedge Funds and Financial Market Dynamics”，IMF，May 15，1998，p. 32.

⑤ 如高盛将对冲基金定义为进行安全及高投机性投资的积极管理投资组合，大部分对冲基金投资者数目限于100人以下，由于投资者多经验丰富、财力雄厚，因而多不受监管。参见 http：//www.gs.com/hkchina。

所取得业绩分享收益；五是投资者享有定期赎回权，但该权利受到限制或制约。[①]该定义仍然偏重法律特征的描述，并强调对冲基金的私募特性和成熟投资者特征，而没有承认公募对冲基金的存在和零售化趋势。

众多学者也对对冲基金进行了界定，总的来看多从性质上考虑，而且往往详列特征，如投资策略、募集方式、禁售期、管理人报酬等。例如，Franklin R. Edwards 认为对冲基金普遍被认为是未经注册、私下发起、不通过广告招徕及由专业投资经理管理的集合投资，该投资股份私下配售给富人和机构投资者。[②]Schneeweis 和 Spurgin 的定义是管理以财务杠杆为基础，投资于证券现货和衍生工具市场的私人和受低度监管的投资组合架构。[③]

鉴于对冲基金运营灵活、法律结构多样、全球分布的特点，加上各司法辖区监管环境所存在的巨大差异，在现阶段对对冲基金给出全球普遍适用的综合性法律定义还非常困难。因此，对监管者而言，从投资运营特征角度出发界定对冲基金，有利于从“经济实质”而非法律形式角度准确把握其特征，并避免各类对冲基金绕过法律定义逃避监管。[④]在定义过程中要注意把握对冲基金行业演变中变与不变的特性，在对各种特征深入分析基础上分离出最具稳定性的本质属性。特别是不能用对冲基金从事的投资策略来定义，因为该行业的特点就是包容与多样：有的对冲，有的进行方向性赌博，如果运用杠杆率，则其幅度和规模也会差异很大，所运用的工具和交易市场也很多样。随着金融工程师设计开发新的投资机制提供新的投资机会，对冲基金是运用上述创新策略的先驱，因此策略本身因不断变化而不具相对稳定性，不适宜作为定义的基准。本书认为，对冲基金的本质属性可以概括为三个 A：

第一，Alternative（另类投资）。对冲基金属于另类投资的重要类别，[⑤]与传统的股票和债券投资相反，另类投资一般不在公开市场交易因而流动性较低，并且难以估值。此外，另类投资缺乏类似传统资产的历史长期风险收益信息，因此需要严密精确地分析。由于多数对冲基金运营时间不长，历史记录在评估和预测未来业绩方面作用不大。

第二，Absolute（绝对收益）。从收益特征角度分析，对冲基金策略追求绝对

---

① MFA. *Sound Practice for Hedge Fund Managers*, November 2007, p. 1.

② Franklin R. Edwards, “New Proposals to Regulate Hedge Funds: SEC Rule 203 (b) (3) -2”, Columbia Business School, 2004, p. 18.

③ Thomas Schneewis & Richard Spurgin, “Hedge Fund Portfolio Diversification, Return Enhancers or Both”, Isenberg School of Management & University of Massachusetts, 2000.

④ 如美国 SEC 2004 年新监管规则出台后，大批对冲基金顾问针对锁定期 2 年以下的监管规定修改合约，延长基金锁定期到 2 年以上以逃避监管。

⑤ 金融实务界公认的另类投资类别还包括私募股权基金、风险投资基金、房地产基金。

收益，而传统基金投资多被视为相对收益策略。绝对收益是指所追求的策略试图在任何市场条件下获得正收益。尤其在熊市期间，这两种收益指标的对比非常明显。[①] 如果共同基金下跌幅度低于市场指数，可以宣称自己“跑赢了指数”，或者说相对于指数获得了正收益，但对冲基金行业“不能靠相对收益存活”，一项投资在不同市场环境下产生正的绝对收益的潜力是对冲基金真正的吸引力或者核心竞争力之所在。[②]

第三，Alpha（超额收益）。与共同基金相比，对冲基金投资的一个重要特点或卖点就是投资经理自身的技巧，如果将对总收益的贡献定量表征为 α 值，则从数学上表示：

基金回报率 $= \alpha + \beta(x) + \varepsilon$

式中，α 代表收益率中独立于市场整体业绩表现的部分，即可归因于经理技巧的部分；β 是一个乘数，与市场回报率 x 相乘，表征可归因于组合对市场敞口的回报；ε 为无法解释的随机扰动项。能否获得超额收益是基金管理人决定基金是否存续的决定性因素，也是基金经理获得激励报酬的依据。

因此，对冲基金定义不应纠缠于具体的投资工具和策略细节，而应着力反映具有普遍性的特质。本书将对冲基金定义为：具有如下特征的另类集合投资计划（投资基金），其管理人接受与业绩挂钩的报酬，并能自由使用积极的投资策略，包括在广泛的市场范围综合运用杠杆、衍生产品、证券和其他资产的多头或空头头寸，以获得正的绝对超额收益为投资目标。[③] 本定义强调了对冲基金最可能保留的本质核心特征，即与激励费率结构并存的实施不受限制的杠杆化投资策略，该特征不随时间推移而演变，而其他外部特征，包括监管、登记、投资者基础和信息披露机制等，与对冲基金初创时期相比已经并将继续演进。

2. 对冲基金与近似概念的区别与联系

通过把握与近似或易混概念之间的区别与联系，有助于更准确地理解概念，比较本身也有助于建立监管法律制度时考虑制度边界与覆盖面，防止越界产生未预料后果。

（1）对冲基金与共同基金。对冲基金通过与共同基金的区分来体现其存在价值，它充分利用投资组合中的多头和空头仓位，加上财务杠杆运作，降低投资组合面对的市场风险，这就是“对冲”概念的本来含义，也是琼斯对冲基金的运作

---

① 例如，2000~2002 年，标普 500 指数下跌 37.4%，单纯多头共同基金下跌 35.8%，而对冲基金行业平均获得 10.6%的正收益。

② 收益度量可以采用绝对指标或风险调整基础两个维度。

③ 虽然本定义未完全区分私募股权基金和风险投资基金，但由于后者并不在二级市场从事积极投资策略，综合使用杠杆、卖空和衍生产品，并且一般有较长的锁定期，因此不致引起混淆。

模式，同时对冲基金通过激励费率实现经理人的表现与报酬一体化；投资绩效评估强调绝对报酬，而非相对报酬，也非以超越市场基准为目标。与此相对，为保护中小投资者利益，共同基金运用财务杠杆和建立空头寸的行为受到监管当局严格约束；基金管理人的报酬只与管理资产规模挂钩，不得计提业绩报酬；投资绩效评价依据为是否跑赢指数。

（2）对冲基金与私募股权基金。私募股权基金也属于另类投资，与对冲基金一样，是一种非登记集合投资工具，投资者汇集资金投资于证券。私募股权基金的投资对象集中于未登记（一般低流动性）证券。[①]美国私募股权基金和对冲基金多为有限合伙制，依靠登记证券发行豁免规定发行权益，管理人/发起人直接向投资者募集权益或通过登记经纪人—交易商募集权益，而非通过广泛劝诱、广告或公开要约形式发行。投资者群体都包括高净值个人和家庭、养老基金、捐赠基金、银行和保险公司。

二者的区别在于：第一，私募股权投资者多承诺根据普通合伙人的“追缴资本通知”进一步追加资本投入（私募股权基金一般不保留未投资资本组合，故普通合伙人一旦找到或者确定准备投资的公司，就会发出追缴资本通知）。与此相反，对冲基金投资者可以决定何时投资以及投资规模，不受追缴通知的影响。第二，私募股权投资要求投资固定一定期限，一般要达到5年，而对冲基金允许投资者赎回股份或权益（如果在锁定期前6个月赎回要缴纳一定费用），但基金经理可以基于适当理由放弃。第三，费率结构不同，对冲基金多采取管理费的1%~2%加业绩报酬（收益的10%~20%）的费率结构，而私募股权基金根据投资期限设定一个精确的管理费率（一般2%~5%）加上投资内部报酬率之上的业绩报酬。随着近年来对冲基金日益采用私募股权基金的投资策略，二者的差异和区别逐渐模糊。

（3）对冲基金与风险投资基金。风险投资基金作为另类投资的一种，也属于未登记投资工具，结构和投资者群体与对冲基金类似，基金往往投资于某一企业创立或发展初期。长期投资的性质以及在整个基金生命历程中的强制性资本投入是其区别于对冲基金的第一个特征。第二，与传统对冲基金投资管理人不同，风险投资基金普通合伙人经常在所投资公司中发挥积极作用，如出任董事或参与基金日常管理。[②]第三，与对冲基金不同，一旦所投资公司的价值超过期初投资成本，风险投资基金往往选择清算投资。

---

① Staff Report to the United States Securities and Exchange Commission, “Implications of the Growth of Hedge Funds”, September 2003, p. 16.

② 随着对冲基金越来越多采用积极股东策略，风险投资基金与对冲基金在这方面的差异也在淡化。

(4) 对冲基金与高杠杆机构。巴塞尔委员会指出，高杠杆交易机构主要是指受低程度或完全不受监管的、利用高杠杆交易方式并且只需做有限信息披露的大型金融机构。对冲基金具有高杠杆机构特质，但很多主流金融机构，如银行和证券公司也具有这些特征。[①] 事实上，对冲基金并不等同于高杠杆机构，只有管理资产规模很大（一般超过 10 亿美元）并同时运用很高的杠杆率水平运作的少部分对冲基金才属于高杠杆机构，并会对金融市场稳定构成直接威胁，这里的杠杆率是包含内嵌金融工具杠杆率、会计报表杠杆率和表外杠杆的综合杠杆率水平，而非单纯的表内杠杆率；而绝大多数对冲基金并不具备高杠杆机构的特征。因此，在设计对冲基金监管制度时，必须将重点指向少数大规模高杠杆对冲基金，并建立监管者与基金管理人紧密联系的“关系管理”型监管机制（Relationship Supervision），提高信息披露要求和监管检查频率；而对多数规模有限、杠杆率不高的对冲基金，管理人则实施基线型管理（Baseline Supervision），以集中有限监管资源，力求实现最佳的系统性风险控制效果。

二、对冲基金法律特征

在分析对冲基金投资运营特征基础上，本部分转换视角，分别从对冲基金法律性质、基金运营内外部法律关系主体、基金自身法律形式三个方面揭示对冲基金的法律特征。

1. 对冲基金法律性质

无论对冲基金选择契约型、公司型或有限合伙型法律组织形式，都是遵循信托制度的基本原理创立，体现“受人之托，代人理财”的信托本质。各国对冲基金都是以信托制度的法律原理为基础构建的，因此对冲基金法律性质的本质是信托。信托是委托人将财产权转移于受托人，由后者依信托文件约定以自己名义为受益人或特定目的而管理或处分信托财产，并在信托期满后依信托文件将信托财产交给受益人或委托人指定的第三人的行为。信托首先是一种民事制度，但今天它已发展成为重要的资产管理制度。

对冲基金的本质属于信托，具体分析如下：

(1) 法律关系主体相对应。对冲基金的基金持有人、基金管理人、托管人分别与信托法律关系中的委托人、受托人、受益人相对应。基金持有人既为委托人

---

① BIS, Banks, “Interactions with Highly Leveraged Institutions”, *Research Report* No. 2196, January 28, 1999, p. 3.

又是受益人,[①] 基金管理人与托管人为共同受托人。

(2) 产生与运作的依据一致。对冲基金与信托二者均以信托文件为依据产生和运作，该信托文件即基金契约。

(3) 运行机制与法律结构一致。对冲基金法律关系中，基金管理人和托管人作为受托人，以自己的名义运作基金资产，分别负有投资管理和安全保管基金资产的责任；投资者作为委托人和受益人，交付自有资产并享有受益权，这些都与信托机制运行规则吻合。

(4) 运作基本原理一致。第一，对冲基金资产的独立性。各国立法都承认，基金资产一旦形成，就完全独立于基金管理人和托管人的自有资产，后者不得将自身债务与基金资产混同，债权人也不得就基金资产主张权利。第二，对冲基金管理人、托管人的信赖义务 (Fiduciary Duty)。信赖义务又译作“忠实义务”或“信托义务”。根据《布莱克法律词典》的解释，“Fiduciary”作为名词，是指一个具有受托人或类似受托人特性的人，该特性包括信赖与信任 (Trust and Confidence)，要求审慎的善意与诚实 (Scrupulous Good Faith and Candor)；作为形容词是指信托的特性、具有信托之特点、与信托类似、相关的或者建立在信托或信任基础上的。对于“Fiduciary Duty”,《布莱克法律词典》的解释为，“为他人利益将个人利益置于他人利益之下的义务”。[②] 参照上述释义，结合各国对冲基金立法实践，对冲基金管理人、托管人的信赖义务主要表现在两个方面：一是勤勉尽责、诚实信用履行基金契约，将基金持有人利益置于首位，避免利益冲突；[③] 二是谨慎义务，包括三方面内容：首先，应具备与其从事的投资或托管职能相适应的人员与设施，如配备投资分析人士或具备充分的资产托管、清算设施；其次，以合理的注意对投资对象的安全性和收益性进行调查，力求投资对象与基金持有人的风险偏好和收益预期相匹配；最后，应谨慎小心，以合理的方法获取投资收益。因此，对冲基金管理人、托管人的信赖义务正是来自对冲基金的信托本质，是对信托制度中受托人义务在现代证券投资领域的演绎与深化。

综上所述，对冲基金具备信托的各构成要素，体现信托关系的法律特征，因此属于信托范畴。

2. 对冲基金法律关系主体

对冲基金法律关系是指在对冲基金投资运营活动中，各主要当事人之间依据对冲基金法律规范形成的权利、义务关系。从对冲基金的实际运营流程分析，其

---

① 在他管性公司型对冲基金结构下，即公司制基金委托外部基金管理公司负责基金实际运作时，基金公司是名义受益人，基金公司股份持有人为实际受益人。

② 王苏生:《证券投资基金管理人的责任》，北京大学出版社 2001 年版，第 8 页。

③ 其内容包括但不限于避免基金管理人本人交易、基金管理人管理下不同资产的恶意交易、对关联方利益输送、避免不当关联交易等。

法律关系主体分为内外两个层次，见图 0–1。

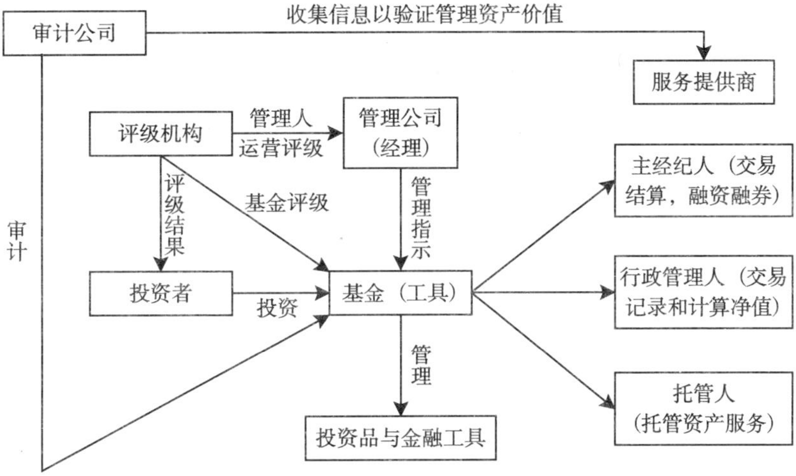

图 0–1　对冲基金法律关系主体结构

（1）基金内部基本法律关系主体。尽管对冲基金存在形式各异，但其内部基本法律关系主体均为基金持有人（投资者）、基金管理人和基金托管人，法律关系内容就体现为各主体之间的权利、义务关系。

1）基金持有人——投资者。投资者作为基金股份或受益凭证的持有人，是出资购买基金份额并根据信托合同或公司章程享有权利和承担义务的人。投资者并不限于自然人，也包括法人或合伙组织等具有一定法律地位的非自然人，即机构投资者。投资者享有如下权利：

第一，基金重大事务决策权。基金持有人享有参加持有人大会、股东大会或合伙人会议的权利。上述机构作为对冲基金最高权力机构，有关更换基金管理人、更换托管人、修改章程或解散、破产、清算等事项都要由最高权力机构决定。

第二，基金经营监督权。与其他类型集合投资工具相比，对冲基金管理人拥有广泛充分授权，但并不等于其不受监督。投资者可以根据章程规定通过一定的机制如持有人大会、股东大会、定期信息披露规定或借助一定的基金外部主体如审计师、行政管理人、评级机构来进行。基金事务监督权主要包括知情权、出席并表决权、修改基金合同权。

第三，收益权，即基金持有人对基金利益的享有权，是基金投资者最基本权利。其内容包括基金收益请求权、基金单位赎回请求权、基金清算剩余分配请求权。

第四，司法救济权。当管理人或托管人违反法律规定或基金合同约定，造成基金财产损失时，持有人有权要求管理人/托管人赔偿损失，并可向法院起诉。

对冲基金投资者所承担的义务较少，一是交纳基金份额认购款和其他费用；二是承担基金亏损或终止的有限责任；三是在契约型对冲基金下遵守投资信托合同的约定，在公司型对冲基金下遵守投资公司章程规定，在有限合伙型对冲基金下遵守合伙协议的有关规定。

2）基金管理人——投资顾问。基金管理人是凭借专门经验和技能，依照法律规定或基金章程，运用所管理基金名下资金进行投资，谋求基金资产不断增值并使基金投资者获得尽可能多收益的投资顾问及其雇员。基金管理人是维系基金正常运作存续和其他主体关系的枢纽。有关管理人的制度一般包括管理人资格条件、管理人权利义务和法律责任。投资者基于对管理者人格和能力的信赖投资于对冲基金，将资金支配权授予管理人，由其全权运营。因此，相对于托管人和受益人，对冲基金管理人居于主动地位，对基金资产保值增值负有直接责任。将管理人权利义务作为对冲基金监管立法的重心，有利于保护投资者利益并促进基金正常运作。综观现有各国对冲基金立法，管理人的权利主要有：

第一，对基金资产自主管理权。根据信托原理，信托合同设立后，受益人原则上无权介入基金资产的运作管理，管理人享有充分自主权。

第二，管理费取得权和激励报酬提成权。除根据信托合同取得基本管理费用外，管理人可以根据章程规定取得业绩提成报酬。管理人通过收取管理费维持基金日常运作，通过业绩提成在实现基金投资者利益最大化时同步实现自身利益最大化，以激励相容方式有效协调了双方利益关系。

第三，股东权利，即因投资于上市公司的股票而享有股东权。该权利是上述管理权行使的必然结果与体现。

第四，基金合同规定的其他权利。

基于权利、义务对等的原则，对冲基金管理人的主要义务包括：

第一，忠实义务。其核心是避免各种利益冲突。

第二，亲自经营的义务。投资管理和运作是对冲基金管理的核心职能，不得对外转包，因此管理人必须亲自经营管理和运作基金资产。

第三，按照法律规定或章程约定的期限计算基金资产净值并公告。

第四，一定的信息披露义务。相对于共同基金，各国对对冲基金信息披露的要求较低，且主要指向公募对冲基金，私募对冲基金往往没有法定信息披露义务。

第五，监督托管人的义务。管理人应对托管人是否按信托合同规定保管基金资产及是否按其指示处分基金财产进行监督，如果发现违法违约事由应通知其纠正。

第六，信托合同约定的其他义务。基金管理人选任退任对基金存续至关重要，既不能频繁更换管理人，也不能对其不予监督。各国立法多规定由基金最高权力机构决定基金管理人的选任和退任。对基金管理人的提名权多由基金发起人和基金持有人行使。

3）基金托管人。托管人是负责设立基金账户，保管基金资产并执行管理人的投资指令划拨资金，监督管理人运作并维护基金投资者权益的金融机构。基金托管人是为保障投资者利益和基金财产安全而设立的，是基金法律关系中必不可少的重要主体。[①] 分析各国立法，托管人一般为注册的商业银行或其委托的类似机构。基金托管人权利、义务是统一的，其职责主要有保管基金财产、监督基金管理人以及业务禁止、市场禁入等，其中最核心的职责是防止基金资产被非法挪用。

（2）对冲基金运营外部法律关系主体。对冲基金内部主体之间在信托原则下确立充分授权与必要监督相结合的法律关系是基金正常存续和运作的前提，但为便利基金各种复杂投资策略的执行、有效加强内部控制并获得令投资者满意的业绩，对冲基金在投资运营和内部管理中还要与一系列外部主体建立合约关系，包括与主经纪人的清算服务合约、与行政管理人的估值服务合约、与审计师的审计合约、与信用评级机构的基金产品评级合约等。这些外部主体可以通过与对冲基金的合约关系施加市场纪律，促进对冲基金完善治理结构。

1）主经纪人（Prime Broker）。为运用市场定价不当的机会，对冲基金往往在多个市场执行复杂的投资策略，每天要发生数量庞大的交易及其资产转移、清算手续，为提高业务运作效率，就必须依靠基础设施雄厚的大型投资银行提供的主经纪服务。主经纪业务的实质是使多经纪人—交易商结构下执行的证券交易能够在一个账户下有一名经纪人—交易商完成结算和清算。为有效执行清算结算职能，主经纪人往往要占有基金资产或者拥有基金资产所有权，从而在实际上充当对冲基金托管人。这带来两个问题：一是如何协调托管人与主经纪人之间的关系并落实基金资产托管职责。对此，欧洲大陆国家在立法实践中体认对冲基金追求运营便利的合理诉求，允许托管人将资产保管职责转托给主经纪人，但对主经纪人资质和占有对冲基金资产规模进行了必要规制，较好地解决了潜在的冲突。但事实上的双层托管结构还是一定程度上提高了基金的运营成本。二是主经纪人通过履行资产清算和托管职责获得大量关于对冲基金运营的敏感性信息，特别是如果对冲基金只任命单一主经纪人，则该主经纪人可以掌握基金投资资产头寸和策略运用的全貌，这使得以美国为首的监管者一直强调通过以主经纪人为首实施市场纪律来间接实现监管对冲基金。但随着越来越多的对冲基金任命多个主经纪人，导致没有任何一方主体可以获得对冲基金运营管理流程中的全部信息，因此单纯依靠主经纪人施加市场纪律的监管机制并不可靠。

---

① 张蕾：《证券投资基金法律制度》，学苑出版社 2004 年版，第 217 页。

2）行政管理人（Administrator）。从对冲基金发展历程看，基金管理人多拥有丰富的投资管理经验技能而对基金运营的中后台事务不甚熟悉，而后者是对冲基金正常营运必须的重要职能。从专业分工角度，许多中小型对冲基金将中后台业务以行政管理协议外包给行政管理人，由后者提供基金账簿登记、组合估值、处理认购、赎回和交易，计算单位净值等服务。伴随对冲基金日益投资于低流动性难以估值资产，[①]对对冲基金投资资产的准确估值日益成为行政管理人所面临的严峻挑战；由于许多对冲基金管理人在投资者和监管者压力下为避免自我估值形成利益冲突而将估值业务委托行政管理人执行，又为行政管理人拓展业务提供了难得的机遇。

3）审计师（Auditor）。对冲基金投资者多通过基金章程授予管理人充分运用基金资产进行投资决策的权利，而对管理人履行职责的情况缺乏监督手段。通过审计合同引入外部审计师提供了一种良好的监督工具，可以对基金内部控制执行情况进行再评价、再监督，同时对对冲基金的业务经营和财务核算进行检查，对财务会计报表提供鉴证服务。实证研究表明，接受审计的基金其数据质量更好，比未审计的基金收益准确性和可靠性更高。[②]

4）评级机构。由于对冲基金投资者拥有赎回请求权，使得基金本身没有永久性股权资本，这给基金信用评估带来很大困难，加上私募对冲基金历史上强调策略信息的保密，使得基金评级业务难以发展。2003 年以来，对冲基金逐步开始寻求长期稳定资本来源，加上机构投资者积极参与对冲基金投资引发对基金及其管理人信用和操作风险、运营质量评级的需求，标准普尔、穆迪、惠普等信用评级机构陆续推出对冲基金及其管理人评级服务。总的来看，信用和操作风险评级可以为投资者提供更充分的信息进行决策，提高基金与投资者沟通的有效性；评级过程以及评级机构动态跟踪复核评级结果的过程也为市场纪律发挥作用提供了新的有益渠道。

3. 对冲基金组织形式

对冲基金的法律形式，即对冲基金存在的法律形态，是基金作为整体与外部主体发生关系的法律资格，也是确定基金管理人、基金投资者、基金托管人之间相互关系和基金内部运行机制的法律基础。

从全球范围看，目前对冲基金的法律存在形式主要有三种。

（1）契约型对冲基金。它也称信托型对冲基金，是指对冲基金发起人通过发

---

① 根据另类投资管理协会统计（AIMA）统计，对冲基金投资资产的 20%（相当于 5000 亿美元）属于难以估值资产。参见 AIMA. Guide to Sound Practices for Hedge Fund Valuation，2007。

② Liang，“Hedge Funds：The Living and the Dead”，*Journal of Financial and Quantitative Analysis*，Vol. 35. No. 3，2000，pp. 309-336.

行有受益性质基金单位而组建的投资基金。其特点是，基金本身并非独立法人，而是以基金合同为基础形成的松散组织体。

从法理上分析，契约型对冲基金法律关系的基本架构由两部分组成，即基金持有人和基金管理人之间的信托关系和基金持有人与基金托管人之间构成的信托关系。具体表现为：①投资者通过购买基金股份成为基金持有人，依照所持有基金份额享受收益和承担风险。②基金持有人通过签订信托契约，将基金财产委托给管理人管理，由管理人以基金财产增值为目的负责管理基金财产并进行投资运作。③基金持有人通过签订信托契约，将基金财产委托给基金托管人托管，由托管人负责保管基金财产，并办理具体清算交收业务。实践中，托管人的责任可能转委托对冲基金主经纪人行使。

（2）公司型对冲基金。这是由投资者和基金管理人共同注册成立公司，以公司名义和账户进行基金运作的组织形式。[①] 在该框架下，基金财产不仅独立于各当事人存在，还成立了一个具有独立法人资格的基金公司，基金管理人接受基金公司委托以公司名义进行投资运作。公司型对冲基金一般设有股东（基金持有人）大会和董事会，并确立公司章程。股东大会是对冲基金权力机构，董事会相当于契约性对冲基金履行受托责任的人，对基金投资者负责，并负责监督基金管理人和基金托管人。

从法理上分析，公司型对冲基金法律关系架构是：①投资者通过购买基金份额成为基金持有人和基金公司股东，具有与普通股份公司股东相同的权利、义务，按照所持基金份额对公司享有收益和承担风险。②基金持有人的财产集合为基金公司财产，基金公司财产完全独立于基金持有人、基金管理人和基金托管人的财产。基金公司多数将经营管理职责委托基金管理人和托管人行使。基金公司是基金持有人利益在法律上的代表。③基金公司委托基金管理人，由基金管理人按照基金章程约定管理基金财产，以实现资产增值的目的。在此基础上，基金公司与基金管理人之间形成信托关系，基金公司为委托人，基金管理人为受托人。④基金公司委托基金托管人，基金托管人负责安全保管基金财产并办理清算业务。基金公司与托管人之间形成信托关系，基金公司为委托人，托管人为受托人。

相对于契约型对冲基金，公司型对冲基金在形式上增加了投资公司这个行为主体，且投资者由受益凭证持有人变为投资公司股票持有人。但实质上只是在信托关系基础上增加了一层股东与股份公司的关系。就资金实际运作而言，基金公司、基金管理人、基金托管人之间仍为信托关系：基金公司兼具委托人和受益人双重身份，基金管理人和基金托管人为共同受托人。基金公司作为受益人，首先获得基金的投资收益，但作为股份公司，其收益又将以股息等形式分派给股东，

---

① 潘道义、何长领：《私募基金理论、实务与投资》，机械工业出版社 2002 年版，第 10 页。

即投资者，从而投资者成为实质受益人。

（3）有限合伙型对冲基金。这是指投资者和管理者共同出资组建基金，投资者作为有限合伙人（Limited Partner）以出资额为限承担有限责任，不参加日常管理，而基金管理人作为普通合伙人（General Partner），承担无限责任并负责基金日常管理活动的企业组织形式。[①] 有限合伙同时具有“人合”与“资合”的特点，是一种介于公司制与合伙制企业之间的“人资两合”的组织形式。有限合伙型对冲基金在美国比重最高，也最为典型。

与公司型对冲基金不同，有限合伙型对冲基金自身不是法人，基金收益直接作为各合伙人的个人所得，由此避免双重征税问题。此外，有限合伙对冲基金还解决如下两个方面的问题：一是试图投资对冲基金获得更高利润的投资者只需要承担有限责任，产生鼓励投资的效果，使资金来源更充沛；二是解决基金管理人风险收益不对称问题，保证管理人充分发挥创造才能。上述原因是该组织形式成为对冲基金主流的主要原因。

有限合伙型对冲基金的实质也是信托，因为其借以明确普通合伙人与有限合伙人权利义务关系的基础文件——合伙协议本质上就是一份信托契约：有限合伙人作为委托人通过合伙协议授权普通合伙人运营基金资产，同时作为信托受益人拥有分享基金运营收益的权利；普通合伙人与基金托管人为共同受托人，前者负责运营基金资产并通过激励报酬费率分享运营收益，后者负责保管基金财产并监督普通合伙人履行合伙协议规定的各项义务。

总的来看，对冲基金的三种组织形式各有优劣。契约式对冲基金设立简便，当事人间法律关系明确，同时可以避免双重征税。其缺点在于投资者对基金运作管理参与少，对基金管理人和托管人控制不够。公司型对冲基金优点在于投资者权益可以得到更好的保障。作为基金股东可以通过股东会制约管理人，也可以利用独立董事专职从事监督活动获得相对更充分的信息，从而降低管理人道德风险，但缺点在于存在双重征税。有限合伙型对冲基金优点在于风险责任承担机制的有效性，既可鼓励有限合伙人参加投资，又能充分发挥普通合伙人的管理特长，实现管理人风险与收益的对称，而且不存在双重征税问题。但缺点在于与契约型相比较，有限合伙型需要遵守较多正式程序。而且作为新兴的基金组织形式，各国立法尚不十分完备。

因此，三种法律形式各具特色，立法的关键任务在于完善每一种组织形式的制度设计，便于投资者根据自身实际情况选择，以降低市场交易成本，保障

---

① 由于对冲基金管理人自身可以组建为有限合伙型或有限责任公司，因此对冲基金内部对有限责任与无限责任的划分意义不大，对外部主体而言对冲基金整体的责任属性多数情况下为有限责任，这一特征与其高杠杆、复杂策略运作相结合，构成负外部性。

对冲基金健康运营。实践中美国对冲基金多选择有限合伙型形式，欧洲多选择公司型，但各国立法本身对法律形式并不进行严格限制，允许对冲基金根据需要进行选择。

第二节 对冲基金发展对金融监管的影响

本节在剖析近年来对冲基金行业所呈现一系列新特征的基础上，研究对冲基金的竞争优势所在，进而指出这些新变化使对冲基金对金融监管三大目标的影响日益复杂，对现有监管模式的有效性提出了挑战。

一、对冲基金行业的最新发展

1. 对冲基金的新特征

进入 21 世纪以来，低利率环境下带来的全球流动性过剩导致全球金融资产激增，推动对冲基金业规模迅速膨胀，与此同时，对冲基金自身结构和市场功能也不断创新，表现为如下特点：

（1）市场影响力急剧上升。

1）规模增长与集中度提高。2000~2005 年，全球主要金融市场长期维持低利率水平，流动性过剩导致对冲基金数量和管理资产规模都出现大幅度增长。到 2007 年第一季度末全球对冲基金约有 1 万只，[①] 根据 Stulz 统计，[②] 1990 年对冲基金规模不足 500 亿美元，到 2006 年底对冲基金管理资产规模达 2.154 万亿美元。Andrew Crockett 统计，[③] 1991~2006 年，单一对冲基金数量平均年增长率为 19%，管理资产规模年平均增长 25%，比共同基金增长率高 10 个百分点。[④] 单一对冲基金平均管理资产规模从 1980 年的低于 1000 万美元增加到 2005 年的 1.5 亿美元。

---

① Jean-Pierre Musrier & Alain Dubois，"Risk and Return of Banking Activities Related to Hedge Funds"，Conference on Hedge Funds and Financial Stability，Paris，April 2007，p. 1.

② René M. Stulz，"Hedge Funds：Past，Present and Future"，*Fisher College of Business Working Paper. No. 03-003*，2007.

③ Andrew Crockett，"The Evolution and Regulation of Hedge Funds"，Conference on Hedge Funds and Financial Stability，Paris，April 2007，p. 2.

④ 尽管遭遇次贷危机的冲击，对冲基金管理资产规模仍继续上升。根据 Hedge Fund Intelligence（2008）统计，到 2008 年第一季度末全球对冲基金管理资产达 2.65 万亿美元，预计 2008 年末突破 3 万亿美元。根据投资研究机构 Carbon 360 的数据，到 2008 年 3 月末全球对冲基金管理资产规模达 3.8 万亿美元，到 2008 年底将突破 4 万亿美元。参见 http：//www.finalternatives.com/node/5094，2008 年 8 月 1 日检索。

规模扩大伴随着全球扩张，在此期间对冲基金资产总额在亚洲和欧洲增长速度明显快于美国。从主要在美国运营到逐步向全球市场扩张，对冲基金对金融稳定的影响量级和范围显著扩大。

伴随规模膨胀，对冲基金行业集中度日益提高。到 2006 年，100 家最大对冲基金公司资产总额占行业总资产比重达 65%，而 2003 年只占 54%。[①] 到 2007 年中，全球 372 家资产规模超过 10 亿美元的对冲基金管理着 1.892 万亿美元的金融资产，占整个对冲基金业资产规模的 75%，这类基金管理人绝大多数注册于美国。

2）成为交易对手重要收入来源。与共同基金相比，对冲基金规模虽然有限，但可以不受限制地使用杠杆，并灵活转换策略，因此市场成交率很高。[②] 目前，对冲基金占纽约证券交易所和伦敦证券交易所日交易量的接近一半。[③] 根据 ABN-AMRO Research 的研究，对冲基金为主要投资银行形成股票交易的 40%，固定收益证券交易的 20%，困仄证券（指由濒临破产清算的公司发行的债券和股票）市场交易的 80%。[④] Greenwich Associate 的报告显示对冲基金在固定收益和信贷市场上居主导地位，交易对象包括绝大多数信用衍生产品。[⑤] 在 2005 年，对冲基金为主要投资银行创造 258 亿美元收入，占其全部收入的 25%。[⑥] 根据 TABB 集团的研究，2008 年投资银行来自融资、融券、托管和其他对冲基金主经纪业务的收入将达到 110 亿美元，到 2010 年主经纪业务将超过股票现货交易创造的收入，成为大型投资银行收益最高的业务线。[⑦]

3）产业服务链形成。与共同基金相比，对冲基金运营基础设施投入相对较少，从获取专业分工效率出发，投资管理人专注于组合构建与风险管理，将资产保管、账簿登记、资产估值、内部控制与审计监督等中后台职责外包给托管人、行政管理人和外部审计师，而投资运营中关键的融资融券、交易执行、清算报告职能则依赖投资银行提供的主经纪服务。伴随对冲基金行业的快速发展，为对冲

---

① Financial Stability Forum, *Update of the FSF's 2000 HLI Report*, May 2007, p. 1.

② Hunt Taylor 的研究表明，在考虑对冲基金杠杆和交易活跃特点基础上，1 万亿美元资产规模的市场交易等效影响为 22 万亿美元。参见 The Sophisticated Investors, Hedge World Daily News, Oct.31, 2005。

③ Alex A.Weber, "Hedge Funds: A Central Bank Perspective", Conference on Hedge Funds and Financial Stability, Paris, April 2007, p. 3.

④ 另据高盛亚洲的统计，在全球股票交易成交量中，对冲基金为 40%~50%，交易所交易基金（ETF）占 70%；可转换债券为 70%；信用违约互换为 20%~30%；高收益债券交易为 33%；不良债权为 82%。见 J. Michael Evans 在 2006 年 IOSCO 香港年会上的发言。

⑤ Jean-Pierre Musrier, "Alain Dubois. Risk and Return of Banking Activities Related to Hedge Funds", Conference on Hedge Funds and Financial Stability, Paris, April 2007, p. 4.

⑥ Jean-Pierre Musrier, "Alain Dubois. Risk and Return of Banking Activities Related to Hedge Funds", Conference on Hedge Funds and Financial Stability, Paris, April 2007, p. 5.

⑦ TABB Group, "Hedge Funds2008: Prime Broker Perspective", Volatility and Expanding, 2008, p. 5.

基金提供各种专业化服务的主经纪业务、资产托管、行政管理、基金审计业务也在主要金融中心相应得到迅速发展，[①] 形成了围绕对冲基金及其管理人的一个完整产业链。在形成利益共同体的同时，对冲基金引发的风险也可能通过产业链传递而多倍放大。

（2）创新产品大量涌现。

1）组合式对冲基金。组合式对冲基金又称对冲基金的基金，于1969年在瑞士出现，1971年美国第一只组合式对冲基金组建。这些实体募集资金后通过向一系列独立管理的对冲基金投资，为投资者提供了一个多元化的对冲基金组合。[②] 作为机构投资者尝试参与对冲基金投资的主要方式，组合式对冲基金近年来得到飞速发展。1990~2006年，其基金数量年平均增长23%，管理资产规模平均年增长率42%。[③] 到2007年7月，全球组合式对冲基金约有3000只，管理资产规模为7000亿~10000亿美元。[④] 2007年末组合式对冲基金管理资产规模达到1.3万亿美元，接近整个对冲基金行业管理资产的一半。组合式对冲基金的发展极大地推动了对冲基金"零售化"进程，拓展了投资者参与范围，也为通过市场力量监管对冲基金提供了重要路径。

2）对冲基金指数投资产品。这类创新产品最早出现于2002年，通过提供根据一组指数规则选取并管理的对冲基金组合，使机构投资者建立对冲基金敞口。目前以对冲基金指数为主的对冲基金结构化衍生产品投资规模在1000亿~1500亿美元。尽管在代表性和可投资性等方面存在一系列内生缺欠，但由于其提供了成本更低的参与对冲基金投资的路径，欧洲监管者还是在严格控制的条件下承认了对冲基金指数作为合格投资产品，并允许其跨境销售。[⑤] 跨境募集的特权使对冲基金指数产品相对于单一对冲基金和组合式对冲基金在营销方面获得一定竞争优势。

3）公募对冲基金。传统对冲基金因投资者局限于富有个人，多选择私募发

---

① 根据Business Week进行的对冲基金行政管理调查，到2008年第一季度末，全球超过60家对冲基金行政管理公司为13804家对冲基金提供行政管理服务，管理资产2.76万亿美元。全球资产管理行业中使用第三方行政管理服务的，对冲基金占96%。

② Richard Elden, "The Evolution of the Hedge Fund Industry", *Journal of Financial Markets*, Winter 2001, p. 2.

③ Andrew Crockett, "The Evolution and Regulation of Hedge Funds", Conference on Hedge Funds and Financial Stability, Paris, April 2007, p. 2.

④ 分别根据Hedge Fund Research和Barclay（2007）的估计，参见AMF，"Reports of the Working Group on the Assessment of the French Regulatory Framework for Funds of Hedge Funds and on Possible Areas of Improvement", September 2007, p. 6。

⑤ 2007年7月，欧洲证券监管者组织（CESR）发布指引，允许符合特定条件的对冲基金指数成为可转让集合投资计划（UCITS）的"合格投资资产"。2008年2月25日，爱尔兰中央银行批准对冲基金指数作为欧盟可转让集合投资计划机制下运营基金的合格投资资产。

行以规避监管者的发行募集监管和沉重的信息披露义务。2001 年 6 月，为吸引对冲基金本土注册运营，提升金融市场竞争力，新加坡首先推出公募对冲基金产品，包括公募单一对冲基金和组合式对冲基金。随后中国香港、爱尔兰等国家和地区立即跟进。[①] 公募对冲基金是对传统对冲基金的发展与创新，其实质是在保持公募对冲基金与私募对冲基金本质特性一致的前提下，赋予基金设立者募集方式上更大的选择余地：如果试图获得公募发行便利，就必须履行相应的信息披露义务。

4）对冲基金开始筹集长期资本。为建立更稳健的运营结构和加强流动性管理，一些大型对冲基金管理人开始寻求长期资本来源。例如，2007 年初 Citadel 通过旗下对冲基金发行不可追索债券，这是对冲基金首次债券发行，而基金管理人城堡集团和黑石集团则在 2007 年成功上市，以此寻求更稳定的长期资本。发债尤其是上市将改变对冲基金没有长期固定资本的缺欠，提高基金运营稳健性，增强承受流动性压力的能力，这对促进金融市场稳定大有裨益。[②]

（3）投资者结构发生变化。

1）机构投资者居主导地位。传统意义上对冲基金的主要投资者为富有个人，[③] 但近年来随着以养老金为代表的机构投资者大量参与对冲基金投资，形势已经发生逆转。[④] 根据 Tabb Group 的统计，对冲基金是富人俱乐部的说法已经不太准确或有代表性：三种规模对冲基金中，个人投资者最高占比 30%，而且规模越大其投资比重越低。

表 0-1　对冲基金投资者分布

单位：%

投资者类别	机构投资者	个人/家族企业	组合式对冲基金
10 亿美元以上对冲基金	57	24	19
管理资产 1 亿~10 亿美元	45	22	33
管理资产 1 亿美元以下	54	30	16

资料来源：Tabb Group，February 2005.

① 根据 IOSCO2006 年的调查结果，技术委员会 15 个成员中的多数允许对冲基金对投资者公开发售，但必须履行登记注册手续并进行相应信息披露。参见 Technical Committee of IOSCO，"The Regulatory Environment for Hedge Funds：A Survey and Comparison"，November 2006，p. 23。

② 对冲基金股份权益发行人的主要目的是从更广泛的投资者基础获得锁定的长期资本，并远离过去的限制行业发展的"投资俱乐部"结构，但在此过程中必须区分管理公司上市以及不同结构对冲基金（开放式/封闭式）上市之间的差异。

③ 这种观点其实并不准确，以长期资本基金为例，根据 Perold 指出，只有 4%为私人富豪。参见 Andre Perold，"Long-term Capital Management"，L.P. Boston，Mass. Harvard Business School Publishing，1999。

④ 根据金融稳定论坛（Financial Stability Forum，FSF）的统计，到 2006 年底，对冲基金行业参与者中富有个人投资者从 1997 年的 61%下降到 40%，而机构投资者占比超过一半。参见 Financial Stability Forum，Update of the FSF's 2000 HLI Report，May 2007，p. 1。

2）“零售化”趋势日益凸显。出于避免被迫接受直接监管的考虑，对冲基金业界一直强烈否认存在“零售化”趋势。但对冲基金零售化作为一种不以人的意志为转移的客观趋势，事实上沿着三条途径展开。一是机构投资者占比逆转过半，由此退休金账户持有人和保单持有人间接建立起对冲基金风险敞口；二是主要司法辖区陆续降低对冲基金投资起点，使零售投资者得以顺利直接参与对冲基金投资；[①] 三是组合式对冲基金和对冲基金指数产品的出现，丰富了零售投资者参与对冲基金投资的渠道。

（4）欺诈投诉上升，凸显治理结构缺欠。

传统对冲基金治理结构中允许投资管理人分享收益，被认为具有激励相容特征。近年来，伴随对冲基金的增长，涌现出大量令人担忧的法庭诉讼案例，多数起诉对冲基金经理和投资顾问欺诈，对冲基金投资顾问也是近来涉及交易迟延、利益冲突等指控丑闻的主角。根据美国 SEC 的统计，2001~2005 年，涉及对冲基金欺诈的调查案例达 51 起，涉及金额 11 亿美元，而且不包括投资者与基金管理人私下和解的案例。而美国商品期货交易委员会（Commodities Futures Transaction Committee，CFTC）统计，2002 年 6 月~2007 年 5 月共对 45 只对冲基金采取强制措施，涉及欺诈金额 5.5 亿美元。2008 年 6 月，贝尔斯登旗下两位对冲基金管理人因隐瞒投资真相被美国联邦调查局逮捕，成为华尔街第一起对冲基金刑事犯罪指控。[②] 尽管根据证监会国际组织的调查，涉及对冲基金的欺诈问题在各国的严重程度不同，总的来看对冲基金欺诈舞弊的投诉率目前并不很高，[③] 但它凸显了对冲基金治理结构存在的严重缺欠，会对市场信心产生致命打击，而且随着对冲基金零售化趋势的发展，对冲基金所面临的法律风险会日益突出。

2. 对冲基金发展的原因

在理解对冲基金行业发展具备的新特征时，必须把握上述变化的原因，“既要知其然，更要知其所以然”。具体原因包括以下几点：

（1）投资高回报。与执行相对收益策略的共同基金不同，对冲基金追求绝对收益而不满足于跑赢指数，只有在不同市场环境下产生正的绝对收益才是对冲基

---

① 如中国香港《对冲基金指引》规定，公募单一对冲基金募集起点为 5 万美元，组合式对冲基金募集起点为 1 万美元，而新加坡《单位信托手册》规定的相应募集起点分别为 10 万新元和 2 万新元。参见 Donald E. Lacey，Jr，“Democratizing the Hedge Fund：Considering the Advent of Retail Hedge Funds”，Harvard Law School，April 2003，p. 46。

②《美国对冲基金两高管遭 FBI 逮捕可能获刑 20 年》，《21 世纪经济报道》2008 年 6 月 20 日，第 16 版。

③ Technical Committee of IOSCO，“The Regulatory Environment for Hedge Funds：A Survey and Comparison”，November 2006，p. 15.

金核心竞争力所在。[1] 获取绝对收益的生存压力和20%的高激励报酬收益率促使基金管理人寻找、运用市场定价不当机会，不断创新策略。实证结果表明，对冲基金具有较强的择股能力，可以为投资者带来正 Alpha 收益，其业绩表现在跑赢市场的同时明显优于共同基金。[2]

（2）投资者财富增长。2003 年 SEC 在专题报告中指出："通货膨胀以及 20 世纪 90 年代以来收入和财富的持续增长，使得大批投资者跨过合格投资者标准门槛。与此同时，根据经济分析办公室的分析，投资者财富的增长部分要归因于 1982 年以来个人住宅价值的持续上升。因此以往不合格的投资者现在跨过了合格门槛。"[3] 根据 SEC 监管法规 D 规则 501(a) 所定义的"认可投资者"标准，[4] 在 1982 年有 1.87%的美国家庭达标，而到 2003 年该比例增长了 350%，达到家庭总数的 8.47%。[5] 投资者财富的增长达标使对冲基金募集对象扩大，但新投资者的知识和经验往往不及原有投资者，难以准确评估投资风险，使监管者开始关注投资者保护问题。[6]

（3）组合层面分散风险的需要。马柯维茨投资组合理论的通俗描述就是"不要将所有鸡蛋放在同一个篮子里"，从投资组合观点分析，对冲基金作为另类投资工具为投资者提供了良好的风险分散工具。20 世纪 60~90 年代，组合资产分散化的主要渠道是选择新兴市场投资，但随着各国金融市场一体化进程的加速发展，新兴市场与传统市场的相关度显著提升，造成风险分散效果下降。1994~2003 年 10 年间，代表美国股票市场的标准普尔 500 指数和代表非美国市场的 MSCI 指数相关度从 0.2 大幅度提高到 0.8，使国际投资本身的风险分散化效果大

---

① 在熊市期间，两种收益指标对比非常明显，2000~2002 年，标准普尔 500 指数下跌 37.4%，单纯多头共同基金下跌 35.8%，而对冲基金全行业获得平均 10.6%的正收益。尽管共同基金宣称跑赢指数 1.6 个百分点，但只有对冲基金为投资者实现了投资的保值和增值。参见 Scott J. Lederman，*Hedge Fund Regulation*，*Practicing Law Institute*，New York City，2007，p. 17。

② Ibbotson and Chen 利用 3538 只对冲基金作为样本，研究了 1999 年 1 月~2004 年 3 月对冲基金的业绩表现，结果表明源于对冲基金的 alpha 收益年平均为 3.7%。参见 Ibbotson，Roger G. and Peng Chen. Sources Of Hedge Fund Returns：Alphas，Betas，and Costs，Yale ICF Working Paper No. 05-17，2005，Yale University，New Haven，CN。此外，Malkiel 对共同基金 1982~1991 年的收益情况进行研究，表明共同基金的平均收益在上述期间明显低于标准普尔 500 指数，共同基金的 alpha 平均值为-3.20%。参见 Malkiel，Burton G. and Atanu Saha，"Hedge Funds：Risk and Return"，*Financial Analyst Journal* 61，2005，pp. 80-88。

③ Staff Report to the Securities and Exchange Commission，"Implications of the Growth of Hedge Funds，" September 2003，p. 80.

④ 自然人投资者包括：第一，在购买对冲基金股份时其个人或与配偶共有的净资产总额超过 100 万美元；第二，在最近两个投资年度个人年收入超过 20 万美元或者与配偶年收入总和超过 30 万美元，并且有合理理由认为在投资当年也可以达到同样的收入水平。

⑤ 17CFR Parts 230 and 275，Release No.33-8766；IA-2576；File No.s7-25-06，RIN 3235-AJ67，p. 10.

⑥ 美国 SEC 为此提出建议规则 509 和 216，要求将自然人投资者合格财产标准提升到 250 万美元，且扣除自住和营业用房产。

打折扣。在多样化日益稀缺的背景下，对冲基金凭借其良好的投资收益和与传统投资产品之间相对更低甚至为负的相关度受到各类投资者追捧，他们意识到将对冲基金加入组合不仅可以获得传统多头组合无法提供的令人满意的正收益（尤其在熊市条件下），而且加入组合可以降低整体投资风险。

表 0-2 对冲基金与股票、债券收益率对比

	年回报率（%）	年标准差（%）	夏普率	与对冲基金的相关度
对冲基金	13.87	5.82	1.61	1.00
标准普尔 500 指数	10.94	15.05	0.43	0.59
雷曼兄弟政府/公司债券指数	8.03	4.50	0.80	0.17

资料来源：Chatiras. The Benefit of Hedge Funds：2004 Update（Center for International Securities and Derivatives Markets，Working Paper，Feb. 2004）. 对冲基金业绩是通过等权重计算 EACM 指数、HFR Fund Weighted Composite Index and CSFB-Tremont 对冲基金指数得到。时期覆盖 1990 年 1 月~2003 年 12 月。

（4）机构投资管制放松。在熊市条件下，以养老金、保险公司为代表的机构投资者资产负债不匹配的情况严重恶化，业界为此积极寻求通过参与另类投资来降低风险、提高收益，改善自身资产负债表，这种努力得到了监管者的认可。美国《雇员退休收入保障法》（ERISA）允许"雇员受益计划"参与对冲基金投资，[①] 主要欧洲国家也陆续允许养老金和保险公司在符合一定监管规则的条件下投资对冲基金。[②] 可以预期，未来机构投资者资金会继续大量涌入对冲基金投资。[③]

（5）传统基金管理人的参与。对冲基金的迅猛发展对传统共同基金管理公司和投资银行带来巨大挑战：一是大量机构投资者撤资转投对冲基金，造成资金流失压力；二是许多业绩出众的基金经理为对冲基金的激励结构所吸引，纷纷跳槽对冲基金或自行创设对冲基金，形成人才流失压力。为化解这种被动局面，共同基金和投资银行陆续采用卖空、杠杆、衍生产品等典型对冲基金策略，或者直接创设内置"对冲基金"平台以留住人才，丰富产品线，回应竞争压力。应当指出，上述做法是市场压力下的必然结果，但它使对冲基金与传统基金的界限日益

① 前提是受信托人遵循"审慎人规则"（Prudential Man Rule），考虑投资资产多样化，只要对冲基金资产中来自养老金的投资比重低于 25%，就不认为对冲基金属于"受益计划投资者"并豁免一系列监管义务。

② Report of the Alternative Investment Expert Group，"Managing，Servicing and Marketing Hedge Funds in Europe"，June 2006，p. 34.

③ 根据中国香港《文汇报》2006 年 11 月 3 日报道，2007~2010 年有 5000 亿美元退休金资产流入对冲基金。

模糊，推动了对冲基金行业两极分化。[①]

二、对冲基金竞争优势分析

对冲基金诞生以来特别是最近十年的飞速发展证明其相对于共同基金等其他投资工具具有明显的竞争优势。在设计对冲基金监管法律制度框架和规则过程中，深刻理解对冲基金竞争优势的来源、作用机制和演进规律，有助于监管法律制度在实现监管目标的同时促进、维护对冲基金的竞争力而非限制行业发展。

具体而言，对冲基金的竞争优势主要表现在如下几个方面：

1. 激励相容的薪酬结构

在收取1%~2%的投资管理费外，对冲基金章程中还规定对基金管理人运营基金组合产生的投资收益给予奖励，这是对冲基金独具特色的制度安排，是吸引投资管理人和业界精英的关键驱动因素，其实质是通过激励给予基金管理人一定的剩余索取权，使剩余控制权和剩余索取权在基金管理人处得到统一。绩效激励费的行业惯例标准为20%。

绩效激励是对冲基金相对于共同基金的一个重要比较优势，[②]激励相容的报酬结构极大地促进了对冲基金行业的发展，但任何事物总是两面的，这种激励结构的主要问题在于风险和收益的不对称性：对于没有设定最低收益的基金，其激励费用结构为Max（0，回报率-20%），假设基金有5%的最低预期收益率限制，则激励费率结构为Max（0，（回报率-5%）×20%）。因此对基金管理人而言，其收入模式类似于一个看涨期权，管理者分享利润但不对损失负责。但管理者显然有加大回报率波动而提高风险的激励。假如业绩优异，管理者的获利没有限度。如果波动率较低，取得优异业绩的可能性就非常小；而在高波动率水平下，出现异常价格变动的可能性提高。此时对应出现极坏结果的概率也提高了，而这种不利结果完全由投资者而非管理者承担。因此，管理者比投资者有进行更高风险交易的激励。

为控制激励约束不对称的风险，在投资者和基金管理人动态重复博弈的过程中，有必要对对冲基金的激励费率结构进行调整。一方面，许多投资者坚持基金

---

① 在共同基金和投资银行参与下，对冲基金行业日益分化为精品店型投资管理人和超级另类投资管理人两类。参见 Marc-Russell-Jones，"Regulation is the Catalyst for a Division in the European Hedge Funds Industry"，Northern Trust，2007，p. 1。

② 由于担心设立激励报酬制度会促使投资经理从事高风险投资，提高基金业绩波动率，各国一般都禁止共同基金管理人建立业绩绩效激励制度。如美国1940年投资顾问法第205节（a）（1）一般性禁止所有投资顾问收取业绩报酬，"除非根据第203节（b）获得豁免"。因此对冲基金优于共同基金之处在于其治理原则已包含在绩效机制内，让基金管理人与投资者利益趋于一致，以解决代理问题和提升基金绩效。

管理人也必须对基金进行实质性投资，如要求基金经理将个人资产大部分投资于所管理对冲基金，并且在基金存续期间内不得赎回投资或者投资余额不得低于某一比例，[①] 以此实现管理者与投资者有相同的激励，因此其作用类似督促管理者不要承担过多风险。[②] 另一方面，修改激励费率公式，主要包括两项新的制度安排：一是以高潮标安排作为基金经理收取激励费的检验标准，其含义是要求基金管理人必须先弥补以前年度亏损后才有权计提当年业绩报酬。[③] 美国 SEC 法规调查和检查部助理总监 Gene A. Gohlke 认为，高潮标是防止对冲基金管理人滥取费用的唯一机制。其理论依据是，除非基金经理能够在业绩表现方面获得绝对改善，而不是单纯因为基金表现胜过某特定指数，否则不应收取业绩表现费用。[④] 二是规定基准收益率，要求管理人在基金业绩超过某个最低比率后才可以计提激励报酬。[⑤] 总的来看，基准收益率使基金管理人报酬图形类似有折价的看涨期权，并没有改变风险收益不对称的特性，因此修正效果不及高潮标。[⑥]

2. 投资运营优势

除了激励相容的费率结构优势，对冲基金在投资过程中还具有如下特点：

(1) 投资组合范围广泛。对于以零售型投资者为主的共同基金，出于保护投资者考虑，监管者往往限制其投资组合的边界和风险，如禁止或严格限制其投资金融衍生产品或者其他高风险投资工具，禁止投资商品、房地产等。而对冲基金由于投资者多属于成熟的高净值个人和机构，其投资组合范围一般不受限制，[⑦] 特别是可以自由投资各类金融衍生产品。投资范围的放开促进了对冲基金不受限制地跨市场、跨国界运用所发现的投资机会获利，是对冲基金核心竞争力的重要来

---

① 在投资资金滚动积累过程中，如果税务当局赋予一定的税收激励，如基金管理人投资锁定 5 年以上到期赎回时可获得税收优惠，则更有利于建立激励相容的费率框架。

② 鼓励共同投资可以在一定程度上缓解问题，但投资本身无法改变激励费用这种类似期权的结构特征。

③ 在实施中要求对每个投资者根据其参与对冲基金投资时间逐一计算损益，只有超过高潮标的余额才可以计提业绩报酬。对于有限合伙制对冲基金，激励报酬的计提还涉及复杂的公平化（Equalization）处理操作问题。

④ Gene A. Gohlke，SEC Expectations for Regulatory Compliance，Speech by SEC Staff：Remarks Before the Fund of Funds Forum，November14，2005.

⑤ 基准收益率的表现形式很多，有的以年为基础计算，有的允许收益跨年累积。基准可以是固定比率，也可以与某可变比率相联系，如利率或某个公布的指数，取决于所适用对冲基金组合的性质。基准还可以根据超过基准后投资经理有资格分享的利润数额加以分类，“硬基准”是指激励报酬只适用于超过基准收益以上的部分，“软基准”是指只要收益率超过基准，则所有利润都可用于计算激励报酬。

⑥ 基准收益率还使基金运营中往往要参照相对指标体系，对对冲基金追求绝对收益的投资策略产生一定影响，可能导致绝对收益与相对收益的混淆。

⑦ 与美国不同，欧洲国家多对对冲基金投资范围进行一定限制，但基金实际许可投资范围仍大大超过共同基金。如法国不允许投资贵金属交易，德国不允许进行房地产投资，瑞士不允许从事商品投资，卢森堡允许从事各类投资，但如投资贵金属，必须得到 CSSF 的专门批准，瑞典规定，如欲投资金融衍生产品，必须向瑞典金融监管当局提交豁免适用集合投资管理计划规则的申请。参见 European Fund and Asset Management，“Hedge Funds Regulation in Europe A Comparative Survey”，August 2005，p. 32。

源。另外，对冲基金积极参与新创立的各类金融产品交易，充当交易买方，为市场提供必需的流动性，有助于促进市场形成。[①]

（2）可以卖空交易。对冲基金"对冲"策略得以执行的关键是可以进行卖空交易，即卖出卖方投资者当时并不拥有的证券，然后通过移交事后借入的同种证券履行合约义务。这是对冲基金创立时期的重要特征，目前许多对冲基金仍继续使用卖空策略。传统上，卖空被证券交易所视为负面，因为其试图从股价下降中获利。因此，有关卖空的监管规则长期以来限制这种交易技术的使用方式，因此对冲基金从事卖空交易并非不受监管。[②]但无论如何，相对于监管法律不允许执行卖空操作的共同基金而言，对冲基金凭借卖空交易丰富了自身投资策略基础，特别是在熊市期间为投资者提供了实现资产保值的重要工具。

（3）杠杆交易不受限制。对冲基金投资过程的另一重要特点是可以不受限制地执行杠杆交易。市场实践中，对冲基金可以通过对外借款融资建立资产负债表杠杆，也可以通过各类金融衍生产品建立表外杠杆或工具内嵌杠杆，监管者一般对对冲基金取得杠杆的途径和杠杆规模不加任何限制，而共同基金则以控制风险为理由要受监管规则的限制。例如，美国 1940 年《投资公司法》第 18 节（f）禁止共同基金发行债券，并要求通过银行借款得到的杠杆率不得超过 300%，而欧洲可转让集合投资计划（UCITS）的限制更严，禁止杠杆率超过 10%。

（4）限制投资者赎回。对冲基金允许投资者在投资过程中赎回投资，因而不存在永久性资本，为防止投资者赎回请求对基金投资产生以流动性风险为主的各种负面影响，保护基金其他投资者利益，对冲基金往往在基金契约中对投资者赎回施加某些限制，主要包括如下三种机制：

1）锁定期（Lock-up Period）：要求投资者投资的最低持有期限，在锁定期内不得申请赎回。锁定期适用于初始和持续投资。有的对冲基金向投资者提供提前退出对冲基金投资的权利，但必须根据投资者资本账户余额的一定比例支付费用。

2）窗口机制（Gate System）：为基金管理人提供限制某一给定赎回日的总赎回数量的权利，一般表示为基金净资产值的一定比例。如果给定赎回日的赎回请求总量超过窗口限额，则每个投资者的实际赎回数量自动按比例压缩。当期没有得到满足的赎回要求自动结转到下一个赎回日，并对新的赎回要求形成

---

① 在信用衍生市场上，这种作用尤其明显，许多对冲基金使用信用违约互换作为买卖信用风险的最有效方法，也是信用价差波动率、相关性和回收率等相对价值交易策略衍生产品交易的主要使用者。参见 CRPMG II，"Towards Financial Stability-Private Perspective"，June 2005，p. 245。

② 2004 年以前，卖空在很大程度上要受 SEC 规则 3b-3，10a-1，10a-2 的监管。2004 年，证券交易委员会实施监管法规 SGO，在规则 200-203 为卖空设置了新的监管框架。参见 Exchange Act Rel.No.50，103（July 28，2004）。

优先权。[①]

3）提前通知期（Advance Notice Period）：要求投资者行使赎回权之前就其意图事先通知基金管理人，提前通知期从30天到90天不等，这为投资管理人提供时间，清算头寸释放现金以满足赎回要求。

对投资者赎回的上述限制机制就是对基金资产流动性的保护，它使对冲基金可以自由从事低流动性投资，而不必向开放式共同基金因负有每日赎回义务而在投资产品流动性上受到限制。[②]这种特征有助于对冲基金管理人形成与市场主流观点“另类”的投资策略，使其在资产价格下降时坚持既定的“持有”投资理念，减少恐慌性抛售的羊群行为，还可能使对冲基金在其他市场主体竞相抛售时入场吸盘，提供急需的流动性来稳定市场。

3. 有限信息披露

与共同基金不同，对冲基金无论在募集资金时还是投资过程中都不需要定期公开信息披露，从而得以保留大量基金投资的机密信息，这是其业绩优于共同基金的重要原因之一。缺乏信息披露使对冲基金时常因“暗箱操作”为市场诟病，但必须强调，对冲基金并非完全豁免信息披露义务。首先，无论在募集过程还是投资过程中，对冲基金都要对基金投资者提供必要的风险和财务信息；[③]其次，对冲基金如果要顺利实现交易策略，就必须向主经纪人、信贷提供者和交易对手等提供所需要的信息；最后，如果对冲基金因投资行为触发大额交易报告制度起点，要与其他投资者一道，依法履行信息披露义务。

随着对冲基金管理资产规模的快速增长和市场影响力的急剧上升，对冲基金继续豁免对监管者提交信息的现状有可能改变，英国FSA已经对伦敦重要的主经纪人建立了通过非正式定期调查收集信息机制，欧洲大陆国家也多要求对冲基金向监管当局提交必要的信息。在设计对冲基金信息披露监管框架时必须注意根据对冲基金类别和信息接收主体的不同，[④]设计有层次、差异化的信息披露要求，信息披露架构的主导思想应当是强调提升对冲基金风险透明度而非通过披露可能具有敏感性的具体头寸提高“敞口”透明度，通过保护具有商业秘密特征的敏感信息保持对冲基金行业竞争力，使之继续区别于共同基金。

---

① 有的对冲基金还进一步保证，尽管存在赎回窗口规定，但投资者资本账户的全部资金可以在未来的某个确定的赎回日得到清偿。

② 美国1940年《投资公司法》禁止共同基金将15%以上资产投资于低流动性资产，SEC对低流动性的解释为“任何无法在交易完成7个交易日内以接近投资成本的价格出售的投资”。

③ 私募发行过程中通过私募发行备忘录向拟投资主体提供，投资过程中一般使用月度通信（Newsletter）通报基金运转情况。

④ 包括投资者、主经纪人、交易对手、信贷提供者、评级服务提供者和监管者。

4. 投资运作过程和产业链跨国分布

与共同基金不同，对冲基金、基金管理人、投资者和基金主要运营服务提供者多分别成立于不同国家并在各自注册司法辖区接受监管。以欧洲为例，为贴近主要金融市场，多数对冲基金管理人选择在伦敦注册，[①] 而基金本身为获得低监管和税收优惠多注册于开曼群岛等离岸金融中心，为对冲基金投资运营提供关键服务的大型投资银行多集中于伦敦和纽约，而爱尔兰都柏林和卢森堡已经成为欧洲对冲基金行政管理服务提供商中心，加上部分对冲基金可以借助可转让集合投资计划Ⅲ实现对泛欧投资者营销，再考虑到对冲基金可能跨多国金融市场执行复杂的套利策略，因此对冲基金投资流程可能涉及多个国家。在缺乏协调合作机制的情况下，不同司法辖区监管法律制度的内在冲突可能阻碍对冲基金顺利实施自身交易策略，也无助于保护投资者、促进金融市场完整性和控制系统性风险这三大监管目标的实现。因此，对冲基金监管法律制度设计中必须充分重视基金运作流程和产业链所分布各国法律协调与监管合作机制的构建，选择适当的法律制度框架和确立监管合作牵头人是监管合作机制的关键。

三、对冲基金对金融监管目标实现的影响

对冲基金近年来的快速发展使其对提升金融市场效率、降低系统性风险和保护投资者利益这三大目标的影响程度加深、影响路径和传导机制日益复杂。明确相关传导机制和影响效果是评价现行监管法律制度是否有效的基础，也是进而推动对冲基金监管法律制度重构的前提。

1. 对冲基金对金融稳定和市场效率的影响

大量实证研究表明，对冲基金对金融市场的影响既有正效应，又有负效应，正是这种同时存在的正负外部性使传统的监管技术顾此失彼。[②] 监管法律制度的设计必须在紧密把握对冲基金对市场效率和稳定的影响效果与传导机制过程中，提高针对性，力求趋利避害。

（1）正面影响。

1）提供市场流动性。在《新巴塞尔协议》推动下，在险价值指标已成为全球银行、证券公司使用最广泛的市场风险管理测度工具，同时其构成头寸限额和保证金控制等风险控制措施的基础。为克服使用相同或类似模型导致的面对同样风

---

① 信息接收主体根据伦敦国际金融服务机构 2008 年 7 月 14 日发表的调查报告显示，2007 年底，伦敦注册对冲基金管理人超过 1000 家，管理资产超过 4000 亿美元，占整个欧洲的 80%。

② Ashley Taylor, Jean-Pierre Zigrand, "Highwayman or Heroes: Should Hedge Fund be Regulated?", *Journal of Financial Stability*, September 2005, pp. 522-545.

险信号的集体一致行为，在压力时期拥有充足资本、可以入市承担风险的金融机构或市场参与者至关重要。对冲基金市场风险模型使用更为灵活，头寸限制约束较少，而且可以不受限制地使用杠杆放大交易。当受监管投资者按监管要求被迫清算头寸时，对冲基金可能发现在贱卖交易中充当交易对手有利，并提供流动性。换言之，如果将传统股市视为内含大量正反馈回路的系统，对冲基金的参与就等于在系统中加入负反馈回路，促进系统稳定运行。[①] 因此，危机时期不受监管的对冲基金可以在确保金融稳定进程中发挥重要作用，但前提是自身资本稳固，流动性充沛并持有另类投资观点。

2）作为市场拓荒者，提升市场完整性。对冲基金是一系列新兴市场的风险承受者，尤其在复杂的信用衍生产品市场，对于传统投资者而言风险难以估计，此时对冲基金管理人凭借掌握的模型获得竞争优势，看准机会入市获利并带动其他投资者加入。因此，对冲基金以积极市场参与者定位出现，有利于场外市场的拓展和流动性提升，促进更完善风险管理工具的开发，由此改善风险在市场参与者之间的分配。

（2）负面影响。现在与十年前相比，今日对冲基金的规模数量与市场影响力已不可同日而语，但对冲基金对金融体系稳定的固有风险并没有任何实质性改变，而且这种对金融市场的负面影响具有类似银行挤兑效果的逐轮趋势规模递增的倾向。[②] 具体而言，包括如下影响路径：

1）大型高杠杆对冲基金的失败导致对金融市场稳定性的冲击。英国 FSA 指出，大型高杠杆对冲基金的失败或严重危难可能导致严重的市场破坏。[③] 杠杆一般是指金融机构负债与资本基础之间的相对关系，可以通过正式对外借债取得，也可以间接通过某些衍生产品运营来实现。鉴于对冲基金持有大量衍生产品头寸，间接形式的杠杆更重要。与受监管金融机构不同，对冲基金投资并不存在杠杆上限。在危机时期，杠杆可以提高对冲基金违约的概率和损失严重程度，如果对冲基金资本不充足，其通过杠杆向市场提供的流动性要被迫迅速收回，这可能构成危机触发机制。[④] 值得注意的是，多数情况下危机时期对冲基金的高杠杆是症

---

① 骆惠南、李作为：《论衍生产品使香港地区股市走上健康发展之路——兼论对冲基金对股市的作用》，《国际金融研究》2008 年第 2 期，第 60 页。

② 姜洋：《中国证券商监管制度研究》，中国金融出版社 2001 年版，第 91 页。

③ FSA，Hedge Funds：A Discussion of Risk and Regulatory Engagement，2005，p. 1.

④ 美国总统金融市场委员会工作组指出，在波动率较高的市场上，高杠杆提高了使用杠杆主体失败的风险，因为潜在损失规模可以严重减损甚至彻底摧毁该主体的净值。当高杠杆机构被市场冲击或流动性冲击摧毁时，其承受的风险将传递回市场。因此高杠杆投资者可能恶化加剧市场的不稳定性。参见 "Report of the President's Working Group on Financial Markets", *Hedge Funds. Leverage, and the Lessons of Long-term Capital Markets*, April 1999。

状，而非危机事件的原因，[①] 而且，从性质上讲，由于敞口定价汇总非常复杂，导致对冲基金杠杆难以测度。尽管如此，以可行方式监督大型对冲基金杠杆率的变化仍有助于获得预警信号，防范控制可能触发的危机。

2）以主经纪业务为核心形成交易对手风险。信贷机构和证券公司（主经纪人）对对冲基金的直接信贷敞口是对冲基金影响金融体系稳定性的最主要渠道，主经纪提供杠杆融资、结算服务和信贷便利，并与对冲基金在场外衍生产品市场建立交易敞口。由于对冲基金杠杆不受限制，使得其大量从事高风险活动，对冲基金违约所带来的风险被进一步放大。事实上，对冲基金给受监管交易对手（主经纪人）带来重大交易对手风险，提高了金融体系受监管部分的信用风险。

交易对手风险是长期资本管理公司事件的重要主题，由于银行敞口之间的联系网络，无论长期资本交易对手银行还是与长期资本无直接关联的银行，都面临间接的交易对手风险，可能在整个银行体系引发多米诺骨牌效应。事件落幕后国际监管组织开出的“药方”是督促主经纪人加强交易对手风险管理并要求对冲基金提高透明度，即通过强化市场纪律加强间接监管。

十年来对冲基金和主经纪业务发展的过程显示，二者的关系复杂而脆弱。主经纪人的激励并非总是与适当的市场纪律要求相协调，因为其收入相当比重要依靠对冲基金业务提供。没有监管者施加的压力，主经纪人之间为竞争对冲基金客户可能甚至注定削弱风险监督和市场纪律。而且，许多对冲基金与多主经纪人建立业务关系，根据欧洲央行（2005）的统计，对冲基金行业主经纪人平均为 3.3 个，管理资产超过 10 亿美元的对冲基金主经纪人平均为 4 个。2006 年 9 月创造对冲基金 65 亿美元亏损纪录的不凋花对冲基金主经纪人为 7 家银行。这就导致即使对冲基金对每个主经纪人披露业务相关信息，也没有任何主体可以获得对冲基金业务活动、风险特征和敞口的全面综合认识，这就成为系统性风险的重要根源。而且，对冲基金与主经纪人在很多活动中形成竞争关系，代表相反的市场力量，例如投资银行自营投资平台很多采用类似对冲基金的投资策略，这导致利益冲突并限制了对冲基金可以提供的信息的数量和质量。

另外，主经纪业务自身也呈现高度集中，根据欧洲中央银行统计（2005），摩根斯坦利和高盛控制着欧洲和全球对冲基金主经纪业务的 40%以上，排名第三的贝尔斯登市场份额超过 10%，这又为监管者推行以风险为基准的重点监管介入措施提供了依据。

① 根据 Hennessee Group 的调查，在 2003 年，84%的对冲基金杠杆率低于 200%，只有 2%的对冲基金杠杆率高于 500%。Gupta and Liang 指出，到 2003 年 3 月，不足 4%的生存对冲基金和 11%的死亡对冲基金违反巴塞尔资本充足率要求，因此资本不足对冲基金数量其实有限。

3）拥挤性交易导致的流动性风险。当市场稳定时期，对冲基金的出现可以提高流动性，而在压力条件下，当杠杆头寸出现损失时，对冲基金可能成为第一个逃离市场者。拥挤的交易或特定策略中类似跨对冲基金的头寸可能进一步放大对冲基金退出对所在金融市场的影响。之所以如此，是因为在正常市场条件下，存在足够的多样性，包括组合结构、流动性特征、内部风险控制限额等，因此对冲基金的活动可以导致不同的业绩，即使其投资策略、头寸和期望非常相似。但在市场压力时期，这些差异很可能会消失，尤其是当交易杠杆较高时，导致对冲基金采取逆交易头寸的能力受到严重限制，可能引发资产价格恶性大幅度循环下跌。

4）实施市场操纵的风险。IMF 指出，对冲基金经常被怀疑通过交易操纵来实施市场操纵。[①] 英国 FSA 监管官员也一再警告："对冲基金正在检测内幕交易和市场操纵的可接受的边界"，[②] 对冲基金可以使用多种手段实施市场操纵：例如，其可以在两个关联的市场建仓，然后在一个市场进行大笔卖出/买进（以亏损为代价），引诱不明就里的市场参与者采取特定行动，让另一个关联市场的价格按照能够让投机者在弥补亏损后还有盈利的方向变动。[③] 近期，对冲基金在金融市场上大量运用价差合约绕过大额持仓强制披露监管要求，促使监管者考虑是否需要根据立法的经济实质而非文字形式强制所有投资者披露通过价差合约建立的头寸。[④]

2. 对冲基金对投资者利益保护的影响

对冲基金管理资产规模迅速增长的根本原因是投资者对其追捧的结果，因为对冲基金可以提供高回报和多元化分散投资机会，但基金管理人也可能凭借信息优势对投资者实施欺诈等行为侵害其权益，因此有必要对对冲基金对投资者利益保护监管目标的影响进行全面分析。在这个过程中，监管者既要将投资者作为一个整体来考虑，又要尊重对冲基金"零售化"趋势的出现，具体分析对零售投资

---

① International Monetary Fund. Global Financial Stability Report，April 2004，p. 128.

② Remarks by Hector Sants，"Managing Director，Wholesale & Institutional Markets，FSA，Hedge funds，Regulators and Emerging Markets"，IOSCO Shanghai EMC Meeting，21 September 2006. Available at：http://www.fsa.gov.uk/pages/Library/Communication/Speeches/2006/0922_hs.shtml.

③ 关于对冲基金通过不同市场板块同时建仓的手法操纵市场，最近的抱怨来自新兴市场债券基金经理。有些市场参与者认为，对冲基金往往先在二级市场卖空某些主权债券，然后在初级市场大量取得主权国刚发行的一种新债券，几乎立即转手在二级市场卖出，试图抬高主权债券收益曲线。参见 El-Erian，2003。

④ 英国 FSA 多次强调，虽然监管者总体评估认为差价合约是一种有效的市场工具并不试图限制其正常使用，但也承认对其中一些头寸被用于规避适当的信息披露义务表示关注。参见 Speech by Hector Sants，"Chief Exective，FSA，Hedge Funds-Lessons from the Recent Market Turmoil，A Supervisor's Perspective"，EDHEC Alternative Investments，November 2007。

者和成熟投资者的不同影响结果。同时要注意对冲基金对传统投资者保护监管手段的挑战，及时创新监管理念，完善监管手段。

（1）负面影响。

1）利用信息优势欺诈投资者。虽然对冲基金通过报酬分享机制实现了基金管理人激励结构的优化，但由于约束机制不足，加上投资者只能获得有限的滞后信息，因此无法阻止对冲基金管理人的欺诈行为。尽管 IOSCO 认为从全球层面看，涉及对冲基金的欺诈问题在各国的严重程度不同，总的来看对冲基金欺诈舞弊的投诉率目前并不很高，[①] 近年来，伴随对冲基金的增长，在以美国为首的主要金融市场的确涌现出大量法庭诉讼案例，多数涉及起诉对冲基金经理和投资顾问欺诈，对冲基金投资顾问也是近来涉及交易迟延、利益冲突等指控丑闻的主角。[②] 根据美国 SEC 的统计，2001~2005 年，涉及对冲基金欺诈的调查案例达 51 起，涉案金额 11 亿美元。而 CFTC 统计，2002~2007 年对对冲基金实施的强制措施达 45 起，金额 5.5 亿美元，多数涉及基金管理人欺诈投资者。例如 Bayou Management 案例中，基金发起人被指控在 1998~2005 年“夸大盈利、低估亏损、事实亏损而虚构盈利”，全球最大对冲基金 Man Group 高级总裁 Thomas Gilmartin 也被指控协助设立秘密账户并虚设账簿。在英国，根据 Hedge Street 报道，[③] 管理资产 110 亿美元的大型对冲基金公司 GLG Partners 因涉嫌从事不正当债券交易接受 FSA 调查，德意志银行也牵涉其中。在亚洲，根据 Allen Arthur Robinson 报道，中国香港证监会正就一宗清盘中的大型组合式对冲基金 CSA Absolute Return Fund Limited 盗用 1062 名客户资金 15 亿港元，投资于虚构的 15 只“影子基金”的案件进行调查，证监会打算起诉基金管理人和审计师安永，以及基金行政管理人汇丰银行及其附属公司百慕大银行，审计师的控罪是没有对基金内部控制系统进行记录检查，而监管人和管理人的控罪是没有履行尽职调查责任。[④]

尽管对冲基金欺诈舞弊问题目前尚不十分严重，但它会对市场信心产生致命打击，而且随着对冲基金零售化趋势的发展，投资者面对的欺诈威胁和对冲基金所面临的法律诉讼风险会日益突出。从根本上讲，要有效防范法律风险，必须完善对冲基金的治理结构。

2）估值不准损害投资者利益。对冲基金由于缺乏独立资产估值机制导致的

---

① Technical Committee of IOSCO. The Regulatory Environment for Hedge Funds: A Survey and Comparison, November 2006.

② 据统计，1999~2003 财政年度美国两大监管机构所采取的涉及对冲基金和商品组合的强制措施为 3%。多数欺诈指控针对未登记实体，包括彻底的不当陈述。

③ Hedge fund Street，“Hedge Fund GLG Partners Being Probed by FSA”，November 13，2005.

④ Allen Arthur Robinson，“Legal Action Commenced in Hong Kong Against Service Providers to Hedge Fund”，August 2006.

估值问题是近年来各国监管部门和行业组织调查分析的重点。基金经理为追求高绩效费有强烈动机用各种方法美化账面数字，尤其在实际业绩不佳时。虽然越来越多对冲基金使用行政管理人（Administrator）等外部服务提供者从事资产评估工作，但基金经理对评价结果可以按自己的判断进行调整，或者因行政管理人对复杂金融产品估值不熟悉，在实际评估过程中要依靠基金管理人提供的数据，而自身没有能力对数据进行核实与质疑。对冲基金估值过程缺乏独立监管，也使投资者在购买和赎回时价格计算是否公正令人质疑，无形中为基金带来额外的声誉风险。鉴于估值问题的严重性，2007 年底，IOSCO 出台对冲基金估值监管文件，确认对冲基金估值过程中必须遵循的九项原则，对估值问题进行了初步规范。[①]

3）基金管理人与投资者发生直接利益冲突。这方面最常见的案例是 SEC 所指在管理客户不同账户时发生的利益冲突（Side by Side Management of Client Account）。[②] 王心怡指出："只要一位经理人同时拥有两个客户，就会出现利益冲突问题。"[③] 基于对冲基金的运营特点，基金管理人的利益冲突远比其他传统基金严重，正如 Gene A. Gohlke 指出，由于对冲基金是受托人，所以利益冲突是"无所不在"，但却视而不见且不披露。[④]

当对冲基金管理人同时管理多头策略共同基金和空头策略对冲基金时，如果同时投资一只股票，则很可能运用共同基金资金买入股票，而在对冲基金部分卖空股票，卖空行为自然会在市场上对标的股票价格产生负面影响，直接打击共同基金业绩，这实质上是将共同基金利益输送给对冲基金投资者（包括本人参加投资的对冲基金经理），损害共同基金投资者利益。有时对冲基金经理出于私利，利用不同客户的投资私下对冲，降低风险，会产生另一种利益冲突问题。

4）台底条款（Side Letter）造成投资者待遇不公平。台底条款是对冲基金运营实践中形成的一种惯例，其实质是赋予某些特殊投资者（一般为投入大量资金的机构投资者或超级富豪）某种投资过程中的优先权，承诺为投资者提供其他投资者无法获得的权利或让步，或使该投资者处于优势地位。台底条款包括：以比一般投资者更高的频率提供经审计的财务报表；豁免提前赎回费用；重大影响事件出现时得到及时通知的权利；某些情况下获得优先待遇。其事实上几乎包括任何可以给投资者优先权的条款、事件发生首先获得通知和经济利益等。

台底条款虽然是某些情况下对冲基金吸引大额投资，保持竞争力的必要条

---

① IOSCO，"Principles for the Valuation of Hedge Funds Portfolios"，November 2007.

② SEC，"Implication of the Growth of Hedge Funds Report of the Staff of the U.S. Securities and Exchange Commission"，September 2003，p. 83.

③ 王心怡：《对冲基金》，2005 年 1 月，转引自梁兆棋《对冲基金治理研究》，上海财经大学博士学位论文，2007 年，第 49 页。

④ Gene A. Gohike，Speech by SEC Staff：Remark Before the Fund of Funds Forum，November 14，2005.

件，但它违背了对冲基金管理人作为基金受托人公平对待每个投资者的信托义务，事实上形成投资者的不同层级，因此，为使对冲基金可以签发该条款，基金章程中必须明确授权，投资者在发行文件中必须明确允许基金签发台底条款。即使如此，由于某些台底条款可能对基金其他投资者利益产生严重不利影响，英美监管者都进行了干预。2006 年 5 月，美国 SEC 投资者交易与援助办公室主任 Susan Wyderko 在参议院银行委员会作证时指出，台底条款“因为其涉及严重的利益冲突可能损害其他投资者利益更令人担忧。检查人员将审核台底条款协议并评估有关该条款及其引发的利益冲突问题是否得到充分披露”。[①] 英国 FSA 则警告台底条款可能导致市场失败，“台底条款导致一些通常规模大的投资者获得较同一等级其他投资者更多信息和优先（提前）赎回条款（后者可能并不了解侧袋条款的存在，也不会获得上述条款）。我们相信英国注册的投资管理人如果没有披露上述条款的存在，就至少违反了执业原则第一条（企业执业必须公正）。同估值问题一样，我们要对台底条款采取行动。至少应建立可接受的市场惯例，使投资管理人确信当台底条款发布时，所有投资者都得到通知，由此产生的任何利益冲突问题得到有效管理”。2006 年 9 月，在 FSA 督促下，英国对冲基金行业组织另类投资管理协会（AIMA）发布台底条款行业指引，要求对冲基金管理人对投资者披露具有“重要性”的台底条款的存在。[②]

（2）完善监管措施。强制全面信息披露是监管当局保护投资者利益的最重要手段，但简单将适用于共同基金的信息披露义务移植到对冲基金监管中并不适用。一方面，事后、滞后的信息披露无助于解决投资欺诈、资产估值操纵等问题；另一方面，私募发行的对冲基金正是凭借豁免定期公开信息披露义务得以保留大量投资机密信息，这是其竞争优势的重要体现。因此，在传统的私募单一对冲基金产品体系下，投资者保护并非对冲基金监管法律制度的重心。伴随着对冲基金投资日益呈现零售化，大批普通投资者直接或间接参与对冲基金投资，有必要创新监管理念、完善监管手段，设计适当的监管框架为投资者提供适当的保护，以实现对冲基金监管法律制度的公平监管价值目标。在准入过程允许财富水平和风险承受能力各不相同的投资者按照私募单一对冲基金、公募单一对冲基金、组合式对冲基金、对冲基金指数等不同框架获得实质意义上公平参与对冲基金投资机会的同时，事中运营监管机制一是要对组合式对冲基金投资运营机制进行必要的规范和约束，以此实现对零售投资者的特殊保护；二是要以实现“风险

① “Testimony concerning Hedge Funds Before the Subcommittee on Securities and Investment of the US Senate Committee on Banking, Housing, and Urban Affairs”, Susan Ferris Wyderko, Director, Office of Investor Education and Assistance, US Securities and Exchange Commission, May16, 2006.

② AIMA, “Industry Guidance Note on Side Letters”, September 27, 2006.

透明度”为目标，建立对冲基金投资者信息披露制度，以私募单一对冲基金为基准确立最低标准；三是要提供投资者实现自我保护的机制与途径，免受基金管理人欺诈和其他侵害利益行为的伤害。

本书认为，对冲基金对保持市场效率、维护金融稳定和投资者利益保护这三大监管目标既有积极促进作用，也存在不容忽视的潜在危害，就其本质而言，对冲基金是一种具有充分意义合理内核的中性金融投资工具，应该在适当的法律框架下获得合法地位并在符合一定规范的前提下获得保护。

第三节 国内外研究现状综述与评析

对冲基金运营早期，基于私募发行的性质无法定义务必公开的数据，因而有关行业的资料有限，多是通过新闻媒体的宣传为公众所知。近年来随着对冲基金规模增长、市场影响扩大，各国监管法律制度的陆续出台，相关研究成果日益丰富。

一、国外对冲基金监管研究综述

由于对冲基金凭私募属性豁免直接监管措施，国外对对冲基金的学术研究长期集中在分析对冲基金的交易策略以探寻其获利的根源，因此，20 世纪 90 年代中期以前很少有专题研究对冲基金监管的文献。经检索 Proquest、Lexis 和 Westlaw 数据库，到 2007 年底没有发现专门以对冲基金监管为主题的博硕士学位论文。截至 2008 年 6 月，从整体上以对冲基金监管法律制度为主题的学术专著共有 4 部。由 Shartsis Friese LLP 组织学者编写的《美国对冲基金监管》详细分析了到 2005 年为止对冲基金在美国运营的豁免规则和基于投资行为所需要遵守的各类监管措施，澄清了业界和学术界对冲基金“不受监管”的模糊认识，Scott J. Lederman 在《对冲基金监管》一书中分析了 SEC 新监管规则被推翻对对冲基金运营和监管的影响，并指出结构化投资产品的出现可以使对冲基金绕过直接监管对投资者营销，这是对冲基金监管中必须考虑的一个竞争因素。上述两部专著的研究对象局限于美国，对其他司法辖区对冲基金监管法律制度的状况没有进行分析，在研究视野上存在局限性。Iain Cullen 和 Helen Parry 2001 年合作编写的《对冲基金：法律与监管措施》一书是长期资本管理公司事件后关于对冲基金监管的集大成之作，该书一是对国际金融监管组织围绕加强对冲基金监管的多篇报告进行了全面的比较分析和研究，总体上仍支持采取以“市场约束”为特征的间接监管措施来管制对冲基金，监管的理由主要基于系统性风险的防范要求，在此基础上探讨了采取类似资本充足率监管等直接监管措施的可行性，但未给出结论；二是对在欧洲募集对冲基金的法律、监管和税收环境进行了比较，对法国、德国、意大利、荷兰、西班牙和瑞士六个国家涉及对冲基金的立法和监管措施进行了分析，并提出了如何在互联网时代加强对对冲基金募集过程监管这一值得关注的问题；三是探讨了对冲基金投资环境下的投资者保护问题，指出富有的个人投资者在资产规模和投资经验上都异于普通投资者，这类投资者应更多地通过在对冲基金募集过程中加强尽职调查等措施实现自我保护，不应成为监管者关注的焦点。这部著作着眼于全球金融市场，给未来的研究提供了许多线索，美中不足的是成书较早，对对冲基金在21世纪的高速发展以及运营、投资者特征的变化以及对监管法律制度的影响较少涉及。德国学者 Wulf Alexander Kaal 2005 年的著作《通过银行监管实施对冲基金监管》指出通过受监管银行实施对冲基金监管是市场最佳选择，并探讨了《新巴塞尔协议》框架对对冲基金监管的影响途径和方式。

在上述整体性研究之外，围绕对冲基金对不同监管目标的影响以及内部控制、风险管理等方面的研究近年日益丰富。

1. 关于防范系统性风险

1997 年亚洲金融危机和 1998 年长期资产管理公司危机后，对冲基金不受监管、大量运用杠杆和交易头寸集中所引发的金融市场系统性风险的问题引起各国监管当局和国际监管组织的关注。IMF 在其 1998 年出版的专题报告《对冲基金与系统性金融风险》中提出是否要对对冲基金之类的集合投资工具予以管制，需从三个方面进行考虑：一是保护投资者，二是市场完整性，三是系统性风险，其研究结论是对冲基金实际上还是要接受许多监管，因而没有必要单独对对冲基金加强直接监管。但不久后发生的长期资产管理公司濒临倒闭事件证明市场纪律可能失效并在全球流动性最强的美国金融市场引发系统性风险，因此，IMF 相信单纯依靠市场纪律可以控制系统性风险的结论并不成立。

国际组织围绕长期资本管理公司失败原因和监管漏洞进行了一系列调查：1999 年 1 月巴塞尔委员会在《银行与高杠杆机构交易的稳健做法》报告中提出通过由对冲基金债权人银行加强交易对手风险管理措施来预防系统性风险。1999 年 4 月美国总统金融市场工作小组（PWG）在其调查报告《对冲基金、杠杆率与长期资产管理公司的教训》中提出不受限制的高杠杆运营是危机揭示的主要政策问题，并要求金融市场主体采取措施改进自身风险管理。对大型高杠杆对冲基金应考虑是否引入资本充足率等直接监管措施的问题，但并未给出结论。1999 年 6 月交易对手风险管理集团（CRPMG）响应总统金融市场委员会工作组建议，出台《改进交易对手风险管理实践》的调查报告，提出 6 大模块 20 项具体措施，力求改进主要商业银行和投资银行交易对手风险管理水平。1999 年 11 月国际证券监管者组织（ISOCO）在《对冲基金与其他高杠杆机构》报告中肯定了加强投资银行、证券公司交易对手风险管理等间接监管措施的重要性，并提出应要求对冲基金分别对交易对手和监管当局披露必要的交易信息以提高透明度。2000 年初 6 家大型对冲基金管理公司制定《对冲基金管理人良好运营实践》作为对总统金融市场委员会要求对冲基金提升自身行业风险管理水平的回应，报告指出对冲基金运营中要关注各种风险之间的关联并就杠杆的测度进行了探讨。2000 年 4 月金融稳定论坛在分析总结前述报告所提建议的基础上，就高杠杆机构对金融稳定的挑战进行了评估，并就监管机构应采取哪些措施降低非稳定性影响达成共识，形成十大具体建议。金融稳定论坛报告还对高杠杆机构在中小开放经济的活动所引发的市场冲击问题进行了研究，但由于难以判定交易动机和无法举证，研究者无法对 6 大样本经济体高杠杆机构的操纵行为及其对市场完整性的影响得出结论。2007 年 5 月金融稳定论坛对 2000 年的报告进行了检讨，在系统性风险防范措施方面仍维持 2000 年报告的结论，即主要通过主经纪人和其他交易对手施加的市场纪律进行控制，但指出监管者应通过开展全球主要市场主经纪人敞口调查对市场纪律进行必要的引导。总的来说，围绕控制系统性风险的监管措施仍以间接监管（交易对手风险管理和自愿信息披露）为主，由于担心对冲基金离岸注册、交易以进一步逃避监管，以美国为代表的主要金融市场所在国家都不支持对私募单一对冲基金采用直接监管措施。

2. 关于投资者保护

进入 21 世纪，伴随主要国家股市的下跌和全球金融市场长期维持低利率环境，对冲基金规模迅速扩张，机构投资者比重上升，零售化趋势逐步显现。目前组合式对冲基金占全行业管理资产规模已接近一半。与此同时，由于运作不透明，对冲基金涉及欺诈舞弊的报道日渐增多，对冲基金治理结构和投资者保护问题全面凸显。1999~2002 年，意大利、新加坡、中国香港、澳大利亚等国家和地区陆续允许建立法律框架对冲基金对零售投资者募集资金。IOSCO 为此于 2003 年发布了《对冲基金中的监管与投资者保护问题》研究报告，分析了上述现象出现的原因，并相应给出了对策和意见。美国 SEC2003 年 9 月发布《对冲基金的发展与影响》研究报告，分析了对冲基金在美国的发展历史和运营的法律环境，针对对冲基金"零售化"的趋势和欺诈投资者案例的大量涌现，归纳了缺乏监管监督、估值、零售化等 6 项监管担忧事项，并提出修改投资顾问法下的豁免规则要求对冲基金顾问在投资顾问法下登记接受监管等 7 项建议。2004 年 SEC 根据该建议修改监管规则，要求穿透"客户"定义计算投资者人数从而实现对冲基金投资顾问登记，但由于遭到业界的反对于 2006 年 6 月被哥伦比亚地方上诉法院推翻。英国金融服务局围绕是否建立在岸对冲基金制度自 2005 年起多次发表咨询报告征求业界意见。另外，有学者通过实证研究证实，允许普通投资者以适当方式参与对冲基金投资可以提升投资者福利水平，如 Donald E. Lacey，Jr.用 1992~2002 年的统计数据推导出加入对冲基金投资前后有效市场边界曲线向左上方移动，直观地证明了投资者效用的改善。

3. 关于市场操纵

尽管以“量子基金”为代表的对冲基金被亚洲国家视为引发危机的罪魁祸首，但实证研究多数并不支持这一论断。Brown、Goetzman 和 Park 的高频数据分析没有发现针对亚洲货币的巨赌行为，Eichengreen 和 Mathieson 尽管发现一些对冲基金在危机前对泰铢下注，但认为敞口模式无法危及市场稳定，相反一些管理人的负反馈交易策略可能减少损失。Fung 和 Hsieh 检验了 Eichengreen 和 Mathieson 的一些判断，指出对冲基金在三种情况下可能造成市场不稳定：①建立大量空头寸；②使用正反馈交易；③羊群行为。其结论是对冲基金在危机前没有建立大规模空头，因此不应对亚洲货币贬值负责，由于更多采取负反馈策略也未放大危机。但澳大利亚中央银行的研究指出：第一，1998 年对冲基金在澳大利亚市场的行为明显意图改变市场价格，不仅试图从预期发生事件中受益，还通过影响该事件进程获利。来自中国香港和南非监管当局的信息表明在 1998 年的不同时点对冲基金也从事类似行为并产生了类似的不稳定效果。第二，对冲基金通过持有大规模空仓影响市场动力特征。第三，对冲基金不仅可以冲击固定汇率，而且可以影响浮动汇率。

进入 21 世纪以来，英国 FSA 监管官员一再警告：“对冲基金正在检测内幕交易和市场操纵的可接受的边界”，近来面对对冲基金在金融市场上大量运用价差合约绕过大额持仓强制披露监管要求，英国 FSA 于 2008 年 6 月决定根据大额交易报告制度的立法的实质，强制所有投资者披露通过价差合约建立的头寸，以限制对冲基金逃避信息披露义务、操纵金融市场的行为。

4. 关于治理结构与风险管理

除直接研究对冲基金监管问题的文献之外，国外学者从金融学视角关于对冲基金风险管理、治理结构的研究也为建立和完善对冲基金监管法律制度提供了新思路。Armelle Guizot 所著《对冲基金合规与风险管理指南》一书详细分析了对冲基金在运营中所面临的风险类别和风险管理标准与方法，其另一本著作《对冲基金操作风险》则指出对冲基金投资者愿意承担投资所面临的市场风险，但对冲基金运营中产生的操作风险是投资者不应承受的风险，这应成为对冲基金风险管理体系防范的重点。Andrew W. Lo 在《对冲基金风险管理：介绍与回顾》一文中列举了对冲基金基于其“另类投资”的特点对现有金融风险管理技术和方法的挑战，并就如何提升对冲基金的“风险透明度”提出了自己的看法。Milind Sharma 在《适用于另类投资的另类风险调整投资业绩评价指标》一文中指出，传统的收益率指标无法揭示对冲基金另类投资所隐含的高阶矩风险，并提出对冲基金应披露基于风险调整的另类投资业绩指标。Greg N. Gregoriou 等的文章《改进对冲基金公司治理》对对冲基金是否需要公司治理进行了分析，并得出结论：解决代理问题和公司治理的途径是在投资者和管理人之间建立一种平衡机制，这为继续研究对冲基金公司治理问题拓展了新思路。

5. 对冲基金与外部市场主体的关系

针对对冲基金的运营流程，围绕如何提升基金外部主体实施市场纪律的有效性，国外学者近年来进行了大量研究。

Mark Berman 2007 年主编的 *Hedge Fund and Prime Broker* 一书分别从法学和经济学角度探讨了对冲基金与主经纪人之间在业务运营过程中形成的各种法律关系和经济实质。在探讨主经纪人业务在美国产生、发展和取得合法地位过程基础上，该书一是指出主经纪人与对冲基金的关系类似开户银行和工商企业的关系，主经纪人在为对冲基金提供全面结算、清算服务基础上可以了解对冲基金全部运营头寸和敞口，这是通过加强市场纪律开展“间接监管”的基础；二是分析了近年来对冲基金与多个主经纪人建立业务关系的原因，指出这将损害主经纪人监督的有效性；三是研究了伴随欧洲在岸对冲基金业务的发展，主经纪人业务如何与欧洲监管框架下托管人的职责进行协调、变通，在满足监管要求下适应市场运作惯例。

Iain Cullen 和 Helen Parry 2001 年合作编写的《对冲基金：法律与监管措施》对对冲基金委托行政管理人执行基金日常运营事务的做法进行了介绍，指出在美国以外离岸组建的对冲基金顾问多依靠离岸注册的行政管理人提供各种运营支持。该行政管理人将帮助对冲基金管理人根据适用的外国法律组建对冲基金，并协助确保该基金持续符合该外国法律。委托行政管理人实际上是运用市场分工的比较优势原理，将基金内部事务外包出去，使基金管理人集中精力从事投资研究和管理。但该书没有分析是否应对这种外包施加必要的准入资质监管。Scott J. Lederman 在《对冲基金监管》中指出行政管理人的主要职责是计算基金单位净值和基金激励报酬，并分析了平等化股份法、平等化贷记与摊销法、公平调整法等各种调整方法的优缺点。

关于外部审计在对冲基金运营监管中的作用，Bollen 和 Krepely 说明了解或不了解基金收益将会接受审计是对冲基金管理人是否实施收益熨平行为的一个关键决定因素。Liang 对审计对对冲基金质量的影响给予关注，并通过实证检验得到五个重要结论：第一，接受审计的基金数据质量更好，比未审计的基金收益准确性和可靠性更高；第二，尽管拥有审计，但因为缺乏数据、审计日期错误以及运行中的错误，审计质量仍然很不准确和可靠；第三，缺乏审计和定性监督对对冲基金评级与收益有重大影响，将审计要求纳入评级体系有助于促进竞争更加透明、鼓励公司文化的职业伦理特性；第四，缺少审计日期被认为是审计质量低下的一个信号；第五，失败对冲基金所接受的审计的有效性比生存对冲基金的低。缺失审计日期的对冲基金比未缺失的基金规模小。此外，以五大审计师事务所为审计师的基金规模大于非五大审计师公司审计的基金。这意味着，在接受审计的对冲基金资产规模与审计公司的规模之间存在正相关关系，对冲基金规模越大，审计公司规模越大。但现有研究没有涉及对冲基金审计与其他基金产品审计的差异，对监管制度的具体设计关注不够，也没有明确审计执行与监控重点。

随着对冲基金逐步通过发行债券或以管理人上市方式筹集永久性资本，围绕对冲基金评级的研究逐步增多。穆迪、标准普尔、惠普、晨星等主要评级公司陆续推出对冲基金评级产品并发布了一些研究报告，但报告的主要目的是推介自身提供的服务，而且出于保密考虑，对评级的关键步骤和方法语焉不详，而学者的研究更多集中在引入对冲基金评级对加强对冲基金监督的意义和作用，对具体生效机制研究较少。

二、国内对冲基金监管研究综述

由于不存在标准意义上的对冲基金，目前国内直接针对对冲基金的研究并不多见，有关监管的研究更是凤毛麟角。2007 年 9 月经中国期刊网数据库检索得到博士学位论文 5 篇。其中，程翼的《对冲基金》以对冲基金为对象，对其发展历史、内涵、投资战略、分类和特点、收益与风险、发展原因等进行研究，对对冲基金的法律特征和监管制度没有涉及。陈儒的《对冲基金与国际金融市场》主要分析对冲基金对国际金融市场稳定性的影响，书中有一节从系统性风险控制角度梳理了长期资产管理公司危机爆发后，各主要国家监管当局对对冲基金的监管态度和具体措施。黄少明的《对冲基金透视》则通过对对冲基金的发展演变、投资策略以及在历次金融事件中投机行为的分析，揭示对冲基金在国际金融活动中的作用，并提出应在国际范围内加强对对冲基金的监管。陈高翔的《论对冲基金投机攻击对国际经济关系的影响》在分析研究对冲基金投机交易对国际金融体制、国际贸易关系的影响基础上，指出对冲基金是国际金融霸权的表现形式与工具，应认真研究防范对冲基金投机冲击的策略与措施，并从正确选择金融开放模式、把握好开放步骤、加强金融法规建设等方面，提出了相应的监管策略。2007 年上海财经大学梁兆棋的博士学位论文《对冲基金治理研究》以对冲基金治理为主题，在分析对冲基金作为治理结构研究主题特殊性的基础上，提出基金治理应因地制宜、透明度是基金治理的基石、董事会和独立董事是对冲基金治理发展方向等重要的政策建议。

国内目前虽无规范意义的对冲基金，但 20 世纪 90 年代末期以来各种组织形式的私募证券投资基金层出不穷，在满足富裕投资者资产保值增值要求的同时也因其操纵市场行为引起我国证券监管当局关注。夏斌的《私募基金报告》在对私募基金释义的基础上全面分析了国际私募基金产生和发展的原因及运作模式，列举了我国私募基金的生存现状和特征，并探讨了私募基金监管法律制度框架的目标体系和手段，但该书所界定的“私募基金”既包括对冲基金，也包括风险投资基金和私募股权基金，这三种基金的本质属性和投资运作模式各不相同，在一个统一的框架下分析没有能围绕对冲基金高杠杆运作、大量使用金融衍生工具等特点设计监管制度，由于研究时间较早，该书也没有考虑对冲基金进入 21 世纪以来所呈现的“零售化”、“机构化”等特点，并分析上述变化对对冲基金监管法律制度的设计可能带来的重要影响。深圳证券交易所研究员王霞 2006 年的两篇研究报告《中国私募基金发展前景和当前问题研究》和《我国私募基金规范发展若干问题研究》分析了当前我国私募基金的存在形态和发展过程中面临的主要问题，并指出我国对私募基金的监管思路存在与共同基金监管同质化的问题，没有对两类基金产品的投资者主体、风险承受能力进行区分，应当在合理区分基础上减少不必要的限制。陈欣的《衍生金融交易国际监管制度研究》主要探讨如何在国际层面对金融衍生产品实施有效监管，其中也涉及对冲基金可能引发系统性风险的讨论。

此外，国内的学术刊物还发表了一些关于对冲基金监管的研究论文，如易纲、赵晓和江慧琴（1999）在《对冲基金、金融风险与监管》一文中对国际监管组织和美国、英国监管当局围绕是否应加强对对冲基金监管的讨论进行了介绍和评析，陈肇强（2003）对中国香港 2002 年出台的《对冲基金指引》及其创设的“公募对冲基金”制度进行了分析，肯定其作为一种监管制度创新的积极意义，但指出由于对公募对冲基金附加的信息披露义务甚至超过了普通共同基金，这一制度能否吸引大量对冲基金在香港公募尚存疑问。巴曙松（2007）介绍了日本对对冲基金实施监管的主要做法，并指出我国应借鉴日本采取的间接监管措施为主的模式建立适合自身金融市场发展特点的对冲基金监管法律制度。张跃文（2008）则从对冲基金与交易对手关系出发，在研究对冲基金主要风险源、国际对冲基金与商业银行业务关系和风险形成机制的基础上，提出了我国商业银行应对国际对冲基金活动应采取的措施。深圳大学李成自 2007 年以来发表了多篇文章，一是分析比较了美国、德国、英国各自对冲基金的思路和立法框架，二是对如何建立中国对冲基金的监管制度和法律框架进行了有益探讨。

三、对现有研究成果的评析

综上所述，尽管国际金融监管组织的研究报告和学者的专著、论文中对是否应该加强对对冲基金的监管，是否应引入直接监管措施等涉及对冲基金监管法律制度构建的关键内容进行了大量阐释，为本书的写作提供了大量开拓性的思路和有参考价值的见解，但现有研究文献存在以下局限性：

1. 缺乏对监管原因的系统认识

现有研究对监管理由这一围绕对冲基金监管法律制度构建的本原性问题没有进行全面详细的论证。许多研究是针对对冲基金对金融监管某一目标的影响展开分析和论证：有的强调对冲基金具备操纵市场能力，可能引发系统性风险因而主张禁止对冲基金在本国市场投资或出台严厉的直接监管措施，要求对冲基金全面披露投资信息。这种监管要求一是没有考虑到对冲基金通过提供流动性对金融市场稳定的积极贡献，二是无差异的全面信息披露将使对冲基金与共同基金投资混同而失去行业存在价值。以美联储为首的一些监管机构和部分学者强调对冲基金因投资者局限于有限的富有个人，后者完全可以自我保护因而符合“私募”发行的安全港规定，由此不应对其附加任何有针对性的直接监管措施。这一观点一方面忽视了近年来以“零售化”和“机构化”为表现的对冲基金投资者类别的重要变化，另一方面没有看到美国对冲基金管理人登记监管制度框架的重大漏洞，加上对冲基金由于管理资产规模上升，不受限制运用杠杆交易和衍生产品投资以及信息不透明可能对金融市场造成现实威胁的可能。事实上，对对冲基金运营实施必要监管措施的理由在于迅速发展的对冲基金行业已经对金融监管的三大目标和基石——保护投资者利益、维护金融市场完整性和防范控制系统性风险形成了全方位的冲击和挑战，而激励相容、富有效率的监管法律制度应该具备政府当局监管与主要当事人市场纪律机制相互支持、相互配合并动态调整的特性。

2. 缺乏从产品、流程角度设计监管框架

从产品类别角度，现有研究更多集中在私募单一对冲基金的监管措施设计和作用机制分析，对组合式对冲基金、公募单一对冲基金、对冲基金指数产品的监管法律规则研究较少。事实上，组合式对冲基金等创新对冲基金产品由于针对的投资者类别和发行募集方式不同，在监管措施的设计完善方面应遵循不同的思路。从完整的监管流程角度，现有研究一是多集中在对冲基金日常运营流程的监管制度设计，而且主要研究加强市场纪律的作用机制，对如何设立必要的直接运营监管措施研究较少；二是对对冲基金市场准入主要集中在私募发行方式和合格投资者类别标准的设定，而对对冲基金管理人的资质标准、内部控制要求涉及不多；三是在市场退出流程的监管措施方面研究很少，多数学者认为赋予金融衍生合约豁免适用破产法自动终止清算条款可以降低交易对手敞口，控制系统性风险，但长期资本管理公司案例证明，在特定市场条件下，上述机制可能成为触发系统性风险的导火索，因此有必要研究适当的监管干预机制，实现趋利避害的效果。

3. 缺乏跨学科整合研究

对冲基金作为一种投资策略复杂、主要运用衍生产品的另类投资工具，要制定符合激励相容特性的有效的监管法律制度和措施，应尽可能从金融学和监管法学、会计学等多个视角开展跨学科研究，在熟悉对冲基金运作策略、风险特征的基础上从实施监管的目标和原则出发，在法律和制度框架下设计行之有效的具体措施。以往的研究更多的是从法学或金融学单一学科的角度出发来分析对冲基金的监管问题，这一方面容易导致所提出的监管措施没有法律法规上的依据而为行业反对，另一方面可能出现监管措施针对性不强，作用效力差的不足。换言之，“徒法不足以自行”，对冲基金监管法律制度研究过程中必须在承认法律具有内在不完备性的基础上兼顾立法和执法两个方面，提高规则的合理性和操作性，才能使有关法律制度切合行业实际，在实现监管目标的同时维护、促进而不是约束限制对冲基金行业发展。

第四节 本书研究简介

一、本书选题目的

2007 年爆发的次贷危机已经演变为仅次于 20 世纪 30 年代大萧条的对世界政治经济产生深远影响的人类历史上第二大金融危机，这次危机很大程度上可归咎于监管失败：一是以美国为代表的发达国家片面强调金融监管应当促进金融机构的效率与竞争力的提升，自由化的金融监管取向背离了金融业作为高风险行业需要严格加以监管的本质；二是网络化的金融体系在其生存规律支配下极易形成系统性风险，因此如何在网络化环境下监管包括对冲基金在内的高杠杆机构，如何防范跨市场风险的相互传递成为焦点；三是虚拟化的金融市场在生产泡沫的赌博中创造的衍生产品成为自我毁灭的终极杀手，在缺乏监管的环境下，金融衍生产品的副作用可能令创新者无法承受；四是以 Basel Ⅱ 为代表的同质化监管规则使市场主体的风险偏好趋同，因此如何对不同机构采取分类监管的规则与政策，鼓励形成多样化的风险偏好和投资策略成为后危机时期的重要监管课题。

作为复杂衍生产品的积极交易者，对冲基金行业在2008年遭受重大损失，根据美国对冲基金研究公司统计，2008年对冲基金行业平均亏损比例高达18.3%，是有记录以来的最差表现。[①] 而据 Eurekahedge 的调查报告，受金融危机影响，全球对冲基金总资产2008年共蒸发掉3500亿美元，其中全球净赎回高达1550亿美元。[②] 对冲基金虽然并非此次危机的罪魁祸首，但大量持有信用衍生产品的对冲基金在市场缺乏流动性的时候大量抛售，一方面，进一步打压了市场价格，使危机影响恶化，对金融稳定构成直接威胁；另一方面，虽然损失幅度低于市场指数，但对冲基金投资者仍遭受重大损失，这都表明当前对冲基金监管法律制度存在缺欠。在次贷危机向全球金融危机演变的过程中，国际社会要求加强对冲基金监管力度的呼声日益高涨。2008年底，三十人集团在《金融稳定框架》报告中指出，一方面，对于资金规模超过一定标准的私人集合资本（Private Pools of Capital），审慎监管者应当有权建立适当的资本、流动性和风险管理标准；另一方面，运用大量借入资金的私人集合资本管理人应当在适当的审慎监管当局登记接受监管，注册地的选择应基于管理人的主要业务所在地。[③] 2009年3月，IOSCO在《对冲基金监管回顾》报告中提出，"当前的金融危机进一步印证了建立强有力的监管机制以确保对冲基金的内在风险不会影响市场信心和投资者保护目标"。2009年4月2日闭幕的二十国集团伦敦峰会则首次强调"具有系统性影响的对冲基金应当纳入监管框架"，虽然明确提出了监管目标，但通过什么样的监管制度框架来实现上述目标仍缺乏细致的分析和讨论。

对冲基金起源于美国，单一对冲基金如果符合美国证券法律中的一系列豁免规定，就可以豁免基金管理人登记和相关监管要求。有关豁免规定包括：1933年《证券法》第4节（2）和1982年监管法规D规则506条款有关私募发行安全港的规则；1934年《证券交易法》第12节（g）豁免登记报告规则；1940年《投资公司法》第3节（c）（1）和第3节（c）（7）有关豁免作为投资公司接受监管的规定；1940年《投资顾问法》第203节（b）（3）私人投资顾问豁免规则以及1974年《商品交易法》规则4.13（a）（3）有限期货交易豁免，2003年制定的《商品交易法》规则4.13（a）（4）成熟投资者豁免，4.14（a）(4）和4.14（a）（5）商品组合运营商豁免。1999年长期资本管理公司濒临倒闭触发系统性风险事件以来的十年间，伴随对冲基金行业的全球拓展，美国以外的许多国家为获得对冲基金投资带来的好处，提升本国金融市场竞争力，保护本国投资者利益，陆续制定了针对对冲基金及其管理人的监管法律制度框架和操作规则。IOSCO 2006年发布的

① http：//www.caijing.com.cn/2009-01-09/110046363.html，2009年2月21日检索。

② http：//www.caijing.com.cn/2009-01-18/110049129.html，2009年2月21日检索。

③ "Group of Thirty Financial Reform-A Framework for Financial Stability"，November 2008，p.9.

《对冲基金监管环境：调查与比较》报告指出尽管不存在关于对冲基金的普遍接受的法律定义，但投资委员会所有成员国都已建立了对冲基金监管法律框架，全球 20 个主要金融市场中有 18 个对对冲基金管理人实行监管或登记制度。此外，伴随“在岸对冲基金”监管制度的建立，为提升本地注册对冲基金及其管理人声誉并获得跨境募集的许可，离岸金融中心也在竞争压力下陆续建立了对冲基金运作与监管的基本法律框架。通过对截至 2008 年 9 月底所收集到的全球 39 个司法辖区对冲基金及其管理人的监管法律制度的比较，笔者认为，各国现行对冲基金监管法律制度规则还存在许多重大缺欠，无法适应和促进对冲基金行业快速发展的需要，造成对冲基金行业在这次金融危机中遭受重大损失。这些缺欠主要表现在：

第一，现行监管法律框架存在重大漏洞。虽然主要金融市场只有美国以强调市场效率和竞争力为理由允许对冲基金管理人豁免登记，但基于其在对冲基金行业中的主导地位，这种豁免规则导致全球层面的对冲基金监管网络在信息收集、规则适用方面存在重大缺欠。目前只有 1/3 左右的对冲基金管理人在美国 SEC 登记，而排名全球前 100 位的大型对冲基金管理人中，有 20 家没有在 SEC 或 CFTC 登记。[①] SEC 意识到对冲基金管理人豁免登记的危害后于 2004 年底出台新规则，通过对“客户”进行重新定义来收紧豁免条件，要求客户人数超过 15 人的对冲基金管理人登记，但该规则于 2006 年 6 月被哥伦比亚地方上诉法院推翻，使美国对冲基金管理人得以继续保留现有豁免登记地位。与此同时，美国各监管机构对对冲基金的监管态度存在矛盾，在 SEC 收紧监管法网的同时，CFTC 于 2003 年出台一系列豁免规定，给予对冲基金豁免监管登记待遇，而美联储则始终坚持以市场纪律作为对冲基金监管的最佳手段并主导总统金融市场委员会的讨论。

值得注意的是，金融危机的冲击使美国对冲基金管理人豁免监管注册的合理性再次受到质疑，国会已经提出修法动议。2009 年 1 月 29 日，美国参议员查理斯·格莱斯利（Charles Grassley）和卡尔·莱文（Carl Levin）提出《对冲基金透明度法案》，旨在修改现行美国《投资公司法》，要求管理资产规模在 5000 万美元以上的私募基金，向美国 SEC 注册，接受更严格的监管。而两天前的 1 月 27 日，一部着眼点不同但实质相关的法律草案——“对冲基金顾问注册法案”，也由两位众议员 Michael Capuano 和 Michael Castle 提交众议院，该草案剑指美国《投资顾

① 根据美国国会会计署的报告，到 2007 年末，全球最大 100 家对冲基金有 78 家成立于美国，其中 49 家在 SEC 登记，29 家在 CFTC 登记，有 20 家同时在两个监管机构登记，因此有 20 家最大对冲基金管理人没有在任何一个监管机构登记。参见 US States Government Accountability Office, “Hedge Funds: Regulators and Market Participants Are Taking Steps to Strengthen Market Discipline, But Continued Attention Is Needed”, *Report to Congressional Requesters*, January 2008。

问法》，建议删除其中被对冲基金管理人广为依赖的豁免条款第 203 节（b）(3)。围绕对冲基金管理人豁免登记注册的立法修正值得持续关注。

第二，某些规则限制过多或针对性差。欧洲国家对冲基金监管法律制度起源于 UCITS 规则，而 UCITS 是针对共同基金制定的规则，因此，如果不加区分地适用会限制对冲基金运营活力，导致对冲基金退化为共同基金而失去存在的意义。例如，欧洲国家对对冲基金杠杆率、投资多元化、投资市场等进行具体限制，如法国对不同结构特征的对冲基金可使用的杠杆率直接规制，OPCVM ARIA Simples 杠杆率上限为基金净资产 200%，OPCVM ARIA Ariael 为基金净资产 400%。而爱尔兰提出了明确的风险分散化比率要求，对专业投资计划，一般对大额集中度设定基金净资产 20%的限制。① 2008 年以来的金融危机再次证明，不适当的过分的监管规则会降低金融市场投资行为多样性，使对冲基金在危机时期不是凭借另类投资观点向市场提供流动性而是吸收市场流动性，降低了对冲基金行业缓释风险的能力，加剧危机时期的抛售压力。

第三，监管流程偏重于市场准入。从监管流程角度分析，各国对冲基金监管措施主要集中在市场准入环节，在持续监管和市场退出环节没有缺少必要有效的监管措施。尽管实践中要求对冲基金对投资者披露年报，但一方面披露频率过低，无法及时反映基金投资现状，相关性差；另一方面披露内容不具体，范围也不完整，难以满足投资者需要。此外，尽管对冲基金失败清算概率很高，但现有破产规则多适用普通破产法和集合投资计划的一般规定，无法反映对冲基金大量从事金融衍生产品和另类投资策略的特点，不利于保护债权人和投资者利益。长期资本管理基金濒临倒闭引发系统性风险的案例，表明对于具有系统性影响的大型对冲基金破产应当施加必要的监管干预，为此需要明确监管当局在对冲基金破产程序中的地位以及与受理破产法院建立良好的联系合作关系。

第四，缺乏制度化的国际监管合作与法律协调。目前国际范围内尚不存在对冲基金监管的正式跨国合作制度，相应的法律协调尚处于萌芽状态，这阻碍了对冲基金跨国营销活动的开展，使得其相对于共同基金和对冲基金投资指数产品在竞争中处于不利地位。② 虽然个别国家在立法中已经涉及监管合作要求，但各国法律更多强调本国法律的对外适用，对推进法律协调作用有限。这次金融危机中欧洲各国“自扫门前雪”的危机处置措施再次印证了危机到来时各国为求自保以邻为壑的可能，因此，应一方面积极推进各国立法在评估母国监管水平的基础上设计更多

---

① European Fund and Asset Management, “Hedge Funds Regulation in Europe A Comparative Survey”, August 2005, p. 8.

② 如可转让集合投资计划产品可以在整个欧盟范围内跨境营销，而对冲基金指数产品纳入 UCITS III 机制后也获得了跨境销售的资格。

的互惠规定，另一方面加强以WTO和IOSCO为依托的国际监管协调与合作。

综上所述，迅速发展的对冲基金行业已经对金融监管的三大目标和基石——保护投资者利益、维护金融市场完整性和防范控制系统性风险形成了全方位的冲击和挑战，而以豁免登记、自愿信息披露为主要特征的各国现有监管法律制度尚无法同时妥善解决前述问题，更缺乏制度化的监管合作机制。本次金融危机对冲基金抛售行为对金融稳定的影响和市场压力的放大以及基金投资者所遭受重大损失再次印证了对冲基金监管法律制度存在诸多缺欠。

针对上述问题，本书的研究目的是，从政府对金融市场实施监管的理由入手，着眼于对冲基金行业的最新发展和变化，构筑对冲基金监管法律的理论框架，在分析、比较、评价各国现行对冲基金监管、法律制度的基础上，贯彻激励相容的监管理念，探讨如何构建涵盖对冲基金成立、运营、退市整个生命历程的，具有适度性、公平性、有效性、动态调整性等特征并可同时促进投资者利益保护、维护金融市场完整性、有效防范控制系统性金融风险三大监管目标实现的全球对冲基金监管法律制度体系，引导而非限制对冲基金行业的发展，为各国在监管理念协调的基础上推进监管法律制度协调，根据本国金融市场发展状况构建对冲基金监管法律体系提供具有说服力的理论与方法指导。在此基础上，运用前述研究的分析思路和框架结合中国金融市场开放与发展的实际进程，设计符合国情、行之有效的我国对冲基金法律监管制度，在提升我国基金行业竞争力、提供广大投资者更多投资选择和风险分散机会、空间的基础上维护国家金融安全。

二、本书研究方法

本书从经济学和法学的不同视角出发，综合应用历史分析、比较分析、案例分析的方法进行研究，在阐释构建对冲基金监管法律制度的必要性及开展对冲基金国际监管协调与合作时，亦运用博弈论的基本分析方法进行研究。历史分析方法的应用主要在于阐释对冲基金的产生、发展与演变历程，特别是着眼于近年来对冲基金投资者类别属性的变化以及“零售化”、“机构化”的特点，按照历史与逻辑统一的思路在梳理各国现有涉及对冲基金监管法律制度脉络和特点的基础上指出其未来可能的演进路径。比较分析的方法贯穿全书，本书力求在系统分析、比较各国对冲基金监管法律和国际金融监管组织报告中所提及的监管措施的基础上，指出当前监管法律制度的差异和不足，在准确、深刻地把握对冲基金运营特征的基础上，构建能同时促进投资者利益保护、维护对冲基金市场竞争力、有效防范控制系统性金融风险三大目标实现的全球对冲基金监管法律制度体系，使该制度具有适度性、公平性、有效性、动态调整性等特征。案例分析方法是研究对冲基金监管法律制度非常重要的方法，对冲基金的发展历史表明，各国对冲基金监管法律制度的建立和完善，常常由国际金融危机（如1992年英镑危机和1997年大型宏观对冲基金攻击主权国家汇率制度）或大型国际金融机构的倒闭（如1998年美国长期资产管理公司濒临倒闭案以及2006年9月不凋花对冲基金管理公司因风险管理体系失效导致投资失败引发的创纪录的损失案例）所推动，而每次国际金融监管危机或大型国际金融机构的倒闭，都会引起各主权国家和国际金融监管组织的关注与思考，为完善对冲基金监管法律制度提供新的素材和契机。因此，在研究过程中，本书注重应用案例分析的方法。

对冲基金监管制度的设计与研究是金融学与法学的跨学科研究，作为在全球开展投资运营活动的行业和国际游资的主要组织形式，对对冲基金的有效监管离不开各国及时、有效、制度化的监管协调与合作。而研究、分析推进对冲基金监管法律协调和开展对冲基金监管合作的意义及必要性、制度设计等，离不开经济学相关方法的阐释。尤其是制度经济学的交易成本，法和经济学的效率概念、博弈论中非合作博弈揭示的“囚徒”困境，经济学中的外部效应理论等为推进对冲基金监管法律协调提供了良好阐释。

在此基础上，本书在研究中遵循以下两个基本指导原则：

第一，实证研究与规范研究相结合。实证研究是指在研究过程中不对经济现象做出价值判断，只回答“是什么”、“为什么”之类的问题，是对现象在抽象意义上的描述和对现象之间联系的把握。规范研究则在实证研究的基础上，在对经济现象的研究中加入研究者本人的价值判断，解决“最好是什么”、“应该是什么”之类的问题。实证研究与规范研究之间不存在优劣之分，只是研究重点与假设前提不同。上述研究思路在本书中体现为对对冲基金诸多经济和法律现象、特征的分析不带有任何感情色彩，仅视为一种经济或法律现象来研究，并未提出一个具有规范性含义的答案。另外，本书的研究运用了大量价值判断。因为是否需要对对冲基金这种以私募形式为主的证券投资基金实施监管本身就是一个最重要的价值判断。本书认为，由于对冲基金不受限制的投资行为、极为有限的信息披露以及正逐步演化的投资者结构可能对经济社会和金融市场的整体福利产生不利影响，特别是对金融监管的三大目标——保护投资者利益、维护金融市场完整性和防范控制系统性风险产生重大的现实威胁，因此需要重构和改进现行对冲基金监管法律制度体系，在推进各国监管法律协调、建立制度化监管合作机制的基础上，建立直接监管与对主要当事人间接监管相互支持、相互配合并动态调整的监管制度。在上述监管法律制度框架下的具体监管措施和方法更多地具有实证意义，但实施监管的理由和基石本身是规范问题。

第二，以定性研究为主，定量研究为辅。定性研究与定量研究是相互作用、互不可分的。一个看似模糊的正确答案往往比一个精确的错误答案更有意义。只有对研究问题的本质有了深刻的定性认识，才有必要和可能将现象模型化，而模型化过程往往会将一些关键的因素忽略。本书作为对对冲基金监管制度的初步研究，定性研究是所采用的最重要的研究方法。但在具体行文过程中，为将一些复杂关系明朗化，也将根据需要使用包括动态最优化、成本收益分析在内的一些定量方法，但定量方法只是一种辅助，意在证明作者的观点或揭示对问题更直观的分析与解释路径。

三、本书研究思路与主要内容

本书的研究分为四大部分。

第一部分为导论。第一节辨析对冲基金概念、比较分析对冲基金法律特征。第二节首先揭示对冲基金竞争力的来源，然后分析对冲基金新近迅猛发展以及对金融监管目标实现的冲击与挑战。第三节对现有对冲基金监管法律制度研究的文献进行了梳理与评析，指出现有研究在三个方面存在不足：一是对对冲基金的监管原因缺乏整体全面的把握；二是缺乏从产品、流程角度全面把握对冲基金产品的设计；三是跨学科研究方面存在不足。第四节对本书的选题目的、研究方法、思路与内容、创新与不足进行了简要介绍，以此导入正文。

第二部分为第一章，是本书的基础性研究。第一章着力构建对冲基金监管法律制度理论体系，共分四节。第一节在分析对冲基金监管法律制度的本质和所体现的监管价值目标基础上，运用动态最优化工具分析论述三棱锥形态的动态演进对冲基金监管法律制度的概念、构成要素和演进过程。第二节阐述为实现对冲基金监管法律制度由当前状态向理想状态的演进，在制度构建过程中必须体现的五项基本原则及其相互关系。第三节分别从产品监管体系、监管流程、监管制度内容、监管模式特征多个角度进一步分析对冲基金监管法律制度的内涵。第四节分析对冲基金监管法律制度应具备的四项特征。

第三部分为第二至第八章，为本书的主体性研究。本部分从监管流程和监管法律制度的具体实施角度对第一章构建的对冲基金监管法律制度框架进行细化和落实。第二章研究对冲基金市场准入监管法律制度，本章分两节。在探讨国际贸易和金融监管视角下的准入监管制度内涵基础上，第一节研究对冲基金管理人准入监管制度，在国际比较基础上分别从资本要求、高级管理人员任职资格、管理公司内部治理等方面进行论述。第二节研究对冲基金市场准入监管制度，分别涉及私募发行标准、资金来源审核（反洗钱）和募集发行过程的准入监管措施。

第三章研究对冲基金日常运营监管制度，本章分三节。第一节研究以防范系统性风险为主要目标的监管措施，在明确对冲基金引发系统性风险的传导路径基础上，提出加强大规模对冲基金杠杆监控、完善统计分析技术、建立风险导向型对冲基金管理人分类监管制度三项措施。第二节研究维护系统完整性的监管法律措施，包括场内大额交易报告制度、场外市场交易监控制度以及对杠杆交易和卖空交易的监督。第三节研究以保护投资者利益为主要目标的监管措施，包括组合式对冲基金审慎监管制度、对冲基金投资者信息披露制度、明确对冲基金管理人信托责任、确立反欺诈条款作为监管底线以及投资者自我保护与救济制度。

第四章进入对冲基金市场破产法律制度的研究，分三节。第一节研究对冲基金破产基本原理，首先归纳现有对冲基金破产法规现状，指出其依托普通破产法框架忽视对冲基金破产要件特殊性、没有明确监管者在破产程序中地位与作用等缺欠；其次就对冲基金破产标准、破产能力、破产申请启动等要点进行讨论；最后从对冲基金破产实践出发，提出以司法机构为主导，监管者与法院密切合作的混合型模式，确立监管当局在对冲基金破产程序中的地位。第二节重点研究对冲基金破产中的净额结算问题，在辨析抵销、支付净额结算、终止净额结算等关键概念的基础上，对主要金融市场国家金融衍生合约在破产法下的地位进行了比较分析，通过研究抵销与净额结算条款在对冲基金市场退出环节的不同作用，提出应赋予衍生产品破产清算例外条款的待遇以降低正常市场条件下的普通对冲基金市场退出可能造成的系统性风险隐患。第三节结合长期资本基金案例研究对冲基金跨国破产可能涉及的法律协调问题，指出一方面要区分主要程序和辅助程序确定破产管辖权，另一方面应积极推动抵销、净额结算以及金融衍生产品豁免条款的国际适用。

第五章研究对冲基金市场主体间接监管制度，即监管当局对对冲基金主要运营当事人（主要经纪人、托管人、贷款人、交易对手）在为对冲基金提供服务或与对冲基金从事交易过程中施加的直接监管措施。本章共分三节。第一节研究对对冲基金顺利运作至关重要的主要经纪人监管制度。第二节分析引进来自投资者施加的市场纪律，分别涉及养老金投资者和组合式对冲基金。第三节分析其他关键市场监督力量的作用，包括托管人、行政管理人、审计师和评级机构。

第六章研究对冲基金治理与行业自律管理制度，本章分两节，分别围绕加强对冲基金内部管理、引入监管者支持下的全球行业自律监管措施两个层面展开。第一节为对冲基金自律管理制度，包括提升对冲基金治理结构、构建对冲基金全面风险管理制度、完善基金资产估价三个方面的内容。第二节以全球独立的对冲基金投资行业产生这一事实为前提，从自律监管实施主体的选择、具体职能以及与政府监管的关联与互动三个方面探讨如何提升对冲基金行业自律监管水平。

第七章研究对冲基金监管中的法律协调与国内外监管合作问题。作为金融全球化的产物和跨市场套利的运作特点，要有效监管对冲基金，一方面要加强法律制度层面的协调，另一方面要积极推进监管实施过程中的国内外两个层次的合作。本章分三节。第一节为监管协调与合作的经济学理论综述，重点探讨监管合作外部性模型和博弈模型原理。第二节分析当前对冲基金监管国际协调与合作的现状，指出一方面现有依托 IOSCO 的监管协调存在覆盖面不足和约束力不强的缺欠，另一方面各国围绕对冲基金国际监管在理念上存在的重大分歧，围绕上述缺欠在第三节提出在世界贸易组织框架下以 IOSCO 国际证券监管规则为依据推进法律协调与监管合作的创新模式，并建议在明确国际监管合作牵头国的基础上加强监管法律之间的协调。

第八章研究前述构建的对冲基金监管法律制度体系理论框架在中国金融市场开放、发展进程中的运用，即如何构建符合国情、行之有效的对冲基金法律监管制度，在提升我国基金行业竞争力、提供广大投资者更多投资选择和风险分散机会、空间的基础上防止游资冲击、维护国家金融安全，这是本书的落脚点，也是本书实用价值的体现。在分析中国对冲基金行业特点和监管法律制度现状的基础上，本书指出我国发展对冲基金在两个方面存在障碍：一是金融市场基础设施落后；二是监管法律制度存在大量空白，而仅有的涉及对冲基金的监管措施存在目标偏颇、界定不准等缺欠。第一节研究如何结合中国金融市场的发展适时完善基础设施。第二节将本书确立的国际对冲基金一般监管模式适用于我国，结合我国国情和金融市场开放、发展进程，具体构建中国对冲基金监管制度和规则体系。

第四部分为结论，系统梳理和总结本书的研究结论，对导论中提出的“如何在保持对冲基金行业竞争力和效率基础上，设计同时实现防范系统性风险、保持金融市场完整性和保护投资者利益的监管制度”这一难题给出了自己的回答。

四、本书的意义、创新与不足

1. 本书的选题意义

是否应对对冲基金实施监管以及如何有效监管对冲基金是公认的全球金融市场监管的难题之一，并成为 2006 年以来 IOSCO 连续三次年会（香港年会、孟买年会和巴黎年会）的讨论主题。通过系统收集分析文献，笔者发现一方面专门研究对冲基金监管的文献比较有限，现有著作、文章更多偏重对冲基金策略分析和投资流程的介绍。另一方面在仅有的文献中，一是更多偏重对冲基金对金融监管某一目标影响的分析，并以此为依据探究是否监管对冲基金；二是较少关注近年来伴随对冲基金迅速发展所出现的零售化、机构化以及组合式对冲基金、对冲基金指数产品等适合普通投资者参与的创新产品系列出现对监管目标实现的影响，没有考虑监管措施如何对待私募单一对冲基金与公募单一对冲基金、组合式基金等产品在发行方式、风险特征等方面存在的差异；三是现有监管措施更多关注准入环节，缺乏从准入、运营、退出全流程角度对监管框架的设计。从金融监管三大目标全面实现角度出发，全面、系统设计对冲基金监管框架的研究还未发现。

本书试图从政府对金融市场实施监管的理由入手，着眼于对冲基金行业的最新发展和变化，构筑对冲基金监管法律的理论框架，在收集、整理、分析、比较、评价各国现行对冲基金监管、法律制度的基础上，贯彻激励相容的监管理念，探讨如何构建涵盖对冲基金成立、运营、退市整个生命历程的，具有复合性、适度性、公平性、有效性、动态调整性等特征并可同时促进投资者利益保护、维护金融市场完整性、有效防范控制系统性金融风险三大监管目标实现的全球对冲基金监管法律制度体系，监管制度的立足点定位于引导而非限制对冲基金行业的发展，为各国在监管理念协调的基础上推进监管法律制度协调，根据本国金融市场发展状况构建对冲基金监管法律体系提供具有说服力的理论与方法指导，此即本书的理论意义。

中国大陆在 1997 年的亚洲金融危机中没有受到对冲基金的直接冲击，但这并不是因为我国金融体系完善、监管有效，而是除 B 股外当时我国资本市场尚未对外开放，人民币资本项目尚不可自由兑换。这些制度安排为对冲基金的进入设置了难以逾越的障碍。即便如此，进入 21 世纪以来国际对冲基金仍然通过 QFII 以及贸易等其他间接途径进入我国资本市场，随着人民币资本项目自由兑换进程的推进、内地市场做空机制的建立、股指期货等金融衍生产品的推出，国际对冲基金和本土私募证券投资基金的活动空间会相应扩大。因此，在中国金融业即将全面开放的背景下，如何正视对冲基金的竞争力和市场前景，未雨绸缪，研究运用国际对冲基金监管法律制度体系的分析框架，构建符合国情、行之有效的我国对冲基金法律监管制度，在提升我国基金行业竞争力、提供广大投资者更多投资选择和风险分散机会、空间的基础上维护国家金融安全，此即本书的现实意义。

2. 本书的创新点

本书在借鉴前人研究成果的基础上，分析和把握对冲基金行业的最新发展变化和国际金融监管组织、各国监管当局已经出台或拟议中的针对对冲基金的监管法律和监管措施，以三棱锥图形表征对冲基金监管法律制度构建中需要统筹兼顾考虑的诸因素，并揭示理想状态的对冲基金监管法律制度所应具备的特征。归纳对冲基金监管法律制度规则所应体现的五项基本原则：平衡保护原则、多元治理原则、成本效益原则、激励相容原则、原则与规则配合原则。从产品类别、监管流程、监管手段三个角度设计对冲基金监管法律制度具体规则内容，使其具备市场友好性、动态调整性、监管公平性、风险导向性诸多特征。在此基础上，力争围绕如下研究问题有所突破、创新。

（1）建立在杠杆率有效披露基础上的对冲基金分类监管制度。对冲基金对金融市场系统性风险的重要根源在于不受限制地运用财务杠杆以及使用衍生产品交易，因此，在把握金融交易杠杆的产生来源、统一有效披露杠杆、率的基础上，应建立对冲基金分类监管制度。本书提出类似杜邦比率分解体系的大型对冲基金多级分解杠杆比率披露框架，将监管重点明确为“高杠杆机构”。对杠杆率远高于同行业平均水平以及管理资产规模较大的，对市场可能产生重大影响的对冲基金应采取更为严格的监管措施，包括限制其杠杆率，增加检查频率、限制从事衍生产品业务的规模或冻结其资格等，最大限度地管理系统性风险；而对于不运用杠杆交易或杠杆率水平低于行业平均值的普通对冲基金，采取正常的信息披露措施即可，即“轻轻触碰”(Little Touched）的监管方法。

（2）提出以组合式对冲基金审慎监管为基础的“穿透式”监管思路。本书根据组合式对冲基金的出现和迅猛发展为契机，通过对组合式基金管理人初始和持续尽职调查过程中的监督和制定标的对冲基金合格标准的穿透式监管规则，实现对私募单一对冲基金间接形式的直接影响。

（3）提出加强对冲基金行业自律的理由和路径。尝试设计建立监管当局支持下的行业自律制度，通过提升行业自律要求寻求避免监管当局过多的直接介入。一是依托全球对冲基金行业协会建立统一的对冲基金数据库，解决对冲基金现有信息披露中的各种偏差和选择性信息披露的一系列缺欠；二是依托行业协会建立对冲基金运营评级和风险评级制度；三是作为高失败率行业，与监管当局合作分析典型案例，总结失败教训，减少重蹈覆辙的概率。

（4）提出对冲基金监管国际协调与合作的实施路径。本书认为，应在世界贸易组织（WTO）程序框架下吸收和采纳以国际证券监管组织（IOSCO）为主的国际金融监管组织制定的有关证券监管的一般原则和对冲基金监管具体标准作为实体法意义上的监管标准、原则，是效率最高、也最为实际的国际对冲基金多边监管协调与合作的实现路径。

3. 本书研究的不足

（1）对对冲基金监管法律制度的动态研究仍需深化。从对冲基金推出至今，无论是将全球作为整体来看，还是从各国具体实践出发，对冲基金监管法律制度都经历了持续动态演进的过程。探明制度变迁的轨迹以及变迁背后的深层次原因更有助于对现行制度的把握，并会对我国相关法制建设提供有益的借鉴。虽然本书在三棱锥模式演进分析中对制度变迁的特征和轨迹进行了分析和解释，但由于资料和时间的限制，在这方面的研究还应继续深入下去。

（2）微观实证研究仍有不足。本书研究的实践性很强，虽然本人尽可能考虑到实践层面运用的需要，但出于整体布局以及法律性和理论性的考虑，加上缺乏可靠的对冲基金运营数据信息，本书未能更多地通过具体案例来分析不同的监管措施对对冲基金运营效率的影响，并揭示其中存在的法律问题以及可能的解决途径。

（3）监管协调与合作具体实施机制的研究仍需深入。本书提出在世界贸易组织程序框架下吸收和采纳以国际证券监管组织为主的国际金融监管组织制定的有关证券监管的一般原则和对冲基金监管具体标准作为实体法意义上的监管标准、原则，作为国际对冲基金多边监管协调与合作的实现路径，如何设计具体有效的实施机制仍是非常重要的实践问题。笔者虽然已经意识到这个问题，但受时间和研究工具的限制，未能在这方面进一步开展深入的研究。

上述不足，笔者将在后续研究中不断深化，予以弥补。

第一章　对冲基金监管基本理论

对冲基金行业的迅速发展对金融监管的三大目标——保护投资者、促进市场完整性、防范系统性风险形成了现实威胁，而单纯依靠市场纪律并不足以控制和化解这些负外部性，因此有必要设计适应对冲基金特点的监管法律制度，在赋予合法地位的同时将其纳入适当的监管框架；要保护对冲基金行业竞争力，发挥其诸多正外部性特征，这就要求监管法律制度必须切合对冲基金行业运作管理规律，处理好内部约束、市场纪律与外部监管的关系，努力形成合力。为达到上述目标，就必须在尊重市场规律的前提下实现监管制度的秩序、公平、效率三大价值目标的动态平衡，并以此指导制度架构与具体规则的设计和实施。本章在分析金融监管三大目标彼此关系的基础上，以三棱锥图形模式表征对冲基金监管法律制度的变迁历程，论证理想状态下的三棱锥图形如何实现三大监管目标与行业发展效率的动态平衡，在此基础上分别阐释本书所构建的理想状态下对冲基金监管法律制度应当体现的基本原则、制度具体内容及其特征。

第一节　对冲基金监管法律制度的基本框架

理想状态下的对冲基金监管法律制度，应当统筹兼顾秩序、效率、公平三大价值取向，在实现保护投资者利益、维护金融市场完整性、控制系统性风险三大监管目标的同时，为对冲基金的发展营造适宜的监管环境，促进行业运营效率的提升，增进社会福利。本节以此为支柱，运用动态演进三棱锥图形模式回顾对冲基金监管法律制度的演进历程，并探讨理想状态的监管法律制度所对应的图形特征及其理论意义。

一、理论支柱——对冲基金监管法三大目标的动态平衡

金融监管作为一种具有特定内涵和特征的政府规制行为，应当有特定的具体监管目标，这是监管者在实施监管过程中所要达到的最终目的，是其行为的宗

旨，也是金融监管法立法目的之所在。从金融监管的实践和本质需求来看，其要达到的目标不应是单一维度，而应是多层次、有机组成的体系。2008 年 2 月 IOSCO 在《证券监管的目标和原则》文件中，提出证券监管的三大目标为保护投资者利益，确保市场公平、高效和透明，减少系统性风险。IMF 在 1998 年的一份特别报告中指出对冲基金监管的三大目标为防范系统性风险、保持金融市场完整性和保护投资者利益。①

1. 防范系统性风险

系统性风险是指，"系统的一个参与者不能履约引起其他参与者违约，由此引发的链式反应导致广泛的金融困难的可能性"。② 系统性风险的最基本特征是负外部性，系统性风险引起的危机使金融市场资产配置、支付结算、价值评估等基本职能受到严重损害，是单个机构强加于全社会的高于其实际价值的成本，这种负外部性突出表现为风险的溢出与传染性，是系统性风险引致危机的最典型特征，而全球金融体系脱媒化的结构变革导致这种负外部性成本更高。系统性风险在风险和收益严重不对称状况下，往往产生较大的实体经济成本损失和经济效率降低。

风险对于活跃的金融市场至关重要，监管的目的不是窒息风险的合法承担，而是通过允许和促进有效的风险管理提升市场效率，控制过度的风险承担，当系统性风险呈现现实性时，以有效的监管措施寻求控制和减少风险的影响。因此，防范系统性风险的监管目标并不意味着通过法律的实施和监管者的监督，使市场上没有任何一家对冲基金及其管理人因风险管理不善或竞争失败而倒闭，其确切含义是指金融市场制度、机制的稳定性状况，即不发生对冲基金及其交易对手、主经纪人的连锁性破产和金融市场停摆、可以正常发挥市场风险和收益配置功能，执行金融交易的状态。对于不受限制执行各种交易策略、运用高杠杆从事风险经营的对冲基金而言，明确这一监管目标的准确含义至关重要，相当数量对冲基金因经营不善被市场淘汰是常态，只要不触发系统性金融风险，金融市场和金融秩序的整体安全不受威胁，监管者就应当坚持发挥市场机制的惩戒作用，以促进金融资源的合理配置。

2. 保护投资者利益

证券市场投资者应当同其他任何市场投资者一样，受到法律保护，使其免受误导、操纵、欺诈以及内部交易等问题的困扰。投资者是对冲基金的出资人，相对于基金管理人而言，他们在信息取得、经济地位、投资技能等方面居弱者地

---

① Barry J. Eichengreen, Donald J. Mathieson, Sunil Sharma, Bankim Chadha, Laura E. Kodres. and Anne Janson, "Hedge Funds and Financial Market Dynamics", IMF, May 15, 1998, p. 64.

② Bank for International Settlements, 64th Annual Report, Basel, Switzerland, 1994. 转引自范小云、曹元涛《中国金融改革中的金融安全与风险控制》，中国金融出版社 2008 年版，第 2 页。

位，但投资者又是金融市场的“上帝”，是对冲基金生存和发展的前提，一旦大量投资者对对冲基金丧失信心而退出市场，不仅危及对冲基金的生存，还可能影响金融市场稳定。

对冲基金监管法的投资者保护目标有两层含义：一方面，为实现金融市场竞争起点和机会的基本平等，对冲基金监管法应合理设计监管框架，明确对冲基金投资者及其管理人市场准入的条件，监管者应对所有市场进入者一视同仁，不应有任何不公正的歧视行为，任何人不得以任何不合法理由被剥夺市场准入权利。因此，在确认对冲基金对金融市场效率和投资者福利提升效用的前提下，应当设计合理的对冲基金分类运作和监管框架，保证普通投资者能在纳入适当监管框架保护前提下获得与富有个人和机构投资者平等参与对冲基金投资的权利。另一方面，应当根据投资者类别、资产规模、风险承受能力的不同，设计必要的法律规则和监管机制，切实保障投资者利益。为此，应要求对冲基金管理人在监管当局登记注册，建立适应对冲基金特点的信息披露机制，赋予投资者自我保护救济渠道。

3. 确保市场公平、高效、透明

市场公平是与投资者保护密切相关的，它要求证券监管确保投资者公正获得市场便利以及市场或价格信息，防止市场操纵和价格扭曲。高效意味着与市场交易相关信息的传播及时和广泛，并迅速反映到市场价格的形成过程中。透明意味着有关交易信息以适当的频率和详细程度对市场主体进行公开。这三个要素可以归纳为保证金融市场的完整性和效率。

金融监管并非金融压制和阻碍金融业发展，而是要在确保安全和稳定的基础上促进金融体系的公平与有效竞争。为此，在当今对对冲基金实施适当形式监管的必要性已得到全球主要金融市场所在司法辖区普遍认同的前提下，为实现监管的高效并以此促进对冲基金行业的发展，通过立法的形式来对监管制度做出明确、具体的规定是必要的。另外，为提高金融体系效率，对对冲基金的监管应当充分重视成本—效益分析，尽量发挥市场配置资源机制的积极作用，降低市场交易成本，注意引导和加强市场纪律，减少不必要的直接干预，实现效率价值。

4. 三大监管目标的关系

从本质上讲，三大监管目标是动态统一的，但在立法和执行实践中往往在不同时期根据各国金融市场不同状况有所侧重，处理不当时还会造成监管目标的相互冲突，损害金融市场福利的提升，因此，准确理解和动态把握三大监管目标的关系至关重要。

一方面，金融市场公平、效率、完整的目标必须在风险可控、秩序良好的环境中才能实现，没有金融市场的安全和金融机构的稳定，任何效率和公平需要都会失去前提和基础，正所谓“皮之不存，毛将焉附”。因此，对冲基金监管法律中必须高度重视金融安全和稳定的实现以及系统性风险的防范，防止低频高损事件造成市场灾难。但防范系统性风险并非对冲基金监管的终极目标，在风险可控、秩序良好基础上实现公平，提高金融市场效率和投资者福利才是实施对冲基金监管的实质性需要。

另一方面，应当认识到保护投资者利益与维护金融市场完整性、提升市场效率之间的统一性与协调性。在确保金融市场完整性基础上实现效率的提高，可以为在更高层次上公平地保护投资者提供机制保证。近年来随着市场基础设施的完善，对冲基金凭借技术创新获得的高收益率和低风险并存的投资绩效吸引越来越多的机构投资者和零售投资者直接间接参与对冲基金投资，并促使有关国家设立具有内嵌投资者保护机制的组合式对冲基金投资制度，允许对冲基金对零售投资者公开募集，这是保护投资者利益和提升市场效率两大监管目标和谐实现的范例。

因此，对冲基金监管法律制度设计时不能将防范系统性风险、保护投资者利益与提升金融市场效率三者之中的任何一个绝对化，三者在目标序列中的次序要依社会需要的变化而变化。归根结底，三大监管目标的实现不可偏废任何一方，只有在动态发展过程中兼顾系统性风险防范、投资者利益保护和维护金融市场的三大监管目标，才能使市场机制趋向完善，使市场效率在风险可控、有序合理的前提下得到公平的实现与提升，并进一步促进对冲基金行业的健全、稳定、规范发展。

二、三棱锥模式构成要素与图示

回顾国际对冲基金行业的发展和监管历程，对冲基金初创时期依据美国证券法律的私募发行和豁免登记规定设立，追求不受限制运用投资策略的自由，此一阶段强调行业运营效率，由于规模较小、投资者主要为富有个人，此时的监管制度主要局限于发达国家的大额交易披露制度，侧重于保护金融市场完整性。长期资本管理公司事件后，对冲基金引发系统性风险的现实威胁受到主要监管者关注，主要国际组织和监管当局围绕如何防范对冲基金引发系统性风险开展研究，监管法律制度的构建与完善突出防范系统性风险的目标。进入 21 世纪，伴随对冲基金行业整体优异的投资业绩，机构投资者大量投资于对冲基金，传统富有个人为主的投资者结构发生逆转，组合式对冲基金占全行业四成左右，各国为增强本国金融市场竞争力，纷纷开放对冲基金在本国注册设立和投资，以保护投资者利益为主要目标建立“在岸”对冲基金监管框架。因此，既往的对冲基金监管法律制度是伴随对冲基金行业的全球发展逐步确立的。在制度变迁过程中，某一阶段侧重某个监管目标的实现和保护是常态，但由于缺乏对三大监管目标和行业发展效率的统筹把握，往往造成“头疼医头，脚疼医脚”的弊端，具体监管措施在实现某一目标的同时往往阻碍其他目标的实现，使现有监管法律制度框架无法在促进行业竞争力提升前提下实现对金融监管三大目标的动态平衡保护。这是现行制度的最大缺欠，也是本书着力尝试解决的问题。[①] 针对上述问题，为更加形象化地描述对冲基金存续的历史状态、现实状态和理想化状态，本书将图形分析和动态最优化技术运用到对冲基金的监管法律制度研究中，以三棱锥立体图形表征三大监管目标和行业效率这四个因素之间的相互制约关系，从图形的演变推导理想状态对冲基金监管法律制度应体现的原则、应具备的特征、应包含的规则框架，整个制度架构见图 1–1。

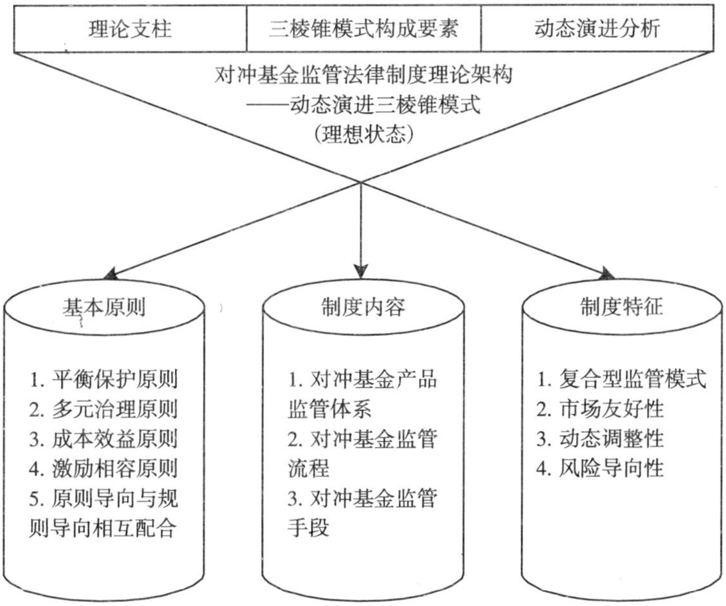

图 1–1 对冲基金监管法律制度体系框架

1. 监管法律制度与图形要素的对应关系

基于图形特征，本书用构成三棱锥底面的三角形三条边及其所围成的面积表征对冲基金监管法律制度的三大目标的实现，将三棱锥的高线长表征对冲基金行

① 关于如何实现对冲基金监管过程中三大监管目标的平衡，本书进行了初步探索，提出了对冲基金监管法律制度平衡保护的基本原则。其基本思路是，通过设计包含单一对冲基金、公募对冲基金、组合式对冲基金、对冲基金指数产品的对冲基金产品监管体系，在确保不同类型投资者根据财富规模和风险偏好平等参与对冲基金投资的同时体现有差别的投资者保护措施；不同的监管流程所侧重实现的监管目标有所区别：准入阶段侧重投资者利益保护，事中监管兼顾系统性风险防范和维护市场公平、有效、透明，市场退出阶段侧重防范系统性风险；在政府监管、基金内部治理、行业自律、市场纪律协调配合基础上构建复合型监管模式以发挥比较优势，提升监管效率等。

业运营效率，底面积与高的乘积所形成的三棱锥体积代表既定监管制度框架下对冲基金行业运营对整个金融市场效率和福利的提升与增进。根据国际证券监管组织2008年修订的《证券监管目标与原则》，证券监管的三大目标为保护投资者，确保市场公平、有效、透明（国际货币基金组织将这一目标概括为保护金融市场完整性）和减少系统风险。[①] 在下面的分析框架中，三大监管目标分别对应三角形的三条边。每条边的长度代表监管者根据对冲基金对该监管目标的影响所给予的价值评价或者说设计实施的监管措施，也就是包括投资管理人、投资者和其他市场主体所要付出的制度成本。边长越长说明监管者对该监管价值目标给予更多关注，并相应采取适当的监管措施。以三角形三边周长表征监管资源的约束情况，底面三角形的面积代表既定监管资源约束条件下对冲基金监管制度的完善程度，而底面积与高线长的乘积所得出的三棱锥体积代表特定约束条件下（静态的）对冲基金运营对金融市场和社会经济的效率提升与增进。

2. *监管法律制度内部要素彼此影响的图形解析*

分析立体三棱锥图形的几何特征，有助于理解对冲基金监管法律制度内部各构成要素之间的彼此影响。

第一，底面三角形三边边长不等是常态。因此，特定时期立法者和金融监管当局总是侧重监管目标的某一方面，如长期资本管理公司濒临倒闭案例发生后，美国国会先后提出通过两项法案，[②] 要求高杠杆机构（对冲基金）加强对投资者、交易对手、监管当局和公众的信息披露，并提交季度报告，这反映了立法者试图严格控制对冲基金引发金融市场系统性风险的决心，此时减少系统风险成为立法监管的重中之重。而伴随近年来对冲基金零售化趋势的出现，中国香港、新加坡、法国、德国等国家和地区先后出台法规，降低投资者最低认购标准，允许（组合式）对冲基金公开募集，并要求提高运营和风险透明度，这反映了这一时期对冲基金监管立法偏重投资者保护目标。

第二，基于“三角形两边之和大于第三边，两边之差小于第三边”的公理，三大价值诉求与监管目标之间不能过分失调以防失控。如果过分强调某一价值诉求，相应施加较多监管措施而忽视其他监管目标，就忽视了三角形三边长的内在

---

① “Objectives and Principles of Securities Regulation”, International Organization of Securities Commission, February 2008, p. 2.

② 分别为1999年9月23日民主党众议员Richard Baker提交的《对冲基金信息披露法》（又称《贝克法案》）和1999年11月19日，参议员Dorgan和众议员Markey分别提交的H.R.3483和S.1968号法案，命名为《1999年衍生产品市场改革法》。两个法案虽然对信息披露的起点和频率、具体内容以及所提交监管者的规定存在差异，但都确立了高杠杆大规模对冲基金的监管报告制度。随着2000年共和党在国会选举的获胜，上述法案均被搁置（由于担心受到直接监管，华尔街主要对冲基金管理集团在是次选举中为共和党捐助了大量经费，这也反映了围绕是否监管对冲基金在美国政界复杂的利益博弈关系）。

约束关系，会降低甚至破坏监管法律制度整体的稳定性，导致系统失控，金融市场崩溃，此时对冲基金运营的高效率将为负值，也就是给整个金融体系带来严重的负外部性和冲击。1997 年亚洲金融危机和 1998 年长期资本管理公司危机就是过分强调金融自由化，片面盲目追求投资利润的恶果：危机导致金融市场系统性风险积聚爆发，失去秩序，而投资者也因此遭受巨大损失，一些亚洲国家经济倒退数十年，社会经济福利遭到重大破坏，可见其影响之深远。所以，公理直观地揭示了在保证监管制度有效性前提下，监管资源分配时所允许的偏重程度范围。

第三，根据海伦公式，在三角形周长一定的前提下，等边三角形面积最大。这意味着在监管资源有限的给定约束下，努力实现三大监管价值诉求的和谐统一，有机均衡地针对具体监管目标制定并实施监管法律法规，可以最大限度地提升对冲基金监管制度体系的整体有效性和稳定性，为对冲基金在市场高效率运作打下基础。但三边长完全相等只是一个特例而非常态，它更多代表监管制度架构过程中的一种理想。

第四，如果一国出于防范系统性风险的考虑不开放对冲基金投资本国金融市场，以保护投资者利益为理由不允许对冲基金向本国投资者募集股份/受益凭证单位，则该国无法获得对冲基金投资给本国市场的效率提升和投资者的福利增进带来的好处。从图形上看，当底面积为零时，无论代表对冲基金竞争力的高线长度如何、运营效率多高，都会因“无立锥之地”使体积为零。

第五，如果监管事无巨细，直接限制对冲基金投资策略和风险承受，则对冲基金监管与共同基金监管无差异，导致对冲基金丧失其特性，其竞争力和对金融市场运营效率的贡献大幅度下降为零，此刻纵然监管制度非常完善，但由于完全束缚住对冲基金的活力，导致对冲基金对金融市场效率贡献和福利增进的影响降为零。从图形上看，这意味着立体图形三棱锥退化为平面三角形，体积为零。

三、动态演进三棱锥模式分析

对冲基金行业诞生 60 年来，对冲基金监管法律制度也经历了一个历史演进的过程。本部分围绕金融监管三大目标，根据对冲基金监管法律制度构成要素和行业整体效率的演变进程，以动态演进的三棱锥图形揭示对冲基金监管法律制度从历史状态到当前的变化过程，并利用三棱锥图形的内在约束关系，在实现金融监管三大目标平衡保护和提升对冲基金行业效率基础上推导出理想状态对冲基金监管法律制度应具备的特征。具体过程详见图 1-2。

1. 历史状态

（1）监管制度构成要素。第一，保护市场完整性的监管措施：以美国为主的发达国家建立比较完善的场内大额头寸交易报告制度，积极培育场外交易市场；

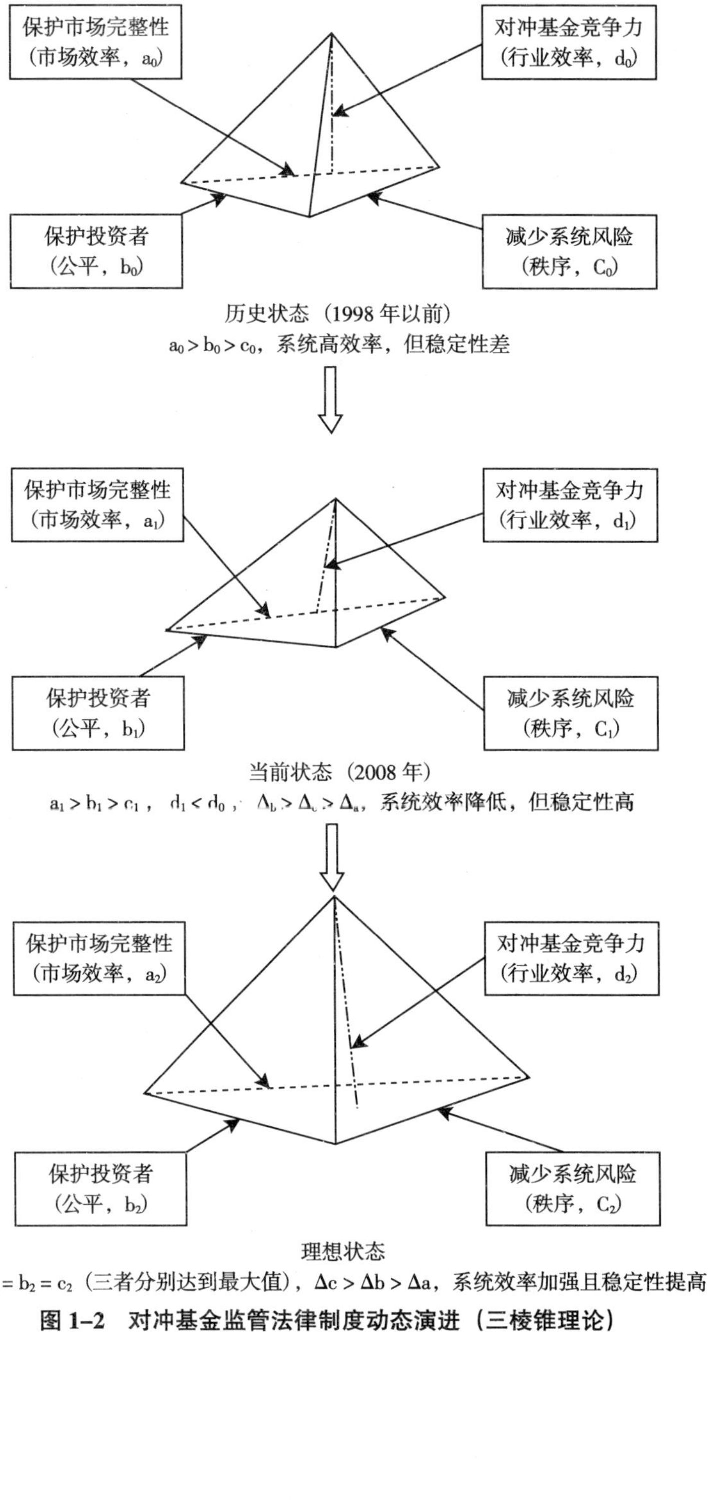

图 1–2　对冲基金监管法律制度动态演进（三棱锥理论）

以东南亚国家为代表的少数国家选择开放金融市场，但基础设施薄弱，监管法律措施落后。鉴于对冲基金对东南亚国家金融市场的强力冲击，多数国家限制或禁止对冲基金投资本国金融市场。第二，保护投资者的监管措施：投资者范围严格限制于富有个人（70%以上）和机构投资者（不足 30%），通过私募发行豁免登记监管机制赋予此类投资者参与具有潜在高收益的复杂投资活动的特权，但必须承担相应的高风险。第三，减少系统性风险的措施：完全依托银行、证券公司通过交易对手风险管理对对冲基金施加市场纪律，监管者对这种市场纪律放任自流。第四，对冲基金行业运营效率：策略灵活、运营效率高，但基金内部人控制严重，透明度差，治理问题未提上日程，处于行业形成和初步发展时期。

总的来看，从对冲基金诞生到 1998 年长期资本基金危机这半个世纪，以美国为主体的基金和基金管理人依托五部证券基本法的豁免条款豁免任何基于主体的直接监管措施，[①] 离岸注册的对冲基金几乎不受母国任何监管，对冲基金运营效率高。

（2）图形解析。从图形特征上分析，三棱锥底面为不等边三角形，代表市场完整性（a_0）的一边较长，保护投资者边长（b_0）其次，减少系统性风险一边最短（c_0）。行业效率很高，部分成功的基金年收益率可达 100%以上，反映为三棱锥高线较长，但系统稳定性差，容易引发金融危机。

当 $a>b+c$ 时，系统崩溃，即过分强调对冲基金提升市场效率的特点，要求东道国在不成熟前提下开放金融市场，母国放任对冲基金恶性投机套利活动，对所使用金融工具不加限制，东道国市场基础薄弱，监管能力很差。危机爆发后通过投资者羊群行为导致东道国金融市场崩溃并发生大规模蔓延，1997~1998 年亚洲金融危机就是典型案例。

当 $c<a-b$ 时，监管者不认为对冲基金可能对金融稳定形成重大冲击，过分依赖市场纪律作为控制系统性风险的手段，长期资产管理公司 1998 年曾导致全球流动性最强、稳定性最高的美国金融市场濒临崩溃，监管者（纽约联邦储备银行）被迫组织交易对手进行市场化救助，使市场恢复稳定（回到 $a-b<c$ 的正常态），但长期资本管理公司投资者损失资本 90%以上，其他投资者也因市场波动连带受到不同程度的损失。

---

① 分别是 1934 年《证券法》第 4 节（2）和《监管法规》D 规则 506 条款，1934 年《证券交易法》第 12 节（g）证券交易法登记报告要求豁免；1940 年《投资公司法》第 3 节（c）（1）基金豁免和随 1996 年《全国证券市场促进法》纳入《投资公司法》的第 3 节（c）（7）基金豁免；1940 年《投资顾问法》第 203 节（b）（3）私人投资顾问豁免；1974 年《商品交易法》条例 4.13（a）（3）有限期货交易豁免，2003 年制定的《商品交易法》条例 4.13（a）（4）成熟投资者豁免，4.14（a）（4）和 4.14（a）（5）商品组合运营商豁免。

2. 当前状态

（1）制度构成要素。第一，保护市场完整性的监管措施：以美国、欧洲、日本为代表的发达国家完善场内大规模头寸交易报告制度，场外市场飞速发展并确立自律监管性质的主要交易者自愿报告框架，但未形成正式监管体制。其他国家陆续开放本国金融市场，加强基础设施建设和市场监管法律制度建设，如确立卖空机制和杠杆运营合法，在严格监管条件下陆续允许对冲基金投资本国市场，并开始建构“在岸”对冲基金机制。第二，保护投资者的监管措施：监管者认可投资者结构的变化，富有个人和家族投入资产绝对规模提高，但相对比重大幅度下降（不足40%），而以养老金为代表的机构投资者已经并将继续大量涌入，相对占比超过60%。作为机构投资者参与对冲基金投资的主要形式，组合式对冲基金管理资产规模已占全行业管理资产规模四成左右。第三，减少系统性风险的监管措施：仍然主要依托主经纪人提供的交易对手风险管理作为系统性风险防范措施，监管者开始介入对主经纪业务的审查监督，即通过监管干预提升第三方间接监管力度。第四，对冲基金行业运营效率：市场规模显著扩大，资金的大量涌入导致对冲基金行业整体运营灵活性下降，收益率降低；与此同时，行业迅速采用金融创新成果，策略创新迅猛。透明度有所提高，但风险管理仍存在缺欠（不凋花公司65亿美元巨额亏损事件）大量操作风险和欺诈案例曝光，治理问题重要性凸显。另外，对冲基金运营中分工趋势日益明显，投资管理核心功能以外的其他职责如资产估值、结算过户、融资、资产保管等职能陆续外包给其他市场主体，初步形成对冲基金与主经纪人、行政事务管理人、托管人和谐共生的局面。一些国家以保护投资者为目标设立的对冲基金监管法律制度对基金运行、投资对象、杠杆率施加过多限制，或者提出比共同基金更加繁重的信息披露要求，与共同基金之间的界限日益模糊。

综上所述，主要金融市场陆续建立对冲基金监管法律制度，除美国、卢森堡外所有对冲基金管理人都要接受监管，[①] 许多国家在加强监管前提下陆续开放对冲基金在本国投资，并允许对冲基金在接受母国监管、东道国与母国建立监管协作关系前提下跨境营销，一些国家为增强本国金融市场竞争力建立在岸对冲基金法律框架，所传递的竞争压力迫使离岸金融中心建立基本监管法律制度。总的来看，全球对冲基金监管制度框架初步形成，在这一过程中更多借鉴了集合投资计划的监管机制。由于监管措施不适当，针对性差，对对冲基金和共同基金的区分度不够高，导致对冲基金行业整体竞争力和运营效率有所下降。

---

① 卢森堡对冲基金管理人在相应基金监管框架下接受监管，因此实际上目前只有美国对冲基金管理人可以豁免直接监管措施。

（2）图形解析。三棱锥底面仍为不等边三角形，代表市场完整性（a_1）的一边较长，保护投资者边长（b_1）其次，减少系统性风险一边最短（c_1），即 $a_1>b_1>c_1$。与历史状态相比，三边长度都有增加，导致底面积比历史状态放大（表征对冲基金管理资产规模的大幅度增长、开放对冲基金投资市场增多、对冲基金监管制度逐步健全）。相比而言，三边长度差距缩小，换言之，从增长速度上看：$\Delta b>\Delta c>\Delta a$，$\Delta b$ 反映了各国近年来在配合放宽投资者准入过程中为加强投资者保护所建立的监管制度，Δc 反映了监管者督促银行加强交易对手风险管理的努力、2004 年以来对主经纪人敞口的调查以及直接通过登记对冲基金或者登记对冲基金管理人收集数据信息的努力，Δa 反映了市场交易制度的逐步完善和场外市场主要交易方自愿披露制度的形成。

三棱锥高线长度有所降低，这表明管理资产规模显著增长、内部治理不健全、与外部主体责任不清晰以及不适当的外部监管制度措施导致对冲基金运营效率下降，虽然经过策略创新、透明度提高和外包提高专业化等因素的中和，行业整体效率还是有所下降。

总的来看，现行对冲基金运营监管系统稳定性有所提高，效率出现下降，仍存在一系列隐忧，引发系统性危机的风险不容忽视。初步实现有法可依，但还存在许多漏洞。与历史状态相比，当前对冲基金对市场效率的贡献和对投资者福利的增进仍是主流，因此应当肯定这种状态的提升，当然也还存在许多改进余地。以公式概括为：

$$P(a_1-b_1>c_1\cup b_1+c_1<a_1)<P(a_0-b_0>c_0\cup b_0+c_0<a_0) \tag{1-1}$$

$$d_1<d_0 \tag{1-2}$$

$$S_1>S_0 \tag{1-3}$$

$$V_1>V_0 \tag{1-4}$$

3. 理想状态

着眼于确认和保护对冲基金对金融体系效率提升的贡献，并以最合理成本控制减少无序运营可能对监管三大目标造成的冲击和影响，本书认为可从引入外部多元治理力量的参与角度对现有对冲基金监管法律制度进行完善，在这一过程中同步提高对冲基金运营效率。理想状态的对冲基金监管法律制度，应当遵循多元治理、激励相容、推动监管协调与合作、原则与规则相互配合等基本原则，在考虑成本收益的基础上，实现对三大监管目标的平衡保护。在此基础上，沿产品监管体系、监管流程、监管手段三个维度具体设计监管法律规则，使该监管法律制度整体在复合型监管模式框架下具备市场友好性、动态调整性、监管公平性和风险导向性特征。具体分析如下：

（1）制度构成要素。第一，保护市场完整性的监管措施：进一步完善场内市场交易监控和大额敞口报告制度，对运用衍生产品规避信息披露义务的行为进行规制，构建场外市场基本监管框架，改进市场基础设施。为确保对市场主体监管的公平性，坚持以市场行为监管为主，尽量不出台专门针对私募单一对冲基金这一监管主体的直接监管措施。在积极推进监管法律协调和监管执法合作的前提下，鼓励新兴市场开放允许对冲基金投资，扩大对冲基金投资选择范围，确立卖空、杠杆交易行为的合法地位，并在这一过程中继续完善清算系统、破产法律等基础设施，积极创造条件让更多市场分享对冲基金投资带来的流动性提升、技术进步、创新产品等好处。

第二，保护投资者的措施：按照多层次、可移动原则设计投资者资格分类制度，允许富有个人和家族以及机构投资者直接投资私募对冲基金及其他风险较低的产品，允许中富阶层投资组合式对冲基金和信息披露要求较高的公募对冲基金，在风险自担、适度透明的前提下，开放零售投资者以适当方式间接投资对冲基金，即以受监管组合式对冲基金结构为主，在严格审核下允许投资者投资对冲基金指数等结构化产品。在接受母国监管和遵守东道国有关金融产品营销法规制度前提下允许对冲基金跨境募集资金，使更多投资者分享对冲基金投资带来的高收益、低风险和多元分散化优势，提升社会福利。

第三，减少系统性风险的监管措施：首先，持续督促以主经纪人为主体的对冲基金交易对手改进自身风险管理，丰富完善风险计量和控制技术，推行全球主要金融市场定期采集主经纪人对冲基金敞口数据制度，并以此形成基本数据库并定期更新；其次，主要金融市场监管当局遵循风险为本的原则对有重大市场影响的对冲基金管理人加强监督和检查，督促其改进内部控制制度和风险管理，并直接收集必要信息以弥补从主经纪人渠道间接获得数据的缺欠；最后，吸取长期资本管理公司濒临倒闭的救助经验，建立以推进市场并购为主的“责任分担”型对冲基金市场退出制度，在积极推进金融衍生产品净额结算、抵销等风险缓释机制纳入破产法自动终止豁免的同时，保持对市场的持续监督，防止这些机制本身成为系统性风险来源。

第四，提升对冲基金行业运营效率：首先，鼓励金融创新与新策略、新产品的应用，信息披露和透明度提升不触及核心策略和具体头寸。其次，通过强化对冲基金董事会的职责和引入独立董事制度，建立健全审计、风险管理委员会等机构和明确首席合规官、首席风险官等关键控制岗位的职责，提升对冲基金内部治理水平，控制和降低欺诈等操作风险事件，在此基础上提升市场风险和信用风险管理水平。鼓励对冲基金上市和发行债券等筹集长期稳定资本行为的运营结构方面的创新。最后，鼓励行业组织加强自律监管，提升市场主体和监管者对对冲基金行业整体的信心，同时以此避免各国监管当局对对冲基金运营的过多干预，有关自律行为指引可以为监管者认可成为正式监管法律制度的蓝本和依据。

总的来看，在设计对冲基金监管法律制度时必须深刻认识对冲基金的独特性，减少基于对冲基金这一特定主体身份为依据对其运营策略的直接干预，尤其避免将其向共同基金一样监管，防止对冲基金失去特色沦为平庸。为此在监管法律制度设计中要突出金融市场主体多元治理的功能，引导和加强市场纪律，丰富其内容和形式，以互利合作方式推进主经纪人、行政管理人、托管人、信用评级机构、外部审计师等为自身利益投入对冲基金运营监督，在将部分监管成本外部化的同时使可运用的监管资源得到扩充和丰富。与此同时，着力提升对冲基金行业运营效率，消除“无收益风险”，扭转行业竞争力下降的趋势，推动行业可持续发展。

（2）图形解析。三棱锥底面为等边三角形，三边等长体现了海伦公式的思想，即在监管成本或资源投入一定的条件下，均衡考虑制定实施有关措施可以最大限度地提高对冲基金监管法律制度的完善程度和稳定性，即 $a_2=b_2=c_2$。与当前状态相比，三边长度都有增加，导致底面积比历史状态放大（表征多元市场主体参与对冲基金监管监督所带来的监管资源的增加和市场活动范围以及管理资产规模的进一步放大）。从增长速度上看：$\Delta c>\Delta b>\Delta a>0$，$\Delta c$ 一是反映了监管者督促对冲基金交易对手完善风险管理制度、推进主经纪人敞口制度化调查汇总形成全球监管数据库的努力；二是完善各国破产法律制度，允许金融衍生产品合约豁免破产自动终止程序，同时保留监管者以适当方式介入破产过程的机制，防止降低风险的机制在特殊市场环境下成为系统性风险放大器；三是在完善数据质量和收集信息的基础上加强对对冲基金数据的统计分析处理，从中发现系统性风险酝酿形成的预警信号并了解和把握系统性风险触发与传导机制。Δb 反映了各国在推进制度化监管合作、构建符合本国投资者特点和对冲基金运营特色的多层次运营法律框架基础上，开放对冲基金在本国市场募集资金，扩大投资者准入范围的努力。Δa 反映了场内市场交易披露制度的完善和场外市场基本监管制度的确立。

三边等长的理论阐释：

第一，符合海伦公式，在周长相等的约束下，正三角形面积最大，表征此时对冲基金监管法律制度最为完善，系统稳定性最强。

第二，在 $a_2=b_2=c_2$ 的约束条件或初始状态（最稳定）下，未来对冲基金监管法律制度崩溃的危险最低，即

$$1-P(\text{崩溃})=1-P(a+b<c \cup b+c<a \cup a+c<b)=\max \tag{1-5}$$

第三，三边等长是一个很难达到的理想状态或者“刃锋”，但监管者按照均衡理念在制度建立和执行中兼顾三大监管目标实现的过程使对冲基金监管系统日益远离不稳定状态，并在实现保护投资者、促进市场完整性和最大限度杜绝系统性风险的前提下促进对冲基金行业运营效率提升，实现金融市场福利的最大化。

表征对冲基金行业运营效率的高线长 $d_2>d_1>d_0$，即适合对冲基金运营特点、

引入市场主体多元治理力量、提供市场选择余地和自由空间的监管法律制度有助于促进对冲基金运营效率的恢复和提升。

综上所述，以动态演进的三棱锥模型表征下的对冲基金运营对整个金融市场效率和福利的提升与增进可以用下列公式表示：

$$V_2 > V_1 > V_0 \quad (1\text{-}6)$$

$$S_2 > S_1 > S_0 \quad (1\text{-}7)$$

$$a_2 > a_1 > a_0 \quad (1\text{-}8)$$

$$b_2 > b_1 > b_0 \quad (1\text{-}9)$$

$$c_2 > c_1 > c_0 \quad (1\text{-}10)$$

$$a_2 = b_2 = c_2 \begin{cases} S_2 = S_{max} & \text{当 } a_2+b_2+c_2=w\text{（常量）时} \\ P(\text{对冲基金监管制度稳定性}) = \max & \text{当 } a_2+b_2+c_2=w\text{（常量）时} \end{cases} \quad (1\text{-}11)$$

4. 动态最优化分析

从历史状态到现实状态再到理想状态，对冲基金监管制度的形成和运行是一个动态开放的过程，如何实现现实状态向理想状态的制度变迁，需要我们在分析的过程中引入对冲基金的时间发展变量。时间发展变量既说明了对冲基金的历史发展轨迹，又为我们预测对冲基金的下一阶段发展态势提供了具有可信性的基础并以此指导监管制度的架构和推动行业竞争力的提升。将对冲基金的时间发展变量引入三棱锥理论，使得前面的分析具有更广泛的适用性以及分析的科学性、动态性。

为此，采用动态最优化分析方法，将模型的动态演变特性纳入分析求解过程中。首先，通过加入对冲基金的时间发展变量，社会经济福利的决定成为一个具有五个变量的复杂函数。也就是说，监管者对三大价值诉求的最大化求解和行业发展对竞争力的要求这四个相互影响的变量的均衡过程将从一个静态状态转化为一个动态过程，静态的监管理念也相应地发展成为动态的监管理念。其次，由于对冲基金的时间发展变量不是一个简单的单调过程，而是会在发展中出现曲折的螺旋形上升发展形态，这就要求我们要对对冲基金的历史发展历程有比较清晰的认识并且能依据这一认识推断对冲基金下一阶段的发展轨迹。最后，由于动态优化理论的多维性和开放性，对社会最优福利的求解将不会像三维图形那样简单明了，而将是一个复杂的计算过程。

为便于说明，假定对冲基金所带来的社会经济福利可由函数 $G(\cdot)$表示，静态的三棱锥底面三角形三边由 x、y、z 表示，高线长由 w 表示，而静态的三棱锥体积，也即静态情况下的社会经济福利由函数 $h(x, y, z, w) = h(f(x, y, z), w)$ 表示。最后，对冲基金的时间发展函数由 $g(t)$ 表示。通过以上的分析，我们可以构建动态的三棱锥理论的一般形式：

$$G(x, y, z, w, t)=G(h(x, y, z, w), g(t))=G(f(x, y, z), w, g(t)) \quad (1\text{-}12)$$

这一隐函数代表了对冲基金对社会福利影响的一般过程。其中 $g(t)$ 的过程是由历史分析和未来推断所构成的，它代表了 t 时刻对冲基金的发展状况；而 x、y、z、w 分别代表了在 t 时刻金融市场完整性和有效性、投资者保护程度、系统性风险防范机制和对冲基金行业运营竞争力与效率。对于特定的时点和资源约束，我们可以求解这一动态优化过程：

$$\max G(f(x, y, z, w), g(t))$$
$$\text{s.t.}\quad f(x, y, z, w)=V\max$$
$$g(t)=c \quad (1\text{-}13)$$

式中，$f(x, y, z, w)=V\max$ 代表了现有资源下三棱锥体积最大化，也就是单一时点的最优选择过程，$g(t)=c$ 代表了对冲基金的时间发展函数中对终极最优目标 c 的追求。c 的确定由监管者根据监管制度内部要素的相互影响以及行业发展规律来判断，并根据对冲基金市场的发展而动态调整。为求得最优解我们构造拉格朗日函数，从而得到：

$$L=G(f(x, y, z, w), g(t))+\lambda(f(x, y, z, w)-V\max)+\beta(g(t)-c) \quad (1\text{-}14)$$

F.O.C

$$\frac{\partial L}{\partial x}=0 \quad \frac{\partial L}{\partial y}=0 \quad \frac{\partial L}{\partial z}=0 \quad \frac{\partial L}{\partial w}=0 \quad \frac{\partial L}{\partial t}=0$$

五个方程联立可以求出含有五个未知数的目标函数 $G(f(x, y, z, w), g(t))$，从而实现了伴随对冲基金动态发展过程动态最优监管法律制度的建立。综合上述分析，建立有效的对冲基金监管法律制度是一个长期、系统、有机的动态过程。因此，在考虑如何建立最优监管制度时，应该统筹各方面价值诉求，将社会福利的最大化作为最终的目标取向。[①]

---

① 本书所提出的动态演进三棱锥框架，应当随国际对冲基金行业发展和监管实践进步而不断发展和完善。利用图形理论和动态最优化的分析方法为描述对冲基金影响下的社会福利提供了一种比较科学而且形象化的方式。必须指出，这一理论仅仅提出了一种完善监管法律制度的定量化的初步分析框架，本书希望通过创立这种分析思路，为今后更加成熟先进的定量化对冲基金监管法律制度研究提供有借鉴意义的思路与方法。

第二节　对冲基金监管法律制度的基本原则

原则一词源于拉丁语Principium，其语义是“开始、开源、基础”。法律原则是指可以作为规则的基础或本源的原理和准则，它没有预先假定任何确定和具体的事实状态，没有规定具体的权利和义务，也没有赋予确定和具体的法律后果。[①]它是用来进行法律推理或选择法律行为的权威性出发点，对制定、解释和补充法律、指导当事人正确行使权利和履行义务，协调平衡各方当事人利益冲突均具有重要意义。法的基本原则体现了法律的本质和根本价值，是整个法律适用的总的指导思想和根本出发点，是整个法律制度的灵魂，决定着法律的统一性和稳定性。[②]对冲基金监管法的原则，是指能够全面、充分地反映法律所调整的监管关系的客观要求，并对这种关系的各方面和全过程都有普遍意义的基本准则与指导思想。它体现对冲基金监管法的本质，是具体监管法律框架与规则的灵魂与基本精神所在，对对冲基金监管活动具有根本性指导意义和统率作用。本书认为，要同步实现促进行业效率提升和实现三大监管目标的任务，推动对冲基金监管法律制度向理想状态三棱锥所揭示的演进路径变迁，就必须在下列基本原则的指引下，推动对冲基金监管法律制度的建立和完善，展现“良法”的内在特征。

一、平衡保护原则

要同步实现一定意义上具有内在冲突特征的三大金融监管目标，在设计实施监管法律制度时，必须遵循平衡保护原则，避免顾此失彼。其难度无异于在刃锋上行走，而唯一的实现途径是通过各有侧重的监管制度规则来实现整体平衡保护目标，换言之，要坚持动态演进原则，从整体上理解平衡保护原则：平衡保护最终体现为对冲基金监管法律制度的整体效果，而针对不同产品、不同投资者类别，在监管流程的不同阶段，要考虑本国金融市场的不同发育程度和开放目标，在尊重市场规律的前提下设计错落有致的规则体系，换言之，在“局部不平衡中实现整体平衡保护”。

1. 不同产品监管目标各有侧重

在不断创新以适应市场变化和满足投资者的过程中，对冲基金行业已从以往

---

① 徐国栋：《民法基本原则解释》，中国政法大学出版社1992年版，第353页。
② 张文显：《法学基本范畴研究》，中国政法大学出版社1993年版，第57页。

的私募单一对冲基金一统天下繁衍成包含公募、私募两种募集方式的，单一对冲基金、组合式对冲基金、对冲基金指数投资产品、其他以对冲基金为标的的合成衍生产品等在内的完整产品体系。在基于投资行为遵守普遍适用于各类市场主体的监管规则以实现促进金融市场完整性目标基础上，不同产品的风险特征、投资者类别各不相同，因此监管规则体现的主要目标也存在差异。对私募单一对冲基金监管强调效率目标，基于高募集起点确保投资者成熟，对其监管的重点是通过对主经纪人或监管者的风险信息披露防范系统性风险，而投资者保护居次要地位；[①] 公募单一对冲基金通过适当的强制信息披露规则提升投资者保护要求，与私募单一对冲基金一样侧重监管效率目标，对投资策略选择、杠杆运用等不加限制；组合式对冲基金和指数产品框架的设立体现了监管公平的价值取向，使零售投资者可以获得投资对冲基金的机会和福利提升，因此监管规则侧重投资者保护，包括组合式基金流动性风险管理机制的设计、限制组合层面杠杆使用、限制多层次组合式基金、禁止组合式基金层面自主投资行为等。[②]

2. 不同类别投资者保护有所区别

伴随对冲基金的零售化和产品多元创新，对冲基金投资参与者已从以往的高净值个人和机构扩展到中富阶层和小型零售投资者。基于投资者承受风险意愿和自我保护能力的巨大差异，对冲基金监管法律制度应当在强化各自产品准入标准和界限的基础上，对不同类别投资者体现差异化的保护措施和方法。[③] 具体而言，对于单一对冲基金，基于投资者富有成熟的特性，更多强调其通过市场力量，借助法律关于反欺诈的规定通过诉讼赔偿机制寻求自我保护；对于以中富阶层为对象的公募对冲基金，通过设立合理适当的强制信息披露机制支持投资者自我保护；对以零售投资者为主的组合式对冲基金和对冲基金指数产品，一方面，强化组合式基金管理人和指数提供商的尽职调查和持续监督标的对冲基金的责任；另一方面，对组合式基金和指数产品本身的赎回机制、投资类别、杠杆程度进行必要限制，直接加强投资者保护以促进市场信心提升。

3. 不同监管阶段的监管目标各有侧重

在投资者和对冲基金管理人的市场准入阶段，强调公平参与投资的立法价值，建立单一对冲基金、组合式对冲基金、对冲基金指数等差异化产品机制，使不同类别投资者各得其所；在对冲基金日常运营过程中，强调促进市场效率提

① 其立法的理论依据是成熟富有的高净值个人有能力在不借助监管的前提下实现自我保护，以此将有限监管资源投入边际收益更高的领域。

② 如美国和欧洲已经出现的多层组合式基金（Fund of Fund of Funds）即投资于组合式对冲基金的投资基金等产品，由于费用透明度低，并可能出现过度分散化，因此不宜提倡投资此类产品。

③ 如明确私募单一对冲基金、公募对冲基金和组合式对冲基金各自的投资最低募集起点或投资者财富标准。

升，对私募单一对冲基金投资策略、杠杆使用不直接限制，更多依靠基于投资行为的大额交易信息披露机制加强监督；在对冲基金市场退出流程监管中，强调市场秩序价值，以控制避免系统性风险为第一要务，一方面，完善破产法机制，赋予衍生产品抵销、净额结算机制等风险缓释机制豁免普通破产终止程序；另一方面建立对可能触发系统性风险的大规模高杠杆对冲基金的市场化救助机制，在实现维护金融市场稳定的同时以成本责任分担机制控制道德风险问题。

二、多元治理原则

治理是各种公共或私人的个人和机构管理其共同事务的诸多方式的总和。它是使相互冲突的或不同的利益得以调和并且采取联合行动的持续的过程。这既包括有权迫使人们服从正式的制度安排和规则，也包括各种人们同意或以符合其利益的非正式的制度安排。[①] 在对冲基金监管制度的确立和执行过程中强化治理，其实质是在体认单一政府监管资源有限、效率低下、引发道德风险等局限性的基础上，在金融监管实践中引进治理、善治的理念，通过金融市场多元治理力量的作用，来共同实现金融监管的目标：第一，对冲基金监管需要政府、行业自律组织、对冲基金及其管理人自身以及社会各方面力量共同发挥作用；第二，对冲基金监管需要在政府与其他多元监管力量之间建立良性互动、友好协作的关系，需要通过各相关力量彼此之间的监督、制约，以实现监管目标；第三，对冲基金监管多元治理能否起作用，关键取决于政府监管者的治理水平，取决于对其他治理力量的态度。

具体而言，鉴于对冲基金投资策略的高度复杂性和运作的不透明性，要在监管过程中有效控制系统性风险的同时保留对冲基金对金融稳定和投资者福利的独特贡献，就必须承认监管者自身能力的局限性，在找到市场纪律与市场第三方监管之间正确连接的基础上，推进对冲基金内部董事会及其独立董事、行业协会、外部审计师、评级机构、对冲基金运营服务主要提供者（主经纪人、行政管理人）和组合式对冲基金管理人共同参与对冲基金行业的多元治理，实现各种因素相互促进，共同改进对冲基金风险治理和金融市场应对冲击的稳健性。以组合式对冲基金为例，它代表了一股规模强大、日益成熟的市场力量，在选择所适宜的标的单一对冲基金过程中，可以施加强有力的市场纪律。监管者可以通过直接规制组合式对冲基金挑选标的对冲基金的标准或原则性要求，间接地对标的单一对冲基金的内部治理、风险控制和运营基础设施提出要求，在原则性要求基础上提出适当的最低标准，如要求对冲基金管理人在注册地登记等。2003 年法国金融

① 俞可平主编：《治理与善治》，社会科学文献出版社 2000 年版，第 3-5 页。

监管委员会（AMF）法规第411节第34款规定了标的基金必须遵守的13项合格标准，就是一个很好的“间接形式”的直接监管措施，它为法国组合式基金提供了投资的最低标准，可以有效促进监管目标实现。[①]

三、成本效益原则

对对冲基金实施监管的必要性来自单纯依赖市场纪律可能导致市场失灵，进而在损害对冲基金效率与竞争力的同时对金融监管三大目标形成现实威胁。监管法律制度的执行本身虽然可以纠正市场失灵，但监管本身是有成本的。根据波斯纳和斯蒂格勒的理论，监管可能造成巨额成本。[②] 主要包括如下几个方面：

1. 监管运作成本（直接监管成本）

运作成本是指监管机构在监管过程中耗费的资源，因为监管需要政府设立监管部门来负责制定和实施有关监管法律制度，在这个过程中要耗费人力、物力、财力。例如，英国FSA为加强对对冲基金管理人的监督，于2004年成立对冲基金专家中心，其人员部分从金融市场招聘，部分来自投资管理监管部人员的划转。

2. 监管服从成本（间接监管成本）

对冲基金为满足监管者对其风险管理和内部控制的要求，一方面可能减少某些业务或放弃可得经济利益，另一方面在服从监管时还要承担内部成本，比如为满足合规要求而增加的人员开支和配置的基础设施，或者为满足信息披露要求所承担的成本。

3. 监管动态成本

动态成本是指监管对未来制度创新的制约，监管效果的实现过程往往通过限制被监管者的某些获利机会实现。为尽可能降低监管动态成本，应当体认对冲基金的运作特征，至少在对私募单一对冲基金的投资策略和杠杆使用上，不提出直接限制措施，也不施加资本充足率监管。

4. 道德风险

道德风险是指金融交易发生之后所产生的信息不对称问题，[③] 它是指对冲基金管理人所产生的掩盖信息并从事对基金投资者不利活动的动力。[④] 在监管法律制度框架下，为投资者提供了必要的保护，使其增强了投资对冲基金的信心。也可能

---

① AMF, "Report of the Working Group on the Assessment of the French Regulatory Framework for Funds of Hedge Funds and on Possible Areas of Improvement", 2008, p. 4.

② 贝多广：《证券经济理论》，上海人民出版社1995年版，第68页。

③ 姜洋：《中国证券商监管制度研究》，中国金融出版社2001年版，第101页。

④ 大量对冲基金欺诈投资者案例和监管机构所采取的强制措施证明来自管理人的道德风险不容忽视。

导致其基于对监管者的信任而降低对于对冲基金管理人选择过程的关注和自身施加持续的监督。对此，应当强调对冲基金投资的复杂风险特性，禁止投资者从证券投资者保护基金机制下获得投资对冲基金损失补偿的可能，强调投资者对自己的投资决策和结果自行负责，监管者只是提供必要的支持和帮助，而非包办代替。

与监管成本相比，理论界对监管效益的研究不足，由于监管效益难以评估和量化，往往被低估。本书认为，监管效益的衡量可以从对冲基金行业效率的变化以及保护投资者、促进金融市场效率提升和防范系统性风险的监管目标的实现程度或改进来衡量。

在监管法律制度规则设计实施过程中，应考虑如下几个问题：

第一，在对对冲基金行业施加新的监管规则时，充分考虑规则本身对行业运行效率的影响和规则所导致的增量成本，进行规范的成本收益分析并公开征求行业反馈意见，力求提高决策过程的公开性和规则本身的科学合理性，在最大限度地提高监管收益的同时控制监管成本。如美国 SEC 在 2004 年修订《投资顾问法》豁免规则时对由此产生的监管成本与收益进行了详细分析，新规则的收益涵盖对冲基金投资者、共同基金投资者、其他投资者和市场、监管政策和对冲基金管理人本身，在不限制对冲基金投资运作的前提下，监管成本主要包括登记成本、建立合规框架的成本和持续合规与检查成本。[①] 英国 FSA 自 2002 年以来曾多次发布咨询文件提议设立对冲基金管理业务独立监管框架和放宽零售投资者参与对冲基金投资，但在对业界反馈意见的汇总分析和细致的成本收益测算后最终放弃原提议。

第二，新的监管制度规则必须以市场纪律为基点，注重运用、引导和加强市场中已经存在的对对冲基金监督约束的机制，以间接监管方式支持市场纪律，非在必要情况下不直接监管对冲基金。例如，在信息收集过程中，以开展主经纪人敞口调查作为获取、分析对冲基金数据的基础，而将从大型对冲基金管理人处直接获得信息作为必要的补充。在日常监管流程中，一是注意发挥外部审计师、评级机构对对冲基金的市场化监督作用；二是将对冲基金管理人纳入现有投资管理服务登记批准监管框架，通过对管理人加强风险监督和合规控制实现间接监控对冲基金的运营，而尽量避免直接针对基金本身的监管措施；三是通过对投资者投

---

① 包括：发现欺诈避免减少损失、提供关于对冲基金管理人的基本信息、完善合规控制；减少对冲基金顾问非法交易给共同基金投资者带来的损失；监管者的监督减低了对冲基金顾问参与其他类型证券市场非法交易活动的可能；为监管者提供更准确和完整的数据；强制登记制度将为对冲基金顾问提供公平竞争机会，并且不会带来增量道德风险。SEC 测算的单位对冲基金年度合规成本为 25000~50000 美元。参见 17 CFR Parts 275 and 279，"Registration Under the Advisers Act of Certain Hedge Fund Advisers"，Final Rule，2004，p. 30。

资对冲基金行为的监管，即对需求方的监管，[①] 来实现间接监督投资服务供给方。

四、激励相容原则

为实现维护对冲基金行业竞争力、提升效率与促进三大金融监管目标的同步实现，对冲基金监管法律制度设计执行中必须强调激励相容的原则，这就意味着监管法律制度设计时不能仅从监管目标出发设置监管措施，而必须参照对冲基金及其管理人的经营目标，将对冲基金内部管理和外部市场主体的约束纳入监管范畴，引导市场力量支持监管目标的实现。[②] 为此，必须形成对冲基金及其管理人服从监管的激励与约束机制，这就要求监管者在制定监管规则、设置监管指标时不仅要考虑整个金融市场安全所要求的风险水平，还必须认识到对冲基金作为另类投资工具在内部风险管理方式以及风险控制指标方面的特殊性，力求实现监管要求尽量与对冲基金内部风险控制要求一致，在降低合规成本的同时实现激励相容。因此，一是可以考虑将对冲基金行业协会制定的业界最佳实践经适当改造后作为监管标准。二是鉴于对冲基金失败一半以上来自操作风险的事实，[③] 在对冲基金风险监管方面可以引入风险承诺机制：即监管者在准入过程中对风险合规基础设施进行审核，并借助外部审计师或内部合规负责人持续监督和防范对冲基金操作风险事件，尽可能降低甚至消除这种“无收益风险”；在此基础上，允许基金根据自身投资者偏好灵活运用投资策略并管理市场和信用风险，如此既可促进投资者保护，也保留了对冲基金对金融市场宝贵的“另类观点”。三是加强监管者与被监管者之间各种方式的沟通，力求建立和谐的合作伙伴关系，为激励相容的实现提供必要的氛围。即使双方最终目标一致，如果因相互沟通不够导致彼此误解而发生摩擦，仍然可能严重损害监管质量。[④] 只有形成良好的合作关系，被监管对冲基金管理人在遇到困难和问题时才会及时与监管者沟通，而不是千方百计掩盖问题直至危机爆发。在实践中，英国 FSA 积极推进原则为基础的监管理念，在监管规则的制定和执行过程中加强与业界沟通协调，既便利了监管目标的实

---

① 如设置所投资标的单一对冲基金的合格标准（包括管理人登记、内部风险管理和内控机制完善等原则性监管要求和最高投资比重、单一基金最高投资比例等具体规则）。例如，德国、法国、西班牙等国分别对保险公司和养老基金投资对冲基金设立了以投资比例为主的监管要求。参见 *Report of the Alternative Investment Expert Group to the European Commission*，“Managing，Servicing and Marketing Hedge Funds in Europe”，July 2006，p. 16。

② 激励相容监管目前尚无非常完善、得到广泛推广的机制。国际金融界对激励相容规制的实践与理论研究始于 1995~1996 年，以《巴塞尔资本协议市场风险修正案》的推出和预先承诺制（PCA）理论为标志。郭春松：《中国银行业监管协调与合作研究》，中国金融出版社 2007 年版，第 105 页。

③ Capco White Paper，“Understanding and Mitigating Operational Risk in Hedge Fund Investments”，March 2003.

④ 孟龙：《市场经济国家金融监管比较》，中国金融出版社 1995 年版，第 24 页。

现，又以透明高效的监管环境吸引大量对冲基金管理人在伦敦注册运营，是非常成功的激励相容监管实施的范例。①

五、原则导向与规则导向相互配合

以原则为基础的监管和与规则为基础的监管是现代金融监管的两条路径，体现了不同的监管理念。以原则为基础的监管，是指监管者不再拘泥于合规与否实施监管，而是事前为金融机构制定出恰当的原则，鼓励金融机构自行采用合适的方法遵守这些原则。监管者仅对金融机构的经营结果进行检查，根据结果决定是否要对相应金融机构采取强制性措施。② 若将对冲基金的运营看作一个系统，原则监管就意味着，监管者不再控制输入因子和运行过程，而只关注输出结果，只要输出结果符合良好经营原则，监管者就不再干预从输入因子到输出结果之间的传导机制的构建和运行。若输出结果违背了良好经营原则，监管者必须能及时判断结果偏离状况，并据此对对冲基金提出更高的规则要求，甚至是强制性的惩罚措施。英国 FSA 对“有重大影响”的对冲基金管理人所实施的就是以原则为基础的监管。监管者要求对冲基金管理人遵守良好运行投资管理人的 11 项原则，并通过关系型监管者的日常监督和沟通了解对冲基金管理人经营信息，通过每 6 个月的专项调查评估对冲基金运营和监管结果。以原则为基础的监管符合激励相容的监管理念，它属于结果控制型监管，可以有效限制对冲基金管理人规避监管，提升监管效率与效果。在基金管理人以适当途径和机制对监管者和投资者提供必要信息、监管者拥有必要手段监控对冲基金及其所在金融市场活动基础上，可以对单一对冲基金实行以原则为基础的监管方法。

基于规则的监管属于过程控制式监管，它要求监管者针对不同的机构、机构运营的不同阶段、不同的产品和不同的市场分别制定详细规则，监督金融机构的合规状况，并根据监管对象的合规情况对之采取相应的措施。运用该方法监管对冲基金具有下列优点：一是监管有规可依，限制了监管者的过度自由裁量权，提高了监管的客观性和稳定性；二是被监管对冲基金及其管理人更容易理解和遵守规则；三是监管规则的统一增强了监管活动的可操作性，可防止监管套利，也有助于缩小各国监管水平的差距。随着监管理论和对冲基金行业的发展，规则监管的缺欠与不足日益凸显：静态的规则很容易限制对冲基金行业的动态发展。一是

---

① 英国 FSA 2004 年起对伦敦大型对冲基金管理人的非正式定期（6 个月）调查和关系型监管（Relationship Supervision）得到业界的支持和配合，监管措施本身不但没有阻碍对冲基金的发展，反而吸引大量对冲基金管理人（甚至包括纽约）选择在伦敦注册运营，目前英国对冲基金管理人管理资产 4000 亿美元，占欧洲的 80%。

② 徐慧娟：《英国金融服务管理署监管方式改革及其启示》，《外国经济与管理》2007 年第 4 期。

随着对冲基金监管规则的日益庞杂，各国之间规则的衔接和协调日益变得困难，甚至可能出现规则之间相互矛盾和冲突的现象。二是对于运营灵活的对冲基金而言，过分强调规则容易促使其规避监管。2004 年美国修改对冲基金顾问登记豁免规则，对私人基金定义包括投资锁定期两年以下的具体规则，[①] 这促使许多投资顾问通过修改延长基金投资锁定期超过两年来逃避监管。出于保护投资者的考虑，在组合式对冲基金监管法律制度设计时，可以制定必要的规则，如标的对冲基金的合格标准等，以提高制度规则本身的稳定性和客观性。

总之，在对冲基金监管法律制度设计过程中，要正确处理原则监管与规则监管的关系，实现二者相互促进。首先，对冲基金监管立法必须“原则”先行。无论是基于规则还是基于原则的监管，原则的制定都必须先行，而且所制定的原则必须充分体现监管目标，这也便于监管方法在时机成熟时在原则与规则之间相互转化。原则的内容应充分体现对冲基金的运营特点，能指导和约束对冲基金及其管理人，使其对监管者、消费者甚至全社会担负必要的责任。同时，监管者要通过各种途径加强与对冲基金管理人的沟通，帮助其加强对原则的深入理解，使其能够在理解原则的基础上主动设计符合原则的风险管理和内部合规方案，并切实加以执行。

其次，要设置必要的监管规则。一是出于防范控制系统性风险目的，应当建立大型高杠杆对冲基金的杠杆与风险信息披露制度，在此过程中必须明确具体的披露起点、披露时限、披露内容；二是对于零售投资者参与对冲基金投资的主要形式组合式对冲基金，出于保护投资者利益的考虑，应当设置必要的监管规则，如组合层面杠杆率的限制、基金赎回通知期限的长短、基金费率信息披露要求等。

第三节 对冲基金监管法律制度的内容

在研究监管法律制度的具体内容时，可以从不同的角度展开分析。本书在遵循前述五项基本原则的基础上，分别从产品监管体系、监管流程体系和具体监管手段三个角度进行设计。

① 17 CFR Parts 275 and 279，“Registration Under the Advisers Act of Certain Hedge Fund Advisers”，Final Rule，2004，p. 12.

一、产品监管体系

为提高对冲基金行业整体效率，给不同类别投资者提供充分的选择余地，保证公平、秩序和效率三大对冲基金监管立法价值目标的实现，应当确立包括公开募集和私下募集两种方式发行的、囊括单一对冲基金、组合式对冲基金、结构化对冲基金产品在内的多层次产品结构，并通过不同种类产品在各自监管框架下开展有序竞争实现对冲基金行业和金融市场效率的提升和投资者福利的改进。有关单一对冲基金和组合式对冲基金的监管措施详见表 1-1。

表 1-1　对冲基金分类监管措施

对冲基金类别	募集方式	基金规模、投资者	基金管理人监管	基金监管（基于主体）	市场行为监管	行业自律
单一对冲基金	私募	投资者人数、管理资产规模以下（富人俱乐部）	备案管理	豁免直接监管	遵守普适性市场投资规则	管理人接受自律监管，包括职业伦理道德、提交数据、遵守业务最佳实践最低标准
	私募	超过豁免限额（人数、规模）	登记，接受监管者以风险为基础的日常基线监管或关系型监管	豁免直接监管	遵守普适性市场投资行为规则	同上
	私募	接受养老金或组合式对冲基金投资	登记，接受监管者以风险为基础的日常基线监管或关系型监管	豁免直接监管，但要遵守养老金法和组合式对冲基金监管规则中的“穿透条款”	遵守普适性市场投资行为规则	管理人作为会员接受自律监管，包括职业伦理道德、提交数据、遵守业务最佳实践和最佳（高）标准
	公募	满足法定投资者标准任何投资者	登记，接受监管者的风险监管与合规监管措施	接受以信息披露为主的直接监管	遵守普适性市场投资行为规则	管理人接受自律监管，包括职业伦理道德、提交数据、遵守业务最佳实践和最佳（高）标准
组合式对冲基金	公募	满足法定投资者标准任何投资者	登记，接受监管者的风险监管与合规监管措施	直接监管措施之外通过对尽职调查和投资范围的规范对标的基金设置“穿透式规则”	遵守普适性市场投资行为规则	管理人作为会员接受自律监管，包括职业伦理道德、提交数据、遵守业务最佳实践和最佳（高）标准

1. 单一对冲基金

单一对冲基金是对冲基金产品体系的基础与核心，评判对冲基金整体监管框架是否成功，关键在于是否可以提供单一对冲基金必要的投资运作自由度的同时确保市场效率提升和金融稳定的实现。

与传统意义的私募对冲基金相比，本书确立的单一对冲基金监管框架中，承认中国香港、新加坡和欧洲大陆等司法辖区的产品创新，增加了公募单一对冲基金这种产品供基金管理人选择。公募对冲基金主要募集对象为中富以上投资者，[①]除依法在募集和日常运营过程中要履行对投资者必要的信息披露义务外，其余监管待遇与私募对冲基金完全相同。对对冲基金管理人而言，扩大了其投资募集过程的机会集，可根据运营需要进行选择：如果要继续低透明度运作以保护自身投资策略的商业秘密，可以选择私募发行，并以非法定的相对灵活的方式向投资者披露信息；[②]如果希望获得公开发行募集资金的便利，可以选择公募对冲基金监管框架，但必须依法履行信息披露义务。

单一对冲基金的具体监管框架包括：投资管理人必须在监管当局登记并接受普适性合规监管，[③]除此之外，根据该投资管理人对金融监管目标形成威胁的大小，按照风险导向原则分别确立基线型监管或紧密型监管关系；在基金管理人接受监管的前提下，豁免私募对冲基金基于其主体资格所需遵守的直接监管措施，允许基金灵活运用包括衍生金融产品在内的复杂金融工具实现其投资策略，同时基金根据其投资行为遵守基于投资行为的大额交易报告等监管措施。无论投资管理人是否豁免登记，都必须加入行业协会接受自律组织约束。

2. 组合式对冲基金

组合式对冲基金是一种特殊的投资基金，其投资策略是将资本分配到两只或多只对冲基金中。作为一个整体，组合式对冲基金已占对冲基金全部投资资产规模的四成左右。对零售投资者而言，组合式对冲基金提供了一种高效率和低成本的投资方式，是实现其公平参与对冲基金投资的主要实现形式。[④]对单一对冲基金而言，通过组合式对冲基金挑选标的基金过程中的尽职调查和持续监督，确立一条施加市场纪律的有效渠道，可以引入高效率的“穿透式”间接监管措施。

组合式对冲基金的具体监管框架包括：因投资者属于个人和中小型机构投资者，故募集方式限于公募。[⑤]组合式基金管理人和标的基金管理人都必须在监管

---

① 本书建议的最低募集起点为个人投资者 10 万美元，机构投资者 50 万美元，且总投资资产不得低于 500 万美元（确保该机构投资者投资对冲基金是出于分散风险考虑）。

② 实践中私募对冲基金多使用包括私募发行募集备忘录和信息通信在内的方式对投资者提供信息。

③ 对于投资者人数少于 15 人，管理资产低于 10 亿美元的个人投资俱乐部性质的单一对冲基金，因其投资者人数和运营规模不会对金融市场稳定构成威胁，可以对投资管理人豁免登记监管措施，但基金管理人必须在监管者履行备案手续，使监管者确认该基金的市场存在性。同时，作为投资管理人应加入行业协会接受自律约束。

④ 组合式对冲基金投资者因在标的基金和组合层面都要支付资产管理费和激励报酬而要承担较重的投资成本费用。

⑤ 从各国立法实践看，除少数国家外，多对组合式对冲基金投资者准入设立最低募集规模要求，但差异很大，如意大利规定为 50 万欧元（与单一对冲基金相同），中国香港规定为 1 万美元。本书认为基于组合式对冲基金投资者的特点，可以以 1 万美元作为最低募集起点。

部门登记并接受合规性与风险性监管措施约束。基于组合式对冲基金投资者特点和产品本身分散风险的性质，基金运作要接受一定的限制：第一，除为对冲汇率风险允许少量资产投资货币市场工具外，组合式基金绝大部分资产（如95%）必须投资于单一对冲基金；第二，严格限制组合层面的杠杆使用，[①] 只允许为应对可能的流动性风险在基金净资产10%以内通过借贷方式获得杠杆；第三，对基金风险分散化程度进行规制，比如规定组合式基金最低投资标的基金只数或投资单一对冲基金占组合式基金资产比例的上限；[②] 第四，对组合式基金的赎回机制进行规范，以确保投资者可以在合理期限内赎回投资。除此之外，组合式基金管理人也要参加对冲基金行业协会接受行业自律约束。

3. 结构化对冲基金产品

尽管在可投资性和投资代表性上存在一系列问题，但为满足机构投资者和零售投资者需要，2002年以来，许多对冲基金指数提供商陆续推出可投资对冲基金指数这类创新产品，即向投资者提供根据一组指数规则建立并管理的对冲基金组合。[③] 一般来说，这包括为指数中的每只基金建立管理账户，投资者将其资金分别按一定比重投资于每个账户，由此得到的基金业绩与其指数比重相吻合。除此之外，商业银行、投资银行和保险公司大量提供以对冲基金指数为标的的结构化产品，例如与某一可投资对冲基金指数相联系的本金保证票据。与组合式对冲基金相比，结构化产品的最大优点是其不需要在组合和标的对冲基金两个层面支付投资费用，从而在成本方面具有优势。随着2007年6月欧洲证券监管者组织（CESR）认可对冲基金指数作为可转让集合投资计划的合格投资产品和2008年初爱尔兰中央银行率先放行FTSE对冲基金全球指数（基于34家对冲基金管理公司的可投资指数）和FTSE对冲动力指数两种产品，至少在欧洲司法辖区，对冲基金指数结构化产品获得了泛欧营销的资格而进一步增强其相对组合式对冲基金的比较优势。

对结构化对冲基金产品的监管要落实在对冲基金指数提供商身上，包括指数的构成、指数的披露以及指数合格标准的确定等。例如，CESR的监管规则要求：第一，对冲基金指数必须符合指令2007/16/EC第9条所设定的条件，包括任何指数必须充分多元化、展现充分的基准并以适当方式公布；第二，除非以预先设定的规则和客观标准为基础进行选择和重新平衡，否则对冲基金指数不得列入合

---

① 以避免标的基金层面和组合式基金层面形成杠杆叠加而以乘数形式多倍放大风险。

② 如法国组合式对冲基金实行5/10/40的分散化规则：对单一对冲基金投资不得超过组合总资产5%，但有4只基金可以例外，其资产权重可以达到10%，总计达到40%，在上述规则下最低投资基金数量为16只。参见AMF，"Report of the Working Group on the Assessment of the French Regulatory Framework for Funds of Hedge Funds and on Possible Areas of Improvement"，September 2007，p. 4。

③ Suzanne Woolley，"Debate Rages as Index Provides Pile on Assets"，Absolute Returns，2005.

格金融指数；[①] 第三，指数提供者不得从可能构成指数成分的基金接受对价作为纳入指数的条件；[②] 第四，指数方法不得允许回填变化改变以往发布的指数结果，以此符合金融指数定义；第五，当通过场外衍生产品获得对冲基金指数敞口时，可转让集合投资计划必须满足一定条件；[③] 第六，当获得对冲基金指数敞口时，可转让集合投资基金必须实施尽职调查，包括考虑指数质量，并对指数质量提出了方法综合性、指数信息可获得性等具体要求。[④]

二、监管流程

从监管实践出发，对冲基金监管法律制度应当合逻辑地划分为市场准入、日常监管和市场退出三个阶段，每个阶段的法律制度与规则侧重体现不同的监管价值和目标取向。

1. 市场准入监管

市场准入既是对冲基金投资活动的存在前提，也是确保其得以顺利开展的重要制度安排。市场准入制度既是防范对冲基金投资可能引发风险，把住“病从口入”关的第一道防线，也是确保投资者以适当方式参与对冲基金投资，实现投资过程实质公平的重要保障，它同样是东道国开放金融市场，允许外国基金跨境募集资金，提供投资管理服务的重要控制环节。对冲基金市场准入监管法律制度侧重体现公平的立法价值观。主要包括基金管理人市场准入条件与业务范围、对冲基金募集营销监管和外国对冲基金跨境募集三项制度安排。

（1）基金管理人市场准入制度。对基金管理人的监管是对冲基金监管法律制度安排的核心，是私募对冲基金监管的主要实现形式。对基金管理人的市场准入措施包括初始资本要求、对董事和高级管理人员的任职资格、建立健全内部管理程序和全面风险管理制度、利益冲突监管措施、非核心职责外包的监管等。从风险管理视角看，对管理人的监管措施在确认其是否具备参与金融市场复杂投资资格基础上，侧重防范控制操作风险。

（2）对冲基金募集过程监管。募集过程监管的核心是谁有资格参与对冲基金投资、以什么样的方式获得基金权益份额两个问题，其具体措施包括：第一，合格投资者资格的确定，对单一对冲基金、公募对冲基金、组合式对冲基金等不同

---

① CESR 认为依事先确定的规则选择适当成分是对冲基金指数与组合式对冲基金之间的关键区别。

② 即不能存在利益输送关系，否则有违客观选择标准。

③ 包括：第一，交易对手要求；第二，关于估值要求和结束头寸的能力；第三，关于风险管理和估值过程的要求；第四，关于风险敞口的要求。

④ CESR，“Guidelines Concerning Eligible Assets for Investment by UCITS”，the Classification of Hedge Funds Indices as Financial Indices，July 2007.

产品，合格投资者标准各不相同，具体标准除财富、收入水平之外还有投资经验和最低投资限额；第二，对投资来源的审查以满足反洗钱要求；第三，对营销过程的监管，包括使用互联网进行营销的规范与限制；第四，募集过程的信息披露要求，包括私募备忘录的基本规制和必要的警告限制；第五，为避免不合格投资者以各种方式集资绕过监管，对基金份额转售的限制。

2. 日常运营监管制度

日常运营监管是对冲基金监管法律制度的重心，主要体现监管立法的效率价值取向，在复合型可移动的监管模式下，日常运营监管包括对冲基金治理与行业自律制度安排、市场主体多元治理下的间接监管制度和以信息披露为主、合规性监管与风险性监管相结合的直接监管制度。

（1）内部治理与行业自律制度安排。对冲基金长期被认为以激励相容的报酬结构实现了投资者与管理人利益的协调，而管理人得到广泛授权自由决定投资策略，且信息披露有限，透明度低，在这种氛围下对冲基金内部治理问题长期被忽视。伴随着对冲基金零售化趋势和欺诈案例的层出不穷，对冲基金治理结构中存在的缺欠日益凸显，本书提出通过立法明确管理人受托人责任和建立基金独立董事制度两项措施提升对冲基金治理水平，并通过建立全面风险管理制度有效防范投资运营中面临的各种复杂风险。

行业协会自律组织的形成既宣告独立行业的诞生，也为加强自律监管提供了必要的依托。基金管理协会（MFA）和另类投资管理协会（AIMA）作为对冲基金行业内有代表性的两大协会组织，自 2007 年来已经开始加强合作，力求推动自律监管水平的提升，并以此避免外部干预。在明确政府监管与行业自律授权与监督关系的基础上，自律组织可以履行如下职能，作为政府监管的必要基础和有益的补充：一是制定行为规范，提升基金管理从业者的职业道德规范；二是建立全球统一的信息披露数据库，并在此基础上创建可靠的指数；三是协助监管者对对冲基金投资失败进行分析调查；四是以适当的结构安排统一对冲基金管理人业务操作实践指引；五是制定主要服务提供者业务操作实践指引。

（2）市场主体多元治理下的第三方监管制度。找到市场纪律与间接监管的正确连接和传导方式是第三方监管制度能否有效的关键所在。根据提供不同形式市场纪律主体的差异，第三方监管制度分为四个部分：一是主经纪人监管制度，作为与对冲基金伴生而迅速发展的一项业务，来自主经纪人的约束是市场纪律最重要、最有力的形式；二是来自交易对手和贷款人的监管约束，《新巴塞尔协议》提供了良好的具有激励相容特征的信息披露与风险资本权重的关系结构；三是来自包括养老金、保险基金和组合式对冲基金等投资者施加的市场纪律，通过投资筛选过程落实对基金治理和内部控制的要求；四是来自托管人、审计师、评级机构等其他关键市场力量施加的市场型约束机制。

(3) 日常运营中的直接监管措施。鉴于市场纪律的内在脆弱性和对冲基金引发的负外部性的复杂性，有必要在日常运营中按照风险为本的原则制定必要的直接监管措施。信息披露监管是对冲基金直接监管机制的核心，在解决对谁披露、披露什么信息、信息披露的具体频率和内容基础上，本书尝试构建具有对冲基金特色的，区分投资者类别和风险特点的对冲基金信息披露框架。在此基础上，围绕金融监管三大目标，分别提出了具体的直接监管措施组合：围绕提升金融市场完整性，分别完善场内大额交易报告制度、建立场外交易监控制度，规范卖空和杠杆交易；围绕防范系统性风险，分别建立管理资产10亿美元以上的大型对冲基金管理人杠杆率披露制度、拥挤性交易跟踪监督分析制度和风险导向的大型对冲基金管理人关系型监管制度；围绕保护投资者利益，分别加强市场欺诈行为监管和完善投资者自我救济制度安排和管理人法律责任体系。

3. 市场退出监管制度

市场退出行为是市场竞争的必然产物，对冲基金市场退出监管法律制度的核心是确保金融市场稳定，防范控制潜在系统性风险的爆发，主要体现监管立法的秩序价值，其具体制度安排包括下列三项：

(1) 衍生产品破产清算例外条款。对冲基金在实施交易策略过程中大量从事金融衍生产品交易，因此在破产清算程序中这些交易是否可以豁免适用破产自动终止条款并允许衍生产品交易对手立即与破产对冲基金清算衍生产品合约对能否避免系统性崩溃至关重要，这是正常市场条件下防范系统性风险的重要减震器。

(2) 对冲基金破产救助制度。通过将衍生产品纳入破产清算例外条款在正常市场条件下可以过滤掉绝大多数系统性风险隐患，但正如长期资本管理公司案例所昭示的，在特定市场条件下，允许大型对冲基金交易对手迅速清算可以产生另一种形式的系统性风险，即衍生产品交易对手挤兑债务人对冲基金的行为本身可能降低金融市场稳定性的风险。虽然只有在债务人头寸规模大、交易拥挤、市场脆弱的条件下才可能触发大规模多米诺骨牌效应，但系统性金融风险的极端危害性要求监管者面对上述低频高损的小概率事件有应对机制。为防范道德风险，必须明确救助的标准和条件，并建立损失分担型的市场化救助制度。监管者可以提供必要的组织和协调工作，但不得动用公共资金，这是一条不得逾越的底线。

4. 破产清算对冲基金原因分析与处置

理论上讲，对破产清算对冲基金的原因进行分析调查有助于明确责任归属，更可避免“多次重复同样的错误”，但对冲基金行业缺乏透明度的历史以及很大程度上仍不受监管的事实，导致对对冲基金清算问题的详细分析在近期还无法实现。[①] 监管者在行业协会协助下通过对对冲基金清算的调查和公开发布报告可以在降低系统性风险方面发挥更重要的作用。尽管对冲基金失败可能会有一些共同特点，如过高杠杆、组合头寸过于集中、操作失败、证券欺诈以及管理资产规模有限，但事实上每个清算都有自己独特之处并为对冲基金行业学习和改进提供机会。[②]

三、监管手段

监管法律制度规则的具体落实要通过特定的监管手段来体现，对冲基金监管法律制度的各种监管手段具备如下四个特点，它们相辅相成，不可分割，作为一个整体发挥作用。

1. 直接监管与市场第三方间接监管相互补充

监管的经济本质是通过对市场行为主体（被监管者）施加一定的限制，从而影响行为主体的机会集，进而对市场行为主体的行为效果施加影响，以达到事先设定的经济绩效。影响一个行为主体的行为效果既可以从改变其行为目的着手，也可以从改变其机会集出发。监管的本质是通过改变行为主体的机会集达到对行为主体行为效果的控制目的。[③]

行为主体的机会集不是固定不变、不可控的。所谓直接监管，是指监管主体对监管对象机会集的直接改变，即监管主体采取那些能够对监管对象机会集产生直接影响的行为，从而达到对监管对象行为施加约束的作用。相对应的，第三方间接监管就是指监管主体采取那些直接影响能约束监管对象机会集的其他市场主体的机会集的行为，从而改变该主体的行为，再通过该主体行为的改变进而改变监管对象机会集，引起监管对象行为以及社会经济绩效的改变。第三方间接监管的实质是对市场上已经存在于各交易主体之间相互关系的一种利用，是监管引导支持下的市场纪律的作用形式。之所以要对市场纪律进行必要的引导和支持，是因为单纯的市场纪律具有其内在脆弱性：一是市场纪律提供者在定价过程中无法考虑超出自身视野之外的整个市场层面的因素而使定价出现外部性；二是在无序

---

① Lo, Andrew W., Getmansky, Mila and Mei, Shauna X, "Sifting through the Wreckage: Lessons from Recent Hedge-Fund Liquidations", *Journal of Investment Management*, Winter 2004. Available at SSRN: http://ssrn.com/abstract=622521.

② 美国全国运输安全委员会在为提供更高透明度和改进公共安全方面实施调查提供了一个非常有效的实际范例。每次空难之后，运输安全委员会立即派出高级机械师和一流专家迅速赶往出事地点进行全面详细调查，调查工作一旦结束，委员会发表公开报告总结团队调查情况，并提出为防止类似事故发生的特别建议。该报告纳入可搜索的对公众开放的数据（http://www.ntsb.gov/ntsb/query.asp）并成为商业空中运输的重要安全记录。

③ 夏斌、陈道富：《中国私募基金报告》，上海远东出版社 2002 年版，第 292 页。

激烈竞争之下市场纪律很可能甚至必定失败。[①] 因此，通过监管规范竞争秩序、设定最低标准，是市场纪律有效发挥作用的必然要求。

在监管手段与措施的具体配置过程中，应当考虑不同产品类别、不同监管阶段的差异，本着优化监管的理念，根据监管效率的高低进行选择。针对投资者富有成熟、风险承受能力强而策略高度灵活的单一私募对冲基金，应更多地运用间接监管措施进行规范，以保护行业效率，提升监管绩效；对零售投资者为主的组合式对冲基金，在投资组合管理层面应更多以直接的监管规则进行规范，包括对组合层面杠杆率的限制、标的单一对冲基金的合格标准等。在日常运营过程中，应更多引入多元主体参与下的市场纪律措施，包括主经纪人、信贷提供者、审计师、评级机构等，通过市场行为约束对冲基金的风险承受。在准入阶段和退出阶段，监管者要更多介入，一方面，设立市场准入必要的最低标准，严把“病从口入”关；另一方面，维持对冲基金及其管理人市场退出秩序，控制系统性风险。

在对冲基金监管法律制度中，直接监管措施和第三方间接监管措施应当互相支持、互为补充，其实质是正确处理市场纪律与政府干预的关系。一方面，应当体认第三方监管的高效灵活性，在适当情况下尽可能依托市场纪律实施监督；另一方面，又要明确市场纪律的内在局限性，给其以必要的支持和引导。例如，在对冲基金聘用多主经纪人提供服务的过程中，任何主经纪人无法获得关于对冲基金全部敞口和头寸的完整信息，形成潜在的巨大信用风险敞口。此时监管者通过进行全球层面的主经纪人对冲基金敞口调查，可以在全球数据汇总基础上把握各主经纪人和对冲基金双边整体信息，并通过保密基础上适当的信息反馈形式提示风险，以提升监管有效性。[②] 再者为避免商业银行竞相对对冲基金提供优惠信贷以冲击市场秩序，《新巴塞尔协议》对银行向低透明度对冲基金的投资、信贷行为赋予较高风险权重，这是监管支持市场纪律的又一明证，它有助于鼓励对冲基金披露必要信息以获得较为有利的信贷条件，实现激励相容。[③]

2. 基于主体的监管与基于行为的监管相统一

监管对象是指监管主体监管活动所直接指向的对象。对任何市场主体的监管活动，监管的最终承受者都是该“被监管主体”。为了达到对“被监管主体”

---

① 1998 年长期资本管理公司倒闭事件就是各大投行竞相为其提供杠杆信贷而忽视风险管理的恶果。

② 2006 年秋季，纽约联储发起了国际大银行对冲基金敞口的第一次多边监管复查行动，参加者包括美国证券交易委员会、货币监理署、德国、瑞士和英国金融服务署。2006 年 12 月，第一阶段复查结束，调查表明银行对对冲基金当前敞口和潜在未来敞口相对于银行资本的比例相对有限。

③ Daneie Nouy, “Indirect Supervision of Hedge Funds”, Conference on Hedge Funds and Financial Stability, Paris, p. 10.

的约束，监管主体可以通过对不同媒介的约束来实现。[①]

监管对象可以是某一市场主体，也可以是某一市场行为，以市场主体为监管对象主要是对该主体的资格“对号入座”实施的专门监管措施，以市场行为为监管对象则主要是对市场上具有同种性质的行为本身进行监管。前者需要对行为主体进行区分，而后者仅根据行为特征进行监管而不论实施行为的主体是谁。监管对象是主体还是行为的区分意义在于明确监管的作用点，以使监管更有效，更具针对性。监管对象的选取是为了使监管更加有效，包括两层含义：一是对监管行为本身而言，监管对象的选取将有助于使监管成本变小，收益变大；二是指监管对象的选取带来社会成本的缩小和社会效益的提高。

在对冲基金监管法律制度规则中，应当坚持基于主体的监管和基于行为的监管兼顾。从监管公平性角度考虑，以保持金融市场完整性和效率的监管措施应当以市场行为为监管对象，比如大额交易披露制度和并购交易披露制度，只要市场主体的交易达到披露起点，就必须在法定期限内向市场披露有关交易的目的、规模和发生时间，而不必区分主体身份是否为对冲基金，使不同市场主体的监管负担相等，避免歧视性监管措施；[②]在市场准入、市场退出监管流程中以及以投资者保护和维持金融市场稳定为目的的监管措施，应当以对冲基金这一市场主体为对象加以落实，如对冲基金管理人登记制度和大规模、高杠杆对冲基金杠杆披露制度以及高风险对冲基金退市救助制度等。

3. 对基金管理人的监管和对基金的监管相结合

综观各国现行对冲基金监管法律制度的规定，其大体上是沿着对对冲基金管理人的监管和对基金运作监管两条路径展开，二者相互补充，相互支持。以美国为例，对对冲基金管理人的监管主要通过 1940 年《投资顾问法》实现，而关于对冲基金的监管则通过 1933 年《证券法》（私募发行）、1934 年《证券交易法》（豁免交易登记监管）和 1940 年《投资公司法》（豁免基金登记监管）来规范。以私募单一对冲基金而言，对基金管理人的监管措施体现了市场主体监管公平性的要求：对冲基金管理人应当与其他投资管理服务提供者一道纳入监管网络，并需要根据各自提供服务的特点遵守相应的资格规定、合规要求等监管规范，并向监管者提供必要的经营信息。在管理人登记接受监管并向监管者定期披露信息的前提下，基金的运作本身可根据投资者成熟、风险承受能力强的特点豁免基金运作流程的一系列具体监管措施，获得投资策略运作过程的灵活性，在保持行业效率、

---

① 夏斌、陈道富：《中国私募基金报告》，上海远东出版社 2002 年版，第 301 页。

② 例如 2008 年 7 月英国 FSA 要求市场主体披露通过价差合约积累上市公司头寸的信息，虽然该措施实质上的主要影响规制对象是对冲基金，但其名义上的受众为所有市场主体，避免因歧视性监管措施为业界诟病。

风险受到基于行为的普适性监管规则约束的前提下获得投资自由，并发挥金融市场动荡时期流动性提供者和减震器的作用。这种监管策略的实质是承认管理人在对冲基金运作流程中的核心地位，“揭开不同对冲基金法律形式的面纱”，绕过纷繁复杂的无形运作的基金本体而将监管重点直指有形的对冲基金管理人，也在尊重当前监管现实的前提下①实现了突出监管重点和提升监管效果并举。如果对冲基金跨国运作和存在，基金管理人和对冲基金分别注册于不同司法辖区，应当确立管理人所在母国监管当局为主监管人以避免监管冲突和漏洞。对公募组合式对冲基金，应考虑零售投资者参与为主的特点，确立以组合式基金管理人监管为重点，对标的单一对冲基金的监管影响通过由组合式基金管理人施加的市场影响来实现，而这种“市场影响”来自监管者对组合式基金管理人挑选标的基金的标准和对初始和持续尽职调查过程的行为要求，是另一种形式的间接监管措施，可以称为“穿透式”监管。

4. 合规性监管与风险性监管相互支持

为提高监管效率，对冲基金监管法律制度措施应当体现合规性监管与风险性监管规则相互支持的格局。具体而言，对对冲基金管理人的监管以合规性监管措施为主，通过设立管理人品质要求、能力要求、初始资本要求判断是否具备准入资格，并对内部治理关系、风险管理程序与规则、利益冲突问题的防范与披露、外包的规制等提出具体要求，使基金管理人符合基本的合规性监管要求。从风险管理视角，合规性监管实质是对各种操作风险敞口的规范与控制。在此基础上，对符合规范的对冲基金管理人，允许其所管理的基金自由运用各种投资策略，自行选择运营过程中的市场风险和信用风险，即具备“风险承诺制”特征的风险性监管措施。对普通中小型对冲基金，在通过行业协会数据库收集基本经营和风险信息的同时，建立基线型监管模式，保持较低的监管检查频率，在低成本监控风险的同时节约监管资源；对大规模、高敞口对冲基金，建立关系型监管模式，提高监管检查频率，并实行对监管者强制杠杆信息披露制度，力求实时监控其风险状态及变化。

---

① 当前除美国以外的主要金融市场所在司法辖区都对对冲基金管理人确立了监管框架，而美国对冲基金管理人也有 1/3 以上在 SEC 和 CFTC 登记接受监管，且大型对冲基金管理人多数登记（前 78 家最大对冲基金管理人有 58 家在至少一个监管当局登记），这为私募单一对冲基金监管确立以管理人监管为基点打下了基础。

第四节 对冲基金监管法律制度的特征

为促进行业效率提升和确保金融监管三大目标的同步实现，对冲基金监管法律制度的设计必须在遵循五项基本原则的基础上，体现如下特征。这些特征既是监管法律制度的内在属性，也是评判一国对冲基金监管法律制度优劣的标准。

一、复合性

选择对冲基金监管模式从另一个角度看就是确定政府介入市场和企业内部控制的程度，它对于保护市场主体做出商业决定的自主权，同时避免这种权限被无限扩大具有重要的作用。实践中，各国对冲基金监管模式由于受立法主导思想的影响而大相径庭：美国以对冲基金管理人是风险专家为由强调依靠市场纪律为主的对冲基金第三方监督和加强风险控制为主的内部治理模式，欧洲大陆各国更多强调外部监管，各国虽都认识到行业自律监管的意义，但没有在监管模式设计中给予自律监管必要的地位并施加必要的引导与影响。对冲基金监管模式优化的路径是在承认不同监管模式的特点基础上，建立外部监管、行业自律、基金内部控制三种模式在发挥各自比较优势基础上有机契合的复合性高效监管。

外部监管模式的内容包括市场准入阶段监管标准的制定与实施、事中监管阶段对交易者的特定行为的约束与限制以及市场退出阶段对系统性风险的控制等措施。从作用形式上包括法院事后的被动执法和监管机构对交易者事前的主动规制。单独应用外部监管，在管制对冲基金投融资商业行为时效率低下，① 而且将监管者完全置于私人机构对立面，直接限制投资者和基金管理人的投资选择余地和具体风险承受的种类与规模，容易触发基金管理人的抵制和规避行为，并放弃自律监管，使监管目标落空。自律监管模式的存在一定程度上有利于被监管企业，监管机构作为“守夜人”的同时，也为这些公司带来一定的利益。对对冲基金而言，自律监管主要来自行业协会组织。② 自律监管的优势在于，自律组织和被监管

① 对于对冲基金复杂的商业行为，特别是运用复杂模型设计出的交易策略和新型衍生产品，要迅速准确界定哪些是绝对禁止的行为从而应当受到民事、刑事处罚非常困难。参见 Janet Dine，“The Regulation of Derivatives：Identifying Difficulties and Creating Models of Regulation”，Alastair Hudson，*Modern Financial Techniques*，*Derivatives and Law*，Kluwer Law International，2000，p. 141。

② 如在伦敦成立的另类投资管理协会（Alternative Investment Management Association，AIMA）和在纽约成立的管理基金协会（Managed Fund Association，MFA）。

者之间较为融洽的关系使之有利于“揭开企业面纱”，了解更多被监管者内部信息，其缺点在于自律组织可能利用权力创造不利于竞争的垄断地位。而且行业协会与被监管者利益的一致性使二者可能联合起来对抗市场，这被称为“监管俘获”。内部风险治理与控制模式直接通过完善对冲基金及其管理人内部风险控制系统以及公司治理的办法来避免市场异常情况的影响，其目的并非消除经营活动中的业务风险本身，而是为了解风险的性质和来源，分析风险的程度和大小，估计各类风险发生的概率，研究相应对策，从而做出企业整体和各运营单位的风险承担选择，控制和监督风险决策的执行。但是，内部控制机制如果没有外部约束是远远不够的，长期资本管理公司和不凋花对冲基金的失败就说明了内部约束失灵可能带来的后果。

单纯选用上述三种模式的任何一种，其结果要么不利于被监管者采取合作态度，要么出现监管俘获情况。只有适当结合上述三种方式，实现复合性可移动的模式，并在严重违法情况下进行刑事处罚，才能最大限度地保证秩序的维持。复合性监管模式应当具备以下三个特征：一是在分配监管责任时发挥三种模式各自的比较优势，以此提升监管效率。具体来说，外部监管更多关注系统性风险的防范、构建、完善高效的市场基础设施以及通过适当的信息披露制度来保护投资者利益，合规性管理和具体风险的承受与控制责任由对冲基金加强内部治理和行业自律来实现。监管机构可以通过授权、市场准入、提供执行国内和涉外法律规范的原则性指南来规范对冲基金及其管理人的行为，在此基础上更多借助行业自律和内部治理来维持对冲基金日常运营的第一线合规与风险管理。如果其行为超出一定尺度，监管机构位置可以前移并对违法行为进行惩罚，而当双方恢复合作状态时，则监管者位置后退，再次建立协同努力的关系。二是不留监管死角，形成横向到边、纵向到底的监管网络。外部监管、行业自律、内部治理在对冲基金准入、运营、退出阶段都发挥一定作用，实现有机契合、互相支持。三是确立外部监管行业自律和内部控制的指导与监督关系，依托行业自律和内部治理而非单纯依赖，避免放任自流。因此，最佳监管模式应当是监管机构和行业组织、被监管者之间保持合作关系，同时仍然保留合理的制裁措施。英国 FSA 在这方面提供了很好的范例：它一方面不时详细检查市场运行状况，及早发现市场异常情况并预警；另一方面虽然身为监管者，但与被监管者保持协同合作的关系。同时，它还要求各公司建立合理的内部风险管理机制，并通过外部执行措施保证这些机制的顺利运行。[①]

---

① 陈欣：《衍生金融交易国际监管制度研究》，北京大学出版社 2006 年版，第 34 页。

二、市场友好性

任何形式的监管措施都会对被监管者的运营构成限制，从而一定意义上约束其个体福利最大化的实现。因此，要减少对冲基金管理人抵制、规避监管的行为，就必须在监管法律制定和执行过程中突出市场友好性特征。

在立法过程中贯彻市场友好性特征，就是要提高监管立法过程的透明度和参与性，在任何涉及对冲基金行业运营与监管的法律法规正式出台前，都应该向市场公示并征求意见，同时在征集意见后适当实行公布收集的意见和监管者的处理结果，实现全程透明公开化。作为一项互利多赢的制度安排，对监管者而言，规则本身将更好地体现行业惯例和实践中的良好做法，符合激励相容原则；对于对冲基金及其管理人而言，一方面可以在规则制定过程中根据自身利益取向施加影响，从被动合规转向主动合规；另一方面可以提前预知规则的修订、变化，早做准备，避免规则突然实施所带来的成本激增。对另一重要市场参与主体——投资者而言，其直接承受投资管理服务，对自身效用和利益的敏感并非监管部门所能完全体会，也获得了表达意见参与规则制定的机会。总之，在对冲基金监管规则的制定过程中，建立具有市场友好性特征的制度化的意见听取与反馈制度，有利于提升规则本身的合理性和有效性，并且在提取意见过程中可以使各市场主体，包括对冲基金管理人、其他中介机构、金融服务消费者（投资者）对规则的看法和意见提前有序碰撞，监管当局居中调整，使规则更好地协调利益相互矛盾主体的诉求，在此过程中更有效地促进自身三大监管目标的协调实现。

在执法过程中贯彻体现市场友好性特征，就是要营造对冲基金监管中的合作和友善关系，在监管者与被监管者的关系中注入平等因素。唯有如此，被监管者在运营中出现困难和问题时才会主动及时地通告监管者，使其及早了解市场动态并酌情采取必要措施，而不是掩盖问题直至不可收拾，触发金融动荡和危机。

对冲基金监管规则本身也可以具有市场友好性特征。例如，传统的信息披露制度强调对冲基金管理人向监管者单向的信息传递，而缺乏适当的信息反馈交流机制。事实上，监管者通过汇总个体信息可以获得对冲基金管理人个体无法掌握的行业和市场整体性信息，如关于特定市场交易策略拥挤程度的信息等。在不违反保密原则的前提下，以适当机制向对冲基金行业或者面临潜在高风险的对冲基金以适当方式提示风险，有助于信息接收者及时采取措施控制风险，避免危机的爆发。因此，双向反馈性信息披露机制本身也体现了市场友好性特点。

三、动态调整性

在建立对冲基金监管法律框架过程中，立法者必须认识到行业本身日新月异发展的特点与法律本身的不完备性之间的无法调和的矛盾，赋予监管者主动执法权和剩余立法权，以实现具有相对稳定但又动态调整的监管法律制度与时刻创新的对冲基金行业的匹配，所谓“事易时移，变法宜矣”。

许成钢指出，[①] 法律具有内在不完备性，由于立法者不能预见未来所有可能的事件，也就不可能制定完备的法律，如果法律不完备，则仅仅依靠被动式执法来进行阻吓的执法是次优的。因此，要进行最优执法，就要采取其他立法和执法方式。主动式执法结合灵活修改规则的权力可以强化执法。在许成钢的模型中，监管者是被授予主动式执法权和剩余立法权的机构，针对高度不完备法律下执法无效问题产生的。监管者履行职能与作为立法者的立法机构、作为剩余立法权和被动执法权享有者的法庭相区别。虽然立法权有限，但他们比立法者更能灵活地随时间推移而修改法律。换言之，监管者一项关键性作用是实现立法与执法的良性互动，监管者并非单纯寻找证据起诉控告的机构，其大量工作内容是通过制定法规来完善法律。由监管者行使法规制定权是不完备的法律与复杂的现实之间的折中方案，监管者不仅是专家而且有主动立法权，但立法权又是有限的，必须在遵循基本法律原则这个大前提下实现。

由于对冲基金行业过于复杂，发展和环境变迁速度飞快，靠正式法律对对冲基金及其管理人做出非常详尽的规制是不可能的，限制过少无法有效控制风险，限制过多又抑制了对冲基金的活力和效率，规定非常详尽的法律很容易与不断变化的环境相脱节，因此应当有主动执法者，在法律原则性规定之下，制定出符合当时情况的具体规定，并监督对冲基金及其管理人执行。监管者制定的法规同正式立法有很多差别：法规可以使用时间比较短，可以面对比较专门化的民众，范围可以比较窄，非普遍性法律，因此可以在不完备的法律与复杂的现实之间通过动态调整找到某种折中方案。

美国 2004~2006 年围绕加强对冲基金监管的规则制定和诉讼为理解对冲基金立法不完备性和需要授权监管者必要的剩余立法权提供了一个典型的反面案例。2006 年 6 月，美国哥伦比亚联邦上诉法院以 SEC“武断和实际上重新解释投资顾问法下对冲基金管理人登记豁免机制为由”推翻了其 2004 年底制定的对冲基金顾问登记规则。在这一判例中，法庭剥夺了监管者加强规则灵活性以应对变化的市场形势的能力。

---

① 许成钢：《不完备法律》，《经济社会体制比较》2001 年第 5 期，第 11–12 页。

1985年，SEC的安全港规则事实上允许管理客户人数15人以下的对冲基金管理人豁免监管，20年后，金融市场形势发生重大变化，对冲基金数量和管理资产规模迅猛增长，涉及对冲基金管理人欺诈的案例层出不穷，零售投资者面临的对冲基金投资风险加剧。在被监管对象和市场环境显著改变的时候，监管者有权力和义务来调整法律以确保在新的环境下实现监管目标。特别是在对冲基金这样的系统性风险高而受监管主体有很强的动机和能力逃避监管的部门，更有必要赋予监管者必要的灵活性。美国法庭通过推翻监管者新规则丧失了在扩大监管机构规则制定灵活性方面发展行政法规的机会。[①] 与此相对，英国FSA虽然在2006年否决建立本土组合式对冲基金的动议，但“考虑到以UCITS III基金为代表的零售投资产品日益向英国市场渗透，零售市场对创新产品兴趣的提升以及偏好良好的以市场为基础的解决方案”，FSA于2008年迅速推出另类组合式投资基金（Fund of Alternative Investment Funds，FAIFs）产品监管框架。

综上所述，对冲基金监管并非静态行为，而是持续不断的动态过程。监管法律制度的设计必须根据不断变化的社会经济环境进行动态调整，否则要么以延迟对冲基金行业和金融市场发展为代价，要么以牺牲金融稳定为代价。

四、风险导向性

在监管资源有限的条件下要有效监管对冲基金，除了引导借助多元市场主体参与对冲基金监督以外，在监管流程实施中应当坚持以风险为导向，根据被监管对冲基金及其管理人对监管目标形成威胁的程度来分配监管资源，在重点突出的基础上实现监管效果最大化。英国FSA在对冲基金管理人监管过程中坚持推行风险导向策略，其具体做法是，运用定量化的风险评估系统（ARROW II）对所有对冲基金管理人的风险影响进行评级，评分矩阵中不仅包括管理资产规模，还考虑不同策略的风险程度，以此作为FSA分配监管资源的基础。对低影响管理人实行基线型监管策略（Baseline Supervision），以不定期专题调查等形式实施低频率监管，对高影响管理人实行关系型监管策略（Relationship Supervision），由对冲基金监管专家中心为其配备专门监管联系人，与基金管理人保持经常联系并

① 尽管Goldstein v. SEC案例推翻了该规则，但值得注意的是，解除登记的投资顾问并没有显著下降，“Hedge Funds Withdraw SEC Registrations After Court Rejects Rule”，Bloomberg 22 September 2006，引用SEC的数据称只有106家投资顾问解除登记，尚有1000多家新登记投资顾问保留其登记地位。参见Mark Berman，Hedge Funds：What are they，How are Unregulated Hedge Funds Regulated and How do They View the Hedge Fund–Prime Broker Relationship，Hedge Fund and Prime Broker，2007。

定期实施风险评估，帮助企业制定具体的风险缓解计划。[①] 在加强对冲基金顾问登记监管的努力失败后，美国 SEC 在对冲基金监管中也开始推行风险为基础的检查方法。通过使用被命名为“风险评估分析报告数据库”（RADAR）的应用数据库，监管者得以识别确认检查人员发现的高风险领域，并针对所识别高风险领域提出监管回应建议。被确定为高风险的投资顾问每 3 年检查一次，确定风险水平的一个重要依据是管理资产规模。在 2006 财政年度，“风险评估分析报告数据库”发现了一系列与对冲基金有关的风险领域，[②] SEC 官员表示将在未来检查过程中关注上述领域。

---

① 目前英国 FSA 确认 35 家对冲基金管理人为关系型监管对象，参见 Remarks by Hector Sants, Managing Director, Wholesale & Institutional Markets, FSA, “Hedge Funds, Regulators and Emerging Markets”, IOSCO Shanghai EMC Meeting, September 21, 2006. Available at: www.fsa.gov.uk/pages/Library/Communication/Speeches/2006/0922_hs.shtml。

② 包括：软美元安排（如支付对冲基金办公费用而没有披露）、市场操纵（散布错误信息以提升股票价格）、对冲基金资产托管与挪用资金（投资顾问偷窃对冲基金资产）、对冲基金产品复杂性与适当性（评估金融工具复杂性和产品对投资者适当性的政策程序不充分）、主经纪人关系（潜在利益冲突，如主经纪人为对冲基金客户提供关于获得信息和研究的优先权，基于其支付大额佣金数量、业绩激励报酬（计算不准确）、对冲基金估值（缺乏充分的政策和程序支持确保资产估值正确）、组合式对冲基金利益冲突（组合式对冲基金投资顾问与其推荐该组合式基金投资于某些特定对冲基金可能产生的利益冲突）、内部交易（根据非公开信息交易）、对冲基金投资适当性（没有充分的政策和程序确保投资者财务合格性）。参见 US States Government Accountability Office. Hedge Funds: Regulators and Market Participants Are Taking Steps to Strengthen Market Discipline, But Continued Attention Is Needed, Report to Congressional Requesters, January 2008。

第二章　对冲基金市场准入监管

对冲基金的市场准入监管是指各国金融监管当局自主决定对冲基金是否可以进入本国金融市场以及进入的条件和依据，即各种管制进入的监管政策本身，直观地看，就是监管当局是否要求对冲基金管理人在东道国登记并申请投资管理服务执照以及根据什么条件、遵循什么程序、在多长时间内颁发执照。

市场准入是对冲基金监管法律制度的第一个监管流程，是严防“病从口入”的第一道防线，是保护投资者利益，维护金融市场稳定和安全的重要手段。对跨境募集的对冲基金而言，市场准入监管是东道国对基金管理人和基金按属地原则监管的首要环节。无论在母国发行还是跨境募集，市场准入都是对冲基金及其管理人合法进入本国和东道国市场的先决条件，同时市场准入形式和条件的宽严，也直接关系到对冲基金后续监管流程的成效。各国对冲基金监管立法和监管实践中客观形成了对对冲基金管理人市场准入监管和以产品募集销售为主的对冲基金准入监管两条实施路径，因此对冲基金市场准入监管制度应当包括上述两方面内容，本章将沿着这两条路径展开论述，第一节分析对冲基金管理人市场准入问题，第二节研究对冲基金产品募集过程监管。

第一节　对冲基金管理人市场准入监管

对冲基金管理人是对冲基金投资运作流程能否顺利进行的核心与关键，也是对冲基金监管法律制度规范的重点。投资者选择是否参与对冲基金投资的关键考量因素就是基金管理人以往的声誉、业绩和能力等因素。相比于无形运作的对冲基金，将监管措施落实在有形的投资管理人身上有助于实现在不过多干预基金投资策略运作的基础上有效控制各种风险与负外部性，在降低监管成本的同时提升监管效率，实现“纲举目张”。因此对对冲基金管理人的监管要求是市场准入监管流程的重点，其目的是通过必要的筛选只允许符合监管标准的对冲基金管理人从事投资管理业务。从各国的监管实践看，虽然多数国家并没有对对冲基金管理人出台专门的具体监管条例，但多要求相关实体遵守适用于该国的任何投资经理的规则。并且几乎所有国家都要求从事对冲基金投资管理服务的管理人在监管当局登记、注册或者申领金融服务执照。[①] 对基金管理人的准入监管规范主要涉及如下几个方面：

一、初始最低资本要求

对于投资策略灵活、风险复杂的对冲基金投资而言，最低资本要求是保证对冲基金管理人具有充足财力，避免恶性竞争，保障对冲基金安全稳健运营的重要基础与有效量化标准，它也是管理人运作前期承担运营费用的保障。在以有限合伙形式组建的对冲基金框架下，基金管理人作为普通合伙人要承担基金对外投资所产生负债的无限责任，即使是公司型对冲基金，在投资出现重大损失的情况下基金管理人是否拥有充足的资本支持基金渡过难关也直接影响投资者的信心和是否赎回投资的决策，因此直接关乎基金是否可以在困难情况下继续存续。分析各国立法，除比利时、加拿大、百慕大群岛、希腊、俄罗斯、南非、美国以外，多数司法当局都对对冲基金管理人设立了或要求其适用最低注册资本要求。

分析各国关于对冲基金管理人最低注册资本要求的规定，有以下几个特点：

第一，对不同类别对冲基金管理人提出不同的资本要求。例如奥地利金融市场当局（Financial Market Authority，FMA）《奥地利投资基金法》规定，如果由银行充当对冲基金管理人，其最低注册资本要求为 500 万欧元，如果由投资管理公司担任管理人，其资本要求大幅度降低，根据具体提供服务范围的不同分别为 5 万欧元和 12.5 万欧元两类。卢森堡监管当局规定第二类基金管理人最低注册资本为 12.5 万欧元，第三类基金管理人资本不得低于 150 万欧元。

第二，资本要求与管理资产规模或年度运营费用挂钩。在设立固定资本要求的司法辖区中，巴哈马证券委员会规定的最低注册资本为 2.5 万美元，爱尔兰金融服务署规定注册对冲基金发起人最低监管资本要求为 63.5 万美元，泽西金融服务委员会规定的最低资本为 25000 英镑，挪威为 12.5 万美元，瑞士为 20 万瑞士法郎。在设立变动资本要求的司法辖区中，德国规定最低注册资本为初始资本与持续资本要求之和：初始资本不得低于 73 万欧元，持续资本要求根据管理资产规模设定。并且总资本要求不得低于年运营费用的 25%。葡萄牙规定，投资基金管理公司最低股本为 25 万欧元，并且根据管理资产规模进一步提出运营计提要求：7500 万欧元以内计提 0.5%，7500 万欧元以上计提 0.1%。瑞典规定，最低

① 分析笔者收集的分属不同法系的 39 个国家和地区的对冲基金监管法律法规，除美国根据 1940 年《投资顾问法》为对冲基金管理人提供豁免登记框架外，其余国家都以某种形式将对冲基金管理人纳入监管框架中。

注册资本为初始资本（12.5 万欧元）、3 个月运营费用开支和超额管理资产计提要求之和。[①] 瑞士规定最低实收资本 20 万瑞士法郎，附加资本上限 2000 万瑞士法郎，取决于基金管理资产要求和固定运营费用，并且净监管资本必须至少覆盖上年度固定费用的 25%。

第三，个别司法辖区对基金管理人总资产提出监管要求。例如丹麦金融监管署规定基金管理人总资产不得低于 2500 万丹麦克朗，并且必须扣除无形资产；中国香港证监会要求公募对冲基金管理公司实施对冲基金策略的管理资产规模不得低于 1 亿美元，并且进一步要求管理资产中不得包括公司自营基金，必须是来自第三方投资者的资金，从而进一步提高了公募基金管理公司准入门槛。

综上所述，各司法辖区都依据不同标准对对冲基金管理人提出了高低不同的最低监管资本要求。从支持基金正常运营、维护投资者信心、必要情况下承担基金运营失败责任的角度看，提出最低监管资本要求是有其必要性的。从最低注册资本数额比较看，离岸金融中心为吸引管理公司注册，往往提出较低并且固定的资本要求，在岸司法辖区的资本要求较高；从投资者保护角度考虑，应当对公募对冲基金管理人的最低资本和管理资产规模提出更高要求，从而确保有实力的管理公司进入公募市场，增强投资者信心；从最低注册资本的标准看，固定数额的要求固定简单，也便于监管者检查确认，但因缺乏对应性而不够合理。本书认为，包括初始资本和运营资产计提资本的复合性资本结构可以满足不同的资本用途，如果再配合最低运营费用要求作为下限，是最合理的注册资本结构。鉴于各国标准不同，数量差异很大，不同规则的协调会很困难，因此可以提出原则性监管要求：对冲基金管理人应具备与自身运营规模和业务范围相适应的监管资本要求。

二、管理公司董事、高级管理人员任职要求

与其他投资工具相比，对冲基金更加强调投资管理人必须具备另类投资的技能与特长，这是基金募集过程能否吸引投资者参与的关键“卖点”，也是未来基金成立后能否成功运营和获得满意收益的重要保障。从各国立法实践看，对基金管理公司董事、高管的任职要求也主要集中在经验、技能上，而且，基于组合式对冲基金管理人所履行职责的特殊性，对单一对冲基金管理人和组合式对冲基金管理人的任职要求规范也有差异。

在是否设置任职资格标准问题上，有的国家认为监管者对董事任职资格设置标准可能助长投资者道德风险，故在法律中不加规定而通过市场选择来解决，包

---

① 管理资产超过 2.5 亿欧元的，在超出部分按 0.02%计提增量资本，且增量计提上限为 1000 万欧元。

括美国、英国、意大利、西班牙、瑞典，[1] 其余国家则认识到基金“受人委托、代人理财”的性质决定了基金经理的技能对获得良好业绩、维持投资者信心的重要性，在要求基金管理公司登记注册同时对董事任职资格设置明确要求。例如，法国要求管理公司董事对另类投资计划要有必要的经验和专长；德国规定负责投资决策的人必须具备适当的资质、充足的经验和实践知识；瑞士规定投资管理公司至少应有两人在另类投资领域具有5年以上的经验。但何谓“必要”、“充足”、“适当”并没有更加量化细致的规范，而更多取决于监管者的自由裁量，这给准入申请者带来了很大的不确定性。与部分国家关于任职要求的原则性规范相比，中国香港在《对冲基金指引》中对有关任职要求做了更加细致的规定。一是要求对冲基金管理公司的董事、经理等关键人员必须是全职员工，并有可证实的交易管理记录；二是指出监管者判断关键管理人员的合格性时要考虑不同的因素，[2] 这些策略涉及单一对冲基金和组合式对冲基金在投资策略和运营方面存在的差异；三是给出了关键人员数量和经验的具体量化要求：每家管理公司至少必须拥有2名关键人员，每个人至少有5年相关工作经历，在5年相关工作经历基础上，这2名关键人员必须具有2年以上专门投资经历。新加坡在关键管理人员工作经历方面的规定与中国香港基本相同，只是在组合式对冲基金的专门工作经历方面规定为3年。

本书认为，在立法中对对冲基金管理公司董事、经理的任职资格加以明确规定有助于明晰监管标准，提高审批过程的透明度，提升投资者信心，因而是必要的。但对于对冲基金这样一个拥有鼓励创新的行业而言，不宜设置过高的准入门槛，因此，对私募基金管理人和公募基金管理公司董事、经理设置有差异的经历、经验要求更为合理。[3] 现行立法的不足之处在于：一是有关标准过分突出工作经历、能力的要求，而对投资管理人及其董事、经理的既往声誉和品质要求缺乏规范，“重才轻德”的规则虽有一定合理性但失去了法律规则本身对欺诈舞弊等非法行为和其他不符合职业伦理道德行为的阻吓作用和对基金管理人建立声誉机制的引导作用。二是缺乏对有关经历、投资记录的有效、准确、快速的审查途径。其解决之道在于在管理人市场准入设计中引入行业协会的参与，对于接受行业自律、声誉良好的对冲基金管理人简化审查程序，并可以通过行业协会对董事、经理的投资经历进行快速、准确的验证。这种有机契合的审批验证机制既提高了监管审查效率，又体现了行业协会的价值和参加自律组织的作用，具有互利多赢、激励相容的特点。

---

① Price Water House Coopers，“The Regulation and Distribution of Hedge Funds in Europe”，2005，p. 12.

② 即以全面方法来评估关键管理人员的任职适宜性。这种方法在2005年修订《对冲基金指引》时得到确认。

③ 基于保护投资者的考虑，应当对公募对冲基金管理人设置更高的准入门槛和董事经历标准。

三、公司治理要求

作为对冲基金投资的实际运作者，管理公司是否拥有良好的内部控制、风险管理程序和公司治理结构直接关系到基金成立后能否顺利运营和有效抵御市场风险，有关国家立法中对此进行了规范。

爱尔兰除规定对冲基金的管理者应在另类投资领域具备适当的经验和专长外，还要求管理公司需要提交详细信息使监管者爱尔兰中央银行认定其具有适当的控制制度和体系，可以有效运作、持续监督所投资对冲基金和并执行风险评估程序的活动。中国香港证监会对基金管理公司内部治理的规范主要包括三点：一是要具备适当的内部控制和风险管理系统，包括书面的清晰的控制程序和政策；二是要确保上述系统有效运作，风险得到适当监督控制；三是确保其基金外部服务提供者如行政管理人、托管人、经纪人、估值代理人拥有充分的知识和经验。对于组合式基金管理公司，内部控制的重点是规范尽职调查程序和监督、评估、替换标的基金管理人的能力。

笔者认为，现行立法在管理公司内部治理方面的缺欠主要表现在：一是只有少数国家在法规中明确提出要求，多数国家未予明确规定，这虽保留了监管者自由裁量的灵活性，但不利于引导管理公司通过提升内部控制和风险管理水平促进自身稳健运营，未能有效发挥指引作用；二是缺乏对管理公司内部治理的明确要求。鉴于完善治理结构是控制欺诈风险、促进对冲基金行业持续发展的关键保障，而完善管理公司治理是加强对冲基金内部治理的前提与基础，应当在立法中发挥良性引导作用，对治理结构、内部控制和风险管理做出原则性规范。

四、共同基金管理人同步管理对冲基金

近年来为增强投资管理业务竞争力和挽留人才，丰富自身产品线，许多传统共同基金和投资银行纷纷开设对冲基金管理业务。这虽然增加了市场对冲基金服务的供给，但在同时提供共同基金和对冲基金管理服务过程中，可能存在重大利益冲突。在市场准入过程中是否允许传统共同基金管理公司同步管理对冲基金账户，体现了监管者对强化利益冲突管理和增加市场服务供给之间的权衡。

对冲基金与管理公司之间的激励机制可能促使投资顾问偏向自己的对冲基金客户而直接间接损害其他投资者利益。这种内部机制包括：20%的激励报酬，远远高于包括登记投资公司在内的传统账户下资产规模基础；许多管理公司的投资顾问自身在对冲基金内部有大量投资，进一步增加了其在分配投资机会时偏向自

己的投资者的可能性。[1]例如，投资顾问管理的共同基金使用多头策略，而对冲基金使用其他策略。如果共同基金持有的证券多头适宜对冲基金卖空，则卖空可能对该证券价格产生不利影响，由此对共同基金的业绩产生负面影响。因此，尽管该策略的实施是基于合法商业目的，但策略之间根本冲突的性质可能对共同基金投资者产生负面影响。

实践中，各国做法不一：美国、英国对共同基金管理人同步管理对冲基金账户没有任何限制，意大利强调设立“投机性”基金管理公司的唯一目标就是设立和管理对冲基金，为实现业务经营的专业性，其他投资管理企业不得从事对冲基金管理业务，即禁止同步管理对冲基金与共同基金账户。卢森堡立法也强调防范利益冲突，禁止同时管理不同账户。爱尔兰、瑞士、瑞典、德国在严格审查的前提下允许同步管理。爱尔兰中央银行要求，监管者必须确认投资管理公司有必要的技能从事对冲基金管理服务；瑞典指出，在特殊基金的审批过程中，监管当局特别关注基金经理是否具备管理所审批基金的经验；瑞士允许同时管理，只要该基金管理公司在传统基金和对冲基金方面有专门的经验和风险管理工具；德国需要申请扩大资质认证来获得监管认可。

法国根据不同对冲基金类别设立有差异的监管规则。对 OPCVM ARIA Simples 基金，原则上监管当局允许法国投资管理公司设立管理对冲基金，并不要求提交特殊的业务经营计划。但存在两个例外：一是如果 OPCVM ARIA Simples 投资于离岸对冲基金，法国金融市场监管者 AMF 要求法国基金经理提交专门从事对冲基金的基金投资的业务计划；二是如果 OPCVM ARIA Simples 从事信用衍生产品交易，要提交专门从事信用衍生产品投资的业务计划。对于 OPCVM ARIA a Effet de Levier 和 OPCVM Contractuels，如欲设立和管理此类基金，须向法国监管当局提交特别业务计划，阐述细化内部管理、人力资源和系统能力，使监管者确信资产管理公司可以适当地监管 OPCVM ARIAEL 所运用的杠杆率。对于 OPCVM de Fonds Alternatifs，如欲设立和管理此类基金，则须向法国监管当局提交特别业务计划。上述计划的目的在于细化资产管理公司所实施的选择适当对冲基金为投资对象的内部流程（包括尽职调查、风险管理）。[2]

笔者认为，虽然禁止同步管理共同基金和对冲基金账户可以在一定程度上杜绝利益冲突的发生，但会极大地限制金融市场对冲基金服务的供给，造成弊大于

① SEC, “Implications of the Growth of Hedge Funds”, Staff Report to the United States Securities and Exchange Commission, September 2003.

② European Fund and Asset Management Association, “Hedge funds Regulation in Europe—A Comparative Survey”, August 2005, p. 23.

利的监管后果，因此，更多国家选择在严格限制的条件下允许基金管理公司同步管理不同类别账户。但分析各国相关立法，更多强调基金管理公司要有足够的经验和风险管理工具来防范投资对冲基金过程中的风险，而对可能损害投资者利益行为的利益冲突问题进行的监管约束不足。鉴于该问题直接牵涉投资者利益保护和市场信心，应当在立法中明确要求基金管理公司建立必要的内部监督和对投资者的信息披露机制防范，控制同步管理、台底条款、估值偏差等利益冲突问题对投资者的损害。

第二节 对冲基金市场准入监管

如果说基金管理公司准入属于对冲基金市场准入监管制度的前提与基础，那么对冲基金市场准入监管就是市场准入监管的核心与重点，其内容包括私募发行标准的确定、资金来源审核和基金募集发行过程监管措施三个方面的内容。

一、私募发行标准

从投资者类别分析，单一对冲基金是向一定数量特定投资对象募集的证券投资基金。特定投资对象是指具备一定投资理财经验、知识、投资风险识别能力和承担能力的比较成熟的投资者。一般分为合格机构投资者和合格个人（家庭）投资者。以适当的标准定义合格投资者并对其数量进行必要限制是私募对冲基金市场准入监管的关键点，它是确定整个对冲基金监管体系不同产品监管措施区隔和募集方式分类的基础，也是实现对零售投资者保护，避免其参与不适宜的具有潜在高风险投资的重要措施，而合格投资者界定的关键是个人投资者合格标准的确立。

1. 合格投资者标准

各国立法实践中形成了确认合格投资者资格的三个判定标准，包括：

（1）最低投资额度。只要一位投资者的出资超过对冲基金所要求的最低投资限额，就可以推断其是成熟、合格的投资者。无法达到所要求最低投资标准的投资者不得实施投资。[①] 其基本假定是：有能力从事大额投资的人有更强的净财富并

① 为防止个人投资者通过聚集资金组织实体代表集资者参与对冲基金投资而绕过法律关于合格投资者标准的限制，美国 SEC 制定了合格投资者判定中的“穿透”规则，要求以实体形式参加对冲基金投资的，其每一个成员都必须符合合格投资者标准。

且推定其能承受更大的投资损失。[①]

由于这种标准判断简便，容易实施，实践中多数国家采用最低投资额度作为标准，但各国具体要求差异很大。在欧洲大陆，并非所有国家都对对冲基金设置最低认购限额，例如德国和卢森堡，而意大利法定最低认购限额为50万欧元，法国根据所投资对冲基金种类以及基金是否指向合格投资者设置不同的投资限额，标准最高的为合约式对冲基金，单一投资者最低限额为25万欧元，而自然人在满足一定条件的情况下最低投资限额为3万欧元；[②] 对于简易型单一对冲基金，最低投资限额为12.5万欧元，符合条件的自然人最低投资标准为1万欧元。爱尔兰则仅对不允许向公众出售的对冲基金设定投资限额，包括职业投资者计划最低限额12.5万欧元，合格投资者项目25万欧元。西班牙规定单一对冲基金最低投资限额为5万欧元，这是整个欧洲的最低标准。中国香港规定公募单一对冲基金最低募集标准为5万美元。离岸金融中心也多根据不同对冲基金类别设立差异化的合格投资者最低投资标准，如百慕大群岛规定管理基金最低标准为5万美元，机构基金最低标准为10万美元。

（2）收入或净财富标准。在这个划分标准下，假定达到相应收入水平或净财富标准的投资者都是专业投资者。以美国为例，监管法规D规定，符合下列标准之一的个人投资者为认可投资者（Accredited Investor）：

1）个人净财富或者与配偶的共同净财富超过100万美元；

2）在前两个完整日历年度年总收入超过20万美元或者夫妻双方年总收入超过30万美元；

3）在当前会计年度有合理的理由认为其个人或夫妻双方年总收入超过前述标准的投资者。[③]

法人实体的合格投资者标准更高，如总资产必须超过500万美元，且非以专门投资对冲基金目的组建的公司、合伙、有限责任公司或商业信托型实体。如果该实体是专为投资对冲基金这一特殊目的组建，则对冲基金要依法“穿透”该实体直至该实体的每个收益所有人，要求每个所有人自身符合认可投资者条件或要

---

① FSA，“Wider-Range Retail Investment Products-Consumer Protection in a Rapid Changing World”，June 2005.

② European Fund and Asset Management Association，“Hedge funds Regulation in Europe—Comparative Survey”，August 2005.

③ Regulation D，17 C.F.R. §230.501（a）（5），（6）.

计算非认可投资者人数以确定是否达到法律设定的 35 人标准，[①] 以此避免私人投资者以联合组建实体方式规避合格投资者监管标准。

（3）认定金融机构或特定经济组织为合格投资者。例如，法国金融监管委员会规定，对合格投资者、主权投资者、欧洲中央银行、各国中央银行、世界银行、国际货币基金组织以及满足下列条件的公司法人不设置投资对冲基金的最低认购数量的限制，条件为：

1）总资产超过 2000 万欧元；

2）营业额超过 4000 万欧元且股东权益超过 200 万欧元。[②]

美国 1940 年投资公司法规定的一类"合格投资者"是"其他拥有 2500 万美元且具有投资自由支配权的组织"。[③]

（4）允许一定数量非合格投资者参与对冲基金投资。为建立激励相容的费率报酬结构，对冲基金投资实践中多要求投资顾问和经理将个人财产投入对冲基金以期与投资者形成"利益共同体"，而投资经理本人未必符合合格投资者的财富和收入规定。美国立法中对这种实践予以承认，允许将对冲基金董事、执行官员或身为普通合伙人的个人视为认可投资者。执行官员是指对冲基金主席、负责主要业务部门/单位/职能的副主席以及履行基金重要政策制定功能的其他官员或个人或者其公司团体普通合伙人。[④]

此外，根据美国 SEC 监管 D 条例规则 506 的安全港规定，合格投资者和 35 名以下非合格投资者均可以作为对冲基金投资者而无须注册登记。但如果向合格投资者募集，基金必须有理由认为每个投资者在金融商业领域有充分的知识和经

---

① 其他符合认可投资者定义的法人实体包括《美国联邦税则》第 501 节（c）（3）规定的慈善组织，要求其总资产超过 500 万美元且非专为投资对冲基金的目的组建；根据《证券法》第三节（a）（2）定义的银行、储蓄贷款机构或者根据《证券法》第三节（a）（5）（A）定义的其他机构，为自己的账户或者根据自由裁量的受信托责任为其他人的账户投资；根据《证券法》第 2 节（13）定义的保险公司；根据 1934 年《证券交易法》第 15 节在证券交易委员会登记的经纪人—交易商；根据 1940 年《投资公司法》登记的投资公司或 1940 年《投资公司法》第 2 节（a）（48）定义的商业开发公司以及根据 1940 年《投资顾问法》第 202 节（a）（22）定义的私人商业开发公司。一些管理资产超过 500 万美元的信托和退休金账户也被纳入认可投资者定义之中。参见 Regulation D，17 C.F.R.§230.501（a）。

② European Fund and Asset Management Association，"Hedge Funds Regulation in Europe—A Comparative Survey"，August 2005.

③ Marcial L.Macharg，"Waking Up to Hedge Funds：Is U.S. Regulation Taking a New Direction?"，Working Paper Series No.11 of Institute for Law and Finance，Johann Wolfgang Goethe-Universitat Frankfurt，May 22，2003，p. 14.

④ Scott J. Lederman，*Hedge Fund Regulation*，Practising Law Institute，New York City，March 2007，pp. 4-10.

验，可以独自或在“购买代理人”的帮助下,[①] 评估和理解该投资的优点和风险。[②]

对组合式对冲基金，各国立法实践处理不同。有的认定其为零售投资者基金，因此不设定最低投资限额，如德国、瑞士、卢森堡、瑞典；其他国家在立法实践中对组合式对冲基金合格投资者进行了界定，主要判定标准是最低投资限额，且远低于单一对冲基金下的标准。[③] 例如，法国组合式对冲基金投资者认购下限为 1 万欧元，对于保本金型的对冲基金，对投资者资格和最低认购下限无限制；爱尔兰规定专家投资计划为 25000 欧元，合格投资计划为 25 万欧元；中国香港规定组合式对冲基金最低投资标准为 1 万美元，新加坡规定为 2 万新元。

2. 对投资者人数的限制

投资者人数上限与合格投资者标准一起构成私募发行豁免的基础，符合这两个标准将确保对冲基金募集对象限于数量有限的高净值富裕投资者，从而不会对证券市场产生重大影响以满足私募要求。美国立法中没有规定最低认购限额，但在 1940 年《投资公司法》第 3 节（c）条第（1）款基金豁免规则下对投资者人数设定上限不得超过 100 人。[④] SEC 在投资者人数计算的解释中指出，美国本土组建的 3(c)（1）基金必须统计包括外国投资者在内的所有投资者,[⑤] 以确定是否达到 100 名投资者上限。

在确定投资者人数时，要遵循如下复杂的计算规则：

（1）投资者人数上限。计算规则规定：每个自然人被视为 1 个投资人，配偶共同共有的所有权被视为 1 个投资人。[⑥] 如果某实体为投资人，基金不必将与该实体有相同所有权或受益权的其他投资实体计人。对冲基金如果组建为有限合伙或

---

① 购买代表是指符合或者发行人有理由相信其符合如下四个条件的人：

第一，并非发行人的附属人、董事、管理人或其他雇员，或者持有任何种类股权证券或权益的 10%以上的受益人；

第二，该人在金融商业领域有知识和经验，可以独立或者与购买人的其他买方代表一起，或者与买方一起评估潜在投资的优点与风险；

第三，买方书面承认在交易过程中与其交易代表一起评估潜在投资的优点与风险；

第四，在向买方销售证券前的一段合理时间，书面向买方披露本人或其附属关系人与发行人及其附属关系人在此前两年形成的任何重要的关系，以及在这一过程中已经或将要接受的对价。参见 17 C.F.R.§ 230 （501）（h）。

② 17 C.F.R. § 506（b）（2）（ii）.

③ 意大利是个例外，其单一对冲基金和组合式对冲基金合格投资者标准都是 50 万欧元，这一点也为行业反对。AIMA and Simmons & Simmons，A Survey into Italian Hedge Fund Market，From a Participant's Perspective，June 2006.

④《投资公司法》第三节（c）为基金豁免登记提供了两种途径：3（c）（1）条款规定符合如下两个条件则基金豁免适用投资公司定义：一是“该发行人发行在外证券（不包括短期票据）由不超过 100 个受益人持有”；二是“发行人没有并且不准备公开发行其证券”。这种豁免的依据是：如果不公开销售其证券，则小型投资组合不纳入《投资公司法》范围。

⑤ 指根据美国 1940 年《投资公司法》第 3 节（c）（1）条款获得私募发行豁免组建的对冲基金。

⑥ Investment Company Act Rel. No. 22，597，n. 69.

有限责任公司，在统计100名投资人上限时不记入普通合伙人和管理成员，因为其所持基金权益不被视为证券。①

（2）有知识雇员。为认可对冲基金现有投资激励结构，在计算投资者人数时不统计有知识雇员，其范围包括基金或者基金管理人的执行官员、董事、受信托人、普通合伙人、咨询委员会成员或为基金执行类似职责的人士。此外，还包括下列基金或者基金管理人的雇员：基于其日常职责，参与本基金或同一管理人管理的其他基金的投资活动至少12个月。有知识雇员规则仅适用于具体负责投资管理职责的雇员，明确排除执行文员、秘书、行政助理职责的雇员，而且，没有明确纳入前述规则具体类别的官员也不能被认定为有知识雇员。

（3）非自愿受让人。美国1940年《投资公司法》规则3（c）（b）认为某些基金权益的非自愿转让行为不影响基金私募法律地位的稳定。规则指出，受让人如果通过礼物、遗赠或离婚分居协议获得1940年《投资公司法》第3节（c）条第（1）款基金的受益所有权将被视为转让人拥有的受益权，并不导致基金受益人人数或性质的改变。前提是受让人为受捐赠人或者转让人只为其自身利益专门组建的公司。如果受让人支付对价获得对冲基金受益权，则构成“自愿受让”，要纳入受益人上限统计。此外，离岸基金不需要因为其权益在二级市场的交易导致其根据《投资公司法》注册。

（4）“穿透”规则。非公募或私募投资基金的实体也可以拥有根据1940年《投资公司》法第3节(c)条第（1）款获得豁免地位的对冲基金的股份，并被统计为投资者。然而，为防止通过叠加多层投资组合来规避100名投资者人数的限制，第3节（c）（1）（A）包含“穿透”条款，要求穿透任何拥有10%以上3（c）（1）基金投票权的证券的投资公司（包括非依第3节（c）（1）和第3节（c）（7）条款成立的投资公司），将该投资公司的证券持有人也算入基金证券投资人之列。②

① Shoreline Fund，L.P. and Condor Fund International，Inc. SEC No-Action Letter，Nov. 14，1994.

② 当前适用的“穿透”条款作为1996年全国证券市场促进法的一部分进行了修订，在其之前，任何拥有10%以上私募投资公司权益的主体都被视为一个受益人，只要其总资产中10%以下为3（c）（1）基金证券，这被称为第2个10%测试。证券交易委员会实施规则3（c）（1），继续将投资公司视为一个受益人，即使其拥有一家私募投资公司10%以上投票权，只要该所有权在1997年4月1日以前存在，且该投资主体以往满足并将继续满足第2重10%测试。参见17 C.F.R. § 270. 3（c）（1）。每次投资者获得投票权时都要分析穿透规则是否适用，一般来说，使股权持有人可以控制或影响基金运营和管理的权益与关系都被视为“投票证券”，因此有限合伙或有限责任公司中的权益，即可以允许这些权益的持有人移除或替换普通合伙人或管理层的权利，可以被视为投票权。此外，即使没有明确的投票权，在基金中拥有重大权益实际上可以使权益持有人有效控制基金的管理也可能被视为有投票权证券。“穿透”要求不适用于非投资公司的投资实体或者非依第3节（c）（1）和第3节（c）（7）条款定义成立的投资公司，即使上述实体持有对冲基金投票权益10%以上，仍被视为一个受益人。

在实践中，如果某投资实体投资对冲基金资产的比重小于 40%，SEC 通常不认为其是专门为投资 3（c）（1）基金而组建，但 40%的标准并非法定强制要求。此外，如果投资实体的每个所有人可以决定其自身投资资本是否可以投资对冲基金以及投资多少，则通常要实施“穿透”规则，例如确定供款退休金计划。[①]

虽然投资者人数上限对于确保对冲基金私募地位至关重要，但分析各国对冲基金监管立法，只有意大利对单一对冲基金投资者人数设置了上限 200 人，对于这个奇怪的现象，笔者的解释是：第一，这些国家一般都允许对冲基金管理人在得到监管当局批准条件下公开发行，因此没有严格限制投资者人数的需要。第二，更重要的是这些国家对冲基金监管立法多从美国移植而来，为促进本国对冲基金市场繁荣，减少不适当的限制，在法律移植时选择借鉴的基准是代表放松对冲基金募集和投资管制的、对投资者人数无上限的 1940 年《投资公司法》的第 3 节（c）条第（7）款基金豁免规定，但却没有注意到美国证券法体系内在的相互牵制：虽然《投资公司法》没有限制对冲基金投资者人数，但实践中多数依据 1940 年《投资公司法》第 3 节（c）条第（7）款规定组建的基金的投资者不超过 499 人，以此避免 1934 年《证券交易法》第 12 节的登记和披露报告要求。[②] 因此，美国 1940 年《投资公司法》第 3 节（c）条第（7）款对冲基金豁免机制下对投资者人数的限制是无形的、一定意义上自愿施加的，并不会混淆公募发行与私募发行的界限，而实践中其他国家如果没有相配合的法律约束，将导致对冲基金私募发行中“搭便车”的现象，使基金在对不受限制的合格投资者发行同时继续享受豁免直接监管的好处，显著放大对市场的影响。

3. 对有关法律规则的评论

围绕对冲基金私募发行标准，理论上应沿设立合格投资者标准和投资者人数上限两条路径同步进行规范，在明确私募对冲基金投资者准入标准基础上，进一步设立公募对冲基金和组合式对冲基金准入标准，对于面向普通投资者的对冲基金指数产品，不必设立投资准入限制。设立对冲基金不同类别产品之间彼此区隔又相互衔接的合格投资者标准是建立在错落有致产品体系的基础上，实现不同等级投资者各得其所的重要保障。

分析各国立法实践，主要通过设立最低投资限额的方式判定投资者是否属于适宜投资对冲基金的特定投资者，且机构投资者准入标准高于个人投资者。与其

---

① Scott J. Lederman, *Hedge Fund Regulation*, Practicing Law Institute, New York City, March 2007, pp. 5-6.

② 根据《证券交易法》第 12 节规定，如果发行人股权证券持有人超过 500 且在最近结束的日历年度其资产总额超过 1000 万美元，则该股权证券要根据《证券交易法》的规定登记。参见 SEC，“Implications of the Growth of Hedge Funds”，Staff Report to the United States Securities and Exchange Commission，September 2003。

他标准相比，最低限额因简便易行和自我验证而为监管者采纳，但通过立法规定长期僵化的标准容易脱离实际，滞后于经济发展水平。[①] 因此，投资限额的具体设定应当采取授权立法的方式，允许监管者在法定最低限额之上，根据基金市场发展情况确定。这样既能保证对冲基金立法的相对稳定性，又可以确保灵活性。

通过美国 1940 年《投资公司法》第 3 节（c）条第（1）款设立显性的 100 名投资者标准和 1940 年《投资公司法》第 3 节（c）条第（7）款确立基金运作中实际遵循的 500 名合格投资者标准，美国对冲基金立法通过限制私募对冲基金投资者人数的方式确立了私募发行与公开发行的有效区隔。遗憾的是，只有意大利相应设立了私募发行投资者人数上限，而其他司法辖区在借鉴移植美国《投资公司法》第 3 节（c）条第（7）款基金豁免机制时重形式而轻实质，没有注意到美国通过不同证券法规之间的相互牵制，使私募对冲基金要顺利运作事实上仍必须遵循最高投资者人数限制。从理论上分析，有必要对对冲基金投资者限定人数。一方面，虽然合格投资者不需要注册登记制度保护，但如果人数无限制，则基金规模会相应放大，纵使投资者自身有承担风险能力，也会因影响范围过大，造成金融市场动荡等负外部性，损害公共利益；另一方面，如果投资者人数无限制，则人数过多，与公募基金没有区别，违背其私募属性，并可能损害投资者保护目标。实践中要确立适当的投资者人数上限标准，还要考虑基金投资管理人豁免机制和避免非自愿受让行为导致突破限额危及基金私募地位的稳定，考虑到美国相关立法确立时间早并且不断根据实践进行调整，可以在全面理解和吸收基础上作为借鉴。

在设立私募（单一）对冲基金投资者合格标准基础上，可以进一步确立公募单一对冲基金和组合式对冲基金的准入资格。公募对冲基金属于单一对冲基金，其风险特征与私募对冲基金相同，只是要通过向投资者披露适当信息而提升运营和风险透明度，其投资者定位为中产阶层，因此最低投资限额应低于私募对冲基金，而组合式对冲基金主要面向中小投资者，是对冲基金监管立法公平价值的体现，即使考虑到其投资标的属于对冲基金，由于成本多层次、复杂的事实而必须设定最低投资限额，也要尽可能降低，使小型投资者可以达标而不致被阻隔于市场之外。对于近年来出现的保本对冲基金产品，因提供本金偿还这一对投资者而言最有力的保证不必设立投资限额，而对冲基金指数产品投资标的与组合式对冲基金相同，但成本费用结构简单，因此不必设立最低投资限额。上述投资者准入结构可以实现富有投资者、中产阶层、小型投资者根据自身资产实力和风险承受

① SEC 试图通过提高依据第 3 节（c）条第（1）款设立基金的自然人投资者准入标准加强投资者保护，在将投资资产最低标准从 1985 年的 100 万美元提高到 250 万美元同时，明确提出要根据个人消费支出滚动价格指数每 5 年调整一次。CFR Parts 230 and 275，Release No.33-8766；IA-2576；File No.s7-25-06，RIN 3235-AJ67。本书认为，监管者跟踪消费价格指数调整投资者准入标准是实现动态调整的重要形式，但 5 年调整一次过于频繁，以 10 年调整一次为好。

能力选择各自适宜的产品参与对冲基金投资，实现对冲基金产业发展与投资者保护目标的同步实现。

二、资金来源审核

对冲基金投资规模巨大、运作透明度低、豁免多数直接监管措施的特点很容易成为犯罪分子的洗钱工具。这一问题日益引起各国监管当局的重视，并努力将对冲基金及其管理人纳入全球金融体系反洗钱网络，在基金市场准入环节，通过要求基金管理人加强对对冲基金投资来源的审核与监督的加强监管。

在英国，1994 年以来，注册对冲基金管理人和运营者就要接受反洗钱监管，即使其管理资产位于海外也不例外。法规要求对冲基金管理人作为反洗钱责任人，必须了解自身客户，包括经由投资中介介绍的间接客户。2000 年，《金融服务与市场法》明确赋予英国 FSA 新的监管目标：降低受监管企业被用于金融犯罪包括反洗钱的概率。2004 年，FSA 对少量英国注册对冲基金管理人反洗钱政策、实践与控制进行了检查，结论是所接受调查的基金管理人充分意识到并采取适当措施来满足反洗钱要求。[①]

相比之下，美国的反洗钱监管规则更为详细具体，责任更加明确。2001 年《爱国者法》对金融机构赋予满足反洗钱要求的义务并授权美国财政部制定具体细则以阻止、发现、起诉恐怖主义融资和使用洗钱行为掩盖上述活动。2003 年 4 月 29 日，财政部发布针对投资顾问的拟议规则，适用对象包括在 SEC 登记的投资顾问和管理资产超过 3000 万美元的未登记顾问，实质上涵盖多数对冲基金管理人。拟议反洗钱规则要求每只对冲基金要设计实施合理的政策以阻止基金被用于洗钱行为和为恐怖主义活动融资。基金董事会成员、受信托人、普通合伙人、管理成员以及执行类似职责的成员必须书面同意上述程序，基金则要向金融犯罪行动网提交一系列通知文件。[②]

对冲基金根据拟议规则要履行法定报告义务，即在表格 8300 下报告在一项或两项以上关联交易中收到现金或某些非现金金融工具超过 1 万美元的交易。[③]

---

① FSA, "Hedge Funds: A Discussion of Risk and Regulatory Engagement", June 2005, p. 61.

② 包括：第一，对冲基金的姓名名称、住址、电子邮箱地址以及电话号码；第二，任何投资顾问、商品交易顾问、商品组合运营商及对冲基金发起人的名称、住址、电子邮箱地址以及电话号码；第三，所任命反洗钱合规官员的名称、住址、电子邮箱地址以及电话号码；第四，对冲基金实际持有的管理资产总规模；第五，对冲基金参与人、权益持有人或证券持有人的数量。

③ 该拟议规则不适用于如下对冲基金：第一，设立初始 2 年投资锁定期，在投资者购买对冲基金权益 2 年以内禁止其赎回所认购权益的任何部分；第二，在最近结束的日历季度总管理资产低于 100 万美元；第三，在美国境外组建、只向非美国公民法人销售其权益、由非美国公民法人组建；第四，有一个家庭拥有；第五，是雇员投资公司；第六，根据《商品期货交易法》规则 4.5 (a) (4) 不视为组合的雇员受益计划。

除了履行法定通知义务，为确保对冲基金合法运营，在市场准入监管程序中，应当要求对冲基金及其管理人建立完整有效的反洗钱内部组织体系，具体包括如下四个要素：一是投资者识别程序，这是反洗钱程序体系的核心。从反洗钱视角评估基金的风险特征是设计适宜的政策和程序的第一步，在此过程中要考虑基金与其投资者关系的性质、投资者所在地点、投资者性质以及投资活动性质四个要素。二是任命反洗钱合规负责人。作为对冲基金反洗钱政策的核心和拟议反洗钱监管法规四大要素之一，对冲基金应当任命具有丰富经验和专业知识的反洗钱负责人来履行这一专业性很强的法定职责。三是雇员培训。在反洗钱方面应当对雇员进行持续的培训，这一职责可以由反洗钱合规官员履行。四是建立反洗钱审计程序。为确保对冲基金充分适当履行其法定反洗钱职责，需要引入独立审计功能定期评估反洗钱程序的有效性，以此实现对内部控制程序的再监督，这一职责可以由对冲基金投资管理人的主要合规负责人执行，如果该负责人并非反洗钱负责人，或者由外部审计师或律师承担，审计结果应当向高级管理层报告，任何发现的偏差应当立即得到纠正。

综上所述，监管者在准入流程要求对冲基金建立规范的反洗钱监控体系，是基金合法运营的前提，是确保投资来源合法性的必要保障，有助于避免对冲基金成为犯罪分子从事洗钱和其他金融犯罪活动的工具，也会大大降低对冲基金未来运营中的法律操作风险。监管实践中应当进一步细化反洗钱规则，将其列为基金合规管理的重要职责。

三、发行募集监管

向投资者募集投资资本是建立对冲基金的第一步，从运营角度看，所募集资本数量和资本基础的稳定性是基金未来成长和发展的关键。募集过程监管是对冲基金市场准入的重要内容，对冲基金募集过程监管的要素包括：基金募集方式、信息披露要求、对基金管理人使用广告等营销方式的限制、基金份额转售限制以及外国对冲基金跨境募集的特殊规则。

1. 对冲基金发行方式

尽管对冲基金传统上选择私募发行，分析各国立法，一方面，除德国、意大利、爱尔兰等个别国家外，多数司法辖区并不禁止公开发售基金权益证券募集资金，而给基金管理人根据需要自行选择的权利：如果选择公开发售的便利，要承担相应信息披露义务，如果希望保持低透明度运作，可以选择私募发行；另一方面，各国对零售导向的组合式对冲基金的公开募集限制更少，只有意大利要求组合式基金私募发行，其余司法辖区都允许其公开发行。

美国允许对冲基金公开发行，但公募对冲基金必须遵守 SEC 的规定并散发招股说明书，仅针对认可投资者的发行被视为私募，[①] 既不需要在SEC登记也不需要公布招股说明书。多数对冲基金管理人根据《证券法》第4节第（2）款和监管法规D的506规则获得私募发行豁免，以此避免登记发行的时间和成本。更为重要的是，私募发行是对冲基金及其管理人豁免登记于其他联邦和州证券法的前提条件。英国将投资者分为市场交易专家、中介投资者和私人投资者三类，不受监管的计划（含对冲基金）只能针对前两类投资者以及基于拥有足够证券投资知识和经验，可以升级为中介投资者的私人投资者发行，禁止向私人投资者公开销售对冲基金。日本允许对冲基金公开发行，但根据《证券交易法》的规定，发行之后要进行相应的信息披露。法国允许对冲基金公开发行，但在进行首次公开发售时，直接从事销售的人员或基金经理必须从投资者处获得书面信息证实投资者已被告知关于所适用的投资限制（所认可的投资者种类），保本对冲基金可以通过广告形式销售但不允许上门营销。瑞士与瑞典、卢森堡一样允许公开发行，但只能以书面合同的方式认购，并且对冲基金任何广告都需要包括得到瑞士联邦银行批准的风险警示。中国香港地区2002年通过颁布《对冲基金指引》确立了公募对冲基金制度，但并未对私募发行构成限制，由于信息披露成本较高，实践中对冲基金在香港仍多数选择私募发行。

总的来看，虽然各国立法逐步开放对冲基金在特定监管机制下公开发行，但传统的私募发行仍是对冲基金募集资本的主要形式，以下的讨论以私募发行为主。

2. 发行过程的信息披露

信息披露是基金管理人所承担的对投资者的义务，该义务贯穿于对冲基金投资运营流程始终。即使选择私募发行，管理人也要以适当方式向投资者提供进行决策所必需的信息。实践中，美国和欧洲大陆国家分别采用了不同的路径来规范对冲基金发行过程中的信息披露责任。

（1）美国模式。美国对冲基金私募发行信息披露要求是通过非合格投资者披露标准和反欺诈规则的约束间接实现规制的，而并非直接规定对合格投资者所需披露的信息种类。[②] 一方面，美国《证券法》没有要求对冲基金向认可投资者提供任何专门的信息，但对非认可投资者制定了专门的信息披露标准，该规则事实上要求提供的信息披露标准与登记发行的标准类似，要提供对理解“发行人、发行人的业务及准备发行的证券”重要的信息。[③] 另一方面，为遵守联邦和州证券法律的反欺诈规定，对冲基金必须准备综合全面的私募发行备忘录，以确保传递出所有重要的信息。有关反欺诈监管规则包括1934年《证券交易法》第10节(b)、

①② 或针对满足某些条件的35位以下投资者的募集，或基金有合理理由认为其满足某些条件。

③ 17 C.F.R.§230（502）（b）（1）.

SEC 监管规则 10（b）（5）、1940 年《投资顾问法》第 206 节和 1974 年《商品交易法》第 40 节。

实践中，美国对冲基金根据《证券法》或《投资公司法》登记表格中的披露要求作为准备私募备忘录的指引，私募发行备忘录一般包含基金的投资目标、各种投资风险因素的说明、基金净资产值的计算方法、投资者资格要求、基金管理公司及其高级管理人员各种现实和潜在利益冲突问题的说明、保密政策等。对冲基金管理人必须以适当方式答复投资者就发行条款和条件的各种提问。①

（2）欧洲模式。欧洲大陆国家的对冲基金监管法律多是从 UCITS（可转让集合投资计划）演变而来，因此其对对冲基金的信息披露义务规定多以可转让集合投资计划的规范为基础，并根据对冲基金投资特点“量身定做”特别的披露要求。

1）关于基金章程的特别规定。爱尔兰规定专家投资计划和合格投资计划必须清晰地披露基金与主要经纪人之间的关系。意大利要求基金章程和规则必须指出如下关键因素：第一，与上述对冲基金投资有关的风险，并指出上述风险豁免适用意大利银行为控制和降低风险制定的一系列禁令和审慎规则；第二，投资的适格资产；第三，投资者认购和赎回的程序。瑞典规定，对于包括对冲基金在内的特殊基金，是否提供额外信息取决于基金试图公开募集还是仅对有限的特定投资者募集，如果是后者，则需指定投资者群体。基金规则还应包括下列信息：第一，对冲基金在哪些方面豁免遵守普遍适用于 UCITS 的规定；第二，所涉及风险水平；第三，风险评估方式。瑞士要求对冲基金募集时应提供充分的风险警示，私募发行备忘录中应包括术语汇总和所涉及风险的详细的列示。②

2）招股说明书或私募发行备忘录的特别规则。有关规则主要包括关于对冲基金使用另类投资策略的声明和相关的警告要求。如德国要求在招股说明书中的显著的位置列示风险警告。爱尔兰规定，对于专家投资计划，招股说明书中必须在显著的位置指出该投资计划已得到监管当局批准并只向专业投资者募集。另外，还要规定最低认购限额并附加如下统一的风险警示信息：“因此，爱尔兰金融服务监管当局为保护零售投资者所制定的一系列措施，尤其是关于投资的限制条件以及对杠杆率的要求，不适用于本投资计划。”此外，招股说明书还必须清晰、准确、全面地描述投资目标，这种描述应使投资者易于理解，并足以使投资

---

① Scott J. Lederman, *Hedge Fund Regulation*, Practicing Law Institute, New York City, March 2007, pp. 4-13.

② Swedish Investment Funds Act. Chapter 4 § 8 p. 12.

者做出适当的投资决策。[①] 合格投资者计划的信息披露要求基本与专家投资计划相同，但更强调风险警示，要求招股说明书必须包括显著的风险提示信息，指出：①超过平均风险的潜在可能性；②上述投资仅适用于适宜承担前述风险的投资者。瑞典的立法一是要求完整版或简化版招股说明书必须指出基金资产可投资资产种类以及基金资产是否可以投资于金融衍生工具，包括使用衍生工具会以何种方式影响基金的风险状况；二是如果基金属于特殊基金，上述事实应在完整版或简化版招股说明书中以及其他广告资料中列示。[②]

笔者认为，无论是美国模式还是欧洲模式，其发行过程信息披露的目的是一致的：在给予充分警告的前提下提供投资者判断是否进行投资这一关键决策所必需的重要信息。相比较而言，欧洲国家的信息披露要求更加具体，对投资目标、杠杆率和风险的描述更为全面和清晰，值得借鉴。

（3）对普遍劝诱行为的限制。对冲基金私募发行过程中，不仅要保证提供充分的信息披露，有关披露的方式还要为监管法律所允许。美国《监管法规》D规则502（c）禁止在发行中采用任何普遍劝诱或广告的形式，包括“广告、文章、通知或者报纸、杂志刊登的其他书面形式，通过广播、电视进行的传播、参加者通过普遍劝诱或广告招揽来的讲座或会议”。如此冗长的文字表明对冲基金管理人在发行其证券时必须非常小心，特别是对传媒发表演讲或在行业会议上进行讲座过程中。公开声明和评价必须完全局限于对市场状况和投资方法的一般性讨论，不得提及某只基金。如果上述活动超越了一般广告的界限，则发行将被暂停最长6个月。[③]

尽管规则502（c）归纳了上述类别，但并没有对“普遍劝诱”和“普遍广告”下定义。SEC指出，如果要确保发行不涉及普遍劝诱，发行人必须有充分理由认为潜在投资者属于认可投资者或在投资方面成熟老练。在此过程中，监管者通常关注发行要约人和受要约人在发行前的关系，以及双方就发行进行沟通交流的方式来确定是否存在合理的理由确信不存在普遍劝诱。如果投资者和发行人或者发行人的代理人（销售代理）之间存在真实的个人或商业关系，基于这种关系发行人及其代理人可以判断投资者是否具备参与该投资资格并构成“合理基础”确定投资者符合监管法规D的资格标准，而且发行人私下直接与受要约人接触，而非通过广泛的非专指的劝诱方式，则规则502（c）的要求得到满足。但判断是否遵

① 招股说明书应包括必要的定量参数，用以限制杠杆率的使用程度以及基金投资集中于单一或很窄的投资产品的程度。该限定条件应与项目的投资政策相关。如果该基金运用两个以上的投资政策，则对不同的投资政策可能给以不同的限定。

② Swedish Investment Fund Act. Chapter 4 §16.

③ 17 C.F.R. §230（502）（a）.

守上述规则仍需个案分析。[①] SEC 进一步指出，在私募过程中群发邮件时，如果发行人没有验证受要约人的成熟程度和认可地位则构成普遍劝诱而违法。

笔者认为，为有效防范投资募集过程中因普遍劝诱和广告行为触及法律风险，对冲基金应当制定具体的实施程序来管理募集过程并保持适当的记录来证明有关发行并没有构成一般劝诱。例如，发行文件应当序列编号，以此确定哪些文件发出，受要约人姓名应当呈现在私募发行备忘录封面。受要约人姓名、联系日期、具体联系人的信息应当记录。发行文件包括私募备忘录在内，一般包括免责条款，声明有关文件并不构成要约或销售基金证券行为，并澄清任何发行只能通过移交私募发行备忘录来完成。私募备忘录也要包括免责条款，禁止接收者复制文件或将其提供给专业投资顾问以外的人。

3. 基金份额转售限制

从监管流程分析，如果通过私募发行获得对冲基金股份、权益的合格投资者可以不受限制地将自己持有的权益对外转让，则在准入、募集过程的大量监管措施都将失效。因此，从堵塞监管漏洞角度考虑，必须对基金权益转售进行规范。

美国《证券法》对私募发行证转售行为作了比较完善的规定。监管条例 D 规则 502（d）规定，根据规则 506 交易获得的证券与根据《证券法》第 4 节（2）发行证券的地位相同，这意味着这些私募证券如果不根据《证券法》登记或者根据登记规则获得豁免地位就不得对外转售。证券发行人被要求予以合理的关注以确保证券买方并非《证券法》第 2 节（a）（11）所定义的“承销人”。上述义务应当通过如下措施履行：

1）以合理调查来确定买方是为自己还是为别人购买证券。

2）在销售前向每个买方书面披露如下事实：该证券没有根据《证券法》的规定登记，因此，除非根据《证券法》登记或获得登记豁免，否则不能转售证券。

3）在证明或其他文件上说明证券未根据《联邦证券法》登记并指出对证券转售和可交易性的限制。

4. 基金管理人销售监管

基于管理人在对冲基金运营中的核心地位，投资者在考虑是否投资对冲基金时决策的焦点是基金管理人的能力。为避免对冲基金管理人在募集过程中凭借信息优势误导、欺诈投资者，监管法律应当对其募集营销行为进行必要的规制。

（1）对广告欺诈的监管。美国《投资顾问法》第 206 节（4）制定了适用于所

---

① In Re CGI Inc., Securities Act Rel. No. 7, 904, Sep. 29, 2000.

有投资顾问的反欺诈规定，无论该投资顾问是否根据投资顾问法注册，其下列行为皆属非法：一是实施任何诡计、阴谋或欺骗行为试图欺诈现有客户和潜在客户；二是以欺诈现有客户和潜在客户为目的参与任何交易、实践或商业活动；三是参与任何欺诈性、导致误解或操纵性的交易、实践和商业活动。SEC 规则 206（4）（1）列举了违反上述反欺诈禁令的四类广告。[①] 在商品投资监管领域，美国 CFTC 声明列举了三类构成欺诈的非法广告行为：[②] 一是只陈述成功的交易，而忽略同一时期曾推荐和实施过的不成功交易；二是并没有对有关观点明确分类列示或者事实上没有合理的依据；三是不披露以往业绩结果是否以及在多大程度上反映佣金、手续费和其他费用的情况。

（2）使用过去业绩记录。对冲基金以往业绩或记录是投资者考虑是否投资于对冲基金过程中的关键因素，实践中管理人通常提供潜在投资者基金或账户的实际业绩或者基于实际业绩的模拟组合，但以某种方式进行调整，而不再准确复制实际结果。[③] 因此，对过去业绩的披露要进行必要的规范。

美国 SEC 规定，投资顾问如果对 10 人以上发布业绩信息，必须保留“所有账户、簿记、内部工作报告以及任何其他对形成基础信息或说明任何或所有管理账户业绩或所推荐证券计算必要的记录”。记录的形式，无论是采用实际数据还是模型模拟数据，都要根据《投资顾问法》反欺诈规定编制列报。规则 206（4）（1）对广告的广义定义，以及在服务过程中使用投资顾问或其服务的限制提供了一个总体框架，基金管理人展示业绩记录时必须遵循该框架，SEC 通过一系列不采取行动函提供了进一步的指引。在 Clover Capital Management 和其后续的案例中，SEC 制定了关于展示实际和模拟组合业绩的指引，指出“规则 206（4）（1）第5 段是调整模拟或实际业绩结果广告宣传的适用法律标准，即特定广告是否错误或构成误导。某一业绩展示是否违反该标准要取决于具体情况，但 SEC 官员指出在模型中使用的模拟或实际结果如果暗示或者读者可以从中推断关于投资顾问能力或未来的投资结果的描述不正确，则该广告就属违法”。[④]

---

① 禁止投资顾问：第一，就投资顾问及其建议、分析、报告和服务提供任何种类的证明鉴定。第二，提及该投资顾问任何以往对某一投资者有利、获利的特定建议，除非该顾问同时提供在过去的一年里所有的具体建议。第三，展示将要提供的任何图、表、公式或其他图案，可以决定或帮助客户决定是否、何时买卖某种证券，除非同时提供显著的关于该图、表、公式、图案的局限性的有关披露。第四，声明某些投资报告、分析和其他服务可以免费或不收取费用提供，除非其完全免费。

② Scott J. Lederman, *Hedge Fund Regulation*, Practicing Law Institute, New York City, March 2007, pp.4-43.

③ 例如，某基金管理人提供的基金与以往的基金使用同样的策略，但实施不同的费用结构，则经理在向潜在投资者提供历史业绩表现时必须反映调整后的费率结构。

④ 在 Clover Capital Management 的不采取行动函中根据规则列举了 11 种被视为不适当的广告行为，前 6 种同时适用于模拟结果和实际结果，后 4 种只适用于模拟结果，最后一种只适用于实际结果的展示。尽管非常有用，但上述指引并非独占唯一的，证券交易委员会官员也指出其并未试图根据该规则创立安全港。

在实践中，许多对冲基金管理人根据注册金融分析师协会（CFA Institute）制定的自愿披露指引来展现自己的业绩，该指引即“全球投资业绩披露标准”，它被视为全球基金管理行业投资业绩披露的标准，许多成熟投资者要求对冲基金管理人提供。尽管 SEC 并没有正式承认该指引，但监管实践中指控基金管理人的业绩数据不符合全球投资业绩披露指引，可能被监管者认为违反投资顾问的反欺诈规定。此外，注册金融分析师协会专门制定了全球投资业绩披露指引广告指引，遵守全球投资业绩指引的企业都必须同时遵守广告指引。

对冲基金管理人在创设自己的基金以前，往往在资金管理方面已有成功经验，上述经验是否可以在对冲基金营销中使用需要澄清，本书认为，对此类经验的使用应该严格控制，除非负责当前对冲基金组合投资的人可以对以往投资业绩负责，而且当前所运营对冲基金组合和投资策略应当与以往业绩具有可比性。

（3）使用互联网。网络的出现对许多传统商业模式都产生了重大影响，对冲基金也不例外。美国 SEC 对此做出了快速反应，在互联网发展初期就指出将信息上传到网络不符合监管法规 D 规则 502（c）有关禁止普遍劝诱和广告的规定，可能构成证券法下的公开发行证券。[①]

有效的私募行为需要满足一系列要素，以确保投资者有资格参与投资、发行募集行为不涉及广泛劝诱和广告行为。SEC 在监管实践中提供了一些指引，对冲基金可以运用上述指引指导其通过网络进行的募集活动。在 IPONET（一家注册经纪人—交易商）案例中发布的不采取行动函允许私募发行信息上网提供给认可投资者，但该网站要设立密码加以保护。[②] 随后，在 Lamp Technologies 案例中，一家公司试图组建运营网站提供根据监管法规 D 发行的对冲基金的募集备忘录以及业绩信息。与前例一样，该网站由与发行人无关联的第三方运营，不同的是，此时第三方并非登记经纪人—交易商。前例只允许获得密码的“合格投资者”进入，后者允许投资者进入网上所有基金，但规定投资者只能投资于已经投资或已经被邀请投资的基金。就此，SEC 官员声明，使用资格调查问卷，密码保护，以及等待期的规定可以使对冲基金得以在网上列示而不构成公募。在 2000 年，证券交易委员会对 Lamp 案例进行了重新解释，要求网站运营商需要考虑其行为是否要求其必须根据《证券交易法》第 15 节作为经纪人—交易商登记。因此，在同意将对冲基金列入网站之前，必须仔细了解网站发起人的受监管地位以及网站根

① Securities Act Rel.No.7，233，Oct. 6，1995.

② 参见 IPONET，SEC No-Action Letter，July 26，1996。在该案例中，潜在投资者必须填写网上调查问卷并在经过该经纪人—交易商附属管理人检查，以此确定是否有合理理由确定潜在投资者是否属于认可投资者以及符合其他成熟特性。如果根据网上问卷的答案和其他网站运营商已经了解的信息可以确定潜在投资者的资格，则该投资者将获得登录密码以了解发行信息。

据监管法规 D 所采取的限制进入的有关措施。

前面两个案例中，网站都由与网站所列举证券发行人无关联的第三方运营，因此其并没有给对冲基金提供可以援引的先例，也就意味着，SEC 并没有明确详尽规定对冲基金及其管理人运营管理网站的具体方式，因此，审慎的基金管理人一般采取如下方法：一是网站设置密码；二是网站不应允许通过其他公共可进入的网址设置超链接；三是密码只向现有投资者或已经与发行人建立实质性既往业务关系并可以确定其资格的人提供。尽管在线问卷可以提供对潜在投资者资格进行检验的机制，但最好在问卷之外进行直接接触，对客户的具体情况和以往业务关系进行更详细的调查。对于以往没有业务关系的潜在投资者而言，如果要求其投资前遵守一个合理的等待期规定会更加安全。

面对互联网日益成为对冲基金市场营销的选择，英国 FSA 在 2000 年《金融服务与市场法的业务行为指引手册》（COBS）中对使用互联网营销不受监管集合投资计划进行了规制："如果金融企业发起非受监管集合投资计划金融促销，其必须设计网站尽可能减少禁止募集对象参与投资的风险。"[①] 目前对冲基金借助互联网广告时通过明确的免责声明遵守监管规定［"……本网站所提及的投资在英国只能为根据 1986 年金融服务法获得授权或者根据 1991 年金融服务监管法例（不受监管投资计划营销）被允许获得发行文件的人参加。潜在的投资者必须注意：英国监管体系所提供的全部或大部分保护措施不适用于本广告所提及基金的投资者，投资者也不纳入英国投资者赔偿机制获得补偿"］。

综上所述，对冲基金营销监管规则对使用互联网发售基金权益的行为应当设立严格的限制条件，使允许接收信息者仅限于已与基金管理人建立客户关系的合格投资者，并且在发布信息时要明确声明投资对冲基金的各种风险。

5. 对冲基金跨境募集准入

在对冲基金发行过程中为扩大投资者资金吸收范围，大量从事跨境募集行为。[②] 跨境募集过程的监管由于涉及东道国对母国监管框架的评价、发行对冲基金在母国受监管地位的确认以及母国东道国监管合作问题而远比基金在境内募集复杂。是否允许境外对冲基金进入本国市场向投资者募集资金，体现了东道国对提升金融市场效率和保护投资者利益等监管价值取向的权衡。实践中各国做法不一。

美国对外国对冲基金在本国募集没有特殊限制，与本土对冲基金遵守相同的法律，除非外国对冲基金在 SEC 登记，否则不得在美公开发行。换言之，如果外国对冲基金及其管理人豁免 SEC 登记，只允许私募发行。英国和中国香港对离岸对冲基金在本国销售也没有特殊的限制。日本对外国对冲基金的募集活动根

---

① COB3.14.5 G（7）"Unregulated Collective Investment Schemes".

② 考虑到全球 70%的对冲基金注册于离岸金融中心，这种跨境募集资金的规模是非常可观的。

据该基金的法律特征，分别纳入《证券交易法》和《投资顾问法》框架，无特殊限制措施。

相比之下，欧洲大陆国家对外国对冲基金境内销售控制较严。法国严格限制外国对冲基金的募集，若对冲基金母国与东道国不进行监管合作，则外国对冲基金股份或份额不得向法国投资者直接募集。2003 年以来，法国监管当局仅允许通过法国对冲基金的基金间接销售外国对冲基金份额。德国规定外国对冲基金只能私募，且需要与意向投资者事先建立关系。[①] 爱尔兰将外国对冲基金定义为“无须登记的基金”，规定其发售一是要以有限的投资者为目标营销对象；二是营销文件必须声明保密，并且不得进行公募。意大利规定外国对冲基金销售必须得到意大利银行批准，判断标准是该基金的经营监管安排与意大利基金制度相容。[②] 瑞士将外国对冲基金视为“外国非集合投资计划”，必须得到瑞士联邦银行同意后才可募集，并与“其他有特殊风险的基金”遵守同样的规则，私募过程要接受瑞士监管当局联邦银行委员会的监管。丹麦对注册于不同司法辖区的外国对冲基金本土募集行为实行差别待遇：如果该基金注册于欧盟或欧洲经济区内，只需要在募集发行前得到丹麦金融监管署同意；如果注册于欧盟或欧洲经济区外，则需要作为本土对冲合伙重新登记组建。[③]

分析各国立法，本书认为在是否允许外国对冲基金在本国募集的问题上，各国立法推进监管合作和监管规则协调的趋势逐步显现，如意大利规定外国对冲基金的销售必须得到意大利银行批准，而其中重要的判定标准是要求该基金的经营安排与为意大利基金设计的制度相容。具体条件包括功能结构与意大利基金一致，且基金在注册国接受类似意大利基金的适当形式的监管。在判定自由裁量标准方面，则考虑意大利监管当局和对冲基金母国是否存在监管合作协议以及在国际协议范围内是否满足母国制定的互惠条件。[④] 瑞典要求母国监管水平与瑞典的监

---

① European Financial Management Association, “Hedge Funds Regulation in Europe: A Comparative Survey”, November 2005, p. 41.

② Bank of Italy Regulation of 14 April, 2005. 意大利银行制定的批准条件如下：第一，外国基金的功能结构必须与意大利基金一致（主要包括：股东人数不超过 200 人，最低认购起点为 50 万欧元，禁止公开募集股份）。第二，基金在注册国接受适当形式的监管，监管者为公共权力当局和由公共权力当局认可的机构，对该外国基金的监管类似于意大利基金所接受的监管。第三，基金须在注册国对外募集。第四，基金必须对外发布信息并使用设计良好的组织程序以确保股东可以根据相应的监管规定行使传统的股东权利。第五，基金必须雇用满足具有良好声誉和专业技能的条件的经理从事投资，该条件与意大利法律所规定的对冲基金经理应具备的条件相当。

除上述列出的必备条件外，还需考虑下列因素：第一，意大利监管当局和对冲基金母国是否存在监管合作协议以便利对对冲基金的监管。第二，在国际协议范围内，满足母国制定的互惠条件。

③ Price Water House, “Under the Spotlight-the Regulation, Taxation and Distribution of Hedge Funds Around the Globe”, June 2007, p. 19.

④ European Fund and Asset Management Association, “Hedge Funds Regulation in Europe—A Comparative Survey”, August 2005, p. 42.

管程度应相当，并建立监管合作的结构性框架。[1] 上述规定对推进对冲基金监管合作有一定作用，但各国法律更多强调内国法的对外适用，对推进法律协调作用有限，未来的立法应在评估母国监管水平的基础上设计更详细的判定标准或原则，以此在更高层面上推进对冲基金监管法律的国际协调，促进对冲基金国际监管合作机制的建立。

① Chapter 1 § 9 Swedish Investment Funds Act.

第三章　对冲基金运营监管

在理想状态三棱锥形式的对冲基金监管法律制度模式下，提升对冲基金治理和加强风险管理是制度有效运行的前提，鼓励、支持金融市场多元主体在商业关系中运用市场纪律的第三方监管是制度的基础，而监管者在必要情况下以适当机制和形式施加的运营监管措施就是对冲基金监管法律制度三大目标——控制系统性风险、提升金融市场效率和保护投资者利益同步全面实现的必要保障与后盾。在本书提出的复合型监管模式下，监管者只有在市场无法产生可接受合理结果的前提下才可以施加干预，而且干预所带来的成本应当为监管收益证明为合理。在上述原则指导下，考虑到对冲基金治理和市场纪律的内在局限性以及对冲基金零售化、运用操纵性策略盈利以及日益采用多主经纪人结构对监管目标的全面现实威胁，本书认为应围绕如何实现监管目标，设计相应的监管制度，以此提高具体措施的针对性和有效性。

第一节　防范系统性风险的监管制度

对冲基金作为金融市场流动性的重要提供者，既是重要的系统性风险“缓释器”，也可以因高杠杆、隐蔽化的操作成为直接或间接触发市场危机的引擎。因此，设计良好的对冲基金监管法律制度在以适当的机制框架赋予对冲基金合法地位的同时，必须拥有防范、控制系统性风险爆发的措施，以维护市场稳定，实现对冲基金监管立法的秩序价值。为降低制度成本，有关措施应当在明确对冲基金对金融稳定负面影响路径的基础上，遵循风险导向原则，提高针对性和有效性。

一、对冲基金引发系统性风险的威胁路径

英国 FSA 在《对冲基金：关于风险与监管介入的考虑》（2005）咨询报告中认为对冲基金对金融市场威胁存在两条路径：一是大型高敞口对冲基金的失败或者严重危难，或者更大概率的一系列拥有重要集中敞口的中等规模对冲基金同时

面临失败，可能导致严重的市场破坏，并侵蚀市场对其他对冲基金或作为对冲基金交易对手企业财务金融实力的信心；二是流动性破坏导致市场无序，即对冲基金在复杂的专门金融工具和特定市场部门进行共同投资的可能性不断上升，伴随投资者基础对业绩敏感性的提高，可能产生严重的流动性不匹配，导致被迫处置资产并随之造成波动性和潜在无序的市场。[①] 除此之外，不应忽略以主经纪业务为核心形成的交易对手风险。

1. 大型高杠杆对冲基金的失败导致对金融市场稳定性的沉重打击

杠杆一般是指金融机构负债与资本基础之间的相对关系，可以通过正式对外借债取得，也可以间接通过某些衍生产品运营来实现。鉴于对冲基金持有大量衍生产品头寸，间接形式的杠杆更重要。与受监管金融机构不同，对冲基金投资并不存在杠杆上限。因此在危机时期，杠杆可以提高对冲基金违约的概率和损失严重程度。根据 Hennessee Group 的调查，在 2003 年，84%的对冲基金杠杆率低于 200%，只有 2%的对冲基金杠杆率高于 500%。Gupta 和 Liang（2005）指出，[②] 到 2003 年 3 月，只有不足 4%的生存对冲基金和 11%的死亡对冲基金违反巴塞尔资本充足率要求。因此，资本不足对冲基金的数量其实有限。所以，多数情况下危机时期对冲基金的高杠杆是症状，而非危机事件原因。而且，从性质上讲，由于敞口定价汇总非常复杂，导致对冲基金杠杆难以测度。尽管如此，以可行方式监督大型对冲基金杠杆率的变化仍有助于获得预警信号，防范控制可能触发的危机。

2. 以主经纪业务为核心形成交易对手风险

信贷机构和证券公司（主经纪人）对对冲基金的直接信贷敞口是对冲基金影响金融体系稳定性的最明显渠道，主经纪提供杠杆融资、结算服务和信贷便利，并与对冲基金在场外衍生产品市场建立交易敞口。由于对冲基金杠杆不受限制，其大量从事高风险活动，对冲基金违约给受监管的机构带来的风险只会更大。事实上，对冲基金给受监管的交易对手（主经纪人）带来重大交易对手风险，提高了金融体系受监管部分的信用风险。

交易对手风险是长期资本管理公司事件的重要主题，由于银行敞口之间的联系网络，无论长期资本交易对手银行还是与长期资本无直接关联的银行，都面临间接的交易对手风险，可能在整个银行体系引发多米诺骨牌效应。事件落幕后国际监管组织开出的“药方”是督促主经纪人加强交易对手风险管理并要求对冲基金提高透明度，即通过强化市场纪律加强间接监管。

十年来对冲基金和主经纪业务发展的过程显示，二者的关系复杂而脆弱。主

① FSA，Hedge Funds：Risk and Regulatory Engagement，2005.

② Gupta，A.，Liang，B.，“Do Hedge Funds Have Enough Capital? A Value-at-Risk Approach”，*Journal of Financial Economics* 77（1），p. 219，253.

经纪人的激励并非总是与适当的市场纪律要求相协调，因为其收入的相当比重要依靠对冲基金业务提供。没有监管者施加的压力，主经纪人之间为竞争对冲基金客户可能甚至注定削弱风险监督和市场纪律。而且，许多对冲基金与多主经纪人建立业务关系，根据欧洲中央银行（2005）的统计，[①] 对冲基金行业主经纪人平均为3.3个，管理资产超过10亿美元的对冲基金主经纪人平均为4个。2006年9月创造对冲基金65亿美元亏损纪录的不凋花对冲基金主经纪人为8家银行。这就导致即使对冲基金对每个主经纪人披露业务相关信息，也没有任何主体可以获得对冲基金业务活动、风险特征和敞口的全面综合认识，这就成为系统性风险的重要根源（见图3-1）。而且，对冲基金与主经纪人在很多活动中形成竞争关系，代表相反的市场力量，例如投资银行自营投资平台很多采用类似对冲基金的投资策略，这导致利益冲突并限制了对冲基金可以提供的信息的数量和质量。

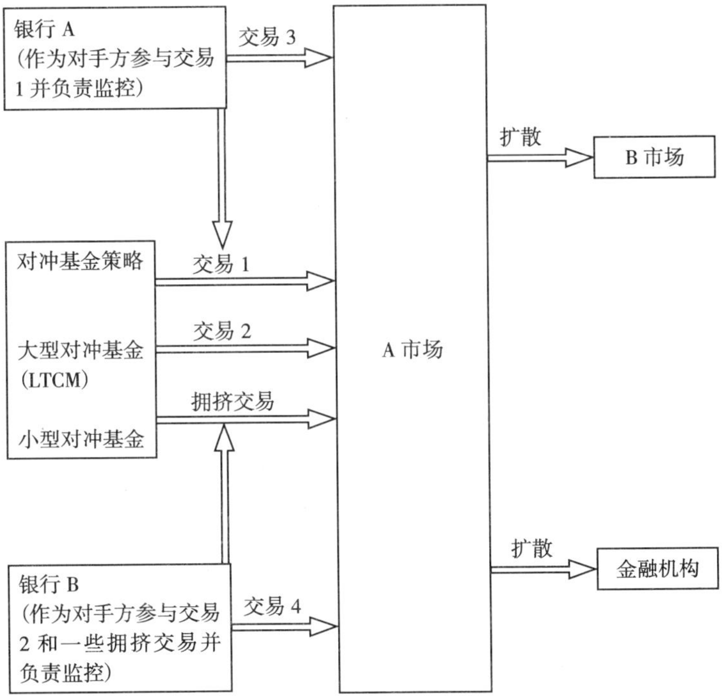

图3-1 对冲基金引发危机情景

① European Central Bank, "Large EU Bank's Exposures to Hedge Funds", November 2005.

在图 3–1 左侧，有一只大型对冲基金和许多执行类似策略的小型对冲基金，大型基金在市场 A 有两个类似的个别交易，即交易 1 和交易 2。银行 A 和银行 B 对中等规模的交易 1 和交易 2 提供融资或充当交易对手。两家银行分别监督自身交易，而不关注或无法获得足够信息来了解整个对冲基金组合的结构，两笔交易各自看来可管理并且具有流动性。此外，银行 A 和银行 B 在市场 A 还有自营交易存在（交易 3 和交易 4）未结算交易 1~4 一起在市场 A 占有重要份额，可能造成高度市场集中度和突然赎回，或者在重要参与者清算条件下导致市场脆弱性上升，并扩散到其他金融机构和市场。

另外，主经纪业务自身也呈现出高度集中。根据欧洲中央银行统计（2005），摩根士丹利和高盛控制着欧洲和全球对冲基金主经纪业务的 40%以上，排名第三的贝尔斯登市场份额超过 10%，这又为监管者推行以风险为基准的重点监管介入措施提供了依据。

3. 拥挤性交易导致的流动性风险

在市场稳定时期，对冲基金的出现可以提高流动性，而在压力条件下，当杠杆头寸出现损失时，对冲基金可能不愿意或者无法等待而成为第一个逃离市场者。拥挤的交易或特定策略中类似跨对冲基金的头寸可能进一步放大对冲基金退出对所在金融市场的影响。之所以如此，是因为在正常市场条件下，存在足够的多样性，包括组合结构、流动性特征、内部风险控制限额等，因此，对冲基金的活动可以导致不同的业绩，即使其投资策略、头寸和期望非常相似。但在市场压力时期，这些差异很可能会消失，尤其是当交易杠杆较高时，导致对冲基金采取逆交易头寸的能力受到严重限制，可能引发资产价格恶性大幅度循环下跌。

因此，随着越来越多对冲基金使用来自类似策略的获利机会，个体对冲基金头寸是否越来越相似而形成拥挤引起了关注。进一步讲，行业增长是否会导致收益下降并推动基金提高杠杆、使用风险更高的策略？为有效控制系统性风险，必须获得对冲基金交易拥挤程度的信息。

二、监管措施设计

在金融稳定视角下，为防范系统性风险，设计和实施对冲基金日常运营流程中的监管措施，必须在把握威胁传导路径的基础上，贯彻风险导向原则，就是要在珍视对冲基金对金融稳定的特殊贡献和重视其潜在危害的基础上，把握关键点以成本合理的方式趋利避害。

1. 保留对冲基金灵活实施投资策略的自由

国际货币基金组织于 2008 年 4 月发布的金融稳定评估指出：“监管当局在评

估风险管理需要时应当考虑对冲基金在压力时期提供的稳定效果。”① 作为不受监管的流动性提供者，对冲基金如果可以获得充足资本，往往可以在压力时期对明显定价不当的金融资产提供买卖报价即向市场注入流动性，2006 年底以来对冲基金行业筹集长期稳定资本的努力进一步加强了行业注入流动性的能力，监管当局应当予以鼓励。由于对冲基金不要求计算并持有最低经济资本，这些私人资本组合可以自由地与羊群行为交易者进行交易，因为后者作为受监管金融机构要遵守更为严格、僵化的风险管理程序。

基于上述理由，本书认为不应对对冲基金及其管理人施加资本充足率监管要求。首先，对冲基金与其他集合投资工具一样，代表的是投资者的资产而非市场交易商的资产，对作为非专业交易商的投资者施加资本要求是没有先例的；② 其次，施加资本充足率的结果在一定程度上导致新对冲基金与受监管共同基金特征趋同，如果全面实施，监管者将在事实上取消投资者根据意愿选择所承受风险程度的能力；最后，对基金管理人的监管也不可能要求其代表基金遵守资本充足要求，因为实施交易的主体是基金而非基金管理人，而基金管理人的资本正常情况下无法用来担保基金的业绩，事实上，基金管理人也不拥有实现上述目标的资源。实施资本充足要求只会极大地提高经营成本，并导致基金经理在监管较松的司法辖区重新注册，对基金管理人而言，更常见和可行的监管要求是建立完善的风险管理系统和合规过程。

因此，在设计行业或各国监管层面的“单一对冲基金最佳实践做法”时必须注意：一是不要直接干预投资策略的实施；二是不应向银行一样对对冲基金施加资本充足率管制；三是确保准则没有不当限制对冲基金对风险承受的建模与管理，并在投资者保护和信息披露方面努力提供适当的指引。因此，有关国家不宜在对冲基金披露要求中明确指出要披露的具体指标（如在险价值），更不宜规定模型具体参数值。

鉴于对冲基金失败一半以上来自各种操作风险事件（Capco，2003），在对冲基金风险监管方面可以引入风险承诺制：监管者在准入过程中对风险合规基础设施进行审核，并借助外部审计师或内部合规负责人持续监督和防范对冲基金操作风险事件，尽可能降低甚至消除这种“无收益风险”；在此基础上，允许基金根据自身投资者偏好灵活运用投资策略并管理市场和信用风险，如此既可促进投资者保护，也保留了对冲基金对金融市场宝贵的“另类观点”。

① International Monetary Fund，Global Financial Stability Report，April 2008.

② Dick Frase，Dechert，Regulatory Creep and Convergence：Hedge Funds and the Regulators，Iain Cullen & Helen Parry，Hedge Funds：Law and Regulations，Sweet & Maxwell，London，2001.

2. 加强大规模对冲基金的杠杆监控

规模与杠杆的结合是系统性风险的导火索，因此绝大多数小规模对冲基金不会对金融稳定构成直接威胁。所以杠杆监控机制的对象限于少量管理资产规模较大的对冲基金管理公司。具体而言，在金融稳定论坛框架内依托主要金融市场证券监管者，要求所有管理资产规模 10 亿美元以上的对冲基金管理人统一定期（每月）披露其杠杆比率。

为此，必须确定一个统一、完整的杠杆率定义框架，但目前国际范围内对杠杆的研究还很少。业内使用的杠杆率主要包括两种，但各有缺欠（见表 3-1）：会计基础杠杆率没有揭示资产的不同风险特征；市场风险杠杆率虽然将市场风险与吸收这种风险的能力相联系，但即使调整潜在的资产非流动性，也无法捕捉来自追加保证金、赎回和融资不匹配所导致的融资流动性风险。长期资本管理公司事件清晰地强调了融资流动性在放大可容忍市场损失方面所发挥的作用，因此，杠杆化市场风险应当与源自资产非流动性和融资风险的流动性风险联系起来一并评估。

表 3-1　对冲基金风险责任归属

测度类别	定义	缺欠
Balance Shect Leverage Ratio 资产负债表杠杆率	总资产/股本	没有考虑表内对冲和表外工具的影响
	总负债/股本	
	净资产/股本	考虑表内对冲因素，但不包括表外工具
	净负债/股本	
Risk-Based Leverage Ratio 风险基础杠杆率	组合波动率/股本	一般包含所有表内外对冲头寸 但没有考虑基金管理人在压力时期降低杠杆率测度的措施之影响
	在险价值/股本	
	压力损失/股本	
	其他损失测度/股本	

资料来源：Pricewaterhouse. Global Hedge Fund Valuation and Risk Management Survey，2005.

本书认为，杠杆的最终测度实际上是风险和股本之间的总体关系。为此借鉴杜邦财务指标分解体系，设计出风险杠杆率分解框架（见图 3-2）。其特点是：既考虑了风险的不同来源（如借款和衍生产品内嵌杠杆），又与对冲基金内部投资杠杆风险监控体系一致，不会给企业增加额外的合规报告负担。另外，报告限于少数大型对冲基金，可以使监管当局集中使用有限的监管资源，最大限度地把握征兆，及时采取风险缓释措施。

3. 跟踪交易拥挤情况

交易拥挤是对冲基金对金融稳定的第三条威胁渠道，在压力时期，与其他对冲基金或市场主体的头寸相似性越高或越拥挤，在受影响市场流动性消失的风险

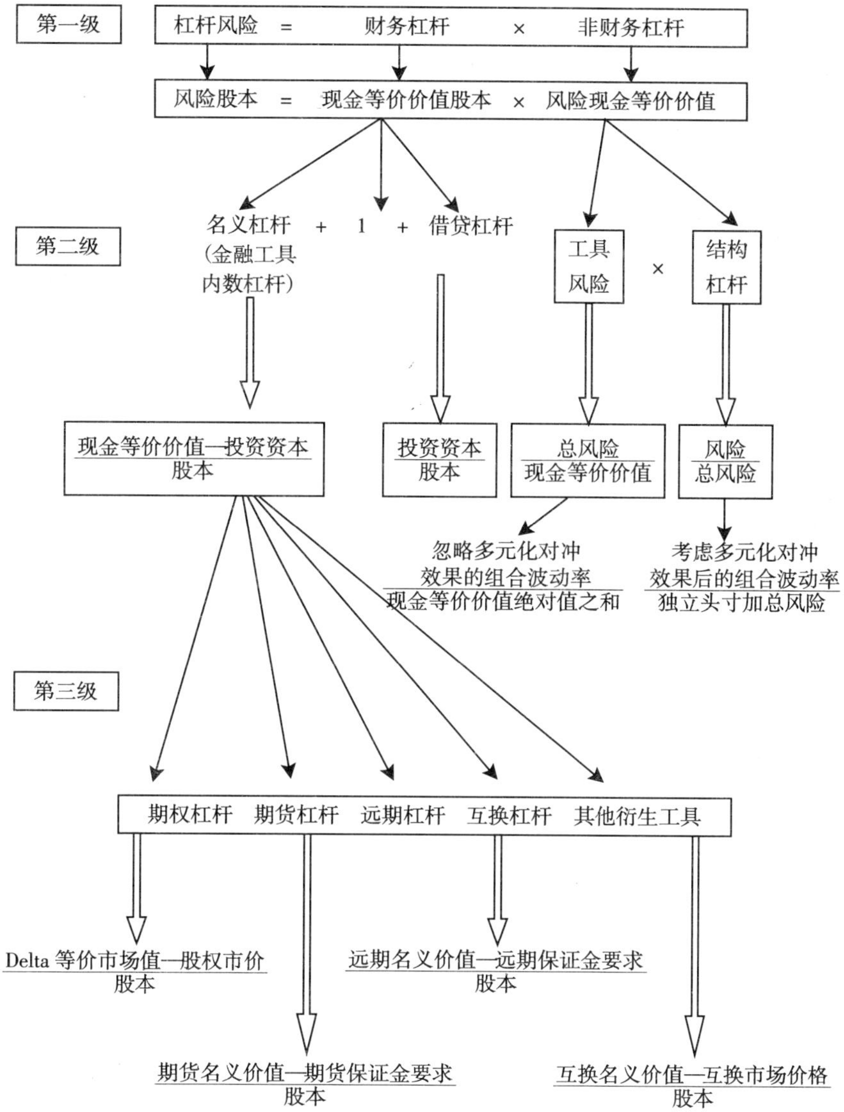

图 3-2　大型对冲基金多级分解杠杆率披露框架

就越高。由于不实施强制披露制度，金融市场缺少关于对冲基金投资组合的公开或商业数据信息，为此需要采用各种间接方法来检测对冲基金交易之间的拥挤程度。在分析过程中，重要的是比较个别对冲基金并挑选具有相对同质性的基金，也就是挑选遵循同一广泛定义投资策略的基金。欧洲中央银行在这个领域取得了一些进展。在欧洲金融稳定评估报告（2005 年 6 月）中,[①] 研究者指出由于对冲基金收益非正态分布，非参数相关度测试优于标准皮尔森相关度测试，因为其可以对给定策略采取不同观点。在此基础上，通过对 1993~2004 年 CSFB/Tremont 数据库中对冲基金各种策略中个体对冲基金收益业绩的配对相关系数（Pair-Wise Correlation Coefficients of Monthly Hedge Fund Returns with Strategies）的研究，表明自 2001 年以来，对冲基金收益的分布越来越集中，这是对冲基金头寸日益相似的一种征兆。另一项研究表明，自 2003 年以来，对冲基金行业积极协同性交易越来越重要，其目的是从价格的积极波动中获利。对冲基金建立了许多长期头寸。CSFB/Tremont 对冲基金指数与 MSCI 指数 12 个月收益率移动平均值的相关度大幅提高，最高值甚至达到 0.9。理论上高相关度表明对冲基金至少在短期放大了市场冲击。相关度上升可能是对冲基金管理人运用过度近似模型而无法产生超额收益（同一策略中与其他管理人无关的收益）的信号。如果相关度过高，同一策略中的对冲基金可能更容易在严重市场冲击下同时清算头寸，由此放大价格波动，甚至导致流动性干涸。高相关度还暗示组合式对冲基金专家在特定策略中分散化的可能性降低。监管者应当及时分析相关数据的变化，并适时采取相应措施。

在判定对冲基金行业流动性相关度变化的同时，监管者应当系统改进自身监督金融市场稳定性的模型，特别是考虑如何将低频高损的长尾事件系统性纳入模型中给予适当表征。实践证明，长尾事件的出现多与未预期事件、市场超调、泡沫破裂以及有关相关性假设突然失败有关，与一般风险事件相比，其更容易引起金融稳定性事件。监管者应当设计一个关于收益的系统性风险模型，明确允许上述事件的发生，以此可靠地捕捉相位锁定效应。

4. 建立风险导向式对冲基金管理人监管制度

鉴于对冲基金投资的复杂性、不透明性和产品、工具不断创新的特点，对传统基金行业以合规为主的检查方法的效率和效果日益面临严峻挑战,[②] 因此应当转换思路，逐步建立以风险为基础的现代化对冲基金监管检查方法与体制。

从流程角度分析，风险导向的监管关系框架包括五个阶段：风险确认、风险评估、监管资源分配、监管工具和监管评价。这五个阶段是动态的和持续的，每一阶段都发生在监管期间，持续时间取决于被监管对象——对冲基金管理人的业务和风险控制状况。风险高和业务合规框架发生重大变化的，则检查频度短；风险低，业务合规框架稳定，则检查频度可以较长。

---

① European Central Bank, *Financial Stability Review*, June 2005.

② 有学者指出 SEC 在现场检查中的“强制执行导向”使监管者与被监管对冲基金管理人之间的沟通和交流机制被破坏，而监管过程的敌意正是许多对冲基金顾问选择放弃登记的主要原因。并建议学习英国 FSA 的经验，建立透明开放的合作型监管关系。参见 Paul N. Roth, “Hedge Fund Intelligence: An Alternative Approach to SEC Examinations”.

（1）明确监管目标，实施风险确认。监管机构必须首先设定监管目标，以此作为风险检查的依据。必须承认风险不可能消除的事实，因此风险控制目标大小必须同监管所要达到的经济和社会效益相匹配。对对冲基金管理人而言，日常运营流程的监管目标是防范控制可能引发的系统性风险，在风险承诺制思路下，在监管者通过准入监管、提升内部治理和引导市场力量加强自律的基础上，允许投资管理人自行选择承受市场和信用风险，而重点通过前述三条途径识别和发现潜在系统性风险的导火索。

（2）基金管理人风险评估。监管者通过各种信息来源确认风险存在的可能领域，在此基础上进行风险分析和评估，并为随后合理分配监管资源做好准备。在这一过程中，监管机构需要运用标准的风险评估程序贯穿所有的监管活动，风险评估的主要内容是估价风险因素的可能性和影响力。可能性因素是指事件发生的可能性，而影响力因素是指如果问题发生的话其规模和显著性。二者结合起来就是总的风险程度，以此来确定其是否超越已设定风险控制目标。具体评估要素和过程详见图 3-3。

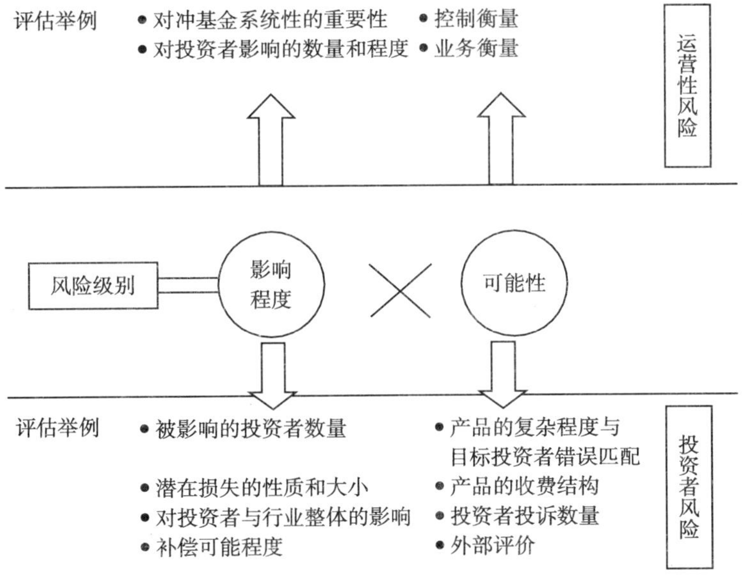

图 3-3 风险评估方法

在英国，FSA 将对冲基金管理人纳入以风险为基础的运营框架接受管理，在该框架下根据管理人对监管目标可能产生的风险与影响来分配和运用资源。2004 年以前，在 ARROW 影响矩阵评估下，绝大多数批准对冲基金管理人被归入 D 类企业，因为该影响矩阵只是根据传统基金管理行业特点设定权重，没有考虑到高交易量和杠杆率产生的影响。考虑到对冲基金风险的特殊性，2004 年 FSA 修改了评估影响矩阵，在强调与 ARROW 方法基本原则一致的基础上，监管者更多地考虑不同的市场流动性特征，因此修改矩阵结构包括下列要素：一是规模，即根据投资策略加权的资产管理规模；二是风险特征，隐含波动率的总敞口；三是流动性规定，即交易量规模；四是交易对手的重要性，考虑所支付佣金的数量。经过重新分析评估，FSA 于 2005 年底确定了 31 家对冲基金管理人为对英国金融市场具有高度影响的对冲基金管理人。

（3）分配监管资源。在风险评估的基础上，要根据对冲基金管理人的风险程度决定监管机构与企业的监管关系性质和监管密度。一个极端是对风险影响级别很高的企业，监管机构要与企业保持密切联系，监管人员要经常与管理层保持联系来理解企业内部控制系统、业务发展结构等，以便详细了解企业目前和潜在的风险领域；另一个极端是大量小型管理人的监管，其影响力小，可采取远距离监控方式，在一些特定问题上根据需要结合现场检查。监管人员并不与企业保持经常联系，只要通过自动分析企业定期报送的信息实施监督。在这种情况下，监管人员并不关注单一企业，而更关注许多企业的共同行为，从而判断风险发展趋势。

对冲基金管理人所受到的监管密度还受企业风险管理和实践评估的影响。风险管理有效的企业将接受较少的监管，这一方法将为企业的管理层有效管理风险提供动力，降低内部监察成本和外部监管成本。因此，监管机构要对风险管理较差的对冲基金管理人实施必要的业务准入与创新限制，并要求独立审计机构对企业实施审计，由企业支付审计费用。

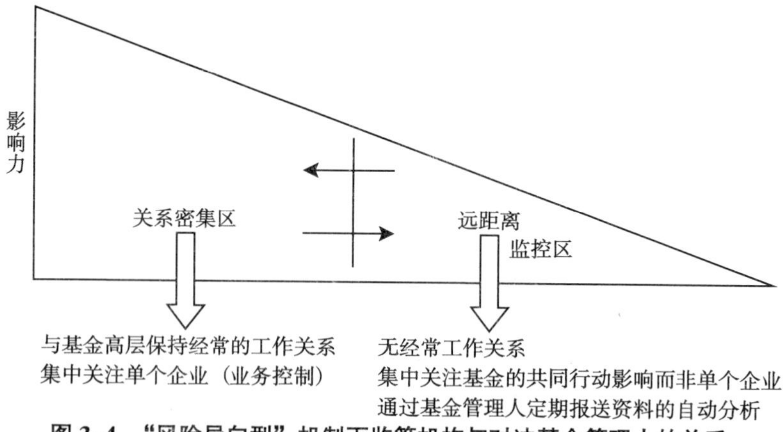

图 3–4 “风险导向型”机制下监管机构与对冲基金管理人的关系

以英国为例，FSA2005 年 10 月成立对冲基金专家中心，该队伍的主要目的是遵循“风险导向”的监管思路，加强对 31 只最大英国对冲基金管理人的监督

（占管理资产规模的50%）。这些管理人有专门指定的监管者与其保持经常联系并定期实施风险评估，帮助企业制定具体的风险缓解计划，即实施“关系监管”（Relationship Supervision）。对于大量的低影响对冲基金管理人，通过对收益率波动情况和其他方面的监管警告遵守基线监督（Baseline Supervision）。近三年的实践证明这种风险导向监管取得了良好效果，在施加必要监管有效控制风险的同时没有限制而是进一步促进了英国对冲基金行业的发展，目前伦敦注册对冲基金管理人管理资产已占欧洲资产的80%，全球比重达25%，仅次于美国纽约，成为全球第二大对冲基金管理人活动中心。在一定意义上，风险导向型监管成为伦敦对冲基金市场发展的比较优势。

（4）确定监管工具。信息披露与现场检查是对冲基金管理人监管过程中最常用的两种工具。在建立所有登记对冲基金管理人信息披露要求的基础上，要求管理大规模资产的对冲基金管理人在综合杠杆率披露体系下披露其杠杆使用情况。作为非现场监管的基础，信息披露制度和行业自律组织分享的基金数据、投资者投诉等信息来源构成触发对对冲基金管理人临时或正式现场检查的基础。

（5）实施监管评价与反馈。在对对冲基金管理人年度信息披露进行审核和现场检查的基础上，监管者在收集投资者、市场和被监管对象反馈信息的基础上，应每年评估一次现有对冲基金管理人监管关系是否合适，是否需要补充调整其他监管工具。

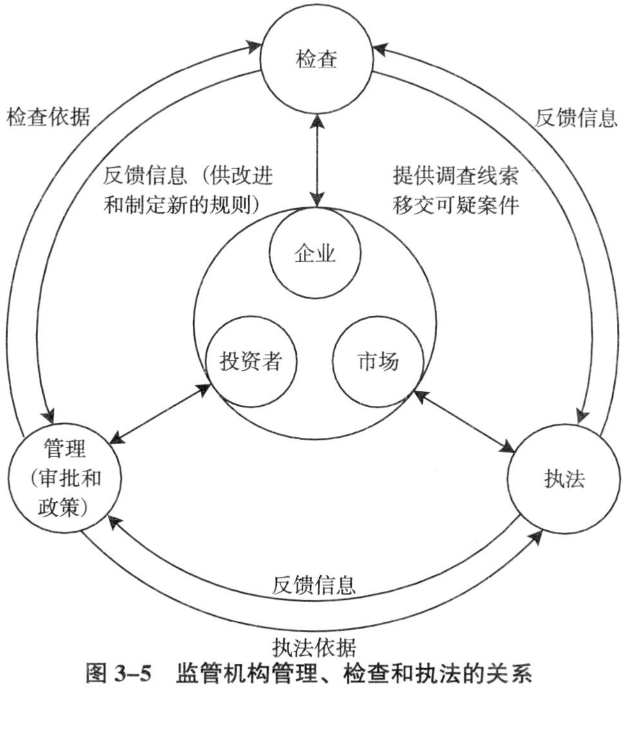

图3–5 监管机构管理、检查和执法的关系

以美国为例，SEC 为适应对冲基金顾问登记规则的修改，从 2004 年起开发专门培训项目以使监管检查人员更加熟悉对冲基金运营，实现对对冲基金投资顾问的有效检查。[①] 2005 年 10 月~2006 年 10 月，SEC 就与对冲基金相关主题进行了 20 项专门培训。在确定检查对象时，使用以风险为基础的检查方法。被确定为高风险的投资顾问每 3 年检查一次。SEC 使用命名为“风险评估分析报告数据库”（RADAR）的应用数据库，以识别检查人员发现的高风险领域并针对所识别高风险领域提出监管回应建议。在 2006 财政年度，“风险评估分析报告数据库”发现了包括市场操纵、挪用资金、估值不准等一系列与对冲基金有关的风险问题，SEC 据此采取了相应的监管措施。

第二节　维护市场完整性的监管制度

在维护金融市场完整性的基础上实现市场公平、透明及促进市场效率提升是对冲基金监管法律制度的重要目标，其内在地体现了对冲基金监管法的效率价值目标。与保护投资者利益和防范系统性风险两大监管目标不同，维护市场完整性的监管措施制度有两个特点：一是主要属于基于市场主体投资行为的监管，即对市场上具有同种性质的投资行为本身进行监管，而不区分投资主体的身份，以此确保监管过程的公平性；二是着眼于完善包括场外交易结算体系、卖空和杠杆率监管框架等市场基础设施，为包括对冲基金在内的所有市场主体提供更广泛的投资活动空间，提升市场效率。维护市场完整性监管制度主要包括完善交易所场内大额报告制度、加强对场外衍生产品市场的交易监控和基础设施建设、对卖空行为和杠杆率的适当监督。

一、场内大额报告制度

大额交易报告制度是指特定交易类别的规模和数量超过监管当局或交易所规定的披露起点后将该笔交易信息按要求时限和内容向市场公开的制度，它使监管者及时收集必要信息以判定特定投资者是否试图控制和操纵市场。

---

① US States Government Accountability Office, *Hedge Funds: Regulators and Market Participants Are Taking Steps to Strengthen Market Discipline, But Continued Attention Is Needed*, Report to Congressional Requesters, January 2008.

1. 各国大额交易报告系统的构成

作为全球最发达的金融市场，美国长期以来一直实施覆盖各细分市场的大额交易报告制度，这有效提升了监管者监督市场交易活动、判定鉴别欺诈操纵行为的效率和能力。即使私募对冲基金基于其私人合伙的地位和离岸注册的法律性质豁免适用对投资者的一般性强制信息披露要求，但无论在何种情况下，其仍要遵循美国市场设置的交易和头寸报告要求。①

第一，外汇市场。对冲基金要遵守大额外币头寸申报要求，该规则由联邦储备体系代表财政部进行管理。在整个日历年度内必须每周或每月提交关于五种外币（英镑、加元、德国马克、瑞士法郎、日元）头寸情况的报告，前提是在前一日历年度的任何一个季度其交易量超过 500 亿美元。

第二，国债市场。美国财政部有权收集市场参与者即将发行证券头寸和最近发行证券头寸的信息，这些信息可以使财政部确保大额交易者不会影响其他市场参与者。如果所持有某种国债超过财政部规定的大额头寸标准（20 亿美元），就必须提交所持有头寸情况的特别报告。

第三，期权市场。许多期权交易所通过设立大额期权头寸报告系统追踪大额头寸的净变化并发现过度的未抵补期权卖空头寸。

第四，股票市场。一是《证券交易法》第 13 节（f）要求大型机构投资经理如果账户中交易所交易证券或场外交易市场交易证券头寸超过 1 亿美元要每个季度向SEC 提交持有头寸情况报告；二是《证券交易法》第 13 节（d）要求对冲基金及其基金经理，如果持有在美公开发行证券的 5%以上必须进行披露，即报告提交 SEC 并公开；三是国内公开上市公司的每位董事、经理和持有 10%以上股份的人必须提交所有权声明：初始情况在表格 3 中披露，变动情况在表格 4 中披露，证券所有权的年度报告在表格 5 中披露；四是根据规则 144：拟议中的受限制证券销售或根据规则 144 发行人的隶属人持有的证券销售量在任何三个月中超过 500 股或售价总额超过 1 万美元的，要提交销售通告。该表格要提交 SEC 及该证券所进行交易的主要国家级交易所并对外公开。

第五，期货市场。商品期货交易委员会（CFTC）对持有期货头寸超过一定限额的机构设立了报告要求。《商品交易法》授予 CFTC 广泛的调查权来了解重大交易、头寸、存货、承诺以及所有参与交易主体的姓名、名称和地址。交易者必须保留所有可报告的期货头寸的交易记录，以备商品期货交易委员会和司法部检查。大额交易商报告系统可以捕捉达到一定标准的市场参与者日终头寸层面数据，所捕捉头寸占特定交易所交易市场所有头寸的 70%~90%，是监测一个交易

---

① Barry Eichengreen and Donald Mathieson, *Hedge Funds and Financial Market Dynamics*, IMF occasional paper No.166, 1998, p. 55.

者或交易者集团是否为操纵市场而建立集中和相互关联头寸的强有力工具，而且从市场监督角度，大额交易商报告要求对对冲基金和其他交易商一视同仁。①

在英国，期货和商品交易所建立了交易报告系统，此外，国债市场做市商要每天向英格兰银行报告头寸情况，英格兰银行有权要求各个批发市场的参与者提交涉及交易的具体信息。上述法律广泛适用于英国金融市场和投资行业，这些规则无一例外地适用于对冲基金。1997 年 6 月伦敦商品期货市场委员会的调查表明，在下列国家，期货交易所要负责收集客户和每个交易者的头寸信息，包括巴西、加拿大、匈牙利、日本、荷兰、英国、美国、新加坡。IOSCO1997 年的报告指出，马来西亚和中国香港也要求提交头寸报告。其他国家，如法国、德国、意大利和南非并不针对客户收集期货头寸信息，但可以通过交易系统监督清算会员的头寸信息。此外，几乎所有国家的法律都规定监管者有权收集额外的信息以保障市场的公正和有效。②

2. 完善大额交易报告系统的思路

总的来看，不少国家已经或正在建立场内市场大额交易监控机制，这种针对投资行为的普适性监管措施制度利于保护投资者免受欺诈，并可以提升金融市场完整性和抗御操纵的能力。但规则的制定和实施过程还存在一些缺欠和不足：一是市场覆盖范围仍然有限，大额交易报告制度尚未覆盖主要金融市场的各细分交易市场，一方面在场外环境下实施大额头寸或交易报告制度远比在交易所环境下实施大额头寸或交易报告制度困难，另一方面交易报告制度的实施在银行间市场比集中场所交易环境更为困难。美国的实践已经证明在分散交易环境下定期实施大额头寸报告的复杂性，而且，要实现完全有效，大额披露要求就必须在所有司法管辖区同时施行，否则，如果大额交易报告制度被认为繁重艰巨，金融交易就会向境外转移。二是不能简单地复制发达国家的制度框架而忽略其内在特征与属性，即使美国的现行报告制度也存在改进余地，比如只有大额交易才被纳入报告系统。以对冲基金为例，季度 500 亿美元交易量的报告标准使其实施的绝大多数外汇交易不被监控。如果要实施更具综合性的报告要求，降低披露标准是值得考虑的。例如，根据现行规定，需要提交每周报告的有 30~40 家实体。由于多数披露主体为商业银行，设置披露要求时如果包括前 20%活跃的交易机构就可以监控市场的发展，或者，如果不针对覆盖一定比重的市场参与者，也可以通过比较每日交易量来设置标准。值得注意的是，使用来自高流动性和竞争性的纽约外汇交易市场的集中度信息来设置披露标准，可能对发展中国家金融市场不具代表性，

① Testimony of James A. Overdahl, Chief Economist US Commodity Futures Trading Commission Before the US House of Representatives Committee on Financial Services, July 11, 2007.

② Barry Eichengreen and Donald Mathieson, *Hedge Funds and Financial Market Dynamics*, IMF Occasional Paper No.166, 1998.

例如，在纽约市场最大20家交易者可以覆盖70%的交易量，同样的交易量在发展中国家可能只需要覆盖5~6家机构就能达到。在披露标准设定过程中，还要考虑交易量与头寸之间的关系可能非常松散，例如交易量很高但市场中介不愿持有大额头寸，或者头寸规模很大而交易量相对有限。

本书认为，在设计大额交易报告系统时，各司法辖区要做到以下几点：一是要努力覆盖所有细分金融市场，不留死角；二是必须根据本地市场发展特点和交易状况，因地制宜地设计披露起点、频率、报告覆盖规模等特征，在提升市场活力的同时降低操纵市场的机会。在国际监管层面，考虑到难以设定统一的披露报告规则，可以制定相应的大额报告原则框架，阐明其意义、特点以及基本要求。

3. 规范积极股东策略行为

近年来，对冲基金为保持其高收益，日益采用传统上属于私募股权基金的投资策略，尤其是试图公开积极参与所投资上市公司来提升组合投资价值，采用这种策略的对冲基金被称为积极行动主义对冲基金。经济合作与发展组织（2007）对此进行了研究，指出一方面积极行动主义对冲基金只占资本市场的一小部分，据估计全球经济中积极行动主义对冲基金只有100~120只，其扣除杠杆因素后的管理资产总规模为500亿美元，如果所有从事事件驱动策略的对冲基金都包含在内，共计2000亿美元，规模仍然有限；另一方面积极行动主义对冲基金的行为总体上有助于完善公司治理实践，因为其提高了有意积极行使股东权利投资者的数量和能力，这将鼓励寻找公司资产的最佳可能使用方式，促进经济整体风险和资源的分配。其结论是，从公司治理角度没有必要为积极行动主义对冲基金专门制定准则，而是在经合组织一般原则框架下分析问题。[①] 但经合组织也指出，积极行动主义对冲基金往往试图在不拥有控制权的前提下对公司行为施加影响，这种情形应当引起关注。一方面，积极行动主义对冲基金有时试图使用衍生产品，低成本扩大其投票权利，并就其计划寻求其他私人投资资本和传统机构投资者支持；另一方面，积极行动主义对冲基金在投票前或股东大会召开前多使用融券来扩大投票权利，以提高其影响。这就引起空白投票问题，即股票的经济权益被对冲或事实上卖出，但投票权还存在。通过使用衍生产品和其他金融工具，积极行动主义对冲基金可能控制比实际持有股票比重较多的投票权，并以此对上市公司管理层施加影响。

对于对冲基金的积极股东策略行为，英国FSA认为其通过价差合约和卖空交易涉嫌内幕交易和市场操纵，为此于2008年7月3日宣布，为防止市场波动，任何投资者如果通过价差合约积累上市公司头寸超过3%就必须立即进行披露。

---

① OECD Steering Group on Corporate Governance, "The Implication of Alternative Investment Vehicles for Corporate Governance: A Synthesis of Research About Private Equity Firms and Active Hedge Funds", July 2007.

根据新规则，投资者无论持有股票还是价差合约达到报告起点都必须进行披露。而以往的大额交易披露制度没有要求披露价差合约中积累的头寸。与此相反，美国 SEC 对 TCI 对冲基金运用积极行动策略，使用股权互换逃避 CXP Corp 公司信息披露义务的行为并未明确反对。[①]

本书认为，围绕价差合约披露与否的争论其实质是如何看待重要持股要求这一规则，是从字面解读还是领会规则实质。鉴于法律的内在不完备性，在数十年前大额股东报告机制出台时立法者不可能预见今天金融衍生工具的大量使用及其对信息披露机制的重大影响，无法想象今天的投资者会使用股权衍生工具逃避信息披露义务。鉴于对冲基金的真实意图是试图逃避披露，使管理层不了解其获取公司控制权的行为，而这正是规则本身试图阻止的意图，因此应允许监管者对规则进行重新解释，以提高资本市场透明度并创造公平竞争环境，这正体现了对冲基金监管法律制度动态调整型的特点。如果僵化地对规则进行字面解读：一是会造成信息不对称导致股票市场价格无效；二是以操纵价格为目的的对冲基金可以通过使用衍生合约绕过规则实施秘密收购；三是缺乏透明度的做法将导致市场信心丧失。凡此种种都会破坏市场完整性、降低市场效率，危害极大。

二、场外市场交易监控制度

场外衍生产品市场的飞速发展是最近十年全球金融市场最明显的结构性变化，对冲基金在这一过程中发挥了非常重要的作用，尤其是在复杂的信用衍生产品发展过程中，对冲基金充当了市场拓荒者和风险转移中介的关键作用，在市场初创时期积极参与交易促进了市场发展。但与有组织的场内交易市场相比，场外柜台式交易有以下缺点：一是信息披露更加有限，使监管者难以追踪操纵市场等舞弊行为的发生；二是基础设施发展相对滞后，可能形成潜在清算风险危及市场稳定。全球监管者特别是美国、英国等主要金融中心监管当局应当努力完善以行业自律为主的场外市场信息披露监管框架，力求准确把握大规模对冲基金场外活动信息，并大力推进场外市场基础设施的完善，在享受市场规模扩大、交易活跃的收益同时履行自己的国际义务。

1. 提升行业自律框架下的场外交易透明度

场外衍生产品交易领域最重要的行业自律组织是美国的衍生产品政策组织（Derivative Policy Group），该组织成立于 1994 年 8 月，成员包括高盛、摩根斯坦利等 6 家场外交易市场规模最大的交易者。为避免监管者的介入，6 家机构同意

---

① Activist Investor Tool Threatened, Industry Worries That Equity Swaps May Have to be Disclosed More, Alistair Barr, Market Watch June 2, 2008.

在自愿基础上向 SEC 和 CFTC 提交信息，使监管者可以更为系统和有效地分析场外交易衍生产品。[①] 其自愿披露框架包括管理控制、完善报告机制、评估投资风险和把握交易对手关系四个相互关联的部分。

从十多年运行的实践看，衍生产品政策组织所确立的披露框架基本可以满足监管者的信息披露要求，其未来改进的方向：一是进一步完善信息披露内容，如要求确认最大 20 家汇总敞口，1998 年长期资本管理公司虽然是国债的主要交易者，由于提供抵押品在净敞口口径上没有列入信息披露名单而逃避了监督，但如果改用总敞口度量则纳入披露范围；二是拓展新成员，监管者应要求该组织扩大规模以包括各类新兴场外衍生市场主要参与者，提升信息监督覆盖面；三是在主要金融市场监管者之间就场外衍生产品交易信息实现共享。

2. 完善场外交易基础设施以降低清算风险

金融稳定论坛《高杠杆机构报告》指出市场和法律基础设施的改进是交易对手得以及时有效处理失败高杠杆机构，并限制大型杠杆投资者风险的前提和基础。但近年来场外市场，尤其是信用衍生产品的发展对此形成了严峻挑战。

2005 年 7 月，《交易对手风险管理集团报告》（第二版）指出场外衍生产品市场存在两个重大风险隐患：一是未签署确认的交易积压上升；二是许多交易者接受合约一方的转让而没有征得合约对方当事人的同意，尽管合约条款明确要求征得其事前同意，由此形成潜在的法律风险。市场担忧引起监管者的关注，从 2005 年下半年起，纽约联储和英国金融服务署先后要求市场主体积极解决存在问题。2005 年 9 月，14 家美国和外国衍生产品交易商在纽约联储开会同意采取措施解决上述问题。一是降低确认延迟，推动电子化确认手续。到 2006 年 9 月，14 家主要交易商几乎消除了未批准转让行为，信用衍生产品确认延迟超过 30 天的情况下降 85%，信用衍生产品交易电子确认比例从 47%上升到 82%。交易者集团也和国际互换与衍生产品协会合作起草关于信用违约互换结算的议定书。会议的另一结果是 2006 年成立 Depository Trust and Clearing Corporation，即行业交易信息数据仓，作为信用衍生产品流程标准化和自动化的支持性基础设施。为使数据仓在一系列交易过程中有效（如支付计算、组合对账、抵押流程、信用事件结算），现行交易在数据仓要进行备份。2007 年 3 月，支付体系结算委员会发表报告《场外衍生产品清算结算安排》，指出 1998 年以来场外衍生产品市场支付结算基础设施已经得到显著改进，并认为需要采取措施来降低主要市场主体出清存货来重置合约所产生的市场影响。

监管者的另一作用是推动市场集中清算体系的确立，在 FSA 和欧洲中央银

---

① President's Working Group, *Hedge Funds, Leverage and Lessons of Long-Term Capital Management*, April 1999, p. 64.

行推动下，欧洲率先取得进展。2008 年 7 月 23 日，国际衍生产品交易所 Eurex 的下属 Eurex 清算提议运用现有的清算功能并完善新功能促进交易和风险管理，在此基础上建立欧洲场外衍生产品中央交易对手平台。[①] 该清算所计划在 2009 年上半年推出信用违约互换产品，随后根据市场需求推出股权和固定收益产品。

本书认为，集中清算的中央交易对手平台的作用在于：一是通过降低结算余额与资产负债表敞口提升资本效率；二是可以促进保证金存款的最优使用，降低人工处理可能出现的错误；三是有效覆盖和降低场外衍生市场交易对手违约风险。从对冲基金行业角度看，可以从一站式直接交易、促进抵押品管理、场外交易多边净额结算三个方面受益。从系统性风险角度看，集中清算提供了有效的风险管理服务，可以从根本上解决近期场外衍生产品市场发展中的交易确认阻塞问题。在多方共赢的共识之下，监管者应积极推动建立全球场外衍生产品集中交易清算平台。

三、对杠杆交易和卖空交易的监管

可以不受限制地使用杠杆和允许从事卖空交易是单一对冲基金区别于共同基金的两个重要的本质性特征，一定意义上是行业存在的基石。杠杆与卖空是一柄“双刃剑”，在促进市场效率提升的同时也可能成为触发系统性风险的隐患。对一国监管者而言，设计良好的卖空和杠杆监管体系是开放本国金融市场过程中实现趋利避害的重要保障。

1. 对杠杆交易的监管

杠杆可以理解为在不增加资本投入条件下潜在提升投资价值收益的方式。传统上市场主体主要通过融资融券方式获得和提供杠杆，但随着衍生产品的发展，期货、期权和其他衍生产品合约日益成为杠杆的主要来源。美国证券法律对对冲基金的杠杆使用没有明确直接的限制，具体程度取决于对冲基金自身的投资策略以及交易对手所接受的监管。[②] 而登记投资公司虽然可以依法使用杠杆，但受到严格限制。例如，《投资公司法》第 18 节（f）（1）只允许开放式投资基金从银行借款获得杠杆，且借款不得超过资本覆盖的 300%，并且要求登记投资公司的董事会要履行管理公司杠杆的责任。

---

① Eurex Clearing to Build Central Counterparty Platform for Clearing OTC Derivatives，www. Hedgeweek.com，2008 年 7 月 23 日检索。

② 经纪人—交易商在卖空过程中向对冲基金提供融券服务要遵守美国联储理事会制定的监管规则 T（12C. F.R.§220.12）的规范，要求对冲基金对“非豁免证券”的卖空交易提供保证金。例如，对在全国性证券市场登记的证券要提供相当于该证券当前市场价值 150%的保证金。此外对冲基金还可能接受自律监管组织提出的在卖空交易中的“维持保证金要求”（NASD Rule 2520（c）and NYSE Rule 431（c））。

欧洲国家对杠杆交易的限制更严，可转让集合投资计划（UCITS）只允许在10%的限度内使用杠杆，对组合式对冲基金的杠杆也有限制，个别国家甚至对单一对冲基金提出杠杆率约束，如西班牙规定杠杆率限制在基金资产的5倍以下，法国根据对冲基金风险特征的差异，对OPCVM ARIA simples，使用杠杆率的上限为基金净资产的200%；对OPCVM ARIA Ariael，使用杠杆率的上限为基金净资产的400%；对合约形式的OPCVM无法定限制。①

本书认为，上述限制既不合理也无效果：一方面，使单一对冲基金运用杠杆的能力受到不应有的限制而与共同基金趋同；另一方面，上述限制只是针对会计报表杠杆率，而对其他形式获得杠杆并没有任何约束，导致“只见树木，不见森林”，可能给监管者带来虚假的安全印象而忽略冰山下面的风险。

从类别上看，杠杆率指标分为两大类，即以会计为基础的杠杆率和以风险为基础的杠杆率。在实践中，不存在单一指标能同时满足市场参与者、监管当局和市场观察者对杠杆率概念披露寄予的期望，事实上，有时以降低风险为目的的交易可能提高某些杠杆率水平而降低另一些杠杆率，这导致杠杆率并非独立有效的概念，而必须在可定量处理的市场、流动性和信用风险敞口计量过程中来理解。因此在信息披露环节，应当在两大类别之下披露多重指标，便于投资者多角度分析、把握信息，而不能简单披露某一维度的杠杆率以免引起误解。因此，对对冲基金的杠杆监管应当转换思路，由局部比率限制法转为综合比率披露法。

2. 对卖空行为的监管

卖空是指卖出出售者并不拥有的证券或者通过移交借入证券完成交易的证券买卖。为向卖空证券购买者移交证券，卖空者往往要借入证券，一般是从经纪人——交易商或机构投资者处借入。卖空者随后通过在公开交易市场买回相同证券或使用已经拥有的等同证券归还证券借出人结清交易。一般而言，卖空是要从预期价格下降的过程中获利，提供流动性以回应未预期到的需求或者对冲同种或相关证券多头的风险。

卖空有助于提升市场流动性和价格效率。市场流动性是由做市商等市场专家或重大头寸持有人的卖空交易活动提供，以此抵销证券供给与需求的临时性不平衡，通过证券专家的卖空交易，提高市场证券供给量并降低投资者支付买价过高的风险。卖空还可以促进市场价格效率提升，有效市场意味着价格充分反映供给方和需求方的利益。当卖空者对证券下跌的走势进行对冲操作时，该交易类似于镜像，反映了卖空者的一种看法：预期证券价格未来将会上升或者为对冲这种未来的上涨。认为股票价格高估的市场参与者，将实施卖空以从预期的价格向真实

① European Fund and Asset Management Association, “Hedge Funds Regulation in Europe: A Comparative Survey”, August 2005.

价值回归的过程中获利。这些交易通过提示交易者未来股价表现的信息来提升股票价格效率。对投资者而言，卖空提供了在熊市期间实现资本保值的重要工具。

尽管卖空可以服务于有益的市场目的，但其作为一柄“双刃剑”，也可以被用以操纵股价。美国 SEC 长期认为限制滥用卖空对于保护证券发行人和投资者的信息非常重要，并且制定了一系列预防性规则以阻止操纵行为。一是要求卖空交易通过上档测试，即卖空价格必须高于该证券最近的直接销售完成价格；二是对冲基金卖空时必须将特定股票的多头寸和空头寸汇总，以便在销售前确定其属于净多头还是净空头；三是限制“裸式卖空”行为，要求对冲基金在完成任何卖空交易之前，必须借入证券或签订借入证券的协议或有合理的理由相信在结算日可以借到证券因此可以移送该证券。虽然对冲基金在从事卖空活动时要与其他主体一样遵守上述规则，但与登记投资公司相比，其参与卖空的灵活性要高得多，因为后者要在招股说明书或其他披露文件中告知投资者卖空交易的风险。

在美国以外，其他主要金融市场所在辖区也陆续出台了有关卖空监管的规则，其主要控制领域包括可以卖空的证券种类、卖空实施的进程和与卖空相关的特定结算要求。IOSCO2003 年对投资委员会理事会成员卖空监管规则进行了比较研究，详见表 3–3。

表 3–2　主要金融市场卖空监管方法

司法辖区	基本方法	工具限制	交易限制	披露
澳大利亚	卖方没有得到授予权不得卖空该证券，除非得到监管者特别批准	限于流动性证券，不得超过每次发行量的 10%，不得在并购时期卖空	限价卖空规则	是
巴西	无限制	无	无	融券
加拿大	允许，但要遵守保证金要求和披露要求，以及交易控制	无	限价买卖规则	是
法国	无	无	无	无
德国	无	无	无	无
中国香港	卖方没有得到授予权不得卖空该证券，除非得到监管者根据法律做出的特别批准	流动性证券、衍生产品标的证券和得到批准的交易所交易基金	限价买卖规则	是
意大利	无限制	无	无	无
日本	允许，但必须遵守交易规则和保证金要求	无	限价买卖规则	是
马来西亚	允许，限于交易所内预先安排的融券	流动性证券	限价买卖规则	是
墨西哥	允许，限于交易所，并遵守一定限制	高流动性证券	限价买卖规则	是
荷兰	无限制	无	无	是
新加坡	无限制，但交易所可以中止个别证券卖空，如果投机活动过度并可能出现操纵市场	无，除非证券被临时认定不合格	无	无

续表

司法辖区	基本方法	工具限制	交易限制	披露
西班牙	无限制，但在交付日必须借到股票	无	无	融券
瑞典	无限制	无	无	是
瑞士	无限制	无	无	无
英国	无限制	无	无	拟议中
美国	允许，但要遵守交易规则、融券要求和保证金要求	无	限价买卖规则和最佳执行规则	是

资料来源：IOSCO. Report on Transparency of Short Selling，Report of the Technical Committee of the International Organization of Securities Commissions，June 2003.

表 3-3 主要金融市场卖空监管工具

工 具	目 标	观 察
限制符合卖空资格的证券类别	降低低流动性证券无序交易和被操纵的风险，因为其波动率更高且更容易被操纵	禁令可能进一步降低流动性和提高股价被认为高估的风险
当交易有无序迹象时限制个股卖空	阻止交易和结算过程无序，但只有当市场监测显示很可能出现无序状态时才实施	在多数情况下允许自由卖空。施加限制可能提高具有敞口头寸的风险
限制敏感时期的个股卖空	保护发行人免受操纵，这种操纵可能对融资运行形成不利影响	降低操纵余地，但可能造成价格套利无效或提高报价高估的风险
对可以卖空的发行比重进行限制	设计控制天花板，以限制过分卖空	天花板可能限制一些合法卖空并潜在便利于操纵高股价
阻止在持续下降价格趋势下的卖空规则	限制以卖空行为持续打压股价的能力	地毯式的限制可能干预对冲活动，但豁免可能改变交易方法和相对成本
禁止裸式卖空	试图阻止结算混乱和防止搭便车式的操纵	要求有效的中介干预，但对多头操纵没有可比的控制措施
要求客户提交保证金	试图保护经纪人和其他交易参与方免受信用风险	事前提交保证金可以通过提高成本限制卖空

资料来源：IOSCO. Report on Transparency of Short Selling，Report of the Technical Committee of the International Organization of Securities Commissions，June 2003.

综上所述，主要金融市场基本上都允许卖空行为，对交易的主要限制包括交易规则、融资要求和保证金要求，主要监管工具包括禁止裸式卖空、限制符合卖空证券的资格种类、特定条件下限制卖空、限制卖空比重等，上述规则有助于在提升市场效率的同时保护市场完整性，在此基础上，考虑到卖空行为包含大量有价值的信息，了解卖空者积极交易所代表的信息可以提高定价效率，因此应在对卖空者提供充分保护的基础上提高卖空行为透明度，力求传输对市场使用者有用的信息、帮助市场使用者了解当前交易决策的信息，以此消除不确定性，防止市场操纵。

另外，不能忽视卖空作为一柄“双刃剑”的特性，在市场动荡时期，卖空可以被投机者用来操纵股价，加剧市场价格下行压力，可能触发系统性风险。因此，卖空监管规则应当赋予监管者根据市场变化及时调整、改变的权力，如2008年9月金融危机动荡时期，英国FSA率先颁发股票交易卖空禁令，随后美国也相继宣布禁止对799只金融股施行卖空操作，该卖空禁令到10月2日结束，此后又延长了30天。德国联邦金融监管局也做出了类似决定，在2008年内禁止卖空11只德国金融、地产类股票。出台暂时性的卖空交易禁令，有助于在特定时期维护市场整体的完整与稳定，抑制投机行为，应当予以肯定。但不可避免地将干扰正常交易的进行，并且将会造成对对冲基金的巨大损害。因此，市场稳定后应及时取消禁令，恢复正常卖空交易。

第三节　保护投资者利益的监管制度

传统的私募对冲基金因其投资者多为富有个人，监管者认为其有能力实现自我保护而不必依靠监管当局的支持，因此投资者保护并非对冲基金监管法律制度的重心。伴随着对冲基金日益零售化，大批普通投资者直接或间接参与对冲基金投资，有必要在适当的监管框架下为投资者提供必要的保护，以实现对冲基金监管法律制度的公平监管价值目标，在准入过程保证不同类型的投资者按照私募单一对冲基金、公募单一对冲基金、组合式对冲基金、对冲基金指数等不同框架获得实质意义上公平参与对冲基金投资机会的同时，事中运营监管机制要做到以下几点：一是要对组合式对冲基金投资运营机制进行必要的规范和约束；二是要建立对冲基金投资者信息披露制度，以私募单一对冲基金为基准确立最低标准；三是要提供投资者实现自我保护的机制与途径，免受基金管理人欺诈和其他侵害利益行为的伤害。在这一过程中，监管者要强调对冲基金投资的复杂性和潜在高风险性，防止过度介入引发道德风险问题。监管措施指向的重点是对冲基金管理人，通过明确其受托人地位，在立法中确立无论管理人是否监管登记都必须遵守反欺诈条款作为监管底线，赋予投资者运用诉讼和仲裁途径维护自身合法权益的权利。

一、零售投资者特殊保护机制

组合式对冲基金是对冲基金产品类别的重要创新，它既为零售投资者提供了低成本多元化风险敞口的机会，也为监管者以穿透式监管规则间接监管标的对冲基金提供了现实可行的渠道。组合式对冲基金也有自身独特的风险特征，如果不在监管法律制度下设计并执行适当的监管规则，反而可能使风险缓释工具成为系统性风险的导火索，并严重损害参与投资的普通投资者利益。因此，与私募单一对冲基金不同，监管者应当对组合式对冲基金的投资行为、流动性和成本费用透明度进行必要的规范以体现对零售投资者利益的特殊保护。

1. 投资行为监管

对组合式对冲基金投资行为的规制，就是承认其作为零售投资者间接参与对冲基金主要途径所应体现的零售投资者保护属性，有关措施主要涉及投资分散化、杠杆、自营投资、多层次复合产品的资格等问题。

（1）投资分散化要求。对投资者而言，组合式对冲基金最重要的意义在于其提供了低成本分散投资单一对冲基金风险的机会，因此，如果允许组合式基金投资过分集中于某一只或几只标的对冲基金，就会丧失风险分散化的优点，在极限情况下与投资单一对冲基金无异。法国 AMF（2007）的实证研究表明,① 为实现完美的多样化组合，至少需要 7~10 只标的基金以分散风险，但考虑到据以进行模拟的对冲基金数据库所存在的各种缺欠以及对冲基金权重的潜在不准确，上述标准还应当适当提升。2006 年，不凋花对冲基金巨额损失案例也证明组合式对冲基金分散风险的优势：虽然有 15 只法国本土注册组合式对冲基金受到影响，但普遍损失轻微，零售基金的最大损失为 1.45%，因此组合多样化显著降低了标的基金投资失败对组合式基金的影响。②

分析各国立法，对组合式对冲基金的投资风险分散化都有程度不同的限制。法国规定适用集合投资管理计划的风险分散要求，即 5/10/40 规则，对单一对冲基金投资不得超过组合总资产 5%，但有 4 只基金可以例外，其资产权重可以达到 10%，总计达到 40%，在上述规则下最低投资基金数量为 16 只。德国的规定既限制标的基金最低数量，也对同一发行人/管理公司的基金最高投资数量进行了规范：基金的基金投资于目标基金的上限为基金价值的 20%，因此完全投资对冲基金的组合式基金最少要投资 5 只标的对冲基金；对同一发行人或基金管理公司发起的基金最多可以投资 2 只；③ 卢森堡、瑞士、爱尔兰都规定单一标的基金的投资上限为基金资产的 20%，中国香港规定组合式对冲基金必须至少投资 5 只标的基金，并且不得将净资产的 30%以上投资于同一标的对冲基金。相比之下，英国 FSA 的分散化规则最为宽松，在另类组合式投资基金规则中，规定组

---

① AMF, "Report of the Working Group on the Assessment of the French Regulatory Framework for the Funds of Hedge Funds and on Possible Areas of Improvement", 18 September 2007, p. 74.

② 不凋花对冲基金起初定义为多策略基金，但投资过程中逐步将头寸集中到能源市场。法国组合式对冲基金通过投资事中监督发现了该趋势并逐步减持使最终损失降低。参见 AMF, "Report of the Working Group on the Assessment of the French Regulatory Framework for the Funds of Hedge Funds and on Possible Areas of Improvement", 18 September 2007, p. 16。

③ 李勋：《德国对冲基金监管制度研究》，《时代法学》2007 年第 8 期，第 117 页。

合式投资基金不得将35%以上的资产投资于任何单一投资基金单位，因此理论上其最少投资标的基金数为3只。[①]

本书认为，上述规则对促进组合式对冲基金投资分散化起到了保障作用，但更多地关注基金投资单一标的基金的最高比例和最低投资标的基金数量，这虽然必要但并没有全面反映多样化的本质要求：多元化的本质是投资策略的多元化，而非简单意义上的数量分散；并且同一管理人管理的基金之间关联度较高，往往"一荣俱荣，一损俱损"，因此有必要借鉴德国的规定，对投资同一管理人管理的标的基金数量进行必要限制，更应在此基础上对组合式基金投资标的基金的策略分散化进行规范，以使保护投资者的目标真正落实。

（2）对自营投资的限制。是否允许组合式对冲基金投资于标的对冲基金以外的资产类别，各国规定并不一致，一些司法辖区允许组合式基金在一定限度内可以投资于非标的基金资产，并要求在基金章程中明确阐述这一事实，如葡萄牙、瑞士、德国规定组合式对冲基金可以持有现金、投资于完全投资现金和货币市场工具的基金，或者投资于货币衍生产品以对冲外汇风险。法国规定可以投资于可转让金融证券和流动性资产，意大利、卢森堡、墨西哥、荷兰、西班牙、英国、美国规定组合式对冲基金可以投资于不受监管投资计划达到未批准证券的20%，[②]也有个别司法辖区严格禁止组合式对冲基金自营投资，例如中国香港证监会认为，由于证监会批准的对冲基金是为向零售公众发行准备的，因此希望其有简单的产品结构和策略，投资者对组合式对冲基金管理人的主要期待来自挑选标的基金和持续监督标的基金业绩。与此同时，对组合式对冲基金管理经验的期待也不同于单一对冲基金。而一旦组合式对冲基金被允许实施自营交易，上述界限就被模糊，投资者风险敞口增加，而且自营投资一旦失败，会导致组合式对冲基金投资中标的基金投资风险的溢出行为，在极端情况下，组合式对冲基金可能将大量资产投入自营交易，增加组合式基金波动率。这与对冲基金指引批准组合式对冲基金的立法目的相违背，因为后者的主要理由是，通过将资产分配于不同的标的对冲基金实现多样化的目的。[③]基于上述理由，中国香港严格禁止组合式公募对冲基金从事自营投资，澳大利亚、巴西也持同样立场。但中国香港监管者也认可组合式对冲基金有权利实施必要的对冲交易来降低风险，表示将在个案考虑基础上决定是否允许组合式对冲基金实施货币对冲交易。

本书认为，考虑到如果允许组合式对冲基金在组合层面自由投资，可能导致组合式对冲基金与标的基金建立完全相同的头寸而以指数结构形式放大风险，监

---

① FSA，Fund of Alternative Investment Funds（FAIFs），March 2007.

② IOSCO，"Report on Funds of Hedge Funds"，Final Report，June 2008.

③ 中国香港《对冲基金指引》，2005年版。

管者应当对组合式基金投资行为进行限制，至少要明确可投资其他资产的类别及比重。

（3）组合层面杠杆与卖空监管。与自营投资的效果相同，如果组合层面的杠杆和卖空行为不受限制，则组合式对冲基金结构将以乘数效应放大风险而非降低风险，与其创新的本义背道而驰，因此各国对组合式对冲基金组合层面的杠杆往往进行限制。英国 FSA 指出组合式对冲基金的额外杠杆构成新的风险传染途径：一只对冲基金的失败可能导致组合式对冲基金违反其融资契约，导致其从标的基金中赎回资本，有可能导致组合式对冲基金本身也面临失败。对冲基金对组合式对冲基金投资者提供更好的流动性条件可能导致上述情形更快发生。如果这些失败导致其他杠杆组合式基金违反其融资契约，则多米诺骨牌效应产生，导致一系列基金和组合式对冲基金同时失败。[①] 包括澳大利亚、巴西、瑞士和中国香港在内的少数司法辖区以组合式对冲基金主要投资目的是投资单一标的对冲基金而标的基金已经不受限制地使用杠杆和卖空技术为理由禁止在组合式基金层面使用杠杆，多数司法辖区允许组合式对冲基金使用杠杆或卖空，其也要受到一定限制，包括法国、德国、爱尔兰、墨西哥、英国、美国 SEC，例如，使用上述技术要符合组合式对冲基金的投资目标和章程中所规定的投资策略、向投资者清晰披露、限于基金净资产的一定比例。相比较而言，只有极个别国家对组合式对冲基金使用衍生产品设定特别规则，如德国货币衍生产品只能用于对冲汇率风险，而法国禁止组合式对冲基金投资衍生产品。

本书认为，鉴于杠杆多倍放大风险的乘数效应，应进行严格限制。考虑到组合式对冲基金组合层面和标的层面流动性规定的不同及其可能引发的流动性危机，可以允许组合式对冲基金在有限范围内通过借款应对流动性压力，因此可以允许组合式对冲基金在 10%~20%的范围内建立资产负债表型杠杆。

（4）多层次组合式对冲基金监管。主要司法辖区在是否允许组合式对冲基金投资标的组合式对冲基金方面规定不一，德国、中国香港、爱尔兰、西班牙明确禁止组合式对冲基金自身投资于组合式对冲基金形成多层次复合基金（Funds of Funds of Funds，F3），中国香港证监会认为这不仅会增加不透明性，也损害了《对冲基金指引》为保护投资者所设置的一些结构，例如，投资者很难判断是否面临双重收费。[②] 法国监管者在《组合式对冲基金监管框架评估报告》中指出，允许设立多层次组合式对冲基金可以增加组合式基金管理人的选择余地，但由于每一层次管理者都要计提激励报酬和管理费，这种复杂昂贵的费率结构不符合投资者利益。

---

① FSA，"Hedge Funds：A Discussion of Risk and Regulatory Engagement，Feedback on DP 05/4".

② 中国香港《对冲基金指引》，2005 年版。

本书认为，多层次组合式对冲基金可以进一步实现投资分散化，因此没有必要完全禁止，但其组建必须满足如下条件：一是充分的费率透明度；二是上层基金与下层基金之间的费用折扣必须保留于上层基金之中；三是标的组合式基金及其管理人必须在监管当局接受适当监管。①

2. 流动性监管

流动性转换是组合式对冲基金的一个重要功能，它提供投资者每月认购和赎回对冲基金的可能，为投资者提供了以安全方式涉足低流动性投资的可能。但代价是在组合层面面对更大的流动性风险敞口，如较长的赎回通知期、锁定期和支付周期，因此管理流动性风险对组合式对冲基金是一个重大挑战。除了防范控制系统性风险，组合式基金流动性监管的最主要目的是协调保护投资者利益。

分析各国立法，针对组合式对冲基金流动性风险管理主要有四种对策：一是提出监管规则要求组合式对冲基金与标的基金流动性真实一致；二是实施锁定期机制；三是使用赎回门槛机制（例如，投资者季度赎回最高限额为基金组合价值的 25%）；四是限制组合式对冲基金投资于持有低流动性资产的标的对冲基金。最理想的监管方案应在保留流动性转换功能的同时最大限度地控制流动风险，方案一、方案四限制或取消了组合式对冲基金的流动性转换功能，方案二在锁定期结束后也失去保障功能，因此设立适当的赎回门槛是最佳方案。

法国金融监管委员会（AMF）多次重申管理基金流动性是组合式对冲基金财务金融管理的核心，管理公司要负责设立认购和赎回规则、净资产值计算周期以及适当的提前通知期，基本要求是与基金整体流动性一致，并且适宜于基金募集对象。在法国《组合式对冲基金监管框架评估报告》中 AMF 指出，流动性风险管理政策应当协调投资者群体中两部分人的利益，即申请赎回者和继续留在基金中的投资者，并同意在适当条件下实施赎回窗口规定。②

赎回窗口规定可以避免和控制基金剩余资产恐怖性减价销售，这是一种重要的内嵌式流动性风险/系统性风险防御机制。设立赎回窗口机制要统筹兼顾申请赎回投资者和留在基金投资者的利益，因此，赎回窗口机制应成为组合式对冲基金流动性管理的例外策略，决定实施赎回窗口必须建立在基金管理公司集体决策的基础上并通知托管人、法定审计者和金融监管当局。

3. 费率透明度

多重费率结构是投资者参与组合式对冲基金投资所必须承受的成本。除了组

---

① AMF, “Report of the Working Group on the Assessment of the French Regulatory Framework for the Funds of Hedge Funds and on Possible Areas of Improvement”, 18 September 2007, p. 39.

② AMF, “Report of the Working Group on the Assessment of the French Regulatory Framework for the Funds of Hedge Funds and on Possible Areas of Improvement”, 18 September 2007, p. 40.

合式对冲基金管理人自身收费外，管理人还将成分对冲基金的全部收费转嫁给投资者。这种双重费率结构安排可能促使组合式基金管理人投资于风险不适当的对冲基金，以确保收益率足够高以吸收所计取的组合式基金费率。尽管组合式对冲基金可以实现多样化并降低基金层面的风险，但这种多样化的成本不应忽略。[①]基于组合式对冲基金管理人在挑选标的基金、持续监督运作、提供流动性风险转换的功能等方面为投资者带来的福利，各国监管者不反对双重费率机制，但指出："确保投资者在整个组合式基金层面拥有清晰充分的信息非常重要，尤其是理解现存费率结构，支持费用充分披露。"[②]法国金融监管委员会强调："最终投资者应当收到清楚、汇总和综合性的费用信息，包括与交易量相关的费率。"[③]

鉴于费率透明度对组合式基金投资者的极端重要性，美国 SEC2006 年 7 月 13 日颁布三项组合式基金投资及信息披露新规则，意在放宽基金在符合公共利益和投资者的保护条件下投资于其他基金股份的能力，与此同时，通过要求汇总接受投资基金的费用和在组合式基金费用表上列示为额外费用栏，以此提高组合式基金费用透明度。[④]披露指引要求组合式对冲基金全面反映投资费用的数量，考虑到组合式基金管理人在投资决策前所从事的大量尽职调查活动，允许每只投资基金根据与接受投资基金签订的书面费用协议提供有关费用的估计数据。

本书认为，鉴于费用披露有助于组合式基金投资者在掌握更多资讯基础上进行决策，并判断投资于组合式基金的多样化收益是否超过额外的费用。监管者应出台明确的费率披露指引，要求组合式对冲基金以醒目方式充分、详细地披露投资组合式对冲基金可能发生的各类费用，使投资者更直观地了解投资成本，并就是否持续投资进行决策。

二、投资者信息披露制度

信息披露是提高对冲基金经营透明度，保护投资者权益最有效的途径。从经济学视角分析，信息披露的实质是对冲基金内部信息一定程度的外部化，让部分阳光照射进来，帮助外部利益相关各方探查基金运营"黑箱"之内的部分情形，以此拉近对冲基金与投资者、交易对手及监管者的距离。

作为对冲基金监管法律制度的基础，市场纪律只有在投资者能够及时获得有

---

① Stephen J. Brown, William N. Goetzmann, Bing Liang, "Fees on Fees in Funds of Funds", June 2004, Yale ICF Working Paper No. 2-33.

② IOSCO, "*Report on Funds of Hedge Funds*", *Final Report*, June 2008.

③ AMF, "*Report of the Working Group on the Assessment of the French Regulatory Framework for the Funds of Hedge Funds and on Possible Areas of Improvement*", 18 September 2007, p.32.

④ 17CFR Parts 239, 270, and 274, Release Nos.33-8713; IC-27399; File No.S7-18-03RIN 3235-AI30.

关金融机构业务和风险的可靠信息条件下才能实现。因此，促进市场透明度提升是实现对冲基金有效监管、保护投资者利益、确保金融体系稳定的关键要素，但透明度并非监管的最终目的，而是实现监管目的的手段。

1. 信息披露现存问题

“透明度低”、“黑箱运作”是对冲基金长期为市场诟病的主要问题。由于主要凭借基金经理独特的交易策略跑赢市场，因而保守商业秘密对对冲基金成功运营至关重要，加上基于私募发行，法律禁止其对社会公众发布业绩广告公布业绩、劝诱投资，因而“黑箱操作”某种程度构成了对冲基金行业相对于共同基金的一个重要的比较优势。在对外信息披露方面，其特点包括：一是以对投资者缺乏强制最低标准，因而披露呈现出一定随意性，可比性差；二是信息披露内容以经营业绩、财务状况为主，较少披露经营过程中承受的各种风险；三是披露信息以披露期末值为主，难以避免“披露套利”现象。

具体而言，对投资者来说，对冲基金一般向其提供年度审计报表、季度财务报告和月度经营数据，其问题在于：一是只在特定时点公布有限的财务和经营信息，不利于投资者对基金业绩表现及时做出合理分析判断，决策实效性差；[①] 二是所披露的信息以夏普率等业绩指标为主，该类业绩指标有其内在局限性，即使经过风险调整也难以准确反映对冲基金另类投资的风险特征；三是风险信息披露有限，很少有基金向投资者披露自身组合头寸在险价值数据，[②] 事实上，大量对冲基金的交易策略呈“卖出期权”的特性，[③] 即理论上收益有限而损失无限，仅告知投资者所获得收益而不解释其所承担的风险实际上有误导投资者的嫌疑。

目前许多对冲基金在自愿基础上对商用数据库提供财务业绩和经营信息，数据提供商收集汇总信息并进行必要加工处理之后编制对冲基金指数对外披露，这种方法在实现对冲基金间接披露的同时又为市场提供了一种新的投资产品，吸引众多投资者。这种间接信息披露机制的问题在于：一是信息披露基于自愿，如果对冲基金投资期间业绩很差，可以选择停止披露信息，而数据提供商对此无约束力，这会导致基金指数业绩高估而以波动率为表征的风险低估；二是透明度问题，有的指数提供商只披露指数所包含基金经理的数量而不告知基金经理的真实

---

① 在业务实践中，对冲基金一般在每年第一季度公布上年度财务报表，但要求投资者在上年末即确定是否继续投资。

② 据统计，迄今全球只有 45%的对冲基金设定了风险限额，风险报告仍然肤浅模糊。例如，60%的对冲基金仅披露方差和斜方差数据，40%的对冲基金使用希腊字母报告，20%运用历史蒙特卡罗模拟，但只有 4%的对冲基金披露上述全部信息。参见 Armelle Guizot. “Buy-Side View: A Call for Risk Management Standards”, *GARP Risk Review*, July/August 2006, pp. 43-48。

③ Lo (2001). Naik 和 Agarwal (2003) 也指出，卖出深度虚值看跌期权是不道德的对冲基金经理迅速构建动人交易记录的常用诡计。

姓名或名称，因而指数构成事先无法确定，这将导致将任何一只基金与指数进行比较无意义；三是通过指数形式获得的信息仍是间接的，无法直接用于投资决策。

2. 完善对冲基金信息披露制度

要克服对冲基金信息披露的现存问题，就必须在深刻体会对冲基金行业竞争力来源及其与共同基金差异的基础上，按照整体把握与产品细分相结合的原则，设计保护商业秘密与提升透明度兼顾，负担合理且双向反馈的对冲基金信息披露制度体系。

（1）设计原则。

1）透明度基准。确定适当的透明度基准是对冲基金信息披露制度的前提。一种选择是提供类似共同基金的头寸意义上的透明度，虽然形式上颇具吸引力，但这种方案事实上既不现实也无效果。首先，对冲基金投资运作策略复杂，头寸规模巨大且经常在短时期内迅速调整，在全部披露情况下即使经验丰富的机构投资者也无法准确、迅速地识别，而获得大量无用的信息只会给投资者带来法律风险；[①] 其次，对冲基金管理人对披露头寸信息的抵触非常强烈，而且具有合理性：披露头寸信息可能将投资策略暴露给交易对手，尤其是持有大量空头寸的情况下可能引发市场“避空”，危及基金生存并可能触发系统性风险；再次，披露头寸可能导致对冲基金投资收益下降，最终也不符合投资者利益；最后，提供头寸透明度将使对冲基金赖以生存的具有商业秘密性质的投资策略曝光，使对冲基金与共同基金混同而失去行业存在的意义。

基于上述理由，本书认为，合理的透明度基准应当确定为敞口或风险透明度，即对冲基金应披露与策略相关的关于组合风险的信息而不必揭示专有信息，例如，组合在险价值的定量表征以及给定假设下的压力测试结果，结合计算上述统计数据方法的介绍。还包括普通的风险敞口信息，如行业或部门、久期和凸性、信贷、多头或空头波动率、杠杆率等。敞口透明度基准的最大优点是披露上述信息并不会泄露与投资策略直接相关的专有信息，而且与敞口透明度有关的信息便于纳入组合日常风险管理框架，提供上述信息给投资者的边际成本较低。

2）不同产品区别规范。对冲基金产品体系包括私募单一对冲基金、公募单一对冲基金、组合式对冲基金、可投资对冲基金指数等，不同产品的募集方式、运作过程的风险特征和对投资者保护监管目标的威胁程度和方式存在差异，因此对冲基金信息披露制度应当承认这种差异，实现区别对待。信息披露监管制度的基点应当是公募对冲基金和组合式对冲基金，直接规范这两类产品的具体披露信息种类、频率、内容。因为这两类基金本质上属于公募基金，投资管理人已经认

---

① 以 1998 年长期资本管理基金为例，高盛、所罗门兄弟等债权人派出的多位业内专家花了一周时间才初步理清分散于不同市场、不同策略的数万个头寸。

可向投资者和市场提供较高透明度以换取发行范围上的优势与便利，因此对直接的监管规范比较容易接受。对可投资对冲基金指数披露的规范重点在于指数提供商，要求其确保指数的质量和成本透明度。关键在于对构成对冲基金产品主体的私募单一对冲基金的规范，有三种途径可以选择：一是通过规范基金管理人提供的信息实现间接规范，如英国 FSA 提出在满足 8 项基本原则的前提下，要求基金管理人在月度基础上提供关于基金的 10 种信息作为最低数据要求，虽然属于间接规制，但实际上覆盖了对对冲基金的基本信息要求；[①] 二是坚持"无为而治"，在不规范中实现规范，即通过直接规范公募对冲基金和组合式对冲基金的信息披露要求，分别经过竞争产品的市场压力机制和投资者市场纪律性质的穿透式监管压力传递机制实现间接规范私募单一对冲基金信息披露；三是支持行业自律，鼓励私募单一对冲基金管理人遵守 AIMA 和 MFA 制定的基金管理人良好实践中的信息披露要求。本书认为，实践中，应统筹协调、多管齐下，综合运用上述三种途径规范私募单一对冲基金信息披露。

3）操作原则。2001 年多边集团工作组关于改进信息披露的报告指出，金融机构信息披露的改进应当遵循三个操作原则：定性披露和定量披露之间适当平衡；风险披露应与其自身如何评估管理风险相一致；应当披露更多期内数据。[②] 在对冲基金信息披露监管制度设计中，应当遵循上述原则。

第一，定性披露和定量披露相结合。对冲基金应当披露定量信息，描述其金融风险敞口以及测度管理上述风险的有效性。必须强调定性讨论也是信息披露重要和必要的环节，因为其可以提供背景信息以及定量信息所无法提供的视角。然而，仅有定性讨论无法提供足够的信息，定量信息是定性讨论的本质与基础，定性讨论是定量披露合理有益的补充。

第二，与内部风险评估实践一致。为降低成本和提高有效性，对冲基金的风险披露应与如何评估管理风险相一致。这些风险披露应当能显示基金风险轮廓如何随时间推移而变化，也能提供足够的信息，随时间推移评估其对冲基金的风险管理，表达敞口与风险之间的关系。在可比较的基础上披露不同对冲基金内部风险管理实践是改进市场效率的最有前景的方法。

第三，期内信息与期末时点数据结合。以高位值、中位值、底位值形式对对冲基金当前所披露项目进行期内数据披露，将增进监管者对其实际承受风险的性质和水平的理解，因为过分强调期末数据会创造粉饰橱窗的动机，即围绕披露时

---

① FSA, Hedge Funds: A Discussion of Risk and Regulatory Engagement, Feedback on DP05/4, 2006, p. 22.

② Multidisciplinary Working Group on Enhanced Disclosure, *Final Report to Basel Committee on Banking Supervision*, Committee on the Global Financial System of the G-10 Central Banks, International Association of Insurance Supervisors, International Organization of Securities Commissions, April 26, 2001.

点操纵头寸。使用期内信息对于积极管理对冲基金风险非常有益，在目前风险管理条件下，至少交易活动的积极管理盯市敞口应当提供期内信息。

4）维持基金产品信息披露的适度平衡。本书认为，在信息披露制度框架设计过程中，要在两个方面实现适度区别：一方面，要在对冲基金和共同基金的信息披露之间实现平衡，由于信息披露有限是对冲基金行业得以独立于共同基金的一个独特优势，因此，原则上对冲基金的信息披露要求应低于共同基金。另一方面，要在公募对冲基金和私募对冲基金之间实现相对公平。公募对冲基金以注册登记和遵守信息披露要求为代价换得监管部门提供允许发布广告、降低募集起点等募集便利，因此其信息披露要求应高于私募对冲基金，但低于共同基金信息披露要求。[①] 即信息披露负担：私募对冲基金 $<$ 公募对冲基金 $<$ 共同基金。

（2）披露内容。为以适当成本实现对投资者、交易对手和监管者的差异化信息披露，在操作中分普适性信息披露要求和特殊性信息披露要求两类，前者在适当调整的基础上向三方主体同步披露，后者则考虑到不同主体对信息的特殊要求分别提供。

1）基金业绩。对冲基金应努力寻求将风险和收益更紧密地联系、更详细地揭示其相互关系的数据。业绩与风险测度指标的结合有助于提升基金内部风险管理，提升对冲基金公开披露的有效性。[②] 风险调整业绩评价指标对于对冲基金的适用性完全取决于是否有效揭示对冲基金的风险。目前，理论界和实务界关于对冲基金业绩评价指标的研究刚刚开始，米琳德·夏玛在期望效用理论基础上构建的另类投资风险调整业绩指标（AIRAR）可以调整非流动性、价格僵硬调整、高阶矩风险，但计算过程复杂，离实际应用还有差距。[③]

2）基金风险。风险披露既包括定性信息也包括定量信息，适度的定性信息有助于理解风险管理的关键假设和方法以及解释所出现的例外观测值。具体披露内容包括对冲基金的风险敞口以及如何实施管理。此外，还应描述企业风险定量数据的性质与范围，包括没有反映于风险测度指标和定量数据中的头寸、敞口与

---

① 以中国香港为例，证监会在《对冲基金指引》中为公募对冲基金设置了过高的信息披露要求：公募对冲基金要提交季度报告，并要披露最大 5 个头寸，而共同基金只需要提交半年报告。过重的信息披露负担使公募对冲基金发展缓慢，只占对冲基金市场的 6%。

② Multidisciplinary Working Group on Enhanced Disclosure, *Final Report to Basel Committee on Banking Supervision*, Committee on the Global Financial System of the G-10 Central Banks, International Association of Insurance Supervisors, International Organization of Securities Commissions, April 26, 2001.

③ Milind Sharma: "AIRAP-Alternative RAPMs for Alternative Investments", Lhabitant ed. *Hedge Funds: Quantitative Insights*, John Wiley & Sons, 2004, p.204.

交易活动。[1] 具体而言，定量数据应包括基金市场风险、流动性风险和信用风险三大风险类别。

3）例外事件信息披露。在正常的持续信息披露之外，如果出现可能影响对冲基金持续运营或交易策略可持续性的重大事件，可能影响信息接受者的决策行为，对冲基金应及时向投资者、市场交易对手、监管当局披露。有关信息包括但不限于下列情形：一是账户管理方式的变化；二是核心投资经理的变动；三是基金运营主要当事人的变化；四是基金费率；五是基金赎回政策；六是基金投资策略、复杂产品估值程序以及是否存在重要的台底条款。

三、明确管理人受托人地位

无论对冲基金采取契约、公司或有限合伙等哪种组织形式，都是遵循信托制度基本原理创立，体现“受人之托，代人理财”的信托本质。以美国为例，本土对冲基金一般组建为有限合伙，因此有限合伙人可以寻求普通法救济来保护自身权益。关于信托的重述与声明称：“每个合伙企业成员对其他合伙人具有受托责任。”[2] 在投资前，普通合伙人向有限合伙人提交募集备忘录与合伙协议。这些文件不仅是合同法救济的潜在基础，也为投资者提供了关于对冲基金的预警信息。通过在投资前提供有限合伙人了解投资关系性质以及投资顾问信息，这些文件构成“购者自慎”警示。在此基础上，美国《投资顾问法》进一步明确，无论对冲基金采取何种组织形式，基金管理人是否注册，都受《投资顾问法》第 206 节约束，由此使基金管理人所从事的欺诈、欺骗或操纵行为成为违法行为。美国最高法院在有关案例的审判中主张，《投资顾问法》第 206 节对基金管理人强加了一项受托义务。这一义务的目的在于排除利益冲突，以防止基金管理人用客户的受托资产去冒险或从客户资产中谋取不正当利益。

基金管理人需要履行的受托义务包括注意义务和忠实义务两类。[3] 注意义务是基金管理人的行为标准必须为了客户或受益人的利益，以适当方式并尽量合理地注意履行职责，即履行合理的谨慎和技能的义务。在市场人士看来，衡量对冲基金管理人的注意义务应当采用高于一般受托人的标准。注意义务要求基金管理人应对投资对象的安全性和获益性进行调查，合理注意其市场变化，以合理方法投资获得合理收入，尽力规避投资风险，因未履行适当的注意义务而导致投资损失

---

① Multidisciplinary Working Group on Enhanced Disclosure, *Final Report to Basel Committee on Banking Supervision*, Committee on the Global Financial System of the G-10 central banks, International Association of Insurance Supervisors, International Organization of Securities Commissions, April 26, 2001.

② Meinhard v. Saimon, 249 N.Y.458 (N.Y.1958); Restatement (Second) of Trusts section 2 (b) (1959).

③ 王苏生：《证券投资基金管理人的责任》，北京大学出版社 2001 年版，第 33 页。

应负赔偿责任。忠实义务要求基金管理人在其自身利益与客户或受益人利益发生冲突时，不得将自身利益置于客户或受益人利益之上，不得考虑自己利益或图利他人，即必须避免与受益人发生利益冲突，严格禁止或限制利益冲突交易。

综上所述，本书认为，明确对冲基金管理人信托关系中的受托人地位有助于提升投资者参与对冲基金投资的信心。对冲基金管理人作为受托人应该向投资者承担比诚实和信用更多的义务，确切地讲，基金管理人担负着为客户最大利益尽力行事的最大限度的诚信义务，以及承担对所有重大事项做出充分、公正披露的义务，尤其是在基金管理人利益与客户利益发生冲突时。无论何时，基金管理人都必须为客户的最大利益尽力行事，并且其行动将以高于一般商业行为的行为标准来衡量。

四、确立基金管理人反欺诈监管底线

在明确对冲基金管理人受信托人地位的前提下，要求管理人遵守《证券法》反欺诈条款就成为必然。证券欺诈是指在证券发行和交易过程中，行为人通过欺诈手段，破坏市场正常秩序，损害他人利益而使自己获利的行为，一般包括内幕交易、操纵市场、虚假陈述和错误管理等。[①] 美国对基金管理人的监管是依靠信息披露和反欺诈执法，而非依靠具体的缺乏弹性的监管要求。例如，在《投资顾问法》中包含有若干内容广泛的反欺诈条款。一方面，不同于《证券交易法》规则10b-5，《投资顾问法》第206节并不限于与买卖证券相关的形式和条件的要求，可适用于其他广泛的情况，加上SEC官员在执法实践中对该条款的广义解释，使监管者拥有了打击基金管理人欺诈行为的最有效工具。另一方面，《投资顾问法》第206节可以适用于所有的基金管理人，无论是否是被要求注册的基金管理人。这样就迫使依靠第203节（b）获得豁免的基金管理人仍然受到第206节反欺诈条款的约束。最后，SEC可以根据第206节对基金管理人实施强制执行，即使客户未遭受损失。[②]

值得关注的是，哥伦比亚上诉法院在Goldstein v.SEC案例中的判决，既直接推翻证券交易委员会2004年颁布的注册规则，也在《投资顾问法》反欺诈规则的适用范围（以保护对冲基金投资者）上创造了不确定性。这是因为法庭认为第206节（1）和第206节（2）的立法目的是："管理汇集投资工具的投资顾问的客户是该投资组合/集合本身，而非集合中的投资者。进一步讲，尽管这些法律条款总体适用于投资顾问，无论其是否注册，当前根据第206节（4）条款制定的反

---

① 陈洁：《证券欺诈侵权损害赔偿研究》，北京大学出版社2003年版，第2页。
② SEC V. Blavin，760F.2d706，Fed. Sec. L. Rep.（CCH）92021（6th Cir. 1985）.

欺诈规则只适用于已登记或应按《投资顾问法》登记的投资顾问。”①

与遵守法院裁决不再对注册规则提起上诉相反，针对反欺诈规则适用的不确定性，SEC 选择针锋相对，坚守监管底线，坚持认为反欺诈规则适用于非登记投资顾问，为此于 2006 年底提议制定新的反欺诈规则——规则 206（4）-8，SEC 明确指出该规则管辖范围触及豁免投资顾问法联邦登记的顾问，包括纳入证券交易委员会管辖的非美国投资顾问。集合投资工具的概念也同样宽泛，既适用于登记投资公司也适用于根据 1940 年《投资公司法》第三节（c）（1）和第三节（c）（7）豁免登记的基金，因此其适用于所有形式的对冲基金。从保护集合投资工具投资者角度，新规则认定投资顾问对该工具中的现有或潜在投资者实施欺诈为非法，因此禁止在对现有客户的投资账户财务报告中作错误陈述或误导性陈述，也不得在对潜在投资者的私募发行备忘录、发行通告或答复拟投资者询问中实施误导或错误陈述。

本书认为，在立法中明确对冲基金管理人遵守反欺诈义务并且进行广义解释，就赋予监管者依法打击对冲基金投资欺诈行为和投资者依法维护自身权益以重要武器，有助于提高基金管理人违法成本，遏制各种投资欺诈行为。

五、投资者自我保护与救济制度

在明确对冲基金管理人的受托人地位和遵守反欺诈监管底线的基础上，对冲基金监管法律制度应当为投资者提供多种有效的自我保护救济体系，便于其维护自身权益。

1. 投诉处理制度

如果认为对冲基金管理人在投资管理过程中的行为构成对自身权益的侵害，投资者可以向基金管理人注册的监管当局投诉，要求监管者采取措施纠正违法不当行为，保护自身权益。保护投资者利益是金融监管当局的法定职责之一，投诉处理作为一项行政救济措施，其特点是监管者可以针对具体情况，立即启动调查处理程序，反应迅速，处理及时。投诉处理也是监管当局实施现场检查的重要线索来源。

2. 诉讼赔偿机制

有权利必须有救济，当权利人合法权益受到不法侵害时，就应该有诉讼赔偿的救济措施，这是保护金融市场投资者利益最有效的法律手段，也是最后的救济手段。金融市场诉讼赔偿机制的确立，内在地提高了投资者、消费者参与金融监

① Prohibition of Fraud by Advisors to Certain Pooled Investment Vehicles; Accredited Investors in Certain Private Investment Vehicles, Securities Act Rel. No. 33-8766.

管的主动性和积极性。这种机制，一方面，使得违法者承担高额违法成本，可以有效吓阻违法行为，有力打击金融欺诈行为；另一方面，也可以弥补政府监管在人、财、物上的不足，降低金融市场监管成本，提高监管有效性。诉讼赔偿机制实质上是激发千百万投资者成为“捕捉老鼠的猫”的激励相容的权利保障机制。

美国在1933年的《证券法》和1934年的《证券交易法》中确立了证券民事赔偿制度，为受害的投资者提供了有效的私法救济手段。当发生侵害投资者权益的违法事件时，投资者可以主动向法院起诉，由法院依法审判，通过支持投资者合法诉求来保护投资者权益。值得借鉴的是，美国证券市场民事诉讼赔偿机制的有效运行，赖于有效的组织和机制保障。第一，成立投资者权益保护组织，1970年根据《投资者保护法》成立了证券投资者保护公司，作为非营利性组织，类似于消费者权益保护协会，为投资者维权提供专业保证和组织保证。第二，完善诉讼保障机制，《证券法》、《联邦民事诉讼法》、《私人证券诉讼修改法》、《证券诉讼统一标准法》赋予投资者集团诉讼和股东代表诉讼两项重要的诉讼权利。律师等专业人士的积极参与，使处于相对弱势的投资者利益保障更为有力，也使得民事诉讼赔偿机制发挥出很强的威慑作用，成为对美国证券违法行为的强大监督力量。鉴于诉讼机制维护投资者权益的有效性，美国的立法经验值得各国监管当局借鉴。

3. 金融仲裁机制

与单纯依赖监管当局的行政投诉和可能旷日持久的诉讼机制相比，金融仲裁凭借其公正性和中立性，在解决与对冲基金投资管理有关的复杂金融争议方面具有明显优势，可以成为投资者优先选择的争议处理机制。

第一，对冲基金投资管理纠纷当事人可以自行选择仲裁机构，自主选定仲裁员，对仲裁程序的进行和裁决结果具有一定的可预测性。当事人在合同争议解决条款中选定了仲裁机构，一旦发生争议经协商或调解达不成一致时，申请人便可向已经选定的仲裁机构申请仲裁，有效的仲裁条款排除了法院和其他仲裁机构的管辖权。仲裁程序开始后，当事人有权在一定的时间内选定一名自己信赖的仲裁员。除此之外，当事人还可以约定仲裁语言、仲裁地点、仲裁庭的组成人数、仲裁规则以及仲裁所适用的法律等。

第二，一裁终局解决金融争议。仲裁无级别管辖，不存在上诉的程序。“一裁终局”是仲裁的标志性特点，也是有别于诉讼的典型特征，它避免了诉讼两审的冗长，提高了判断是非的效率，避免了久拖不决现象，能够快速解决当事人之间的痼疾，维护经济关系的正常流转。当然，仲裁程序也是建立在仲裁庭给予双方平等的、充分的陈述意见和举证时机的前提下进行的。

第三，专家裁判，明辨是非，公正无私。现代对冲基金所涉及的金融产品之复杂、科技含量之高、法律问题之深均非昔日所能比拟。专家型仲裁员符合现代国际金融的发展对知识结构、专业知识、语言能力以及道德操守的要求，尤其是那些仲裁审理经验丰富的仲裁员，更成为控制仲裁程序、公正高效判案的典范。

第四，仲裁不伤和气，保守商业秘密。仲裁开庭鲜有“对簿公堂”的紧张气氛，易使当事人心平气和，化干戈为玉帛。在仲裁庭不乏节奏感的庭审过程中，形成了仲裁独特的庭审艺术，有的案件还可能在仲裁庭主持的调解程序中达成和解，获得“双赢”的实际效果。另外，仲裁实行不公开审理，符合商品经济时代和诚信时代当事人保守商业秘密的心态，提高金融机构的公信力，将可能造成的负面影响降至最低。

第五，金融仲裁比金融诉讼成本低。实践中，或由于争议金额过大，或由于案情或事实本身即具复杂性，或由于出现法律盲区或法理多元化，或由于当事人情绪对立，都易造成相当一部分金融纠纷很难通过自行和解或通过第三方的调解来解决，往往须诉诸法律程序。仲裁与诉讼这两种法律程序从成本角度相比较而言，仲裁由于施行的是一审制而决定了其费用成本（包括仲裁费、律师费）、时间成本都比诉讼要低。

第六，金融仲裁强大的可执行力使仲裁更具吸引力。根据1958年《承认与执行外国仲裁裁决公约》的规定，缔约方裁决可以在全世界140多个其他缔约国家或地区得到承认与执行，各缔约成员承担的是必须遵守的国际公约项下的义务。在一国国内层面，许多国家都以国内立法形式确定了仲裁裁决的效力，在金融市场日益全球化的今天，选择仲裁作为解决投资者与对冲基金投资管理服务相关的跨国金融争议当是明智之举。

第四章　对冲基金破产法律制度

破产制度侧重体现对冲基金监管法律制度的秩序价值。维护金融市场稳定，减轻由于对冲基金业务无序终止可能对金融体系带来的系统性风险是破产机制的根本立足点。另外，失败对冲基金破产实质上也是金融市场资源配置机制的必要组成部分，它为市场各方参与主体提供了可预见和稳定的预期，对于提高金融制度效率、维护金融体系稳定起着至关重要的作用。限于篇幅容量，本章首先在归纳当前各国对冲基金破产法律现状的基础上，分析对冲基金破产要件的特殊性，指出应当明确监管机构在对冲基金破产程序中的地位，对破产行为进行监督和必要的干预；其次根据 ISDA 主协议的规定和主要金融市场国家立法，研究抵销和净额结算条款在对冲基金破产清算程序中的作用；最后结合对冲基金跨多个市场运营的特征分析对冲基金跨境破产中的法律协调问题。

第一节　对冲基金破产法律现状与问题

就本质而言，对冲基金属于特殊的集合投资计划，是市场投资主体的重要一员，是金融机构的重要交易对手和复杂创新产品的买方，具有“准金融机构”特性。没有规范的破产退出秩序就没有稳定的市场秩序，对冲基金破产过程要妥善解决被淘汰者与竞争者、市场利益相关者和整个市场之间的联系，维护各方的利益，保持市场秩序的稳定。与这一目标相比，当前各国对冲基金破产法律规则还存在许多缺欠，需要在澄清对冲基金破产要件特殊性的基础上明确监管者在破产司法程序中的地位，更好地促进三大监管目标在破产过程中的实现。

一、各国当前对冲基金破产法律规则与问题

分析收集到的 30 多个国家有关对冲基金的立法与监管法规，截至目前没有任何司法辖区对对冲基金破产出台专门的规定。这意味着当前对冲基金破产立法遵循的是普通立法体例，在普通破产法规则下，没有考虑到对冲基金作为准金融

机构所具有的一系列特殊性，在破产标准、破产能力、破产申请人等破产要件上没有体现对冲基金的特点，也没有明确监管机构在破产程序中的地位与作用。

1. 各司法辖区的法律规定

在欧洲，由于对冲基金监管法律框架作为特殊的“集合投资计划”来设计，因此多数国家规定对冲基金破产要遵守适用于集合投资计划的一般性原则。少数国家从投资者保护角度强调投资者有限责任原则。例如，德国、意大利、西班牙、卢森堡、瑞典都没有对对冲基金破产问题进行专门规定，法国在法规中强调投资者承担有限责任，爱尔兰规定必须有可强制执行的抵销权，瑞士规定对冲基金破产适用集合投资计划的一般规则，同时法律禁止投资者支付超过对冲基金原始投资的负债额。

在美国，以有限合伙为主要组织形式的对冲基金作为普通主体遵守《破产法》规定的市场退出规则，换言之，最近20年在对冲基金破产领域实行的是“不干涉”方法，即作为衍生证券合约的交易对手根据美国破产法典执行清算。[①] 在20世纪80年代早期将破产对冲基金所持有的衍生证券合约置于破产法典保护之下以后，美国法庭和国会已经将上述合约系统性地豁免于破产机制的正常运作。根据1982年、1984年和1990年的几次修正案，美国国会已经将《破产法》对债务人的破产保护机制一般豁免适用于作为债务人的对冲基金。在此基础上，2005年新修订的《破产改革法》进一步显著扩大了安全港的覆盖范围，在金融衍生产品合约方面实质上已经由“特定保护”演变为“市场保护”。[②] 美国《破产法》通过不断扩大金融衍生合约的安全港范围，使对冲基金交易对手在得到提前终止合约和实施净额结算权利的保障下，显著地提高了向对冲基金提供融资和进行衍生产品交易的意愿，极大地便利了对冲基金投资策略的实施和行业的整体发展，并显著提升衍生产品市场的流动性。

在中国香港，虽然证监会颁布了《对冲基金指引》，但是《对冲基金指引》中只是强调了公募对冲基金投资者有限责任原则，其余破产实体和程序规定仍要遵守《单位信托及互惠基金守则》的一般规定。

2. 现有规定的缺欠

分析比较当前各国对冲基金破产法律规则，多遵守普通破产法程序，没有考虑到对冲基金作为准金融机构的特点和一些特殊的运营特征，存在诸多缺欠。正如欧洲投资管理集团指出：“关于对冲基金破产清算的规定，即当对冲基金自有资产不足以支付对冲基金经理对第三方的债务，当前面临一种非常脆弱的情势，在

---

① William Gray Jr and Kevin R. Toole, Salans, “Hedge Funds and US Insolvency Law”, Iain Cullen & Helen Parry, ed. *Hedge Funds: Law and Regulation*, *Sweet & Maxwell*, London. 2001.

② 廖凡：《美国破产法金融合约例外条款评析》，《证券市场导报》2007年第5期。

立法政策方面尤其如此。在任何指令中都不存在相应的关于对冲基金的统一规定。”[1]具体来看：

（1）立法程序上重准入轻退出。与没有正式专门适用于对冲基金的破产规则相比，各国在对冲基金监管法律制度市场准入部分普遍制定了详细具体、操作性强的法律规定，提高了准入流程的确定性和规范性。与准入相比，对冲基金市场退出要涉及公允清偿债权人、协调保护基金投资者利益，特别是要确保市场秩序稳定，鉴于对冲基金高杠杆运作的特点和投资风险策略的复杂性所导致的潜在负外部性，完全适用普通集合投资计划市场退出规则并不适宜，需要考虑是否制定专门法规。

（2）立法基点为保护投资者。现有的市场退出立法多强调投资者有限责任原则，从提高投资者信心、促进资本形成的角度看，这是完全必要的。但作为金融企业，对冲基金的资产主要由债务构成，破产对债权人的影响面极其广泛，[2]因此，如何降低破产清算的负外部性，即减轻对冲基金经营失败对金融系统稳定性的影响至关重要。

（3）对抵销条款的两面性认识不足。在各国对冲基金市场退出制度中都直接或间接地强调运用提前终止和抵销条款来降低债权人对失败对冲基金的风险敞口，并赋予对冲基金交易对手豁免适用《破产法》“自动终止”条款适用的便利来及时退出交易，从司法实践看，这一规定是必要的，它促进了绝大多数对冲基金顺利退出市场。但长期资本管理公司案例表明，在特定条件下抵销条款会从系统风险“缓释器”迅速转变为触发风险的导火索，为债权人在金融市场上对对冲基金进行“挤兑”提供便利，尽管这种情形是小概率事件，但基于系统性风险的高度危害性对此不能完全忽视。因此，如何在市场退出立法和执法过程中协调处理具有两面性的抵销条款是对冲基金破产环节的最大难点。

（4）没有考虑到破产要件的特殊性。破产要件是指债务人进入破产程序的必备条件，主要包括破产标准（原因）、破产能力、申请人资格等。将对冲基金与普通工商企业等量齐观，纳入普通破产法破产清算程序，忽视了对冲基金作为准金融机构所具有的高杠杆运营、无永久性实收资本基础的特点，以及作为受监管商业银行、投资银行重要交易对手所体现的脆弱性、传染性和强负外部性特征。上述特征导致对冲基金在破产标准、破产申请资格方面具有特殊性，例如，资产负债价值可能在短期大幅波动的特点使资不抵债的破产标准不适宜于对冲基金，

---

① European Fund and Asset Management Association, “Hedge Funds Regulation in Europe: A Comparative Survey, August 2005”, p. 2. 该集团进一步指出，考虑到对冲基金经理可以随意使用杠杆率，有关对冲基金破产的规定必须成为假想中的统一的欧盟“护照”立法框架中的一部分。

② 夏斌、陈道富：《中国私募基金报告》，上海远东出版社 2002 年版，第 149 页。

从完整监管流程的角度应当赋予监管当局作为破产申请人的资格，而且对冲基金投资者在投资锁定期以外的赎回请求权其实质与债权无异，故此应当准许其提出基金破产申请。此外，作为有限合伙企业，是否具有破产能力也应当在破产规则中澄清。

(5) 监管机构在破产程序中的地位不明确。在普通《破产法》下，由法院按照一般商事企业破产的原则与规则处理对冲基金破产。这种司法型对冲基金破产程序具有较高的权威性，是对冲基金当事人解决问题的正当程序，并且司法程序具有终局性和完整性，且有强制执行性。实践中，司法型破产程序成功实现了绝大多数失败对冲基金顺利退出市场。但在现有司法型破产程序下没有给予对冲基金监管者适当的地位，就监管流程而言，监管者通过准入和基金运营过程监管的监管措施和信息无法在破产过程中发挥作用，无法实现准入、运营、退出完整流程的良性互动。尤其是当类似长期资本管理基金那样具有系统性风险的大规模高杠杆对冲基金申请破产时，司法机构缺乏必要的处理对冲基金和复杂金融工具事务的专业人士，而且司法程序冗长，不利于迅速采取措施控制风险。加上抵销与净额结算条款在市场动荡时期可能加剧对冲基金破产的负外部性影响，因此本书认为，应当按照监管权力与司法权并存的二元模式构建对冲基金破产规则体系，在坚持司法机构为主导的前提下，明确监管者在破产程序中的地位，如破产申请权、公募对冲基金破产同意权、对具有系统性影响的对冲基金的破产干预权以及追究破产对冲基金管理人责任的权力。

二、对冲基金破产要件分析

破产要件是债务人进入破产程序的必备要件。限于篇幅容量，本部分根据对冲基金的法律结构和运营特征，主要分析对冲基金在破产原因、破产能力、破产申请人资格三个方面与普通企业相比具有的特殊性。本书认为，有关差异应当在各国破产法规则体系中得到体现。

1. 破产原因

破产原因又称为破产界限，是债务人破产必须具备的实质要件之一，是当事人得以提出债务人破产申请，法院据以启动破产程序必须具备的法律事实，是法院决定债务人是否进入破产程序的主要事由。如何确认债务人是否丧失债务清偿能力，达到破产界限，各国破产立法主要有两种具体规定方式。英美法系国家主要采用列举方式，即在法律中列举规定若干种表明债务人丧失清偿能力或影响债务人清偿能力的损害债权人利益的具体行为，上述行为称为破产行为或无力清偿债务行为。列举主义规定具体明确，便于当事人举证和法院认定，但难免挂一漏万，执行僵化，缺乏灵活性。与此相对，大陆法系国家主要采用概括主义，即着眼于破产发生的一般原因而非具体行为。通常立法中有三种概括规定破产原因的方式：不能清偿、资不抵债和停止支付。概括主义立法模式下法院自由裁量权较大，有利于根据实际情况灵活适用法律。鉴于当前各国在破产原因立法上已有通行概括主义的趋势，[①]本书选择在概括主义模式下分别探讨不能清偿、资不抵债和停止支付三种原因对对冲基金破产的适用性。

（1）不能清偿。不能清偿是指债务人对请求偿还的到期债务，因丧失清偿能力而无法偿还的客观财产状况，又称支付不能。不能清偿在法律上的着眼点是债务关系能否正常维系。其要件包括：

1）债务人对冲基金丧失清偿能力，即不能以财产、信用或者能力等任何方法清偿债务。一方面，只有当对冲基金以金融市场拆借、借新债还旧债等所有方法都不能清偿债务时，才构成丧失清偿能力；另一方面，如果存在连带责任人、保证人等对对冲基金债务负有清偿义务的人，不能将其他人对债务人对冲基金的负债负有的连带责任、担保责任视为债务人对冲基金本人清偿能力的延伸，也不视为具有信用清偿能力。换言之，连带责任人、保证人能否代债务人对冲基金清偿是其自身清偿能力问题，与对冲基金无关。

2）债务人不能清偿的是已到偿还期、债权人提出清偿请求、无争议或已有确定名义的债务。德国《支付不能法》第18条规定“行将出现支付不能”，即债务人有不能清偿到期债务的可能，也有构成破产程序开始的原因，该条款仅适用于债务人提出破产申请的情况。[②]本书认为，认可行将出现支付不能作为对冲基金破产要件，既与实践中一些运营不佳对冲基金主动申请破产的现实相吻合，更有助于对债权人利益给予更充分保护。

3）债务不限以货币支付为标的，但应是能够折合成货币的债务。对冲基金所交易各类金融工具，虽然定价复杂、波动幅度大，但都可以实现以货币估值，因此该要件与对冲基金运营特征相容。

4）债务人在较长时间内持续不能清偿，或者说一般地停止清偿，而非一时资金周转困难等问题暂时停止支付。考虑到对冲基金资产负债价值的波动幅度可能较大，这一要件应当加以必要的澄清和限制。一方面，应当明确规定，如果有其他事实证明，债务人在可预见的相当时期将持续不能清偿，即可确定构成不能清偿；另一方面，必须对“较长时间内持续不能清偿”有一定的判断标准，例如，有的国家立法规定，债务到期后债务人在三个月内未能清偿，即视为破产原因。对积极投身金融市场交易的对冲基金而言，三个月显然太长，必须大幅度缩减。或者可以借鉴美国的判例解释，列举法院判断债务人是否一般地停止清偿债

---

① 王欣新：《破产法》，中国人民大学出版社2007年版，第46页。

②《德国支付不能法》，杜景林、卢谌译，法律出版社2002年版，第10页。

务的主要因素，如债务项数、过期未付数额、停止清偿的严重性，以及债务人处理债务的方式等。[①]

总的来看，不能清偿可以作为对冲基金破产的标准，但对具体要件应作必要的限定和说明。

（2）资不抵债。资不抵债是指债务人的资产不足以清偿全部债务，即“消极财产（债务）的估价总额超过积极财产（资产）的股价总额的客观状况”，[②] 也成为债务超过。资不抵债的着眼点是资产负债比例关系，考察债务人的偿还能力仅以实有财产为限，不考虑信用、能力等可能的偿还因素，计算债务数额时，不考虑是否到期，都纳入总额之内。

本书认为，资不抵债标准不适宜作为对冲基金的破产原因。理由有两条：一是对冲基金资产和负债的主体都是各类金融工具或衍生产品合约，其价值随金融市场波动而时刻动态调整，虽然某一时刻可能出现资产价值低于负债价值，但随着市场迅速回升上述情况可能迅速逆转，因此瞬时的资不抵债并不意味着债务人对冲基金不能清偿到期债务，从维护市场稳定角度考虑不宜认定资不抵债为对冲基金破产原因。二是对冲基金作为特殊的集合投资工具，并没有永久性资本作为运营保障。一旦投资者大量申请赎回，则作为资产重要构成部分的资本将大幅度缩水，有关赎回要求实际构成对基金的债权，即伴随赎回请求基金资本可能迅速转化为负债，这种动态调整特点使资不抵债的判定标准非常不稳定，无法用来判断基金是否达到破产界限。

（3）停止支付。停止支付是一些采取商人破产主义的大陆法系国家的《破产法》用于规定破产原因的另一个概念，它是指债务人以其行为向债权人做出不能支付一般金钱债务的主观意思表示。以停止支付作为破产原因，是对债务人采取的更为严厉的态度。其要件包括：

第一，停止支付是指债务人依主观意思做出的外部行为，而非其财产客观状况，这是其与不能清偿的主要区别。实践中应当明确，只要债务人对冲基金向交易对手债权人或投资者表明不能支付意思的行为，无论客观经济状况如何，均构成停止支付行为。

第二，停止支付包括以明示、暗示等形式表示的各种行为，应当做广义理解。债务人对冲基金以书面或口头明确宣布无力还债当然在内，而隐匿、转移财产、非正常压价抛售资产也视为停止支付，以更有效地保护债权人利益。

第三，停止支付是对到期要求清偿的、无争议或已有确定名义的金钱债务停

① 《美国破产法》，潘琪译，法律出版社 1999 年版，第 41 页。
② 《日本破产法》，何勤华、周桂秋译，中国法制出版社 2000 年版，第 27-28 页。

止支付。通常认为，停止支付仅存在于金钱债务，对非金钱债务合同不履行属于停止履行而非停止支付，两者存在区别，对非金钱债务合同不履行须待转化为金钱赔偿请求时才属于停止支付。

停止支付是对冲基金丧失清偿能力最典型的外在行为表现，即丧失清偿能力必然要出现停止支付。但债务人停止支付并不一定已达到不能清偿的程度。鉴于停止支付的状况客观上已经损害了对冲基金债权人的利益，因此，破产法应当允许债权人在无相反证据的情况下据此提出对冲基金破产申请，但法院在确认对冲基金是否达到破产界限时，还要考虑停止支付是否确实构成、是否持续存在等因素。

综上所述，本书认为，不能清偿应当作为对冲基金普遍使用的一般破产原因，同时为更好地保护债权人利益，可以规定停止支付推定为不能清偿，以便更好地调整对冲基金破产法律关系。基于对冲基金无永久性资本的事实以及资产负债价值波动幅度巨大的特点，资不抵债标准不适宜作为对冲基金破产原因。

2. 破产能力

能力一词的法律含义主要表现为某种资格，基于该资格可以获得法律上的地位。破产能力这一概念源自《德国破产法》理论，指有破产原因的债务人为破产程序的进行所具有的资格。[①] 有了破产能力，债务人便可以通过《破产法》得到保护，从这个意义上说，破产能力体现的是《破产法》的适用范围。关于对冲基金的破产能力问题，主要涉及两个方面：一是作为营利性法人的公司制对冲基金是否具有破产能力；二是有限合伙制的非法人对冲基金是否具有破产能力。

（1）公司制对冲基金的破产能力。平等是法律制度的基本理念，主体机会平等是法律所崇尚的价值取向之一，即要平等地对待民事主体，赋予其平等的权利能力。[②] 理论上，法人因其具有权利能力，故不论其为营利性法人还是公益性法人，不论其是依普通法还是特别法成立的法人，均具有破产能力。[③] 从本质上看，公司制对冲基金和一般企业均为法人，与普通企业一样，对冲基金可能因经营失败陷入危机困境，可能面临被清算的风险，可能被否定法律人格而退出市场，都可能会给市场秩序或金融体系带来一定程度的破坏。因此，作为以营利为目标的公司制对冲基金和其他民事主体具有同等的法律地位，应该和其他民事主体一样具备破产能力，可以依法申请破产或者被宣告破产。

---

① 付翠英编：《破产法比较研究》，中国人民公安大学出版社 2004 年版，第 104 页。
② 邹海林：《破产程序和破产实体制度比较研究》，法律出版社 1995 年版，第 45 页。
③ 刘仁伍编：《金融机构破产的法律问题》，社会科学文献出版社 2007 年版，第 65 页。

（2）有限合伙制对冲基金的破产能力。有限合伙制对冲基金是指投资者和管理者共同出资组建基金，投资者作为有限合伙人（Limited Partner）以出资额为限承担有限责任，不参加日常管理，而基金管理人作为普通合伙人（General Partner），承担无限责任并负责对冲基金日常管理活动的企业组织形式。① 有限合伙同时具有“人合”与“资合”的特点，是一种介于公司制与合伙制企业之间的“人资两合”的组织形式。对于合伙的破产能力，各国法律和学理一般持肯定态度：一是因为各国实体法均承认合伙的民事主体法律地位，具有民事权利能力和民事行为能力；二是根据《诉讼法》的强制执行程序，合伙财产既然有执行的可能，在解释上合伙就应当有破产能力。② 基于上述理由，《破产法》应明确认可有限合伙制对冲基金的破产能力。

有限合伙制对冲基金的破产界限与公司制对冲基金不同，其“不能清偿”不仅是指合伙财产——全体合伙人的出资和合伙期间积累的财产不足以清偿其全部债务，还应当包括普通合伙人——基金管理人的财产也不足以清偿全部债务。考虑到有限合伙制对冲基金的特点：基金管理人作为普通合伙人，其财产与合伙财产虽然形式上分开，但要以自身财产对基金的债务承担无限连带责任；而有限合伙人除了以其出资的财产承担责任外，不参加合伙破产程序，因此在宣告有限合伙制对冲基金破产的同时，只能宣告作为普通合伙人的基金管理人破产。

总的来看，《破产法》应当明确不同组织形式的对冲基金作为与普通企业平等的民商事主体，都具有破产能力。

3. 破产申请人资格

破产申请人是指有权向法院提出对破产者进行清算的人。分析各国《破产法》的规定，判断有误破产申请人的标准有两个：一是破产法律关系当事人，如债权人、债务人或者与破产相关的其他人；二是享有特定权力的职能部门，如政府监管机构。本书认为，债务人对冲基金自身、对冲基金债权人都享有破产申请资格，在此之外，一是应当将对冲基金的破产申请权扩展到金融监管当局；二是允许基金投资者在特定条件下享有破产申请资格。

（1）对冲基金债权人。债权人是指根据约定或法律规定对债务人享有财产请求权的人。《破产法》的制度价值之一就是公平保护债权人利益，因此债权人申请破产是其权利。由债权人申请破产，又称非自愿破产，是在债务人丧失清偿能力的情况下主张自己民事权利的法定方式，具有中断诉讼时效的法律效力。

---

① 由于对冲基金管理人自身可以组建为有限合伙制或有限责任公司，因此对冲基金内部对有限责任与无限责任的划分意义不大，对外部主体而言对冲基金整体的责任属性多数情况下为有限责任，这一特征与其高杠杆、复杂策略运作相结合，构成负外部性。

② 王艳梅、孙璐：《破产法》，中山大学出版社 2005 年版，第 28–29 页。

从对冲基金的运营实践看，基金债权人主要为商业银行和投资银行、证券公司、投资基金等非银行金融机构。赋予债权人破产申请权，可以最大限度地保护受监管金融机构的利益，有助于控制和降低其与对冲基金交易所造成的损失，促进金融秩序的稳定。

（2）债务人对冲基金。赋予债务人提出破产申请的基础在于：第一，债务人具有申请破产的原动力。因为现代《破产法》规定了债务人的免责制度，这是对债务人提出破产申请的有利激励。诚实的债务人可以通过破产程序获得免责的优惠，从而摆脱债务危机，这种有利的正向激励使得更多的债务人产生了申请破产的原动力。从根本上讲，这种制度也间接保护了债权人利益。第二，债务人具有申请破产的最有利条件，因为只有债务人对冲基金最了解自身的财务状况和偿债能力。除非上市公司，一般商事企业的财务状况不向社会公开，而对冲基金更是缺乏信息披露，且由于单位净值估值存在操纵余地、基金资产负债价值波动率很高的特点，债权人很难及时、准确地了解债务人对冲基金的经营情况和财务状况，因而难以及时提出破产申请。

现代《破产法》正是通过前述两种基础的有机结合来适时地开始破产程序，从而保护债权人、债务人和社会经济秩序，而这种结合的基础是适当的免责机制。因此，在肯定各种组织形式的对冲基金的破产能力的前提下，应当赋予对冲基金破产申请权。但基于对冲基金作为金融市场重要中介的“准金融机构”地位，应对债务人对冲基金的破产申请权进行必要的限制，例如，基于对投资公众和市场影响的范围，立法应当规定，公募对冲基金、组合式对冲基金的破产申请首先应当获得金融监管当局的同意。

（3）对冲基金投资者。没有永久性资本是对冲基金作为特殊集合投资工具的最大特点。基金投资者投入的资金一般按照契约规定要锁定一段时间（一般1~3年），锁定期内投资者无权申请赎回。锁定期过后投资者有权申请赎回，但一般按照基金投资契约要提前30~90天通知基金管理人，使后者提前了解流动性压力，适时变现部分资产以满足赎回要求。在锁定期内，投资者投入资金具有资本特征，锁定期结束后，一旦提出赎回请求，实际上构成对基金的债权。而且，投资者如果按照契约的提前通知期要求通知基金管理人，到期后仍无法得到赎回资金实际上构成支付不能，达到破产界限。因此，应当赋予基金投资者破产申请权，但前提是赎回权的行使符合投资契约的锁定期、提前通知期等各项规定。

（4）监管当局。债权人和债务人以外，特定范围内的第三人也依法享有提出破产申请的权利。第三人是指破产当事人以外的、与破产案件的解决结果有一定利害关系的其他人。债务人对冲基金不能清偿到期债务，不仅会影响到多数债权人公平受偿的机会，在某些情况下还会引发金融市场系统性风险、损害市场资源配置、资产定价等功能的正常发挥，因此监管机构作为国家公权力机关有必要予以适度干预。换言之，在对冲基金破产申请方面，在实行当事人申请为主的前提下，有必要辅之以适当的监管机关公权干预，即赋予监管机关提出对冲基金破产的申请权。一方面，如果债务人对冲基金出于各种原因不提出破产申请，而债权人由于不了解基金的实际运营状况，可能无法及时提出破产申请，无法有效维护自身利益；另一方面，对冲基金凭借对基金管理人的监管和在基金准入和运营流程的各项监管措施，可以及时了解对冲基金运营状况，掌握大量第一手信息，在判定基金是否达到破产界限这一关键问题上与法院相比有明显的比较优势。

综上所述，从发挥监管比较优势、提高监管流程整体有效性的立场出发，应当赋予监管机构依职权提出对冲基金破产申请的权利。在此基础上，是否借鉴有的国家处理银行破产的做法，将监管者作为唯一的破产申请人。本书认为，从破产及时性考虑，监管当局作为破产申请人是必要的。如果走向极端，把监管机关作为唯一申请人，则在危机对冲基金本已达到破产界限而应当被申请破产时，很可能因为监管机关懈怠而使形势进一步恶化，错过重整或清算的最佳时机，最终损害债权人的利益。因此，比较合理的结构是将债权人、债务人、投资者和监管当局均列为申请人，将基金特别是公募对冲基金和组合式对冲基金的破产申请同意权赋予监管机关较为合理。这样既可调动各方力量对银行进行监督，又能避免盲目或恶意破产申请带来的不必要的恐慌和损失。

三、监管者在对冲基金破产程序中的地位

现行对冲基金破产法律规则由于将对冲基金破产纳入普通破产法框架下调整，没有对金融监管当局在对冲基金破产程序中的地位进行规定，这种单纯强调司法处置权而忽视行政权力的做法无助于发挥对冲基金监管法律制度的整体功效，无法高效率地解决对冲基金破产过程中可能涉及的各种复杂专业问题，最终也就无法在破产过程中促进保护投资者和债权人利益、防范系统性风险和保持市场高效、透明这三大监管目标的同步实现。因此，在破产法框架下必须明确行政权力和监管者的适当地位，以求提高破产制度整体功效。

1. 对冲基金破产中行政权力行使的正当性

在对冲基金破产过程的各种权力结构中，债权人的求偿权、监管当局的监管权以及破产程序启动后法院的司法权最为重要。债权人的求偿权直接来源于权利的自然属性，充分体现债权人的高度意思自治。对冲基金破产程序是一项司法程序，所以司法权直接来自法律规定，是权利和义务配置的最终裁决这一基本法理的体现。政府干预市场的监管权来自其纠正市场失灵和负外部性的显著优势。那

么，在司法权和行政权并存时为什么要使用行政权？本书以法律不完备理论来分析这个问题。

许成钢和卡塔琳娜·皮斯托的法律不完备理论是由哈佛大学哈特的“不完备”合约引申出的，该理论认为，由于法律通常被设计为要长期适用于大量的对象，并且要涵盖大量迥然不同的案件，那么它们必然是不完备的。法律的阻吓作用因其内在的不完备性而被削弱，由于法律的不完备性，要想使法律设计达到最优是不可能的。引入监管机构以主动方式执法可以改进法律效果，弥补法律的不完备。法律的不完备对立法和执法制度的设计有深刻的影响，剩余立法权及执法权的最优分配取决于三个因素：法律不完备的程度和性质、对导致损害行为进行标准化的能力以及此种行为产生的预期危害和外部性的大小。在高度不完备的法律下，如果损害行为能加以标准化，且该行为继续下去会产生大量的外部性，此时监管者优于法庭。因此，金融监管是为解决高度不完备法律下司法机构执法效率低下这一问题而出现的。

金融领域受社会、经济及技术的快速变革影响甚大，金融市场环境及金融机构经营的信息因素会影响破产法律的相对不完备性。随着技术的发展，新的金融工具创新层出不穷，在促进对冲基金发展的同时，也威胁着对冲基金的稳健运行。因此，对冲基金破产法体系同样具有内在的不完备性，甚至比一般的法律体系更不完善。为保证有效执法，法律体系需要分配立法权和执法权，即要赋予一些机构享有持续立法和主动执法的权力。监管机关就是被授予主动执法权和剩余立法权的机构，其出现就是应对法律内在不完备所导致的阻吓失灵的一种反应。具体而言，监管者和法官存在以下区别：第一，监管者惩罚违规者的激励更大。对于对冲基金破产这样复杂的专业案件，本身缺乏金融事务经验的法官可能没有足够的激励去全面了解一个陌生的领域。第二，由于行政权力运用是对危害行为的事前预防，而司法权的运用是事后的权力主张。事前运用行政权能以较高的可能性发现违法行为，并确保违法者以较低的罚金服从处罚，因此行政监管更容易为违法者接受。第三，行政监管具有快速性和主动性，司法救济具有滞后性和被动性。司法权不能满足快速处置对冲基金破产问题的需要。因此，在对冲基金破产过程中，法庭拥有立法权和被动执法权，监管者拥有剩余立法权和主动执法权是最佳组合。

2. 行政权在对冲基金破产中的适度行使

在对冲基金破产的流程中，行政权的行使要保持一个合理的界限，既不能越位，也不能缺位。虽然不完备法律理论认定监管是对司法必要有益的补充，但监管并非毫无成本，监管者可能会犯错误，导致监管失灵。因此，在什么条件下将剩余立法权和执法权分配给法庭是最优的，以及何时应该将这些权力再分配给监管者就成为一个问题。当前各国对冲基金破产法律体系属于高度不完备状态，因此判断行政权适度与否的标准为：对损害行为进行标准化的能力以及预期损害的程度和外部性的大小。

第一，对损害行为进行标准化的能力。对于很难标准化的行为，运用司法权可能效率更高。对于对冲基金破产而言，其破产标准的确认涉及复杂金融产品估值等高难度技术性问题，专业性很强，如果由司法机关进行确认，则需要非常高的成本，而且存在相当大的难度，但监管当局可以以合理成本将其标准化。因为监管者作为对冲基金的日常监督者，制定了众多的监管标准和规章制度，同时他们也拥有熟悉金融业务运营的专业人员和相应的设备设施。因此，对于破产标准的界定、破产申请的批准、抵销与净额结算条款效力的认定、是否需要施加必要的监管干预以控制系统性风险等专业性较强的事项，监管当局最有发言权。

第二，预期损害的程度和负外部性的大小。如果预期损害的程度低或范围较小，可以通过行使司法权来进行公权力救济，比如当受害人可能遭受的损害较小，或当仅有少数受害人受潜在损害行为的影响时，便是这种情况。相反，如果预期损害的程度相当大或者预期损害处理不及时将会带来更大损害时，则由监管机关主动运用行政权进行处理效果更好。由于金融监管当局的主动式执法可以通过持续监督和调查等方式，能试图预防损害的发生，而司法救济具有被动性和滞后性，在法律不完备情况下不能充分发挥阻吓作用，它只能是一种事后救济，这样一旦当高杠杆对冲基金运营失败可能引发金融市场动荡时，就会出现“传染效应”和“羊群效应”。所以此时运用行政权比司法权更能有效地维护金融稳定。因此，对对冲基金破产来说，当出现破产财产分配、破产财产甄别、破产债权确认等涉及当事人财产和财产性权利确认的时候，由于预期危害程度较小，上述系列事项可以通过司法权来救济，对涉及金融市场秩序、稳定和系统性风险等重大问题，则应该由具有主动性、快速性的行政性监管权来进行处理。同时，对金融机构破产程序的启动和宣告破产的裁定、变更与终止的事项，均由于涉及程序性问题与《民事诉讼法》有关，也应当用司法权来进行解决。

综上所述，本书认为，在当前对冲基金破产法律不完备的条件下，如果一项损害行为能够加以标准化，并且该行为继续下去会产生大量负外部性，则行政权的运用优于司法权的运用。除此之外，由司法权进行执法仍然是最优的。换言之，在只有次优选择的现实世界里，涉及技术性、专业性的事项，由监管机构来决定，而涉及破产金融机构财产或财产性权利确认、变更和终止的事项，由法院来决定建立在不同权力比较优势基础上的混合型对冲基金破产程序是较为理想的破产程序。

3. 对冲基金混合型破产程序框架的设计思路

本书认为，在依据理想状态三棱锥模式构建对冲基金破产法律制度的过程中，作为一项法律制度的安排，没有法院的参与和司法权的行使，无法体现破产制度的法律化、规范化调整的机制，也就无法发挥法院在债权债务分配中作为最终裁判人的功能。对冲基金破产与普通企业破产不同，对冲基金破产的复杂性和高度专业性决定了法院在破产中的作用有局限性。当前对冲基金破产法律体系的不完备性、滞后性、片面性决定了需要按照比较优势原则将剩余执法权分配给监管者。但行政权过分强制地配置资源会扼杀经济主体的自觉性，扭曲市场规律。因此，对冲基金破产立法中应该建立监管当局的适度干预机制。该机制包含两层含义：第一，金融机构破产需要监管当局公权力的干预。这就要求在构建对冲基金破产退出机制时，要明确金融监管当局的地位，合理界定监管者的权利、义务。监管当局应当拥有破产申请权、公募对冲基金和具有系统性影响的私募对冲基金的破产同意权、以防范系统性风险为目的的必要情况下的监管干预权、以任职和市场准入资格惩戒为主的对冲基金破产法律责任追究权等。第二，监管当局行政权的运用必须适度。不完备法律理论的标准化的能力标准以及预期损害的程度标准为适度的行政干预提供了一种思路。如果一项损害行为可以标准化，并且该行为继续下去会产生大量负外部性，则行政权的运用优于司法权运用。除此之外，由法院执法仍然是最优的。总之，理想状态的对冲基金破产程序是一种涉及专业性、技术性的事项由金融监管当局来决定，而涉及破产对冲基金财产或财产性权利确认、变更和终止的事项由法院来认定的混合型破产程序。

第二节 对冲基金破产中的净额结算

实践中绝大多数对冲基金将遵守《破产法》清算规则退出市场。对于大量参与金融衍生产品交易并且可以不受限制地使用杠杆的对冲基金而言，能否有序破产的关键取决于两个因素：一是金融业务实践中形成的降低风险敞口的行业惯例，如提前终止和净额结算条款的法律效力是否得到《破产法》认可；二是金融合约本身是否可以豁免适用《破产法》的“自动中止”偿付条款，使债权人得以迅速行使提前中止和净额结算等合约项下的权利。本节讨论抵销、净额结算等ISDA主协议下风险缓释条款的含义，沿受保护协议、受保护主体和受保护权利三个维度分析主要金融市场国家《破产法》中对抵销与净额结算条款的认可与支持情况，并在揭示抵销与净额结算条款破产清算作用两重性的基础上分析如何通过必要的监管干预控制和消除上述风险缓释条款的负面影响。

一、ISDA 主协议下的风险缓释条款

场外交易是当前金融衍生品交易的主流，与场内交易相比，具有宽松灵活的特点，但作为特定交易主体通过个别谈判达成的交易，要交易各方在每一笔交易中对每一项交易条件进行谈判并不现实，为此，一些国际组织开始制定适用于场外交易的标准化协议，其中国际互换和衍生交易协会（International Swap and Derivatives Association，ISDA）发布的一系列标准化协议影响力最大，而其中最重要、应用最广泛的是主协议。与对冲基金日常运营和市场退出关系最为密切的是以抵销和净额结算原则为主的风险缓释条款。在 ISDA 主协议中，抵销、支付净额结算、终止净额结算有各自不同的内涵，首先必须辨析上述概念之间的联系与区别。

1. 抵销

2002 年版 ISDA 主协议中，抵销条款的位置从 1992 年版的附件移至正文第 6（f）条，显示该原则重要性的提升。其具体内容是：在出现违约方或发生因合并造成的信用事件而产生一个受影响方的情况下，或发生任何其他终止事件而所有未完成交易变成受影响交易时，一方（简称“付款人”）应向另一方（简称“收款人”）支付的任何提前终止款项（Any Early Termination Amount Payable to One Party（the “Payee”）by the Other Party（the “Payer”））将按守约方或不受影响方（视情况而定，以下简称“X”方）的选择（并在无须事先通知违约方或受影响方（视情况而定））的情况下用于通过抵销来扣减收款人应向付款人支付的任何其他款项（简称“其他款项”）(Be Reduced by Its Set-off Against any Other Amounts（“Other Amount”）Payable by the Payee to the Payer)（无论其是否是本协议下产生的、是到期的还是或有的，也无须考虑该债务的货种、支付地点或债务入册的地点）。在任何其他款项以此方式抵销时，此等其他款项将被立即全面解除。“X” 方将通知另一方根据本第 6（f）条实施的任何抵销。

2002 年版 ISDA 主协议在正文部分还明确提出了两个概念：“提前终止款项”和“任何其他款项”。提前终止款项是交易双方经过终止净额结算后最终的付款。根据单一协议条款，由 ISDA 文件中的确认书、主协议及附件、信用支持文件共同构成的一个单一协议，在发生提前终止事件后，这些协议都属于终止净额结算金额的计算范围。任何其他款项是指交易双方在其他合同项下的应付款项。

因此，ISDA 主协议中的抵销除了具有两个或两个以上债进行冲抵的意义外，着重强调了提前终止款项与其他款项之间进行冲抵的含义。

2. 净额结算

在 ISDA 主协议中，净额结算条款分为两种类型：支付净额结算条款和终止净额结算条款。前者是在合同正常履行情况下的净额结算，后者是在合同出现非正常终止情形下的净额结算。与 1992 年版本相比，在 2002 年版本的 ISDA 主协议中，支付净额结算和终止净额结算的具体含义都未改变，但两者的确切名词都在主协议正文中进行了明确规定，显示两个概念在金融衍生产品交易实践中作用的上升。

（1）支付净额结算。1992 年 ISDA 主协议中，规定支付净额结算的条款是第 2（c）条，其表述为："如果任何日期双方均须以相同货币并且就相同交易向另一方付款，双方支付该款项的义务将于当日自动地完成及解除。如果一方本应支付的总额高于对方本应支付的总额，双方的付款义务则为支付较大总额一方向另一方支付较大总额与较少总额之差的义务所取代。双方可就两项或两项以上的交易，选择在同一日期以相同货币支付的所有款项进行净额结算，不论这些付款是否关于同一笔交易。"2002 年 ISDA 主协议中，第 2 条义务中第（c）款中的标题已经改变为支付净额结算，主要内容与含义没有变化。

（2）终止净额结算。在 1992 年 ISDA 主协议中，对终止净额结算的规定体现在第 6 条中。与支付净额结算不同，该条对于终止净额结算的规定并没有"净额结算"或者"终止净额结算"字样可供使用者识别。但完整理解第 6 条规定，可以得出 ISDA 主协议规定了终止净额结算这一结论。第 6 条共五款，其中第（a）、（b）款分别以"违约事件后的终止权利"与"终止事件后的终止权利"为标题规定了在有关事件发生后，当事人可以依据两种不同情况按照协议规定来指定协议的"提前终止日"。同时第（c）款以"指定的效力"为标题规定了协议缔约方指定提前终止日时的效力。这三个条款实际上规定了缔约方终止合同的权利。第（d）款以"计算"为标题，是对双方在终止协议进行净额结算的有关细节的规定，比如对于计算方式、方法的通报，对于支付终止净额结算款项的账户及付款时间的安排等。第（e）款以"提前终止的付款"为标题详细规定了在协议提前终止情况下，对 ISDA 主协议下所有交易进行净额结算的方式。但该款最重要的目的是将协议内的交易进行净额结算，从而得出一个"在提前终止日应支付的数额"。

在 2002 年 ISDA 主协议中，第 6 条的大标题已经由"提前终止"四个字变为"提前终止：终止净额结算"。关于计算终止净额结算的主要内容、含义没有变化，突出明确了终止净额结算作为主要条款的地位。

3. 概念比较分析

在 ISDA 主协议中，支付净额结算的前提是 ISDA 主协议下的所有交易都处在正常履行过程中，为了履行交易义务而需要进行支付时，采用轧差支付方式。

在这个过程中，没有任何事件影响缔约方所期待的协议项下的权利、义务的正常履行。与支付净额结算不同，终止净额结算的前提是出现违约事件或终止事件。这时协议的正常履行被破坏，在 ISDA 文件下的所有相关交易合同和信用支持文件都被提前终止。终止净额结算是将交易双方在 ISDA 文件下所有相关的收付义务的盯市价值经过轧差计算出一个最终净支付金额。净额终止结算并不是 ISDA 文件下每笔交易互相独立的义务之间（The Separate Obligations Owned under Each Transaction）进行相互抵销，而是为所有的交易确立了一个净义务（Create One Net Obligation for All Transaction）。[①]

ISDA 主协议中的抵销也是在协议出现提前终止的情况下才适用。其含义是指在 ISDA 文件下的提前终止款项与相同缔约方之间的 ISDA 文件以外的其他协议项下的未付金额进行轧差计算，是独立义务之间进行冲抵。

三大概念之间的主要区别体现在行使时间上具有相继性。当对冲基金与场外衍生产品交易对方签署 ISDA 协议并完成交易后，当双方都正常履行合同时，那么就使用支付净额结算方式进行收付。如果出现协议规定的导致协议提前终止的违约事件或终止事件时，那么先使用终止净额结算方法计算出在 ISDA 文件下的提前终止款项，然后再将此净额与交易双方其他协议项下的收付金额进行抵销。[②]

二、各国《破产法》金融合约抵销和净额结算条款效力规定

比较场外衍生合约终止净额结算原则在英国、美国、日本、法国、德国等国《破产法》下的效力，笔者发现上述国家《破产法》要么原本就能确认终止净额结算的效力，要么为了确认该原则就对其做出例外处理，以此保证场外衍生产品的交易安全，并为包括对冲基金在内的交易者降低风险敞口、顺利退出市场提供了重要的机制与保障。

1. 美国《破产法》金融合约例外条款分析

迄今为止，美国对对冲基金破产领域仍然实行“不干涉”的方法，即作为衍生证券合约的交易对手根据《破产法典》执行清算。1978 年《破产法典》最初授予所有对冲基金“自动中止”的权利，该权利将禁止在得到破产法庭事先特别同意之外的债权人任何终止合约、追加保证金以及清算变现抵押物行为。随着金融市场的不断发展，立法者逐渐意识到否认终止净额结算等交易惯例的行为无助于

---

① 见 ISDA 首席执行官 Robert G. Pickel 在 2004 年 11 月 24 日致俄罗斯联邦金融市场服务部部长 Oleg Vyugin 的信，p. 5，Available at：www.isda.org。

② 汪泽：《论场外衍生产品的法律规制——以 ISDA 文件为研究对象》，对外经济贸易大学博士学位论文，2006 年，第 55 页。

保护衍生市场的流动性，必须通过提供必要的豁免并拓展到更广范围的衍生证券合约以及破产提交后债权人的活动。因为如果对冲基金申请破产保护，自动中止程序和避免权将阻止债权人迅速清算其头寸，所导致的流动性丧失将传导到全球金融市场并产生毁灭性后果。美国国会认为："迅速结清破产者的头寸一般有利于减少潜在重大损失和破产的链式反应，这种情况可能在市场迅速朝错误方向移动的时候出现。"[①] 因此，随着金融市场实践的发展和市场交易惯例的逐步确立，美国立法者逐步拓展金融衍生合约破产安全港，按照受保护协议、受保护主体、受保护权利这三维路径渐进地扩大适用的合约种类和受保护债权人范围，在此进程中同步确立提前终止和净额结算契约条款的破产法适用效力。

（1）金融衍生合约破产安全规则。根据 1978 年《破产法典》，终止净额结算和抵销条款直接违反法典第 362 节的规定。鉴于许多金融工具独特的动量特性，拖延终止已违约合同可能对未违约的一方带来非常重大的负面经济影响。[②] 为此，1982 年、1984 年、1990 年美国国会三次修订《破产法》，逐步扩大金融衍生合约破产安全港的保护范围，确立了衍生产品合约破产安全港规则框架。包括：

1）受保护协议。通过三次修法不断扩充，受保护协议范围包括证券合约、商品合约、远期合约、回购协议、互换协议。

2）受保护主体。修正案将资格限制于参与证券市场活动并将其作为重要的日常业务的主体。包括：第一，证券合同主体，即股票经纪商、金融机构和证券清算机构；[③] 第二，商品和远期合约主体；第三，回购协议主体，即任何在提交破产申请日前 90 天内这段期间，持有债务人未清偿回购协议的当事人；第四，互换协议主体。

3）受保护权利。根据修正案，《破产法》对衍生证券合约的债务人对冲基金和非债务人实行区别对待，有关规定的效果非常相似。《破产法》典第 555、556、

---

① William Gray Jr and Kevin R. Toole，Salans，"Hedge Funds and US Insolvency Law"，Iain Cullen & Helen Parry，ed. *Hedge Funds*：*Law and Regulation*，*Sweet & Maxwell*，London. 2001.

② Pub. L. No. 97-222（July27，1992）。在 Lombard-Wall，Inc.案例中，该公司通过回购协议投资的许多证券由其清算代理人银行家信托持有。破产法庭认为回购协议属于担保贷款，交易底层的证券属于贷款抵押品。由于证券被视为抵押品，因此属于破产财产并受法典自动中止程序保护。结果，合约非债务人银行家信托被禁止清算处理证券，而被迫承受破产程序执行期间市场价格变动的风险。在案例中，L-W 公司继续管理基金和清算头寸以最大可能恢复投资，这种"摘樱桃"的过程，最终导致银行家信托承受重大损失，因为其被迫等待破产程序结束来实现自身债权权益并且要支付各种以债务人名义持有的证券。该案例引起金融行业广泛关注，即衍生证券合约非债务人一方对自动中止程序的脆弱性，这是推动《破产法修正案》的主要动力。参见 William Gray Jr and Kevin R. Toole，Salans，"Hedge Funds and US Insolvency Law"，Iain Cullen & Helen Parry，ed. *Hedge Funds*：*Law and Regulation*，*Sweet & Maxwell*，London. 2001。

③ 股票经纪人：代表客户为他人账户从事证券交易；金融机构：商业/储蓄银行、行业储蓄银行、储蓄贷款机构、作为客户代理人或托管人的信托公司，也包括经纪公司、投资公司和保险公司；证券清算机构：根据 1934 年《证券交易法》第 17 节 A 注册的清算机构。

559、560 节豁免规定的实质是阻止下列破产对冲基金保护机制条款的适用：包括第 362 节自动中止条款；第 547 节债务人和受信托人宣布转让无效的权利；第 548 节欺诈性财产转让；第 365 节债务人对合约的承担权与拒绝权。

第 362 节（b）项第 6、7、17 款的自动中止豁免条款赋予对冲基金债权人如下两项权利：

第一，清算处置权，可以清算出售抵押品或债务人金融工具下的头寸，由此确定基于清算产生的损失或损害。由于上述情况下可以迅速出清头寸，可以使债权人尽可能减少损失。

第二，抵销权，如果被保护人持有债务人与所清算合约协议相关联的其他资产，如现金、证券或商品，或者出现这样的情况：在所清算的合约协议下违约方应对受保护方支付，而在其他合同协议下违约方享有债权，则受保护方很可能实施抵销。一旦确定终止合约下的损失，受保护方就可以运用所持有现金或出售非现金资产的资金或债务人源于其他合约协议下的债权，来对冲清算抵押品所造成的损失。

（2）2005 年《破产改革法》的发展。2005 年美国《破产改革法》延续了《破产法典》此前对于金融合约所给予的安全港保护，即对破产约定条款无效、自动中止、限制偏颇和欺诈性转让等破产程序核心机制豁免适用，并且在受保护交易和受保护主体的范围上均显著扩大。尤其是在金融衍生产品方面，实质上覆盖了几乎所有可能的衍生交易，从“特定保护”发展到“市场保护”。[①]

1）扩大受保护协议范围。2005 年《破产改革法》维持了证券合约、回购协议、互换协议、远期合约和商品期货合约这五种受保护交易的基本类别，但对各个类别的定义都进行了更新。从形式上看，现在每种类别的定义都首先对该类别本身进行描述，然后列举相关交易，如结合该类别下数种不同子产品的组合合约、交易该类别产品的期权合约、涉及该类别产品的总协议（Master Agreement）或担保协议等。对于产品本身的描述也反映交易所和柜台市场发展的现实，清单的范围有所扩大。最重要的是，新定义都增加了开放式条款（Opening Clause），允许同已明确列举的交易“相似”（Similar）的任何其他交易享受安全港保护。

更重要的是，法案通过互换协议涵盖了所有衍生产品交易。在《破产改革法》下，“互换”除继续涵盖上述交易外，还包括了针对同样标的物（货币、利率、商品）的期货、期权和远期协议；股权或债权互换、期货、期权和远期协议；全回报、信贷差额或信贷互换、期货、期权和远期协议；天气互换、天气期权、天气衍生产品等。在作了如此详尽的列举之后，法案仍然照例加上了一个开

① 廖凡：《美国破产法金融合约例外条款评析》，《证券市场导报》2007 年第 5 期。

放式条款，以确保所有“相似”的协议也能够被涵盖。[①]

上述修订实质上使得新的“互换”涵盖了金融衍生市场上的所有交易，[②]包括那些已经由法案别的条款给予相对有限保护的特定交易，如期权、远期和商品期货，因为几乎没有哪种金融衍生产品能置身该定义之外。同时，这些修订在实质上也将安全港扩展到了金融衍生合约的任何相对方，因为《破产改革法》对于“互换参与人”的定义并未改动，仍然是指“在破产申请提起之日前任何时候同债务人有未结互换协议的任何实体”。[③]这样，在金融衍生产品领域，《破产改革法》通过对“互换”定义的修订，事实上将金融合约安全港从保护特定主体推进到了保护整个市场。

2）扩大受保护主体范围。《破产改革法》在保留“受保护主体”概念的基础上，通过加入“金融参与人”（Financial Participant）使其范围有所扩大。金融参与人包括两类主体：一是结算组织；二是在破产申请提交之日前15个月内的任何时点所拥有的受保护合约的总价值，名义或实际本金数额（Nominal or Actual Principal Amount）不少于10亿美元，或逐日盯市头寸（Mark-to-Market Position）不少于1亿美元的任何机构。[④]换言之，在证券合约、商品期货合约和远期合约中，相对方现在享受豁免待遇不再仅仅取决于特定职业属性，也可以源自交易的金额（及其所代表的利益/风险）。这意味着大型对冲基金也可以纳入受保护主体范围，在交易对手金融机构破产时，符合条件的对冲基金也可以享受破产安全港的保护，运用衍生产品合约中的提前终止和净额结算条款降低交易对手信用风险敞口，这使《破产法》由对债务人对冲基金交易对手的单向保护拓展到对交易主体双方的平等保护。2008年初全球第三大主经纪人贝尔斯登濒临破产的案例充分证明双向平等保护的重要性，它可以避免大量从事衍生产品交易的大型对冲基金在交易对手濒临倒闭时，因自身无法获得破产安全港保护而陷入困境，引发多米诺骨牌效应。[⑤]

（3）明确跨产品净额结算条款的效力。此前由于豁免内容都是在各个类别下分别规定的，对于这些豁免能否跨交易类别行使并无说明，这就使得相对方跨类

① BAPCPA§907（a）（1）（E）（to be codified at 11 U.S.C.§101（53B）（A））.

② 几乎所有金融衍生产品合约都可以体现为期权、远期（期货实质上是标准化了的远期合约）和互换的某种形式的结合。参见 Norman M. Feder，Deconstructing Over-The-Counter Derivatives，2002 Colum. Bus. L. Rev. pp.677- 691。

③ 11 U.S.C.§§101（53C）（2002）.

④ BAPCPA § 907（b）（2）（to be codified at 11 U.S.C.§101（22A））.

⑤ 虽然其他金融机构也面临类似问题，但其一方面多数已经纳入破产安全港保护范围，另一方面具有稳定的资本来源而不会出现投资者挤兑出现流动性风险，而后者对对冲基金而言至关重要。

别行使约定权利能否享受安全港保护处于不确定状态。[①] 为解决此问题，2005 年《破产改革法》在上述五种基本类别之上增加了一个概括性的"总冲抵协议"（Master Netting Agreement），即规定在上述五类金融交易之内或之间行使冲抵、终止或加速到期等权利的协议，将之也纳入保护范围。这意味着只要是在总冲抵协议涵盖范围之内，相对方就可以跨交易类别对所有相关金融合约行使冲抵等权利，而仍然享有安全港条款所给予的豁免待遇。

综上所述，美国通过修订《破产法》，沿受保护协议、受保护主体、受保护权利三条路径不断拓展金融衍生合约破产安全港的适用范围，显著地提升了市场主体与对冲基金交易的信心，有力地推动了对冲基金行业的发展。

2. 其他金融市场发达国家的相关规定

除美国以外，英国、法国、德国、日本等主要金融市场也在破产法和其他立法中明确了衍生产品合约抵销和终止净额结算条款的效力。

（1）英国。在英国，抵销权和净额结算条款的效力是通过判例和成文法的修订逐步得到确认的。受 British Eagle v. Air France 一案的影响，英国场外衍生产品市场参与者在施行净额结算制度时面临许多困难，[②] 上议院起初判决认为通过合同进行抵销和净额结算安排在破产时不能违反《破产法》，否则就有违公共政策从而无效。由于许多主协议下都有双边净额结算条款，这些条款在一方破产时可能无法得到执行，引发了巨大的争议。为保护英国金融市场的声誉，议会决定修改法律以解决上议院判决所引发的不确定。1989 年《英国公司法》第七部分制定了保护条款，确认了通过得到认可的交易所或清算所（Recognised Investment Exchanges or Recognized Clearinghouses）进行的净额结算优先于《破产法》的执行，从而确保了这种净额结算安排的可执行性。[③] 但是，该法并没有涉及场外衍生产品市场，因此，场外衍生产品市场净额结算安排在破产时的效力仍存在不确定性。最终通过 Stein v. Blake 案的判决，英国上议院确认了场外衍生产品中的参与者破产诉讼中的抵销权，并且澄清抵销权可以在缔约方互付的债务中进行抵销。

2005 年 4 月 1 日，英国《破产规则（修正案）》（The Insolvency Rules 2005）（Amendment）开始生效。该规则对 1986 年《破产规则》（The Insolvency Rules 1986）中的 4.90 规则和 2.85 规则进行了修正，强化了破产抵销的效力。此前，《破产规则》并没有明确规定对欠破产人的或有债务进行抵销的问题，2005《破产规则》修改了上述两条规则，明确规定：只要是在破产日之前存在的义务

① Allen & Overy Memorandum on US Netting Legislation for ISDA, at 2 (April 2, 2001), Available at http://www.isda.org/speeches/pdf/memorandum_for_ISDA-US-Netting-legislation.pdf, last visited Aug. 5, 2008.

② [1975] 1WLR 758，转引自汪泽《论场外衍生产品的法律规制——以 ISDA 文件为研究对象》，对外经济贸易大学博士学位论文，2006 年，第 60 页。

③ Section 159 of the Companies Act 1989 (UK).

(Obligation) 所导致的欠破产人的或破产人所欠的或有债务和未来债务 (Future Debts) 都可以进行抵销。

(2) 法国。一般而言，法国公司破产时，合同约定的终止权利无效。[①] 但金融工具净额结算立法明确赋予在金融工具交易中终止净额结算条款的效力。[②] 该条款确认了自动提前终止条款的效力，同时也赋予了相关主协议终止、估值和抵销安排的效力。该条允许基于金融工具的互负债务的抵销，受保护金融工具包括股票、债务工具、投资公司中的股份和“远期金融工具”，且上述工具必须在金融市场委员会的监管之下或者与国内或国际市场主协议的原则相一致的主协议管辖之下。

(3) 德国。1999 年生效的德国新《破产法》对于衍生产品中的终止净额结算制度给予特别对待。其受保护主体包括信用机构、金融服务机构、保险公司和其他企业 (例如股份公司、有限责任公司、股份有限合伙、注册合作机构、普通合伙和有限责任合伙)。德国破产法认为在破产程序启动之前，无论通过通知程序还是自动程序，终止权利都有效。根据《破产法》第 94 条，破产债权人在破产程序启动时依然享有抵销权，而且如果涉及与“金融工具”交易相关的主协议时,《破产法》将该主协议视为单一协议。在该法中定义的“金融交易”包括了所有常见的衍生产品，但一些信用保护交易被排除在外。

(4) 日本。在日本，与破产相关的主要法律包括《日本破产法》(The Bankruptcy Law of Japan，JBL) (适用于个人和公司)、《日本公司重整法》(The Corporate Reorganization Law of Japan，CRL) (适用于准备重整的公司债务人)、《民事再生法》(The Civil Rehabilitation Law，CIRL)、关于金融机构重整的特别规定的法律 (将公司重整法适用于合作金融机构)、《商法》中与特别清算和重整相关的规定 (适用于合资企业以及非大型企业)。在 1998 年还制定了关于金融机构成交的特别金融交易的《终止净额结算法》(The Law Concerning Close-out Netting of Specified Financial Transactions to be Entered into by Financial Institutions，简称《净额结算法》)。[③] 在制定《净额结算法》之前，在日本的破产法律体系中终止和终止净额结算的效力都得到认可。1998 年《净额结算法》再次确认了金融机构从事特定金融交易的净额结算受到保护。根据《净额结算法》规定，终止净额结算必须在破产申请提交之时或公司重整程序开始时自动生效。它只限于管辖两个或多个特定金融交易的主协议。只要主协议做出规定，《净额结算法》

① Article L.621-28 and Article L.621-49 of the Commercial Code.

② Article L.431-7 of the Monetary and Financial Code.

③ 汪泽:《论场外衍生产品的法律规制——以 ISDA 文件为研究对象》，对外经济贸易大学博士学位论文，2006 年，第 71 页。

也可适用一笔交易。特定金融交易包括大多数衍生产品，还可以根据财政部的部门规章扩展，但是不包括实物交割的商品合同。该法只用于交易方中至少有一方为合格金融机构的交易。对于非特定金融产品或交易方都不属于合格的金融机构时，只能依据 1998 年《净额结算法》以前的破产法律，不过这些法律都将终止净额结算看做抵销而加以承认。因此，在日本事实上不论交易主体资格怎样，终止净额结算条款的抵销效力都得到普遍承认。

综上所述，各主要国家都在《破产法》或其他立法中明确了衍生产品合约抵销和净额结算条款的效力，以此提高本国金融市场的信誉。上述立法通过提高衍生产品协议条款的法律确定性，极大地推动了对冲基金在全球市场的发展。

三、抵销与净额结算条款在对冲基金破产中的作用

衍生工具合约抵销和净额结算条款虽然不是专门针对对冲基金设立，但它们通过保护破产对冲基金债权人及时抵销不同合约之间的浮动盈亏、降低信用风险敞口发挥了减震器作用，提高了金融市场稳定性，促进了失败对冲基金有序退出。在特殊市场环境下，上述权利由于豁免《破产法》自动终止条款，可能触发债权人挤兑现象，成为市场动荡的引擎，因此必须辩证地看待抵销权与净额结算条款的“双刃剑”作用。

1. 正常市场条件下的减震器

提前终止，是指根据主协议规定在某些特定事件出现时终止一项或多项合约并计算针对违约方的净债权或净债务额度的权利。终止债权债务金额一般是基于提前终止时点的合约价值。在交易对手违约条件下终止有关金融市场合约的能力对于市场主体有效管理市场风险和信用风险至关重要。没有这些权利，合约主体将面临合约最终是否履行的重大不确定性，导致市场风险无法控制。通过提供在合约一方违约时终止合约执行的权利，市场主体可以移除合约可否履行的不确定性，锁定该时点的合约价值，并尝试重新对冲其头寸。提前终止与净额结算相生相伴，后者也是一种当金融合约一方违约时有效地降低风险机制的合约权利。净额结算是指抵销、净额计算两方或多方主体之间的债权债务关系，目的在于确定上述主体之间债权债务单一净额。

在正常市场条件下，由于豁免适用自动清偿机制，衍生合约交易对手可以自由终止合约并在抵销后有净债权的前提下控制抵押资产，这种机制对于阻止“一家商品企业或证券公司的资不抵债扩展到其他企业并可能威胁受影响市场崩溃”是必要的。[①] 换言之，抵销和终止净额结算条款不受限制的顺利实施有助于阻止由

① H. R. REP. No. 97-420，p.1.

于衍生产品交易对手无法立即与破产债务人清算衍生产品合约所可能造成的系统崩溃。具体而言，衍生产品交易对手可以执行终止净额结算条款，在债务人进入破产时终止未到期合约。此外，如果交易对手与债务人签订多份衍生合约，交易对手可以对每份合约的债权债务进行抵销。如果债务人提交保证金或其他抵押品，交易对手可以作为净债权人自由控制该抵押品。换言之，基于自动终止豁免，衍生合约交易对手可以最小化其对债务人清算导致的损失敞口。如果债务人提交的抵押品足以覆盖其义务，自动终止豁免机制有效地将交易对手敞口损失降低为 0。因此，抵押品价值是否稳定并足够涵盖交易对手敞口是能否实现减震器功效的关键因素。在市场流动性充足、抵押品价值稳定的情况下，交易对手使用提前终止和净额结算的权利可能减轻损失和缓和市场相继发生的不稳定。在发生违约的情况下，上述权利有助于通过降低潜在信用敞口规模提高市场整体稳定性，并由此降低一个市场参与者无法履行合约义务的不稳定因素传递到其他市场导致其他市场主体无法满足合约义务的可能。

总体看来，流动性充足的正常市场条件下提前终止合约权利和净额结算条款可以降低交易对手对某一违约方的信用敞口并由此降低多米诺骨牌效应和系统性风险。净额结算能力也可以通过允许交易对手之间在审慎信贷限额下进行更多的交易活动提高市场流动性，市场流动性的增加有助于进一步降低因市场参与者失败而导致的市场不稳定。近 30 年来包括创纪录损失 65 亿美元的不凋花对冲基金在内的绝大多数失败对冲基金顺利退出市场，充分证明了该机制的有效性。

2. 脆弱市场环境下触发系统性风险的引擎

任何事物皆有两面性，抵销与终止净额结算条款赋予交易对手豁免适用《破产法》自动中止清偿机制，这在高度脆弱、缺乏流动性的市场条件下可能引起债权人挤兑，反而成为触发系统性风险的引擎。

1998 年，美联储救援长期资本管理公司的根本原因恰恰就是出于对美国《破产法典》的担忧。《破产法典》豁免衍生产品合约交易对手遵守自动中止业务，因此，即使 LTCM 提交破产申请，衍生产品交易对手仍可以自由中止和清算合约。而且每个交易对手出于自利必然如此行事，因为在缺乏流动性的脆弱市场氛围下，第一个中止合约者标的资产抵押品销售价格较高，重新平衡衍生产品合约组合的成本较低，较晚中止合约者将发现抵押品销售价格显著降低，在每个交易对手都全力去做相同行为时，重新平衡非常困难。如果 LTCM 所有交易对手都采取步骤中止和清算衍生产品合约，其效果类似于对对冲基金资产进行“债权人挤兑”，金融市场上衍生产品交易对手的挤兑其效果类似银行挤兑，因为二者都可以导致以贱卖价格迅速大量清算资产。与此相反，如果衍生产品合约不豁免于自动中止机制，LTCM 所引发的问题可能不会具有系统性影响，也不大可能影响金融体系稳定。

破产链式反应可能在两种情况下触发系统性风险：

一是面临困境的交易对手是非常庞大的市场参与者，并由于未预期的经济波动导致市场流动性大幅度下降而遭受危难。长期资本事件是由俄罗斯展期国债偿还引起的，这一市场未预期事件导致逃向质量和逃向流动性现象，投资者抛弃高风险、低流动性产品而追逐安全、高流动性金融工具，极大地提高收益价差。[①] 假设 LTCM 申请破产，根据豁免自动中止的有关规定，交易对手终止合约控制抵押品，这不但无法避免破产链式反应的风险，事实上只会进一步恶化风险。因为 LTCM 的批发性资产头寸清算只会对少数交易对手有利：在缺乏流动性条件下，在多数交易对手有机会清算头寸之前，资产和抵押品价格会大幅度下降并且可能导致严重的冲击效应，原因在于其他交易对手和其他金融机构可能持有与 LTCM 相类似的头寸因而在不同市场上形成拥挤性交易。因此，在抵押品价值大幅度缩水，无法覆盖损失敞口的条件下，交易对手可能遭受严重损失，因而被迫对自身与其他主体之间的责任与义务违约。上述传导机制说明，为防范破产链式反应而豁免适用自动中止条款恰恰触发本欲避免的链式反应。这清楚解释了为什么当 LTCM 面临困境时，交易对手非但没有竞相清算头寸和控制抵押品，相反，在纽约联储鼓励下，联合出资 36 亿美元以确保 LTCM 继续运营，为交易对手提供以有序方式结清与长期资本管理公司衍生产品头寸的时间。对交易对手而言，出资救助面临失败的基金其成本远低于大规模清算头寸和抵押品可能导致损失的规模。

二是如果困厄交易对手是市场重大参与者，在与该交易对手交易过程中，各方普遍没有运用良好的风险管理实践。衍生产品交易对手与其他债权人一样，有强烈的动机审慎管理自身信用风险以避免损失造成金融危难。由于损失规模有限，小型衍生产品交易对手破产清算不会导致链式反应效果，即使向长期资本这样的大型交易对手破产也不应产生上述影响，除非交易对手普遍在与困厄主体交易时不审慎。

因此，关于 LTCM 引起系统性风险的案例的教训是：特定情况下这种危机正是由《破产法典》的有关豁免规定促成的，尽管其立法用意和实践结果在正常市场条件下非原本意图而且可以确保衍生产品市场稳定性。总之，长期资本事件表明对金融稳定的最重大威胁来自衍生产品交易对手由于豁免于《破产法》自动中止规定，可能挤兑一家或多家陷入财务金融困境的企业，造成流动性短缺并可能溢出到其他企业和市场，造成整个市场不稳定的传播。如果不存在系统性流动性短缺，并无理由认为衍生产品交易对手不能充分管理其交易对手风险，或无法在不触发破产链式反应的前提下吸收交易对手损失。

---

① Franklin R. Edwards, Edward R. Morrison, "Derivatives and the Bankruptcy Code: Why the Special Treatment?" *Yale Journal on Regulation*, Vol. 22, 2005.

3. 应对之策——必要的监管干预

前述讨论证明，正常市场条件下，《破产法》框架下对规模适中或头寸不过分集中或提交充足抵押品的失败对冲基金交易对手赋予抵销和终止净额结算权利，可以避免破产程序的耽搁并降低损失。因此，不受《破产法典》制约执行终止和净额结算合约的权利有助于降低金融市场其他参与者的不稳定性，通过提供必要的流动性来清算其他合约义务并降低出现一系列相互关联的违约的概率，降低发生系统性风险的可能。另外，在市场高度脆弱而缺乏流动性的危机时期，规模大、头寸集中、流动性低、交易拥挤的对冲基金会成为系统性风险的焦点，一旦其违约或失败触发许多交易对手的挤兑行为，即寻求同时终止或净额结算与失败对冲基金有关的头寸，可能严重影响市场功能的运转，这种扰乱的作用机制和途径来自贷款人试图努力清偿变现其低流动性抵押品、对市场价格的影响结果以及市场参与者随后重估剩余敞口的能力，在这种情况下，抵销和终止净额结算条款正是系统性风险的触发引擎。理论分析和市场实践证明，两种情况都可能发生。问题在于，如何设计适当的机制实现趋利避害。

首先，应当承认《破产法》赋予衍生产品合约特殊待遇的意义。在降低系统性风险之外，法典的规定还极大地降低了对冲风险的交易成本。普通破产清偿规则给债务人创造强有力的动机来拒绝所有输钱的合约（对损害给予极少支付）并接受所有赢钱的合约（享受所有权益），由于抵销权的有限适用，这种“摘樱桃”行为会对债权人产生严重不利影响。而《破产法》通过保护交易对手免受“摘樱桃”行为和提高控制抵押品速度来最小化遭遇金融危难可能发生的成本，促使交易对手更愿意参与衍生合约。对衍生产品交易对手而言，迅速控制现金、证券和其他抵押品是其他债权人所无法享受的利益与优势。因此，《破产法》上述降低成本的特征给交易对手提供了强有力的动机与对冲基金进行衍生产品交易，即使对手方对冲基金有很高的破产清算概率。事实上，许多经济学家认为《破产法》关于衍生产品特殊待遇规则的主要好处是显著提高了场外衍生产品合约的可获得性并降低对冲风险成本。[①] 场外衍生产品市场的流动性提升和企业更方便地进入衍生产品合约使企业得以更好地对冲风险。

其次，就防范控制系统性风险而言，鉴于多年以来主要金融市场大量失败对冲基金都实现了顺利退市，包括引发创纪录65亿美元损失的不凋花基金，这证明《破产法》及其衍生产品豁免规则对对冲基金市场退出的适用性，因此应在《破产法》明确抵销和净额结算条款的效力，并允许衍生产品非违约方实施广泛

---

① William J. Bergman et al., *Netting, Financial Contracts and Banks: The Economic Implication* 30 -32. August 2003.

的抵销权，包括利用多产品主协议和多主协议。[①] 正常情况下失败对冲基金纳入《破产法》框架清算退市是对冲基金市场退出制度的主体和常态。

最后，基于系统性风险的极端危害性，绝不能忽视衍生产品豁免规则在特定市场条件下触发系统性风险的可能。关键一是要明确发生这种情况的市场和交易主体特征。根据目前唯一实际发生的案例 LTCM 的分析，在市场整体非常脆弱而关联度上升、失败对冲基金管理资产和敞口规模巨大而且集中，交易对手数量众多的情况下，债权人挤兑行为可能触发系统性风险。二是要注意由于破产法典的目标是重组失去清偿力的主体和最大化对债权人支付，一般不会授予包括监管者在内的第三方参与破产程序的权利。[②] 因此，《破产法》并不存在内部机制考虑破产法庭、信托人和第三方破产行为导致的系统性影响。有鉴于此，以防范控制系统性风险为己任的监管者必须加强对失败对冲基金市场退出流程的监督，在必要时及时出手组织救助。[③] 归根结底，在失败对冲基金市场退出问题上，应以破产法相关条款为基础但又不能完全依赖《破产法》。所以，在坚持对冲基金破产司法主导程序基础上，应当在《破产法》中明确赋予监管机构一定的干预权力，在加强准入和运营流程监管的基础上，对具有系统性影响的对冲基金危机，监管机构可以依职权采取必要的救助或其他干预措施，阻止对冲基金债权人挤兑行为的发生。具有系统性影响的对冲基金如果申请破产要征得监管机构同意。

第三节　对冲基金跨境破产的法律协调问题

跨境破产是指含有国际因素或不同法域因素的破产，主要表现为在一个破产案件中，债权人、债务人或破产财产位于两个以上的国家或法域，或者破产债权

① 1999 年交易对手风险管理集团建议，在准据法允许的前提下，应当允许非违约方实施广泛的抵销权，包括：第一，非违约方抵销针对违约方义务的权利；第二，非违约方在其他交易或其他文本下对违约方的义务；第三，与其他交易或在其他文本下非违约方持有的违约方的抵押品和财产；第四，在其他合约或其他交易下非违约方附属企业对违约方的义务；第五，与其他交易或在其他文本下非违约方附属企业持有的违约方的抵押品和财产；第六，在其他合约或其他交易下非违约方对违约方附属企业的义务；第七，与其他交易或在其他文本下非违约方持有的违约方附属企业的抵押品和财产；第八，非违约被担保人向被担保人附属企业转移超额抵押品为该附属企业义务提供担保权利。

② President's Working Group, Hedge Funds, Leverage and Long-Term Capital Management, 1999, p. 48.

③ 虽然美国政府无法真正意义上监管活跃的对冲基金，但正试图寻求方式监督濒临倒闭的基金。财政部部长保尔森宣称在破产清算环节，需要更多权力来管理诸如大型对冲基金在内的大型非存款机构的重组和减记，以限制其失败对金融体系的影响。参见 Maurna Desmond, Paulson Eyes Sickly Hedge Funds, July 22, 2008。

是受外国法支配的一项交易而产生。[①] 跨境破产的特征包括：一是破产主体涉外，即破产债务人或债权人全部或部分为外国人或外国组织，此时在一国开始的破产程序会涉及外国债权人的承认与清偿问题；二是破产客体即破产人的财产或财产权利位于国外或一国不同法域，此时开始的破产程序会涉及外国或其他法域的财产是否归入破产财产，破产的法律适用以及一国破产宣告是否具有域外效力的问题；三是破产内容即债权债务关系发生在国外或其他法域，此时会涉及破产案件的管辖权、法律适用等问题。

任何跨越一国国界在许多金融市场同时从事业务的金融企业破产都会引起上述复杂的法律冲突问题，这些法律冲突在任何一个国家或司法辖区的法律及监管规则下都无法得到解决。对于对冲基金而言，其跨国运营的特点更为明显，成为整个行业的重要运营特征。根据 Lipper TASS 数据库对全球对冲基金注册地与基金投资管理人注册地分布的统计，截至 2008 年 3 月，多数对冲基金为获得税收优惠和低监管约束的便利，倾向选择在开曼群岛等离岸金融中心注册成立；基金管理人为顺利实施投资策略，倾向于贴近市场，多在纽约、伦敦等国际金融中心注册登记，而在全球范围寻求定价不当机会以获取最大化利润的追求促使对冲基金进入多个市场运作，其交易对手、持有的资产和提交的场外衍生产品交易抵押品可能分布于全球许多市场。在这种情况下，一旦对冲基金运营失败，位于不同国家的交易对手为保护自身利益倾向于迅速执行抵销和净额结算条款并控制对冲基金资产和所提交抵押品，此时如果失败对冲基金或其交易对手在本司法辖区申请对冲基金破产，可能引发复杂的破产对冲基金管辖争议，延长破产程序的持续时间，降低资产实际清偿比率，最终损害债权人整体利益并可能在全球金融市场触发系统性风险，因此，如何建立适当机制协调处理对冲基金跨国破产问题就至关重要。

一、长期资本基金跨国破产案例分析

1998 年长期资本管理公司运营失败之所以能引发美国甚至全球金融市场动荡，一个重要原因就是长期资本基金和基金管理公司分别在开曼群岛和美国成立，因此申请破产涉及复杂的跨国破产法律协调问题，导致破产程序可能旷日持久而放大市场恐惧与担忧。美国《破产法典》的两个修正案导致在美国实施长期资本公司破产程序面临很大的法律不确定性：一是类似长期资本基金这样的在海外组建但在美国有大量业务运营行为的基金是否可以根据美国法律向美国法庭申请作为主破产程序；二是破产外国债务人的交易对手是否可以迅速清算其美国抵

① 王晓琼：《跨境破产中的法律冲突问题研究》，北京大学出版社 2008 年版，第 11页。

押品。

美国《破产法》管辖非银行债务人在美国的破产行为。尽管长期资本基金的管理人组建于美国，但另一独立的法人主体长期资本管理基金自身组建于开曼群岛。危机时期市场传说长期资本基金自身将根据开曼群岛法律，向开曼群岛法庭寻求破产保护，如此一来，美国破产程序对开曼群岛的主破产程序只是一种辅助性质。美国《破产法》第 304 节规定了美国破产法庭是否应遵从外国主破产程序的具体规则，但《破产法》没有明确规定什么情况下债务人的主破产程序必须在美国法庭执行。具体而言，外国破产程序的破产受托人及其代表可以在美国申请认定美国破产程序为辅助程序，以保护外国债务人在美国的资产，即推翻美国破产法庭的管辖。为此需要满足以下三个条件：

第一，一个外国破产程序已经针对债务人实施；

第二，申请人为外国代表，因此有权根据美国《破产法》第 304 节提出申请；

第三，债务人的资产位于该破产申请提交的司法辖区以外。

在这种情况下，如果诸如长期资本基金在内的对冲基金在开曼群岛等非美国司法辖区申请破产保护，《破产法》第 304 节允许非美国法庭任命的破产管理人向美国破产法庭申请禁令。[①] 外国破产管理人将根据禁令临时冻结美国债权人影响破产主体美国资产处置的行动，在市场动荡时期，即使暂时冻结抵押品的清算也会对持有该资产主体产生破坏性的金融效果，从而触发系统性风险。

如果主破产程序发生在美国，贷款人必须有清晰的权利可以处置范围广泛的各类金融合约下的抵押品。而美国《破产法》的一个重要弱点是没有明确当美国破产程序相对于外国破产程序属于辅助程序时，美国当事人如何处理抵押品。[②] 有鉴于此，美国总统金融市场工作组 1999 年初提交一份《破产法》修正案，试图阻止当主破产程序发生在美国以外时，外国破产管理人利用美国《破产法》第 304 节禁令阻挠破产主体的交易对手出售其持有的抵押物。如果该修正案得以实施，将允许抵押品在市场交易主体最需要流动性时得以顺利实现销售，由此提供更大的法律确定性，提高该司法辖区金融市场的声誉。

二、对冲基金破产法律制度协调思路

尽管跨境破产领域呈现日益增强的国际合作趋势，但依赖于每个辖区个案审

---

① 事实上，在 1998 年高风险机会集中基金的破产案中，该基金资产规模达 4.5 亿美元，注册于开曼群岛，有大量美国债权人，尽管基金主要业务所在地位于佛罗里达，但由于该基金在 1998 年 9 月在注册地申请破产保护，此后没有债权人在美国提起破产程序。参见 President's Working Group，Hedge Funds，Leverage and Long-Term Capital Management，1999，p.51。

② President's Working Group，Hedge Funds，Leverage and Long-Term Capital Management，1999，p. 50.

查处理的方法会带来很大的不确定性，尤其在紧急状态下，金融市场出现“羊群效应”、处于“流动性黑洞”等脆弱状态时可能引发系统性风险。考虑到对冲基金大规模跨国运营，基金与管理人往往在不同司法辖区注册的特点，应当将正确处理对冲基金跨境破产案件的目标界定为以下几点：一是公平保护不同司法辖区债权人利益；二是促进对冲基金行业发展和控制系统性风险；三是使破产财产价值在清算中获得最大化；四是使参与各方的诉讼成本降至最低；五是使涉及国家或法域的冲突降至最低。本书认为，应当在鼓励协商合作、坚持互惠对等的前提下，从以下两个方面推进对冲基金法律制度的跨国协调。

1. 区分主要破产程序与辅助破产程序确定破产管辖权

近年来跨国商事活动的迅猛增长使各国和国际组织日益重视跨国破产规则的协调。1997 年，联合国国际贸易法委员会批准的《跨国破产示范法》（以下简称《示范法》），试图通过清晰的规则区分位于一个以上司法辖区的债务人的主破产程序和非主破产程序，以便方便安排和处理债务人资产。[①]《示范法》规定：在跨国破产中，“外国主要程序”是指债务人主要利益中心所在国实施的某项外国破产程序。“辅助破产程序”又称“二级破产程序”，是指有别于“外国主要程序”的某项外国破产程序。当主要破产程序在外国有效开始后，允许其指定的破产管理人申请在本国开始一个简单的辅助程序，并指定一个本国清算人，有序地管理债务人位于本国的破产财产；然后将这些财产移交给外国的破产管理人，在外国程序中公平地分配给所有债权人。辅助破产程序的效力仅及于债务人位于该缔约国境内的财产。鉴于何谓债务人主要利益中心难以达成一致，实践中情况也差别很大，《示范法》做出推定性规定，如无相反证明，债务人的注册办事地或个人惯常居住地为债务人主要利益中心。《示范法》承认破产程序可以具有域外效力，主张以一个主要的破产程序为中心，辅之以若干非主要程序或辅助程序处理跨界破产案件，并强调这些程序之间的最大程度的国际合作，以此调和地域主义与普及主义的内在矛盾。[②]

2002 年 5 月生效的欧盟《关于破产的公约》规定：跨国破产案件的管辖权赋予债务人主要利益中心（Main Interests）所在地法院与债务人营业所（Establishment）所在地法院。就公司或其他法人而言，如无相反证明，注册的营业地被推定为主要利益中心所在地，与此相对应的破产为主要破产程序；基于债务人营业所管辖权启动的破产程序为从属破产程序，其效力仅限于债务人位于该国境内的财产。欧盟规则的一大特点是赋予主要破产程序具有普遍性效力，即只

① Harold S. Burson，Harmonization of International Bankruptcy Law：A United States Perspective，64 Fordham L.Rev.1996，p. 2543.

② 张玲：《跨国破产合作的框架》，《经济论坛》2004 年第 20 期，第 120 页。

要在其他成员国没有开始另外的破产程序，并且没有采取相反的保护措施，以便进一步请求在该国开始破产程序，则开始主要程序的法院任命的破产清算人可以在其他成员国行使程序开始国法律赋予他的权力，并有权根据有关规定，将债务人位于其他成员国境内的财产进行转移。

这种区分主要破产程序和辅助破产程序确定跨境破产管辖权的方法，主要存在以下优点：一是充分考虑到目前各国破产体制的现实，既保证了债务人实际利益所在地管辖的中心地位，又充分体现了对财产所在地管辖的限制，与对冲基金行业管理人和基金实体本身在不同司法辖区注册的实际情况相吻合；二是体现了对各国当地程序的尊重：在辅助程序方法中，由于本国清算人的参与，有关各方可以更清楚地了解破产财产与债权人的各种情况，在辅助外国破产的同时，可以较多地关注本国债权人的利益，如本国有优先权的债权人可以在本国开始的辅助程序中优先受偿，从而避免外国求偿的巨额诉讼成本；三是辅助程序的开展可以保护债务人的财产不受个别债权人的查封与扣押，有利于破产清算时对财产进行统一管理，以确保所有债权人享受公平、合理待遇。该方法也存在缺点，主要是辅助破产程序可能引起财产分割，而这些财产很可能在主要程序框架下是为破产实体所必需的。总的来看，区分主要破产程序和辅助破产程序确定管辖权的方法在很大程度上体现了国际协调与合作的精神，代表着跨境破产管辖权确定标准的发展趋势，更重要的是对解决跨国运作、财产分布于多个司法辖区的对冲基金破产具有很好的针对性与实用性。

综上所述，笔者认为，可以借鉴联合国跨国破产示范立法和欧盟立法的规定，明确跨国运营的对冲基金以基金主要业务所在地为主要利益中心所在地，由此对应的破产程序为主要破产程序。如无相反规定，以对冲基金注册地为主要破产程序所在地。之所以如此规定，是考虑到对冲基金注册地多为离岸中心，可以借此推动离岸中心对冲基金立法的完善和加强对债权人的保护，如果其仍旧维系保护债务人破产对冲基金的传统，则作为交易对手的国际金融机构将选择不与注册于该离岸中心的对冲基金交易或者提高交易条件，施加市场压力迫使对冲基金改变注册地，通过这种倒逼机制促进离岸金融中心完善对冲基金相关立法；如果对冲基金管理人所在地或其他司法辖区为主要业务所在地，则债权人可以很方便地举证，依照相应法律启动主破产程序。

2. 推动衍生产品豁免条款的国际适用

实践证明《破产法》框架下承认抵销和终止净额结算条款以及衍生产品豁免自动中止清偿条款的实施促进了多数失败对冲基金顺利退出市场实现对冲基金行业有序低成本“新陈代谢”，为保护国际债权人的利益，提升本国金融市场的稳定性与信誉，应积极推动各国破产法确立金融衍生合约安全港规则，认可抵销和净额结算条款的效力。一是明确哪些协议应纳入安全港范围，根据本国金融市场发育状况，可有所区别，但证券合约、商品合约、远期合约、回购协议、互换协议等基本衍生产品合约应纳入保护范围。二是规定受保护主体，可以借鉴美国2005年《破产改革法》的规则，引入“金融参与者”概念，使金融衍生合约参与方不仅可以依据职业属性获得保护资格，也可根据交易规模与市场影响享受保护，从而将对冲基金纳入受保护主体范围。三是明确破产债权人的受保护权利，一方面提供清算处置权，允许债权人清算出售抵押品或债务人对冲基金所持有金融工具下的头寸，由此确定基于清算产生的损失或损害，通过迅速出清头寸，使债权人尽可能减少损失；另一方面赋予对冲基金债权人抵销权，一旦确定终止合约下的损失，债权人可以运用所持有现金或出售非现金资产的资金或债务人源于其他合约协议下的债权，来对冲清算抵押品所造成的损失。通过各国破产法明确上述规则，实现对冲基金在不同司法辖区破产所适用实体规则的一致性或近似性，进一步推动对冲基金行业国际化发展。

第五章　对冲基金第三方监管

监管的本质是通过改变行为主体的机会集来达到对行为主体行为效果的控制目的。[①] 这种改变可以通过两条渠道实现：一是监管主体直接改变监管对象机会集，即采取能够对监管对象机会集产生直接影响的行为，从而达到对监管对象行为施加约束的作用；二是监管主体采取那些直接影响能约束监管对象机会集的第三方市场主体机会集的行为，而第三方行为的改变进而影响监管对象机会集，引起监管对象行为的改变和社会经济绩效的改变。第三方监管的实质是对已存在于市场各交易主体之间相互关系的运用。

第三方监管主体包括政府监管当局和各种非官方的民间机构或私人机构。从过程角度分析，第三方监管是借助对其他市场主体的直接监管达到对被监管主体施加约束的目的。这种监管方式起作用的途径是间接的，即通过直接承受监管措施的主体所施加的市场纪律影响和改变受监管对象机会集，但所使用的方法和工具与直接监管其实一致。第三方监管是政府监管与市场纪律的有机结合，既非单纯意义上的政府监管，也不是纯粹不受干预的市场纪律，其实质是监管指导下的市场纪律。对于复杂多变的金融市场而言，单纯意义上的政府监管效率低下，容易扼杀市场活力并引发道德风险，而对高盈利业务的激烈市场竞争可能造成单纯市场纪律措施的失败，因此对市场纪律进行必要的引导和加强是必要和可行的。

对对冲基金而言，所有活动几乎都要通过受监管交易对手实施，它对金融体系和投资者的影响是与其他较接近支付系统核心的金融中介实体之间关系的函数，[②] 因此第三方监管措施在对冲基金监管法律制度中居于主体与核心的地位，它通过对对冲基金与市场交易对手、投资者、市场服务提供者之间关系的直接规范来实现对对冲基金行为的间接约束，是对对冲基金提升内部治理、加强行业自律措施的支持与检验，是确保效率前提下对政府对对冲基金直接监管措施的补充与加强。为提高监管有效性，监管者找到市场纪律与第三方监管之间的正确连接至为关键。有效的第三方监管是一系列因素的结合，这些因素相互加强促进，共同

① 夏斌、陈道富：《中国私募基金报告》，上海远东出版社 2002 年版，第 292 页。

② Andrew Crockett, "The Evolution and Regulation of Hedge Funds, Conference on Hedge Funds and Financial Stability", Paris, April 2007, p. 5.

改进金融市场应对来自对冲基金冲击的稳健性，促进三大监管目标的同步实现，具体措施包括：对对冲基金与其“开户银行”主经纪人之间业务关系的规范、对投资管理服务需求方投资者参与对冲基金投资条件及投资行为的约束和来自托管人、审计师和评级机构在内的其他市场监督力量发挥的作用。

第一节 主经纪人监管制度

主经纪人在支持对冲基金各项业务成功运营方面发挥着关键作用，它提供了对冲基金管理人获得所需要的所有服务的单一渠道，如果将对冲基金视为工商企业，则主经纪人其实发挥着开户银行的作用，为对冲基金提供着清算、托管、保证金融资、融券、报告、资本推介等“一揽子”服务，是杠杆的最主要来源。

一、主经纪业务对监管的影响

主经纪业务最早起源于20世纪50年代初 Neuberger Berman 为琼斯创立的对冲基金所提供的专户结算报告服务，1983年贝尔斯登公司在业界首先提供“专业交易账户”服务，由此拉开了主经纪业务发展的序幕。在美国，主经纪业务正式取得合法地位始于1994年SEC签发的一份不采取行动函，监管官员指出“如果经纪人——交易商所提供的服务符合本不采取行动函规定的有关条件，则不建议SEC根据《联邦证券法》采取强制措施”。[①] 没有这一里程碑意义的规定，主经纪人业务就不会存在。

不采取行动函从交易流程的角度对主经纪业务进行了描述：

第一，主经纪人是提供全面证券服务的公司开发的一个系统，便利大量积极的市场参与者（零售和机构投资者）证券交易的结算与清算。该业务包括三方当事人，即主经纪人、执行经纪人和客户。主经纪人是登记经纪人——交易商，代表客户为其交易提供清算和融资服务，客户交易由一方或多方执行经纪人负责执行。每个执行经纪人从主经纪人处收到一封信，声明同意清算客户与执行经纪人之间的交易，客户将把资金或证券提交主经纪人并/或由主经纪人负责交割。

第二，客户在主经纪人处开户存入资金和证券。提交执行经纪人的指令将通过执行经纪人的一个账户执行，该账户开户人为主经纪人，由其为客户利益执行交易。

---

① Securities Industry Association Prime Broker Committee，SEC No-Action Letter（January 25，1994）.

第三，主经纪人向客户发出确认函或通知书并进行相应会计处理。执行经纪人通过 Omgeo Tradesuite 系统与主经纪人确认交易。如果其账户信息与从执行经纪人处收到的反馈信息一致则主经纪人确认交易。交易随之提交全国证券清算公司按照正常程序清算或结算。主经纪人于是再与客户以正常方式结算。

第四，主经纪人至少每月向客户签发账户报表，报表包括该期间所有证券交易记录以及客户证券月末头寸余额。

SEC 确认主经纪业务合法地位的理由是认定主经纪人通过同时充当客户资金和证券的中心托管人，为客户在任何地点执行的所有证券交易提供了清算便利。

合法地位的确立奠定了主经纪业务发展的基础，而对冲基金行业最近 10 多年来的飞速发展更是极大地推动了为其提供关键融资支持和清算服务的主经纪业务的发展。一方面，在为对冲基金提供“任何时间、任何地点、任何种类”服务的过程中，主经纪业务的全球拓展与对冲基金的全球化发展同步，主经纪业务跨出美国国门进入欧洲、亚太地区，英国伦敦、中国香港成为美国以外主经纪人重要的活动中心；另一方面，主经纪业务盈利日益丰厚，2006 年全球主经纪业务总收入接近 80 亿美元，预计 2008 年将达到 110 亿美元，[①] 全球主要投资银行来自对冲基金业务的收入在 2005 年占其总收入的 25%，两者已经通过以主经纪业务为主的投资、融资、代理结算和延伸服务形成紧密的利益共同体。[②]

通过对向对冲基金提供杠杆融资服务的作为主经纪人和交易对手的受监管商业银行和投资银行施加监管措施，在加强市场纪律的过程中间接实现对冲基金监管，是 1998 年长期资本管理公司风险事件后各主要国际监管组织提出的最主要措施，美国更是一直坚持通过间接监管方式实施对冲基金监管，拒绝采取直接监管措施。[③] 在判断以主经纪人为关键线索实施对冲基金监管的有效性时，必须认识到近年来全球主经纪业务结构、内容、风险特征的新变化对有效实施第三方监管的影响。

1. 主经纪业务结构的变化

传统意义上主经纪服务行业呈高度垄断的结构特征，极少数商业银行和大型投资银行占有对冲基金主经纪业务的绝大部分份额，2003 年底高盛、摩根斯坦利和贝尔斯登三家投行市场份额占整个市场份额的 79%。但由于主经纪业务没有

---

① Serena Ng，“Moving the Market-Tracking the Numbers/Street Sleuth：Prime Brokers Get a Caution Flag”，*Wall Street Journal*，March 8，2006.

② Jean-Pierre Musrier，Alain Dubois，Risks and Return of Banking Activities Related to Hedge Funds，Conference on Hedge Funds and Financial Stability，Paris，April 2007，p.1.

③ 2007 年 2 月，美国总统金融市场委员会颁布的《私人资本组合监管原则与指引协议》再次重申“支持市场纪律的公共政策、参与者更清醒地了解风险、审慎风险管理是保护投资者和控制系统性风险的最佳方式”。

专门纳入直接监管框架，不存在监管意义的市场准入门槛，加上丰厚盈利的吸引，越来越多的大型投资银行和商业银行涉足其中，加剧了行业竞争的激烈程度。一方面导致行业集中度下降，另一方面大量新市场进入者为业绩良好、记录完整的对冲基金降低服务成本提供了便利。对监管者而言，大量机构涌入主经纪业务市场，在竞争过程中可能甚至必然会降低对对冲基金信贷、融资的交易标准，在降低主经纪人自身风险控制标准的同时可能成为系统性风险的触发点，这表明单纯的市场纪律在激烈竞争格局下非常脆弱。

2. 多主经纪人结构的大量出现

与主经纪行业垄断程度下降并行不悖的是越来越多的对冲基金使用多主经纪人结构运作。根据Tabb集团的调查，到2005年底，管理资产10亿美元以上的对冲基金中有56%拥有4个以上主经纪人，28%的对冲基金拥有7个以上主经纪人。① 2006年亏损65亿美元的不凋花对冲基金有8个主经纪人。伴随交易策略日益实现全球运作，对冲基金使用多主经纪人服务意味着专业分工的优势超过单一平台捆绑提供服务的便利。这意味着在基金管理人运作的每一个国家拥有关系良好的主经纪人日益重要，这种关系不仅有助于基金管理人与各种执行经纪人接洽，也为卖空证券和在该市场交易低流动性产品提供了保障。对监管者而言，继续过去的做法即单独通过主经纪人实施市场纪律来间接监管对冲基金必然失效，因为没有任何一个主经纪人拥有对冲基金全部头寸的所有记录，无法向监管者提供对冲基金运营全貌，就如同企业多头开户之下依靠任何一个开户银行都无法监控企业资金流动和分析其经营活动，因此必须重新检讨是否采取直接监管措施。

3. 利益冲突问题凸显

激烈的竞争加上投资者需求的变化，促使主经纪人在传统业务基础上不断开发新的业务品种来吸引和挽留客户。在结算清算服务以外，主经纪人还大量从事资产托管、交易执行、报告、融资融券等服务来便利对冲基金复杂交易策略的执行，并且在此基础上进一步提供资本推介和包括种子资本、办事人员支持以及其他行政管理功能的孵化器服务。另外，为挽留业绩优良的投资管理人、丰富自身投资管理服务产品线，身为主经纪人的投资银行往往自身也设立内部对冲基金产品线，考虑到投资银行通过主经纪人服务可以获得大量关于对冲基金运营策略和头寸的机密信息，即使建立完善的信息隔离防火墙制度，也无法完全免除利益冲突问题。多产品线和日益增多的利益冲突敞口对主经纪人的内部控制制度提出了更高要求，监管者应当出台相关指引，加强对利益冲突行为的约束。

4. 可能引发系统性风险

在传统的主经纪服务结构下，基于服务供给方的垄断地位和双方实力差距的

① Ng, Tracking the Numbers/Street Sleuth: Hedge Funds turn Prime Brokerage into Misnomer, p. 21, 2007.

悬殊，很多情况下主经纪协议条款不得谈判就必须签订或很少有协商余地，导致协议中存在许多事实上不平等的条款，如单位净值下降触发条款、单方面终止主经纪服务条款、交叉保证金、交叉净额结算和交叉违约条款等，这些条款的目的是防范以对冲基金为交易对手可能带来的各种风险，从防范系统性风险监督有一定的合理性，但2008年初全球第二大主经纪人贝尔斯登爆发大规模流动性危机以及雷曼兄弟公司破产的案例显示，作为受监管金融机构的主经纪人同样可能成为触发系统性风险的导火索，给客户对冲基金的正常运营带来重大风险并可导致风险的传染性蔓延。因此，监管者必须加强督促投资银行和商业银行加强交易对手风险管理，提升风险控制管理水平。

二、完善主经纪人监管制度

鉴于主经纪业务的飞速发展和重要变化，监管者应当积极稳妥地运用对受监管金融机构的监管权，加强和支持市场纪律，提高通过主经纪人渠道对对冲基金实施监管的有效性。

1. 主经纪人市场准入

主经纪业务起源于美国，美国SEC不限制对冲基金使用主经纪人服务。在欧洲，主经纪人职能在一定程度上与托管人责任重合，[①] 而可转让集合投资计划下任命独立托管人是确保基金独立运营的一项基本制度，任命主经纪人则是对冲基金能否顺利运营的关键，因此如何协调法律规定与市场实践中形成的惯例是欧洲对冲基金监管中共同面对的难题。经过数年的磨合，目前欧洲各国的态度基本倾向于允许对冲基金任命主经纪人，但要对主经纪人设定一定资格限制；同时，主经纪人必须通过被托管人任命为转委托人而纳入托管人全球次级托管网络。

比较欧洲各国的主经纪人市场准入规则，爱尔兰的规定更为详细，可操作性强，在2000年4月爱尔兰中央银行发布的指引声明草案中，对对冲基金任命主经纪人提出了以下五点要求：[②]

第一，包括主经纪人在内任何对冲基金移交资产的实体，都必须被受信托人或托管人任命为转委托人。

第二，当对冲基金资产被转移出托管网络交给主经纪人时，必须满足下列条件：

---

① 任命主经纪人后，托管人实际上以主经纪人及其全球代理网络替代了自身的全球次级托管网络。

② Lorcan Tiernan, Dillon Rustace and Deborah Thompson, Irish Domiciled Hedge Funds and the Role of the Prime Broker, Iain Cullen & Helen Parry, Hedge Funds: Law and Regulation, Sweet & Maxwell, London, 2001.

(1) 移交主经纪人资产的价值不得超过对冲基金对主经纪人的负债;

(2) 有关安排必须纳入一个程序，实现每日盯市以持续监督资产的使用;

(3) 主经纪人必须同意归还相同或等同的资产给对冲基金;

(4) 有关安排必须包含一项法律上可执行的抵销权利，使对冲基金可以抵销主经纪人所使用对冲基金资产的价值与对冲基金对主经纪人的负债。这一规定的理由在于一旦主经纪人破产，对冲基金不会处于危险境地：作为主经纪人已使用资产的无担保债权人，而对主经纪人的债务必须立即偿还。

第三，主经纪人或者其母公司必须拥有最低为 A1/P1 的评级级别。

第四，主经纪人必须在认可监管机构接受监管，并且其自身或者母公司股东权益必须超过 2 亿美元或等值外币。

第五，对冲基金销售文件中必须对与主经纪人的关系明确披露。

本书认为，欧洲各国对主经纪人的市场准入监管规则实现了对冲基金行业运行惯例与现行法律框架下任命独立托管人要求的协调，现实中托管人和主经纪人同时存在的结构导致只能通过托管人转委托主经纪人来满足监管要求，这虽然不可避免地会提高运营成本，但它是现有法律框架下协调这对矛盾的唯一现实方案。

2. 利益冲突监管

主经纪人所提供服务对对冲基金成功运营至关重要，但实践中关于对冲基金管理人与主经纪人关系的信息披露非常有限，投资顾问很少披露主经纪人提供服务的性质，对其所支付对价更加缺乏清晰披露。因此，监管者担心对冲基金管理人可能没有披露其向主经纪人支付的报酬中可能包含的投资者不会受益的服务数量，例如资本推介服务所支付对价、提供办公地点服务以及接受主经纪人“种子资本”投资的服务等，这些因素可能妨碍对冲基金管理人自由选择主经纪人或谈判服务费率水平的能力。因此，监管者应做到以下两点：一是应当对主经纪人提供的可能引起利益冲突的服务加强检查，确认其是否符合相关监管要求；二是应当出台更明晰的信息披露规则，澄清主经纪人所收费用与提供服务之间的对应关系，揭示潜在的利益冲突。

3. 杠杆融资监管

通过融资融券服务为对冲基金提供投资所需的杠杆是主经纪业务的核心职责之一，主经纪人代表对冲基金托管的资产一般同时充当对冲基金对主经纪人融资融券时的担保品，因为主经纪人向对冲基金实际借贷的数量和条件多取决于主经纪人所持有的抵押品状况。主经纪人将对抵押品价值进行评估以确定借贷数量。①

① 该价值一般是将抵押品当前市场价值打一定折扣，因为主经纪人需要保护自己免遭对冲基金违约时被迫清算头寸可能产生的证券价格下降的风险。主经纪人对抵押品的估值与证券市场价值之间的差额，称为“减省”(Haircut)。

一般而言，有两种机制确保主经纪人在对冲基金违约时可以获得对冲基金资产：一是对所托管的对冲基金资产获得担保权益；二是根据提前终止净额结算机制获得部分或全部资产的所有权。如果主经纪人获得对冲基金资产担保权益，它将保留根据一定触发机制和违约事件实施收费的权利和清算对冲基金资产组合以偿还对冲基金负债的权利。如果主经纪人取得对冲基金资产所有权，资产成为主经纪人的财产，而对冲基金拥有针对主经纪人的合同法权利，即要求主经纪人偿还价值等同的资产。在对冲基金违约时，提前终止净额结算机制将提供资产和负债抵销，导致有较大债务的一方支付差额。

从对冲基金角度看，上述机制的主要差异在于如果主经纪人享有担保权益，则对冲基金抵押的资产仍然由主经纪人为对冲基金利益托管，在主经纪人破产清算时会相对安全；如果主经纪人获得对冲基金资产所有权，上述资产就成为主经纪人的财产并可以自由支配使用，而对冲基金只保留要求其归还等同资产的权利。这种差异在主经纪人破产清算时会成为严重问题，[①]因为如果主经纪人拥有对冲基金投资的所有权，对冲基金对主经纪人只有普通债权，则主经纪人超额抵押越多，对冲基金对主经纪人敞口越大。

分析各国相关立法，爱尔兰明确赋予对冲基金将主经纪人所使用资产的价值与对冲基金对主经纪人的负债相互抵销的权利，由此控制融资担保安排中的法律风险；意大利规定如果经纪人卷入某些事件导致抵押物补偿面临风险时，基金拥有无条件结清头寸的权利。[②]其他国家并没有对上述两种机制的法律风险差异给予重视，而是将对风险的关注更多集中在对对冲基金移交资产的数量限制上，换言之，即控制主经纪人运用对冲基金资产的再抵押率。卢森堡规定，为确保主经纪人杠杆融资的安全，可将对冲基金资产所有权转移给主经纪人，其数量可以超过基金对主要合伙人的负债，达到资产市值的20%；美国和爱尔兰规定移交资产不得超过该投资计划对主经纪人负债的140%，中国香港证监会规定，如果对冲基金资产为融资目的提交主经纪人，上述资产在任何时点不得超过基金对主经纪人的负债水平，并且提交主经纪人的资产必须在单独托管账户下核算，并以受托人或托管人名义持有。

本书认为，监管者限制对冲基金融资融券抵押业务中隐含风险的初衷是可以理解的，但从经济学角度分析，主经纪人使用对冲基金的资产是降低融资服务成本并提高对冲基金收益的关键，监管限制的效果导致对冲基金融资融券成本相对上升，较高的成本降低了投资者可获得的收益，又进一步限制了所提供杠杆的规

---

① 2008年3月爆发的贝尔斯登流动性危机已经证明这种风险的现实性和触发大规模系统性风险的可能。

② 换言之，合同必须赋予对冲基金在主经纪人违约时立即重新控制其抵押物的权利，以应对融资偿付要求。参见 Bank of Italy Regulation of 14，April 2005。

模，形成零和博弈。换言之，实现监管目标的成本必须与需求和投资者的成熟程度相平衡，尤其要考虑到主经纪人都是遵守资本要求指令等审慎监管要求的大型国际投资银行，因此理想的做法是，对再抵押率的具体限制比例应当成为基金和主经纪人商业条款谈判的内容，与此同时，任何再抵押权利都必须通过基金发行文件对投资者披露以明示风险。即使限额约束非常必要，监管者执意在银行审慎规则之外直接施加监管要求，也更适宜将限额基准选定为债务水平而非基金净资产，因为主经纪人可以在任何时点确定基金对自身债务数量，但无法迅速准确计算基金净资产值。此外，应将对再抵押权的限制与终止净额结算规定相配合，使主经纪人移送资产的义务可以与对冲基金对主经纪人的债务相配合。

4. 主经纪敞口调查

对冲基金通过各种业务与主经纪人建立的融资和交易对手关系构成了对金融稳定的最大威胁。市场经济中约束风险的第一道防线是市场纪律，但鉴于多主经纪人关系和内在利益冲突的存在，这种市场纪律非常脆弱，因此监管者必须主动介入加强和引导市场纪律。为获得主经纪人对对冲基金建立敞口的情况，2004年，英国 FSA 对大型交易者对对冲基金敞口进行了历时 6 个月的调查，调查涉及 15 家主要机构的主经纪敞口和交易对手信贷敞口，可以帮助监管者估计调查中涉及的对冲基金和主经纪人的风险偏好，认定需要采取进一步监管行动的例外事件，了解对冲基金市场影响力的提升，并评估主经纪人管理跨业务部门交易对手敞口的能力。有关调查通过伦敦投资银行家协会向主经纪人反馈。随后，各主要金融市场国家监管当局陆续借鉴 FSA 的经验，对本国对冲基金与主经纪人敞口进行了调查，在此基础上，2006 年秋，纽约联储发起了国际大银行第一次对冲基金敞口多边监管复查行动，参加者包括美国证券交易委员会、货币监理署、德国、瑞士和英国金融服务署。2006 年 12 月第一阶段复查结束，调查表明大型银行对对冲基金当前敞口和潜在未来敞口相对于银行资本的比例相对有限，这主要是因为大量使用抵押品。但并不清楚银行在更为不利的市场条件下计算的潜在未来敞口是否准确。

本书认为，在考虑监管成本的前提下，对全球主经纪人对冲基金敞口的多边复查：一是应当持续进行下去形成惯例，并逐步提高频率，最终达到每半年或每个季度检查一次；二是应当以英国 FSA 和美国 SEC 为主，组织全球主要金融市场监管当局对调查结果加以系统整理，以其形成全球对冲基金监管数据库并通过后续检查定期更新，实施动态监控；三是按照风险导向原则，对全球前十大主经纪人实施重点检查制度，尤其是占全行业比重一半以上的前三大主经纪人，对其内部风险管理、抵押品管理和利益冲突控制措施等提高检查频率和覆盖面。

第二节　对冲基金投资者监管制度

近年来以养老基金、保险基金和组合式对冲基金为代表的机构资金大量参与对冲基金投资，已经在对冲基金资金来源中占过半比重。机构投资者直接参与对冲基金投资等价于零售投资者间接参与对冲基金投资，这使投资者保护正式纳入监管者视野，并为此出台一系列监管措施。机构投资者的参与的确令对冲基金监管因目标多元化且彼此存在冲突而更加复杂：对高净值个人与机构投资者、零售投资者的监管思路和保护措施迥然不同，前者强调自我保护，后者需要监管干预，如何协调这种内在矛盾？好在问题产生的同时解决问题的方法往往应运而生，本书认为，投资者保护问题可以通过投资管理服务供给和需求方分别采取适当规范措施得到解决，即对对冲基金管理人的监管措施和对投资者的监管措施并举。本节侧重介绍针对投资者的监管措施，分别按普通机构投资者和组合式对冲基金的监管措施两个方面展开分析。

一、对机构投资者的监管措施

根据 Hennessee Group 的调查估计，对冲基金资本来源中养老基金投资比重从 1996 年到 2004 年增长了 3 倍，从 5%提高到 15%。[①] 伴随欧洲各国陆续放宽管制，保险基金投资对冲基金的比例也在迅速上升。养老基金和保险基金参与对冲基金投资是一种双赢的结果：养老基金和保险基金投资突出特点就是投资期限很长，甚至超过 70 年，对于未来长期下降风险非常敏感，但对短期波动承受能力强。另外，如此长期投资所累计的管理费率收入很高，故对冲基金对养老金等机构投资者增持非常欢迎。

基于对冲基金投资风险的复杂性和养老基金、保险基金的投资资金由千千万万名普通投资者汇集而成的特点，各司法辖区在放宽、允许机构资金参与对冲基金投资的同时，对机构投资的比例和条件进行了严格限制（见表 5-1）。

本书认为，现行机构投资者对冲基金投资监管规则以限制性规定为主，一般针对投资比例和允许投资的对冲基金资格，这固然能在一定程度上保护投资者，但过于严格的限制性条件局限了机构资金的选择余地和运用规模、范围，使其无

① Ashley Taylor，Jean-Pierre Zigrand，“Highwaymen or Heroes：Should Hedge Fund be Regulated?”，*Journal of Financial Stability* 1，2005.

表 5-1 部分欧洲国家对对冲基金投资者的规定

国别	保险公司	养老基金
法国	允许，但要接受严格限制 其他资产比率为 10%（合格资产投资于对冲基金、私募股权基金和其他不受监管基金的比例限制在 10%以下） 外国可转让集合投资计划可以，否则纳入 10%比率限制	不允许 AGIRC and ARRCO 05 指引 禁止投资于对冲基金和组合式对冲基金 在一定条件下有时可通过结构化产品途径实现间接投资对冲基金
德国	允许，但受到限制 (1) 只能投资"白色基金"① (2) 可以购买凭证和组合 (3) 限于资产的 5%，每只基金限于 1% (4) 外国基金必须在欧洲联盟成员国内进行管理 (5) 重视风险比率	允许，但受到限制 传统职业机制：与保险公司相同 新近职业机制：不受定量投资限制，但投资受限制于白色基金或具有税收透明度的凭证
意大利	不允许	允许 (1) 遵守定量限制：养老基金总资产的 15% (2) 对非经济合作与发展组织的产品最多占 5%
荷兰	允许，除使用审慎风险管理工具、坚持多元化投资外没有其他限制	允许，除资产负债管理要求以决定资产盈余基金和确保总体风险不增加外无限制
西班牙	新规则允许将资产分配于西班牙基金 外国基金：必须成立于经济合作与发展组织国家，且上限 10% 对自由资本无限制	只允许投资于巴斯克国家的基金
英国	允许但要受到限制 (1) 受资本资源要求的限制 (2) 投资于"可容许资产" (3) 如果属于集合投资计划，必须投资于可容许资产 (4) 如果对冲基金非可容许资产不大可能受欢迎	允许 (1) 要求主要投资于受监管市场 (2) 优先考虑上市对冲基金 (3) 限制使用衍生产品合约，意味着对管理账户的使用严格限制

资料来源：Report of the Alternative Investment Expert Group，Managing，Servicing and Marketing Hedge Funds in Europe，July 2006。

法根据自身投资流程中的资产负债管理需要自主调节，也难以发挥来自投资者的市场纪律对对冲基金的规范和约束作用，应调整对机构投资者投资对冲基金的监管思路，按照激励相容、风险自担的理念通过明确受托责任、开展投资者教育、强化投资过程监督等方式，以支持和加强市场纪律的方式提高对冲基金监管效率。

1. 明确受托责任

在退休基金领域，最有影响的监管法律是美国 1974 年《雇员退休收入保障法》(Employee Retirement Income Security Act，ERISA)，该法对向雇员受益计划提供服务或进行投资管理的主体赋予重要的受信托责任，规定禁止某些类别的交

① "白色基金"，即在德国某证券交易所上市的对冲基金，投资上市对冲基金可以享受德国《投资税法》的最优税收待遇。

易，并在《投资顾问法》和其他适用法律施加的受托责任和交易限制以外附加一系列新的责任。[①]

（1）受信托标准。《雇员退休收入保障法》规定，每个雇员受益计划必须任命一名受托责任人，其职责包括提供投资建议、运用资产及其他责任。受委托人提供的投资建议将成为计划资产投资决策的主要依据，受托人要根据计划的具体需要提供有关具体的投资建议。该法还对计划受信托人赋予了包括忠诚义务在内的一系列信托责任，要求受托人在履行职责时完全为计划受益人或参与人的利益服务，包括在评估投资机会时一丝不苟、细致仔细，确保其符合投资计划的最佳利益。

（2）审慎人标准。满足审慎人标准：一是要求受信托人在代表养老金计划实施投资决策时必须遵循适当的程序。二是选择对冲基金投资应从组合层面考虑。审慎人规则并不要求投资管理人保证投资成功，也并未认定某些投资行为不审慎而直接排除，但要求作为受信托人的投资管理人根据投资目标、投资政策和组合的整体构成综合考虑某一投资是否适合纳入组合中。三是遵循多样化原则以降低发生重大损失的可能。四是严格遵守投资计划章程，计划受托人所从事的投资必须符合计划的章程文件规定，并确保有关计划规定符合法律对受托人的要求。

（3）义务与赔偿。受信托人如果违反其根据《雇员退休收入保障法》第404节规定的受托义务或者使计划参与被禁止的交易，则要对计划承担个人责任，具体形式包括：恢复对计划造成的任何损失；交出任何因违反受信托责任而获得的盈利；其他救济措施，包括撤销受托人地位等。

在正式立法之外，美国总统金融市场委员会2008年出台的《对冲基金投资者最佳实践指引》也明确规定，受信托人应当采取适当步骤判断决定分配资产投资对冲基金是否有助于提升机构的投资目标，以及机构内部人员或代理人是否有充分的资源和专长来有效管理投资组合中的对冲基金，并为受信托人评估投资适当性、实施风险管理、投资分配和持续监督明确了具体的指引规则。

本书认为，通过明确机构投资者对最终资金提供者的受信托责任，依靠受信托人遵循“审慎人”规则履行投资管理职责，这是在机构资金投资对冲基金过程中同步实现保护投资者利益和发挥市场纪律对对冲基金影响的最佳途径。

2. 机构投资者投资流程监督

监管者通过要求机构投资者提升透明度和加强投资过程监督的活动施加压力，可以间接促使对冲基金管理人完善投资流程管理，提高规范性，这是市场纪律有效传导的重要途径。对投资流程的监督主要包括初始投资过程中的尽职调

---

① Scott J. Lederman，Hedge Fund Regulation，Practising Law Institute，New York City，March 2007，pp. 3-7.

查、持续过程中的信息披露要求和投资风格“漂移”的监督。[①]

（1）投资者尽职调查。尽职调查是投资者与对冲基金管理人接触的第一个程序，是决定是否投资该基金的重要依据，也是施加市场纪律的重要途径。鉴于尽职调查程序的重要性，AIMA2001年颁布了《机构投资者尽职调查问卷指引》，MFA也在2007年版《对冲基金管理人良好操作指引》中设计了《尽职调查问卷指引》，明确了尽职调查过程中投资者应当了解的最低信息标准以及实践操作指导。在此基础上美国总统金融市场委员会在2008年《投资者指引》中规定，应使用设计良好的尽职调查问卷作为有效的工具帮助投资者理解对冲基金投资的机会与风险，主要内容包括：基金投资流程分析、以往投资业绩、基金投资经理情况、风险管理制度建立执行情况、第三方服务者经验与技能、基金法律结构与注册地、投资者流动性限制、侧袋条款等执行情况。本书认为，虽然良好的调查问卷可以为投资者提供系统的方法来评估将特定对冲基金纳入组合是否适宜，但调查问卷本身并不能使对冲基金投资者在充分掌握信息基础上进行决策，投资者需要进行一系列进一步现场调查和面谈。

（2）监控投资风格“漂移”。风格“漂移”是指对冲基金经理偏离其预先宣布的投资风格的倾向，它通过对基金风险因子敞口的变化或基金总体风险的变化来揭示。未预期到的风格“漂移”会使投资者暴露于无法预期或无法承受的风险下，并使机构投资者的组合整体偏离最优资产配置和有效的多样化，因此投资风格“漂移”可能严重损害投资者利益。为有效防范投资风格“漂移”可能带来的风险，监管者应当督促机构投资者在把握引发“漂移”原因的基础上，采取有效方法提高监控有效性。引发风格“漂移”的原因可能有许多，包括市场条件的变化、多余的现金流入、基金经理业绩下降、关键员工变动、监管变化等，因此在发生上述触发事件时，投资者要提高警惕，采取多种方法，提高监督力度和频率，力求监督和发现风格“漂移”。

二、组合式对冲基金的监管措施

组合式对冲基金的出现是对冲基金自身自然演进的结果，其迅速增长使对冲基金投资在向市场提供绝对收益的同时拥有分散单一对冲基金风险的机制。传统单一对冲基金虽然业绩优异，但由于缺乏透明度、大规模最低投资起点要求限制了普通投资者的投资行为。[②] 为克服上述问题，组合式对冲基金作为一种新的投资

① 有关持续投资过程中对投资者的信息披露要求在第六章对冲基金投资者信息披露制度部分介绍。

② Patrick Stevenson, Fund of Hedge Funds: Origins, Role and Future, Conference on Hedge Funds and Financial Stability, Paris, April 2007, p. 1.

产品出现。据统计，组合式对冲基金的规模从1999年的420亿美元迅速发展到2006年底的9720亿美元，年度累计增长率达到111%，[①]管理资产规模占对冲基金全行业的40%，在日本、意大利、瑞典等国，组合式对冲基金成为对冲基金市场上的主流产品。[②]

本书认为，组合式对冲基金的出现，既提供了零售投资者间接参与对冲基金投资的最主要方式，也为通过直接作用于组合式对冲基金管理人层面的“穿透式”监管措施对标的对冲基金产生积极有效影响提供了作用渠道。作为一股规模强大、日益成熟的市场力量，在选择所适宜的单一对冲基金投资过程中，组合式对冲基金可以施加强有力的市场纪律。监管者可以通过直接规制组合式对冲基金挑选标的对冲基金的过程，对单一对冲基金的内部治理、风险控制和运营基础设施间接提出要求，在原则性要求基础上提出适当的最低标准，实现监管压力的传递。主要的“穿透式”监管措施包括：合格标的基金标准、投资过程中的尽职调查和持续监控要求。

1. 合格标的基金标准

设定组合式对冲基金合格标的投资基金的标准，是最直接、效力最强的穿透式监管机制，其标准清晰明了，易于执行，对标的对冲基金的影响最大。分析各国立法，法国的相关标准最为明确、直接。2003年颁布的金融监管委员会法规第411-34条确定了标的基金必须符合的13项合格标准，[③]可分为七类：一是关

① Patrick Stevenson, “Fund of Hedge Funds: Origins, Role and Future”, Conference on Hedge Funds and Financial Stability, Paris, April 2007, p. 3.

② 以意大利市场为例，到2006年初，组合式对冲基金管理资产规模占对冲基金全行业管理资产规模的97%。参见 AIMA and Simmons & Simmons, A Survey into Italian Hedge Fund Market, From a Participants' Perspective. June 2006, p. 4。

③ 具体规定包括：第一，基金单位或股份可以转让，这种法律可转让能力不得为行政当局指令所推翻。第二，每一类单位或资产类别的股东和基金单位持有人应当有平等权利，关于运营管理费率和认购、赎回特殊条款不得推翻上述平等权利。第三，基金享有来自自身资产负债的权利，并承担有关义务。第四，基金托管的责任委托给一家或多家公司，该责任与组合管理公司分离，托管人接受监管并在招股说明书中确定。第五，基金资产的托管职责应当与托管人及其代理人自身资产分账管理。第六，如果基金资产可能为托管人或其代理人再利用，则：①再利用得到基金明确同意并向基金持有人披露有关事实；②基金有权在任何时候收回所运用的金融工具或等价金融工具。第七，管理基金或提供投资建议的主体要就上述行为接受有关当局监管，并登记，该要求的评估时点是组合式基金向该标的基金实际投资时。第八，基金母国的监管法规强制要求基金年度报表得到法定审计师审计，如果不满足上述要求，则标的基金招股说明书必须规定等效审计要求。第九，基金单位持有人或股东的责任限于其所投资规模。第十，基金招股说明书描述其管理规则和章程规则。第十一，基金至少每季度提交管理报告，披露投资组合发展之重要信息。第十二，基金至少每月提供所有单位持有人或股东单位净值或估计值。第十三，基金注册母国不属于不参与反洗钱国际合作名单。参见 AMF, *Report of the Working Group on the Assessment of the French Regulatory Framework for the Funds of Hedge Funds and on Possible Areas of Improvement*, September 18, 2007, p. 23。

于标的基金所有权的担保、托管安排细节、托管人及其代理人基金单位再使用，来自标的基金资产负债的现行权利和义务；二是标的基金所有投资者享有公平待遇的原则；三是基金管理人必须在监管当局登记并接受监管；四是独立审计师对财务报告的年度验证；五是必须向基金投资者披露下列信息：至少每月提供净资产值和估计值，季度或更高频率披露标的基金管理信息，在招股说明书中解释标的基金投资和组织治理规则；六是投资者承担有限责任；七是禁止投资建立于不参与国际反洗钱合作的国家和地区。

由于规则导向的合格标准减少了组合式对冲基金的可选择目标基金范围，损失了潜在的投资机会，因此在执行中面临一定困难，特别是标准七要求投资管理人在成立地监管当局注册登记，这就使大量美国豁免 SEC 登记投资顾问的管理基金被直接排除，缩小了选择余地。为此，在 2007 年的评估报告中，法国 AMF 建议改为采用以原则为基础的监管方法，力求通过强调管理公司的尽职责任，与其他欧洲国家的监管方法和欧洲证券监管组织关于对冲基金指数建议的合格标准相一致、协调。为此，组合式基金管理人挑选标的基金的标准按照原则导向进行了调整，要求组合式基金管理人在投资前分析标的基金的关键法律、运营和欺诈风险，目标是最小化上述风险，以保护投资者利益。具体而言，在挑选过程中，管理公司要确保遵循四项基本原则：第一，附着于所投资基金资产的金融工具权利存在并可以在任何时候行使；第二，标的基金资产与托管人及其代理人资产分账管理；第三，基金股份和单位至少每月得到适当估值，要求财务报表每年接受独立审计；第四，建立于不提供监管合作和反洗钱合作国家和地区的基金不得纳入投资范围。

修订本身反映了法国监管者监管思路和机制的转变，即从事先设定标的基金合格标准到事后确定管理公司符合尽职调查基本原则，控制重点从过程转向结果。

法国以外，其他欧洲国家立法中也对组合式对冲基金投资标的基金进行了规范，如爱尔兰规定，对于专家投资计划，组合式对冲基金所投资的对冲基金必须在爱尔兰得到批准，或者注册于在监管当局看来可以提供与爱尔兰法律、法规同等水平的投资者保护程度的国家并得到当地监管当局批准。对于零售投资者计划：一是必须根据国际会计准则接受独立审计；二是必须设立下列安排：所有资产由独立于投资计划项目经理的独立第三方持有。瑞士虽然没有成文的立法标准，但规定监管者（瑞士联邦银行委员会）要对基金管理公司挑选和监督单一对冲基金的尽职调查过程进行实质性审查。

本书认为，总结上述国家的法律规定和法国法定合格标准的演进路径，纯粹的规则导向的最低标准因限制过多、执行困难使本国组合式对冲基金投资选择余地受到约束，竞争力下降因而并不适合；但单纯的原则导向指引又会因缺乏可操作的标准判定组合式基金管理人履行职责情况而失去约束力，特别是丧失了“穿透式”监管规则的压力传递作用，因而也存在缺欠。本书认为，确定合格标的基金标准应该坚持原则与规则相结合的思路，实行源头控制和结果控制相结合，以结果控制为重点的全流程控制理念。具体而言，根据全球对冲基金运营实际状况，笔者提出如下最低标准：

第一，基金或基金管理人必须在注册地或东道国监管当局登记。鉴于全球范围内只有美国立法允许对冲基金管理人豁免登记，因此这条标准的限制约束对象十分明确，这是试图填补全球对冲基金监管网的重要尝试，通过全球组合式基金管理人同步执行标准来传递刚性弹性相结合的监管压力，如果豁免登记的美国对冲基金管理人试图吸纳组合式对冲基金投资，就必须在母国或东道国监管当局登记注册；如果坚持豁免登记地位，就必须放弃吸纳组合式基金投资的权利，留有选择余地的监管规则可以适当吸收投资者的抵触压力。

第二，基金或基金管理人注册母国不属于不参与反洗钱国际合作名单。这条排他性规定是为与全球反洗钱行动同步，对离岸金融中心施加压力，促使其加入国际反洗钱网络。

第三，标的基金母国的监管法规要求基金年度报表得到法定审计师审计通过明确法定审计要求为投资者增加一重保护。

第四，每一类单位或资产类别的股东和基金单位持有人应当有平等权利，关于运营管理费率和认购、赎回特殊条款不得推翻上述平等权利。这条标准的实质是排除对冲基金对各类投资者提供差别待遇的“台底条款”（Side Letter），从而确保组合式对冲基金投资者公平参与对冲基金投资的权利。

第五，由独立于基金运营方的第三者验证投资价值。独立估值的作用在于保护投资者利益。

第六，建立适当机制允许投资者在合理的时间内赎回投资，或者有已经建立并正常运营的基金单位交易市场。

在上述规则标准基础上，对托管、报告、信息披露等提出原则性要求，实现新标准原则性与灵活性兼顾，在避免僵化的限制同时保留对标的基金必要的“穿透式”监管压力。

2. 尽职调查与持续监督标准

与养老基金等机构投资者中的受信托人相同，组合式对冲基金管理人在法律上与组合式对冲基金投资者建立信托关系并成为信托人，因此有义务恪尽职守，为投资者最佳利益服务。履行适当的尽职调查责任既是参加对冲基金投资的首要过程，也是遵守信托职责的前提和基础。

法国 AMF 详细研究了管理公司尽职调查责任和有效监督的专业结构特征，指出调查与监督职能是组合式对冲基金管理人价值的重要体现，并从两个方面设计了确保组合基金管理人适当履行尽职调查责任的框架。

(1) 明确管理人尽职调查的关键地位。适当的尽职调查是指管理公司在投资对冲基金前和持续基础上对标的基金基本特征的详细充分的调查和分析。尽职调查职责的关键是评估与对冲基金投资有关的所有风险，包括欺诈风险、操作风险和市场风险。其原因在于：第一，对冲基金有时带来不寻常的风险收益特征，极端损失风险敞口往往巨大；第二，由于在轻微监管环境下，运营和欺诈风险较高。因此，对在岸组合式对冲基金的监管重点是通过有效地尽职调查程序阻止极端风险事件发生，尤其是欺诈风险和操作风险。

(2) 建立监管框架以阻止标的基金的欺诈风险和运营风险。根据 Corentin 等的统计,[①] 尽管亚洲金融危机爆发 10 年来对冲基金管理资产规模大幅度增加，但基金实际运营中失败的案例并不多，基本保持在 0.3%的水平，换言之，每 1000 只基金每年有 3 只失败。在有关失败案例中，多数来自欺诈风险和操作风险。根据金融服务署统计，每年对冲基金失败绝大多数来自操作风险（欺诈和或资源不充分、存在结构性缺欠），只有 40%的失败是因为投资风险（市场风险和/或管理风险）

本书认为，为有效避免欺诈风险，监管法规必须确保在挑选标的基金时，组合式对冲基金管理人拥有适当解决关键风险的措施，即千方百计避免操作风险，但与此相反，允许组合式对冲基金管理人自主确定基金所承受的市场风险。

综上所述，在组合式对冲基金"穿透式"监管规则设计过程中，应当按照规则与原则平衡的思路，在确保适当水平的产品相关监管和创造强有力框架督促有组织的管理公司实施适当尽职调查之间寻求适当的搭配。为此按照过程控制和结果控制结合的思路，应确保组合式对冲基金管理人可以在事后基础上证明其投资决策的合理性。

第三节　其他市场主体监督

在主经纪人、投资者之外，包括基金行政服务管理人、外部审计师、信用评级机构等其他关键市场力量也可以在与对冲基金的服务和商业联系活动中对对冲基金施加市场纪律，是对冲基金第三方监管法律体系中不容忽视的重要路径。

---

① Corentin Christory, Stephane Daul, Jean-Rene Giraud, Quantification of Hedge Fund Default Risk, January 2007, p. 3.

一、行政管理人

在美国以外离岸组建的对冲基金顾问多依靠离岸注册的行政管理人提供各种运营支持。该行政管理人将帮助对冲基金管理人根据适用的外国法律组建对冲基金，并协助确保该基金持续符合该外国法律。此外，还协助组织投资者与董事会议、提供会计、账簿记录服务以及计算费用和应收应付费用。对冲基金行业的飞速发展极大地促进了行政管理业务的发展，据统计，全球资产管理行业中使用第三方行政管理服务的主体中，对冲基金占96%。目前全球超过60家对冲基金行政管理公司管理着13804家对冲基金，管理资产2.76万亿美元。[①]

根据服务协议，对冲基金行政管理人所承担的关键职责往往包括两项：一是协助为资产组合估值；二是正确计算对冲基金向投资者计提的激励报酬费用。

1. 计算单位净值

及时准确计算基金单位净值是基金行政管理人最重要的功能，因为单位净值既是投资者买卖基金单位股份的基础，也是基金经理计算激励报酬费的基础。由于对冲基金投资策略的复杂性，底层投资工具的估值价值往往是高度主观性的。尽管基金及其行政管理人可以从主经纪人或执行经纪人处获得交易价格，但基金管理人有时会试图推翻该价格，尤其是低流动性和难以估值的产品。独立行政管理人通过提供估值服务，为保护投资者利益的监管目标增加了一道保险。

在美国，行政管理事务历史上由基金经理而非独立行政管理人实施。因此，SEC近年来对基金故意高估组合价值格外警惕。在Beacon Hill案例中，SEC指控基金管理人多次在明知或应知的情况下高估组合单位净值以及相应投资者的收益。2004年7月，SEC进一步采取行动，扩大对Beacon Hill的调查范围，并指控其4名高级管理人欺诈。修改后的指控书声称4名高级管理人员一起实施一项欺诈计划，通过重大不当陈述和其他欺诈行为导致投资者损失超过3亿美元。不当陈述涉及所使用的计算单位净值的方法、对冲中性基金所使用的交易策略以及基金的价值与业绩。[②] 上述案例证明了基金管理人自行控制产品估值程序可能对投资者产生重大危害，也从反面证明了独立行政管理人的价值所在。因此，近年来在美国出现了任命独立行政事务管理人的趋势。

行政管理人在估值过程中要确信基金头寸和价格的记录正确，就必须将来自主经纪人、托管人、基金管理者的报告进行核对。计算单位净值的关键步骤包括交易追踪、证券估值、对账、费用计算以及单位净值的计算与报告五个程序。本

---

① www.hedgeweek.com，2008年6月5日检索。

② Bruce Gardner，Related Parties and Their Role in the Relationship，p. 125.

书认为，为降低资产估值中的利益冲突，有效保护投资者利益，监管者要做到以下两点：一是应当要求对冲基金管理人任命独立的行政管理人，并明确基金管治团队对资产估值承担最终责任；二是应当要求行政管理人制定书面的资产估值政策与程序。

2. 准确计算激励报酬

在有限合伙结构下，每个对冲基金投资者根据合伙企业会计规则拥有独立的账户，可以清晰、准确地反映其投资成本、资产价值变动和应支付基金管理人的激励报酬数量。但在公司制对冲基金框架下，投资者没有独立账户核算自身投资成本、收益和投资起止点，因此激励报酬的计算就显得复杂。实践中，为保持统一的每股净资产值，一些公司型基金以基金整体的业绩为基础计算业绩报酬，而非向有限合伙制或有限责任公司下根据每个投资者资本账户的余额计算。这种以基金为基础的方法，将报酬作为运营费用由所有股份平均承担，可能导致每个投资者之间潜在的不公平。因此，作为对冲基金会计账簿记录核对服务的提供者，行政管理人有责任执行适当的公平化处理方法，就是指通过会计处理用来确保不仅投资管理人得到正确的激励和利润分享报酬，该激励报酬在基金每个投资者之间还得到公允分配，公平化处理（Equalization）是非有限合伙结构下保护对冲基金投资者的关键举措。实务操作中可以通过下列方法进行公平化处理：

（1）公司结构下的合伙制。最简单的方法是放弃统一的每股单位净值的概念，在公司结构下实施合伙制。因为合伙制下为每个投资合伙人设立资本账户，基于该投资者资本账户余额计算评估激励报酬，前述潜在的不公平问题就不会出现。在离岸公司结构下实施合伙会计制度意味着每次有新投资者认购股份时基金都要发行新的股票系列，并在每个系列股票基础上计算业绩报酬。这种方法会导致基金形成多个发行在外股票系列，多次投资该对冲基金的投资者将持有多个不同股票系列，每个系列有不同的基金单位净值。从会计实务角度比较复杂，需要开发专门会计处理系统，不利于投资者简化管理自身投资。

（2）平等法。如果基金寻求保持单一的每股净资产值，则可以采取一系列的平等化方法。

1）平等化股份法。该方法是指每次基金接受新投资时就发行不同种类的股份，每个系列股份自行计算业绩激励报酬。但与合伙制方法不同的是，在年末计算激励报酬时，不同序列股份要以单位净值最低的序列为基础转化成同一个序列，并向原单位净值高于重新确定的单位净值的投资者发行“平等化股份”，因此在同一年度末这类投资者以较低的每股单位净值持有较多的股数。

2）公平贷记或摊销法。该方法是对所有基金投资股份使用一个恒定不变的单位净值，对投资者购买股份实际支付的价格进行调整。当投资者购买基金股份时，如果基金总单位净值超过以往的高潮标，则投资者要支付一个“公平化”数值，该数值不断追踪调整直到基金业绩报酬实际支付或者投资者赎回股份；当投资者购买基金股份时，如果基金总单位净值低于以往的高潮标，则投资者同意在基金弥补损失之后支付业绩报酬，以此避免“搭便车”问题。

3）公平调整法。要求投资者根据基金毛单位净值认购股份并在计算激励报酬之后调整每个投资者所持的股份价格。如果购买时单位净值超过高潮标，则发行附加股份（避免投资者向其他投资者补贴业绩激励报酬）；如果相反，则强制赎回股份（通过要求投资者对任何股价的上升支付激励报酬，而基金自身朝高潮标移动，而无须支付业绩报酬有效避免“搭便车”问题）。

本书认为，基于准确计算激励报酬的公平化处理方法对基金投资者利益的直接影响，监管者：一是应当要求基金管理人在投资协议中声明具体采用什么方法确保准确计提激励报酬；二是应当要求行政管理人在服务协议中明确计提激励报酬的具体程序以及对投资者利益可能产生的影响。

二、外部审计师

包括英国在内多数欧洲国家和亚太地区的中国香港、澳大利亚、新加坡都确立了对冲基金及其管理人的强制审计制度，但对审计师的资质没有明确要求。在美国，法律和监管法规并没有要求对冲基金财务报告接受审计，因此对冲基金财务报告是否需要接受年度审计要遵循对冲基金管理人、投资者和外部审计师之间民事合约的具体规定。关于对冲基金财务报告审计所依据的会计准则，美国以外的司法辖区多数使用《国际会计准则》体系（IAS），而美国要依据通用会计准则体系（GAAP）实施审计。对于跨司法辖区募集资金的对冲基金，如果所发行司法辖区遵循的会计准则体系不同，应当在会计报表中披露按照不同准则记载所造成的差异与影响。

在对冲基金审计领域，2006 年 10 月美国注册会计师协会（AICPA）颁布《另类投资—审计考虑》的审计操作指引。指引规定，与对登记投资公司审计类似，审计师要设计并执行一系列测试，根据对对冲基金内部控制环境的评估，验证资产、负债、收入、费用和资本交易的真实准确性。此外，审计还要验证合伙账户资本余额的准确性、管理和激励费用计算的准确性以及在重大认购和赎回发生时基金单位净值计算的准确性。另外，与登记投资公司审计不同，对冲基金审计一般更多使用实质性测试方法，而并非依赖强健的内部控制体系。在按照通用会计准则体系对对冲基金实施审计时，审计师应检查对冲基金的公允估值过程是否符合基金私募发行备忘录或合伙协议的规定，以此确定上述程序的合理性。指引指出，由于下列原因，对冲基金估值过程审计的可靠性较低：一是对冲基金审计过程中检查的估值决定因素都由基金管理人提供，该顾问既负责实施投资决策，也负责在组合证券中进行最终的价值分配，这一估值过程与登记投资公司语境下的职责分离形成对比，后者由登记投资公司董事会制定估值程序并对估值决定因素实施独立检查复核；二是对冲基金审计师组合证券估值实行抽样测试，覆盖面达不到100%，而登记投资公司的估值验证标准为100%。

本书认为，为提高对冲基金信息披露质量、防范欺诈风险、保护投资者利益，应当建立全球对冲基金及其管理人的强制独立审计制度。由于绝大多数司法辖区都已确立强制审计制度，这一举措实施带来的增量成本有限。此外，为在确保审计独立性基础上实现勾稽复核，监管当局应做到以下几点：一是应明确对冲基金审计师和对冲基金管理人审计师不能由同一审计公司或有关联关系的不同审计公司实施。二是应颁布监管指引明确审计执行过程中的监控重点，包括但不限于以下几点：①基金管理人是否持续一致遵守投资授权范围和规定；②基金是否根据交易产品类别和地域市场决定市场风险限额；③是否设置核心风险部门以监督风险管理功能等。

三、信用评级机构

与对冲基金开放投资者赎回相关联的基金股权资本的非永久性特征对如何准确评估基金信用特征形成了重大挑战，加上对冲基金风险的复杂性、动态变化性，长期以来对冲基金没有纳入信用评级机构的视线。近年来伴随对冲基金尝试通过上市或发行债券融入长期稳定资本需求的上升，加上机构投资者日益要求对冲基金提高透明度，主要评级机构陆续推出对冲基金信用与风险评级服务以满足这种需求。在提供评级服务、推动对冲基金提升透明度的过程中，评级机构有效地促进了市场纪律的提升。

1. 评级服务的作用与意义

基金风险评级是指由独立第三方提供的对基金的总体风险状况的描述，即在对基金组合当前状况和过去业绩的客观因素进行评价的基础上，揭示组合资产对市场条件和一般经济条件变化的敏感性。风险评级制度的确立是对冲基金风险披露的里程碑意义上的技术性突破，是应对金融服务自由化和复杂化的有益尝试，也是金融发展专业化的产物。其意义体现为：

第一，评级结果体现为一种前瞻性的信息，与历史信息对比，对投资者未来决策更具参考价值。投资者从风险评级信息中得到独立的、可靠的和专业性的风险信息，据此可以更好地做出合理的投资决策。这同时实现了由投资者在独立第三方意见支持下的自主风险选择，而非监管机构基于“父爱”原则为投资者去选择风险，一定程度上可以减轻监管压力，降低道德风险，扭转传统市场为保护投资者利益不得不牺牲市场竞争和创新的局面。

第二，风险评级具有技术性、标准化、前瞻性、动态性以及主客观相结合的优点，它不同于会计披露和利润预测。技术性体现为使用现代风险管理技术；标准化是指运用设计良好的模型进行评估，结果使用统一符号表示；由外部第三者提供显示评级服务独立性；前瞻性则表现在风险评级描述风险与市场和经济条件变化的关联性，对未来有指导意义；主客观一致性是指定性和定量方法的结合，在客观性基础上的主观判断。对冲基金评级是以当前市场信息为基础，运用现代风险管理技术，系统地描述基金的总体风险状况，以此区别于会计披露，后者仅反映基金过去的财务状况，无法对当前的总体风险状况以及其与未来的风险提供系统的信息。

因此，通过独立评级机构对对冲基金及其管理人进行风险评级是基金信息披露从传统的独立会计和法律披露向独立风险披露延伸的一个重要里程碑。基金风险评级可以推动风险披露的进一步完善，其依据是：风险评级可以为投资者提供更充分的信息来做好决策，并提高基金与投资者沟通的有效性，其优势在于既有专业知识又具有独立性。

2. 完善对评级服务的监督

伴随机构投资者对对冲基金投资分配份额的增加，评级机构作为客观、独立的第三方风险评估者可以为市场带来增加价值。基于评级机构自身内在局限性和对冲基金风险的复杂性，监管者必须提醒投资者正确认识风险评级，防止其过分依赖风险评级结果，为此评级机构必须明示告知投资者信用评级是主观的，并非唯一的意见，投资者必须运用其知识做进一步判断。

从监管角度看，评级机构的地位可以推动对冲基金行业发起的良好业务行为实践更广泛地被接受，并使其更清晰地考虑对冲基金交易对手和投资者的利益。其也有助于提高透明度，因为评级机构在与多边主体交往过程中，可以对所有对冲基金进行比较，并披露其结构，而银行只是在双边基础上与对冲基金建立关系，并且不发表对交易对手的评估。但必须注意评级机构及其服务的局限性：[①] 评级机构的地位比间接监管要低，因为评级机构只能通过对市场纪律的间接影响来发挥作用，而这种反应往往不及预期。在评级结果以外提供给公众、市场或监管者的信息往往非常有限而且并非基于评估系统脆弱性导向。此外，评级机构自身有时也面临批评，如前瞻性不够，这对于对冲基金这样的策略经常大幅度波动的机构尤为突出。

本书认为，为提升评级机构的市场贡献，克服其局限性，监管当局应当对评

① 近期伴随美国次贷危机的爆发和蔓延，有关评级机构对复杂衍生产品的评级结果多次引起市场争议，也印证了评级机构自身存在的局限性。

级服务给予更多关注，可以考虑出台对冲基金评级监管指引，在促进评级产品进一步完善和规范化的前提下将评级制度纳入对冲基金监管法律制度框架下，例如可以规定寻求上市公开发行债券的对冲基金必须向市场提供评级结果。法国监管当局 AMF 已经对对冲基金评级问题进行了多次研究，在认同一些大型投资者要求对冲基金更加透明和关注内部管理与风险评估过程的基础上，监管者认为对冲基金评级机构应关注以下问题：一是确定评级方法的目标；二是确定接受评级的主体究竟是基金本身还是基金管理人；三是设计补充性审慎程序以确保评级结果准确。

第六章　对冲基金内部治理与行业自律制度

为避免单纯依靠政府监管的一系列弊端，在提升行业运营效率的前提下，对冲基金监管法律制度应当体现治理、善治的理念，按照激励相容原则调动基金管理人的积极性，建立对冲基金自身、行业自律组织、外部相关市场力量和必要的政府监管相互支持、协同生效的复合型监管结构框架。提升对冲基金内部治理水平和控制机制的有效性以及加强来自行业协会的自律监督是复合监管框架的基础，是监管目标最终实现的重要途径。

第一节　对冲基金内部治理

良好的内部管理是对冲基金高效监管体系的基石，包括提升治理水平、构建全面风险管理体系、准确评估对冲基金资产价值等关键要素。

一、完善对冲基金治理结构

与共同基金和银行不同，从历史上看，对冲基金管理人试图获得投资活动自由的愿望使其并不关注基金内部治理问题。[①] 有学者就此指出，“在对冲基金的世界里，治理是个事后想到的问题，之所以提到是为了符合尽职调查的要求。治理规则很少正式纳入基金协议文本或被视为基金成功不可或缺的因素”。[②]

1. 对冲基金内部治理的现存问题

对冲基金治理的事后与次要地位反映为基金的许多政策、措施、行动完全由基

① 传统意义上的基金管理人试图脱离大型金融服务企业的官僚作风，寻求投资行为不受限制和约束；传统的基金投资者是试图追求高绝对收益的高净值个人。两者的结合导致基金在结构方面和运营方面只受很少的限制。

② Peter V. Rajsingh. Other Views：Well-Governed Hedge Funds Will Be a Cut Above the Rest，Investment News，May 3，2004.

金管理人控制。对对冲基金治理的忽视也反映在正式立法上，例如根据开曼群岛法律设立的对冲基金多将对基金的管理权完全委托基金管理人，而只将很有限的监督职责赋予基金董事会。具体而言，当前对冲基金治理结构不完善表现在如下几个方面：

（1）严重的信息不对称。由于对冲基金运作流程透明度很低，导致严重的信息不对称问题。投资者和交易对手在信息有限的情况下对基金内部运营流程知之甚少，由于不了解基金的标的头寸和杠杆运作情况，无法实现对基金运作风险的把握与监督；同时，由于不了解基金交易的完整信息，也无法准确计算、分析管理人业绩，无法判断管理人是否竭尽全力最大化投资者利益而非自身利益。有限信息披露导致的信息不对称使来自投资者的内部监督相当程度失效。

（2）激励—约束结构不对称。在信息不透明的前提下，对冲基金通过允许管理人计提激励报酬的方式将治理原则内含于绩效机制中，以此协调投资者和管理人的利益。理论上通过激励报酬的支付有助于实现激励相容，但实践中单纯的激励报酬不但无助于解决治理问题，还会使问题复杂化：一方面，对冲基金管理人与投资者之间潜在获利机会差异很大。例如，管理人将自有资金 5%投入对冲基金，资产管理费率为 2%，激励报酬为 20%，当基金收益率达到 20%时管理人收益率为 140%，[①] 即使基金遭受 20%的损失，管理人仍可获得高达 12%的毛利，[②] 而投资者在基金盈利条件下获利 14%，在发生损失时资产收益率为-22%。[③] 由此可见，对冲基金的典型费率结构导致投资者与管理人之间利益严重不平衡，管理人在产生盈利时实现超高利润，即使遭到较大损失仍不亏本。另一方面，以绩效费为基础的激励机制可能导致基金经理人追求高风险、高绩效的倾向，反过来引诱基金经理人调整风险倾向，形成对投资者非最优的投资组合。理论上看涨期权式的绩效费会令基金经理人倾向于增加投资组合风险以获取较高额度的绩效费。Carpenter 进行的实证研究表明，给予风险厌恶的基金经理人与他所管理资产的看涨期权的确可以增加投资动力，使其采取回报最优化投资策略。以绩效费为基础的激励制度带有很高风险。[④] Mark J. P. Anson 认同绩效激励等于期权，会使对冲基

---

① 假设对冲基金管理人投入资金 500 万元，基金管理资产总规模为 1 亿元。计算过程为：
500 万元 × 20%+1 亿元 × 2%+1 亿元 × 20% × 20%=700 万元，700 万元 ÷ 500 万元=140%

② 计算过程为：
500 万元 × –20%+1 亿元 × 2% ×（1 – 20%）= 60 万元，60 万元 ÷ 500 万元 = 12%

③ 计算过程分别为：
第一步：9500 万元 × 20% ×（1 – 20%）= 1520 万元，1520 万元 – 9500 万元 × 2% = 1330 万元。1330 万元 ÷ 9500 万元 = 14%
第二步：9500 万元 × –20% = –1900 万元，–（1900 万元 + 9500 万元 × 2%）= –2090 万元，–2090 万元 ÷ 9500 万元 = –22%

④ Carpenter，J.N，"Does Option Compensation Increase Managerial Risk Appetite"，*The Journal of Finance*，55（5），October，2000.

金管理人倾向于增大回报波动率，因为波动率越大资产净值越有可能出现溢价，造成这种代理矛盾的正是投资者向经理所提供的激励制度所导致，因此纯粹的激励机制并非解决治理问题的完美工具。①

现有激励费率结构的约束机制也存在缺欠：在投资者承担有效责任的前提下，试图提升基金治理结构来控制风险，即通过投资者对对冲基金可能引发的负外部性进行约束在理论上行不通。有限合伙人（有限责任公司股东）实际拥有一个基于公司资产的看跌期权。在基金使用杠杆的前提下，这种看跌期权的价值就逐渐凸显。换言之，投资者也有允许管理者去冒更多风险的激励，图 6-1 表示一个在不同波动率下看跌期权的理论价值。如同激励费（看涨期权），大的波动率可以被用来获取更大的价值，由于损失有限，看跌期权也可以从更大的变动率中获取更大价值。在净资产价值下跌到小于零的时候，由于有限合伙人和有限责任公司的投资者没有付出额外的钱来弥补亏损义务，债权人可能遭受重大损失。对投资管理人的看涨期权激励结构与对投资者的看跌期权激励结构是对冲基金负外部性的重要根源，这导致基金内部主体没有关注系统性风险的激励。

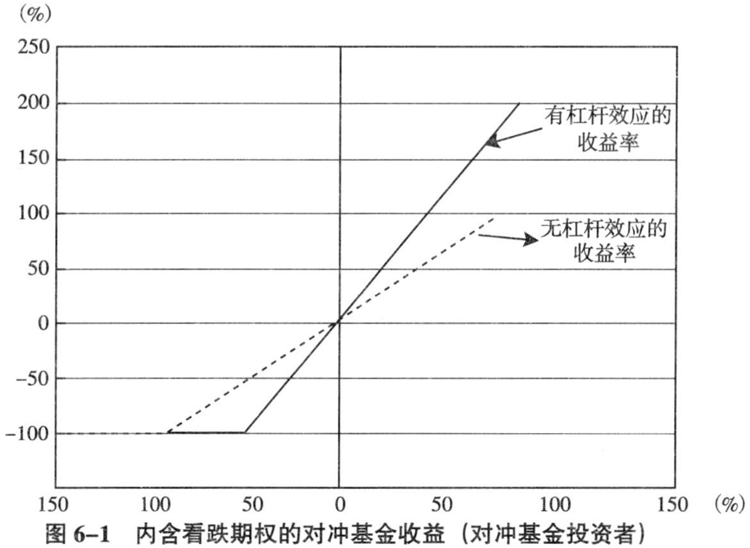

图 6-1　内含看跌期权的对冲基金收益（对冲基金投资者）

资料来源：斯图亚特·A.麦克奎瑞著：《对冲基金》，金德环等译，上海财经大学出版社 2004 年版，图 15-3。

① Mark J. Anson. Hedge Fund Incentive Fees and the Free Option, Institutional Investor Inc., Fall, 2001, pp. 43-48.

（3）高失败率。虽然缺乏统一、完整的对冲基金数据库，但大量研究表明对冲基金运营失败率很高。根据对冲基金研究公司估计，2004 年，7500 家对冲基金中有 3.6%倒闭，而 2005 年全球 8500 家对冲基金中有 484 家倒闭，比例约为 6%。[①] 如果以对冲基金是否停止向基金指数公司提供资料作为倒闭计算的依据，则倒闭比例更是高达 10%。Edwards 更估计对冲基金存续期平均只有 36 个月。对冲基金出生率越高，死亡率也越高。[②] Watson Wyatt 咨询公司报告在 2004 年有 15%的对冲基金停止报告业绩，Myron Scholes 则在“对冲基金未来”的报告中指出 2006 年对冲基金失败率上升到 25%。[③]

如此高的倒闭比例反映对冲基金管理人对治理机制没有充分认识，或对治理机制建设没有足够重视，严重制约了治理机制监督作用的发挥。

（4）内部控制无效。在缺乏有效外部监管之下，对冲基金的内部控制显得更为重要，但在经营者完全控制的现实模式下，[④] 内部控制往往对基金管理人失去约束。在股权高度分散的前提下，负责实际管理营运的基金经理有机会控制整个基金。名义上，所有投资者股东拥有基金，但事实上，绝大多数小股东根本不可能参与投资决策，负责实际营运和掌握投资决策权的基金经理是真正掌握权力的人。

缺乏系统、有效的内部控制导致对对冲基金经理缺乏有效的约束和监管，可能造成一系列严重后果：[⑤]

1）即使出现违规操作，也因得不到及时纠正而造成严重后果。

2）投资过程存在严重的关键人风险（Key Man Risk）。对重大和高度集中的投资，缺乏必要的风险监察手段和及时纠正措施。由于没有建立相应的制度和管理理念，管理手段原始落后，非常依赖“明星”投资经理，一旦对冲基金因经理人判断出现偏差，决策失误或内部管理无序，可能最终酿成巨大风险。[⑥]

---

① Burton G., Malkiel Hedge Funds: Risk and Return, Princeton University Atanu Saha, Analysis Group, CEPS Working Paper No. 104, October 2004.

② Edwards, Franklin R., New Proposals to Regulate Hedge Funds: SEC Rule 203 (b) (3) -2, Columbia Business School, October 21, 2004.

③ Armelle Guizot. Hedge Funds & Operational Risk: A Guide to Best Practice, Risk Books, 2007, p. 1.

④ 指公司权益高度分散，没有任何一位股东持有公司股权超过 5%，也没有任何一位股东能独立有效地控制公司，是一种所有权与控制权高度分离的状态。此时经营者实际控制公司，甚至可以指定继任人。

⑤ 审计师对共同基金审计时，多重视基金内部控制制度。但对对冲基金的审计基本上采用实质性测试，即通过接近 100%的核查，来确定财务数字的真实性。由此可以反推对冲基金的内部控制水平极不完善，甚至可以讲不存在制度，令审计人员无从测试基金内部控制制度是否被合理并认真执行。参见梁兆棋《对冲基金治理研究》，上海财经大学博士学位论文，2007 年，第 146 页。

⑥ 以拥有资产总值 3 亿美元的日本对冲基金“精选基金”为例，2003 年 1 月初 7 个交易日几乎失去所有资本，令包括 Soros 在内的投资者遭受重大损失。参见梁兆棋《对冲基金治理研究》，上海财经大学博士学位论文，2007 年，第 29 页。

3）对冲基金及其管理人缺乏商业伦理道德和必要的诚实信用，产生难以防范的道德风险，甚至危及公司生存和行业信誉。

（5）利益冲突问题严重。对冲基金经理是对冲基金的核心利益主体。投资者或持有人基于信赖将资金交给基金经理管理。经理人不但拥有控制权，还可以分享基金利润。在这种制度安排下，基金内部治理机制存在严重缺欠，即基金经理在营运中一方面要为基金投资者谋取最大利益，另一方面要为自身的股东谋取最大利益，使基金经理对基金投资者和自身股东同时负有双重责任，而缺乏有效机制防止基金经理因自身利益而以欺诈或其他方式损害基金持有人利益。

2. 完善对冲基金治理的契机与对策

伴随着逐步走向零售化，对冲基金自身也日益面对要求改进结构和运营的压力，对基金管理人而言，对冲基金治理是事后的次要行为的想法正在被一种新观念所代替：治理对对冲基金的成功至关重要。这种新观念受到来自两个方面的驱动。

（1）完善对冲基金治理的驱动因素。

1）机构投资者的要求。近年来机构投资者资金大量涌入对冲基金，已经取代高净值个人成为主要资金来源。其中养老金的对冲基金投资增长最高，到2008年上述计划在对冲基金中的投资已超过3000亿美元。尽管退休金计划在对冲基金管理总资产中只占较小的比重，但据证券交易委员会前主席William H. Donaldson表示，其投资对冲基金的速度相当惊人。① 第二类迅速增长的机构投资者是组合式基金，它们为潜在投资者提供对冲基金投资组合分散化的好处，并且通常承担代表投资者实施尽职调查的义务。

这两支力量是推动对冲基金改进治理结构的主力，其主要原因是，组合式对冲基金管理人和雇员受益计划管理人自身作为所投资资金的受委托人，努力满足委托责任的要求使其较传统投资者更为努力地实施尽职调查，并更积极地设定基金投资必须满足的条件和要求，法律的间接监管要求使其督促对冲基金同意按某一方式运作。

2）外部监管的加强。全球监管者正试图跟上对冲基金管理资产规模大幅度增长的趋势，逐步加强监管。最重要的是美国SEC 2004年修改基金管理人登记规则，将投资顾问法豁免投资顾问的定义范围缩小（规则203（b）（3）-2），实施上述规则的目的并非限制对冲基金投资机会，而是确立必要的合规运营标准。

---

① Testimony Concerning Investor Protection and the Regulation of Hedge Fund Advisors Before the US Senate Committee on Banking, Housing, and Urban Affairs, 108th Congress. Testimony of William H. Donaldson, US Securities and Exchange Commission.

SEC认为登记对冲基金管理人是基金的受托义务人并要遵守投资顾问法的有关规定。随着时间推移，SEC基于登记投资顾问的地位，确定了对冲基金管理人的一系列合规义务。[①] 2007年底迪拜金融监管委员会颁布《对冲基金运营良好实践做法指引》，这是全球第一部监管者颁布的对冲基金运营标准。

（2）改进对冲基金治理的对策。广义上，基金治理应当确保投资者规避无收益风险；狭义上，基金治理至少应该是对现有法律法规的补充，保证有关规定顺利执行，因此对冲基金治理必须与现行法律法规相辅相成。考虑到当前各国对对冲基金规制的水平不同，一方面，基金治理应针对不同国家和地区情况，采用适当标准，不可一概而论；另一方面，也可以在治理框架下采取一些具有共通性的措施，包括：

1）明确基金管理人受信托人地位。无论是否在监管当局登记，对冲基金经理因管理投资者资金而拥有权利，行使权利或履行职责时，其行为必须符合特定标准，即信托责任或信任责任。[②] 基金经理由此成为投资者或基金持有人的受信托人，对基金来说，受信人便是代理人（Agent），而投资者或基金持有人是委托人（Principal），两者的关系构成"委托—代理"关系。基金经理使用投资者或基金持有人的资金进行投资，并在契约规范下，满足委托人和自己的目标，所以存在代理关系。

在"委托—代理"框架下，要解决对冲基金治理结构的缺欠，就必须将强化基金经理的受信义务作为改善基金治理结构的基础。通过立法或法院判例，确立基金经理对基金持有人的受信义务，并将基金持有人利益的唯一性和优先性作为基金经理处理利益冲突的准则。美国衡平法院在1991年的In Re USA Cafes一案中指出，公司合伙人的董事和经理不仅对有限合伙和有限合伙人负有诚信责任，而且这种受托责任高于对公司股东的受托责任；当二者发生冲突时，董事和经理必须优先考虑有限合伙和有限合伙人利益。该判例正式确立了基金管理人对投资者必须履行的居首要地位的受托责任。[③]

2）完善激励结构。解决代理问题和完善公司治理的重要途径是在投资者和

---

① 包括：第一，向客户充分、公平地披露所有影响其是否继续使用该投资管理人的信息；第二，确保投资建议有独立、合理的基础；第三，当投资顾问直接参与经纪交易时，确保客户证券交易得到最佳执行；第四，确保投资建议符合客户的目标、需要和背景；第五，避免不符合客户利益的个人交易行为；第六，对客户忠诚义务。

② Fiduciary来自拉丁文中的"fides"，其含义包括信任（Confidence）或诚信（Faith）。Austin W.Scott. 认为Fiduciary是指受信人，一个承诺他人利益而行动的人。参见The Fiduciary Principle，37 California Law Review 539，1949，p. 540。Black's Law Dictionary（abridged pocket ed. West Group，1999）定义Fiduciary为一个具有受托人性质或类似受托人的人。

③ 梁兆棋：《对冲基金治理研究》，上海财经大学博士学位论文，2007年，第68页。

管理人之间建立一种平衡,[①] 而完善现有报酬机制就是实现这种平衡的最佳途径。对冲基金管理人报酬的核心问题是能否在基金经理人自身效用最大化的条件下实现投资者效用最大化。作为博弈的契约，其条件必须为双方都接受，即构成有利契约。达到有利的对冲基金契约需要达到以下条件：

第一，激励相容约束条件，拓展到对冲基金领域，就是信用激励机制，一方面使履约者得到奖励，同时另一方面使违约者受到惩罚。激励相容机制允许当事人获得一定的信息租金。对于代理人的履约行为，仅有正面激励是不够的，还必须有对违约行为的惩罚，否则也会产生逆向选择。

第二，参与条件，即基金经理人所获得的效用不得小于保留效用值，否则基金经理会拒绝接受契约。事实上，对冲基金所收取的管理费和激励费，平均合计可达基金增值部分 20%，甚至 1/3，其中 90%来自绩效激励费。单纯的定额现金报酬不足以让管理人为更好地表现承担更多风险，只有允许基金管理人持有一定比例股份才能提高经理业绩表现。

第三，根据契约条款，基金投资者在支付经理人报酬后，采取任何其他契约或方法，都不会使投资者效用得到提高。

实践中，对冲基金为吸引投资者所设立的高潮标机制和最低收益率就是一种激励相容机制，只有在弥补以往损失、实现业绩真实增长或超过预先设定的最低标准的情况下才可以得到奖励，获得利润分成。拥有良好业绩的对冲基金通过长期绩效，向投资者展示诚实守信行为，使基金品牌升值，以致形成较大的产品差异，得到投资者认可，能够在投资策略、使用金融工具基本相同情况下收取高于同行的价差。实证研究也表明拥有高潮标机制的对冲基金失败概率较低。[②]

完善激励机制的另一种途径是让基金经理人分担风险，即让基金经理的利益与基金收益挂钩。可以要求对冲基金管理人将个人资产和基金投资报酬锁定于基金直至基金关闭或解散，或者要求基金经理认购一定比例基金份额，并且在基金存续期内持有的基金份额不得低于某一比例，其目的在于使基金经理的利益与基金利益紧密结合，从而更好地保证基金投资者的利益。如果能对这种鼓励盈利转增投资的机制提供相应的税收优惠，则基金管理人会更乐于接受这种风险分担安排。[③]

3）提高对冲基金透明度。伴随信息技术进步和对冲基金的零售化、机构化，对对冲基金更高透明度的需求与提供更有意义信息的能力同步增长，透明度是对

---

① Greg N. Gregoriou, William R.Keiting, and Robert Christopherson, *Improving the Corporate Goverance of Hedge Funds*, *International Corporate Goverance After Sarbanes-Oxley*, John Wiley & Sons Ltd., April 2006.

② Hyuna Park, Predicting Hedge Fund Failure: A Comparison of Risk Measures, September 2007.

③ 美国税法规定对投资收益转增投资本金的行为，如果递延分配超过 10 年，可以作为资本利得享受较低税负。

冲基金治理的基石，更高层次的治理与执法行动只有在高透明度下才能有效发挥作用。虽然业内尚未就透明度的形式统一意见，但就提高透明度的方向已有共识。[①] 对冲基金不应以达到法律要求为最终目的，因为法律规定只是基金信息透明度的最基本要求。提高透明度最主要的目的是改善与投资者及其他政府部门的沟通问题，也使基金与决策有关的信息能为利益相关者充分了解。通过及时适当披露基金信息可以降低基金与股东之间的信息不对称。为确保透明度，政府应当立法规定公募对冲基金的最低披露要求，并通过行业协会自律机制鼓励私募对冲基金自发进行更多披露。监管者还应当加强投资者教育，引入独立评估机构，不但令利益关系人了解对冲基金基本知识，还要了解如何行使知情权保障自身权益。

4）通过董事会/独立董事制度加强基金内部监督。通过在基金内部设立董事会可以引入独立监督者来保护投资者利益。理论上公司治理标准和对冲基金治理标准应当一致，特别是如果对冲基金结构以公司形式组建，基金公司也应有董事会和独立董事。但实践中对冲基金董事会多数呈虚设状态，没有充分履行职能。根据德勤会计师事务所的调查，对冲基金行业在这方面的表现令人失望。在设立董事会的对冲基金中，只有 45%参与设置内部控制措施或设置政策监督内部控制，有超过 1/3 的董事会没有收到任何内部控制和监督政策信息。[②] 因此，通过设立风险管理委员会、运营委员会、审计委员会等专职委员会来充实完善对冲基金董事会机制，使其发挥实效是提高对冲基金治理水平的重要途径。

包括主经纪人、外部服务提供者、债权人、员工等的对冲基金利益相关者或第三方在为基金提供多种专业服务和杠杆额度的同时也投入了巨额资源。强化利益相关者的治理参与，有利于维护基金与利益相关者的正常关系，也有利于维持基金运作稳定，增加利润，提高治理水平，稳固社会关系，提高基金知名度，开拓新资金来源，减少员工流失。强化利益关系者的治理参与，必须纳入完善的基金治理机制，吸引利益相关者积极参与，主动监察对冲基金运作和经营情况，而不是等到问题出现才加入。由于在解决董事会治理动力和资料收集能力等问题上，利益相关者占有优势。因此，可以考虑选举适当的利益相关者代表进入董事会，以弥补对冲基金在其他治理问题上的不足。

独立董事制度作为一种低成本高效能的方法，可以弥补基金外部治理的不足，其用意是把外部治理力量加强到基金内部治理机制中，以提高基金董事会决策水平，防止基金运作失控和保护投资者利益。考虑到对冲基金的特殊结构和投资策略，独立董事的素质和独立性要求很高，除要了解基金业、熟悉基金投资策略外，还要评估外部服务者的能力和服务素质，尤其是对对冲基金投资经理、主

---

① 梁兆棋：《对冲基金治理研究》，上海财经大学博士学位论文，2007 年，第 176 页。
② 德勤全球对冲基金顾问风险管理与估值实践调查，2007 年 10 月。

经纪人等重要外部服务提供者的投资水平、操守、审慎程度、决策能力、交易安排和杠杆额度等要素进行独立有效的评价。

二、构建对冲基金全面风险管理制度

与传统投资工具相比，对冲基金有着非常独特的风险/收益目标，多数投资者期待获得高收益以补偿其所承受的风险。由于传统上认为对冲基金风险更高理所当然，很少有对冲基金投资者和对冲基金管理人主动加强和重视风险管理。[①]对冲基金投资者和管理人往往以业绩表现或超额收益为首要目标，而风险管理长期居于次要地位。虽然长期资本管理事件和 2006 年 9 月不凋花对冲基金 65 亿美元创纪录的损失都一再证明风险管理对对冲基金行业的重要性，监管者和行业协会也出台规则和指引要求对冲基金提升风险管理水准，但现状并不令人满意。

1. 对冲基金风险管理现状

2005~2007 年，世界四大会计师事务所中的普华永道、安永和德勤先后对全球对冲基金行业的风险管理现状进行了专项调查，分析相关调查报告，可以认定对冲基金的风险管理意识和水平较 20 世纪 90 年代有了一定提高，主要表现为：第一，改进风险管理已经成为对冲基金管理人优先考虑的重要问题，市场主体认可在估值、对账和市场风险方面保持强有力控制的重要性；[②]第二，保持在风险过程识别、核对整理、评估中的领先地位是对冲基金长期成功运营的关键；[③]第三，杰出的风险管理是机构投资者挑选对冲基金管理人的最重要因素。[④]但从行业整体而言，还存在如下问题：

（1）风险管理责任不明确。根据普华永道的调查，在风险责任最终归属这一关键问题上，业内完全不存在共识，而且近 1/6 的对冲基金没有明确的风险责任归属。

在关于风险管理委员会的态度问题上，也存在严重分歧：31%的反馈者已经设立风险管理委员会，30%表示将考虑设立，39%则不予考虑。关于独立风险功能的设置也是如此，31%已经有独立的风险管理人，52%表示没有计划在近期设置该职位。调查发现风险管理人存在与否与基金规模的相关度高于与投资策略混合性的相关度。[⑤]

---

① Andrew W. Lo，“Risk Management For Hedge Funds：Introduction and Overview”，2001，p.3.

② Pricewaterhouse，“Global Hedge Fund Valuation and Risk Management Survey”，2005.

③ Ernst & Young，“Global Hedge Fund Survey 2007：Navigating New Complexities”，October 2007.

④ 德勤全球对冲基金顾问风险管理与估值实践调查，2007 年 10 月。

⑤ 例如，管理资产超过 50 亿美元的对冲基金管理人几乎都设立了风险管理负责人。

表 6-1 对冲基金风险责任归属

责任归属	比重（%）
普通合伙人	24
董事会	3
独立风险管理人	17
首席运营官	6
首席风险官	13
首席合规官	5
高级组合管理人	16
未明确	16

资料来源：Pricewaterhouse，“Global Hedge Fund Valuation and Risk Management Survey”，2005。

（2）风险管理最佳实践没有得到遵循。德勤的调查表明，相当多投资管理人的风险管理体系没有能跟上策略和投资复杂性的提升，可能将自身和投资者置身于并不完全理解的风险的境地。其中大量对冲基金并没有遵循对冲基金行业风险管理最佳实践。调查者归纳出九面风险隐患红旗，投资者需要关注这些隐患，触发一面或多面风险红旗的对冲基金顾问必须决定风险管理政策程序是否适合于自身所承受的风险，如果必要则应采取措施改进风险管理做法。

表 6-2 对冲基金风险隐患红旗

	反馈者涉及红旗的比重（%）
无头寸限额	14
流动性追踪没有压力测试和相关度检测	21
测度表外杠杆率时没有实施压力测试和相关度检测	26
无行业集中度限制（除部门策略基金以外）	30
不追踪流动性	33
使用在险价值而不进行回测检验	36
使用杠杆而不跟踪表内杠杆率	39
使用在险价值（或其他模型）而不进行压力测试和相关度测试	40
持有资产包含内嵌杠杆率（期货、期权、互换、衍生产品等）而未测度表外杠杆率	50

资料来源：德勤全球对冲基金顾问风险管理与估值实践调查，2007 年 10 月。

（3）风险管理存在缺欠。

1）缺乏书面管理政策。对对冲基金而言，书面风险管理政策是与雇员交流如何管理风险的关键工具。对投资者而言，检查企业风险管理政策是识别风险红旗以及了解应当询问获取哪些信息的第一步。没有书面风险管理政策本身就是巨大的潜在风险隐患。德勤调查显示，大约80%的反馈者有书面风险管理政策，但只有60%的对冲基金与投资者分享，而且实践表明上述政策往往缺乏足够的覆盖面和详细程度。

2）董事会参与监督不足。风险管理政策应当经企业普通合伙人或董事会审核通过。在这方面对冲基金行业也存在严重不足。在拥有董事会的对冲基金中，43%不参与风险管理政策的制定，20%不了解有关基金风险管理的任何信息。只有45%的董事会参与设置内部控制措施或设置政策监督内部控制，而有超过1/3的董事会没有收到任何内部控制和监督政策信息。

3）独立风险负责官员还不普遍。首席风险官在金融服务企业中日益凸显，但对冲基金与其他传统金融机构相比，任命首席风险官的情形并不多见。根据德勤的调查，81%的金融服务企业拥有首席风险官，只有47%的对冲基金设立首席风险官，其工作时间占用为50%。[①]

4）风险报告不全面。根据Armelle Guizot 2007年的调查，对冲基金行业的风险报告还相对肤浅，所披露的具体内容详细程度和规范性差异很大：60%的基金管理人报告方差和斜方差，40%提交希腊字母报告，30%提供完整的蒙特卡洛模拟过程重估，20%使用完整的历史蒙特卡洛模拟，只有4%的管理人同时提供上述数据。有大约92%的基金管理人实施基本压力测试而不考虑金融工程动态建模问题，70%使用波动率移动分析工具，45%分析价差宽窄变动，40%考虑相关度变动，10%跟踪利率变动。[②]

2. 对冲基金风险管理特殊性

对冲基金与在巴塞尔新资本协议下普遍采用在险价值（Value at Risk，VAR）为基础核心指标构建风险管理体系的银行和证券机构不同，其风险管理过程非常独特，不能简单套用VAR纳入现有风险监管体系。

（1）在险价值指标的缺欠。从本质上讲，在险价值是从金融产品卖方（商业银行和投资银行）的角度来度量自身承载风险的规模，它虽然具有简单、单一测度、可跨资产类别使用等优点而优于标准差等传统统计工具，[③]但作为金融产品买方的对冲基金运用“交易对手”的风险管理工具在性质上是否合适还需要研究，而在险价值指标自身存在的一系列缺欠在对冲基金操作运营环境下被放大，美国学者Andrew W.Lo（2001）对此进行了开创性研究，其基本结论如下：[④]

① 德勤全球对冲基金顾问风险管理与估值实践调查，2007年10月。

② Armelle Guizot，Hedge Funds & Operational Risk：A Guide to Best Practice，Risk Books，2007.

③ Richard Horwitz，Hedge Fund Risk Fundamentals：Solving the Risk Management and Transparency Challenges，Risk Fundamentals LLC，2004.

④ Andrew W. Lo，Risk Management For Hedge Funds：Introduction and Overview，2001，p. 5.

第一，VAR 最明显的局限性在于无法充分揭示对冲基金投资所涉及的风险范围。换言之，其只能汇总数据而无法进行分解，而风险分解是动态风险管理的基础与前提。为了解不同对冲基金风险的异质性，必须了解对冲基金各种不同的投资策略。事实上，不同策略对冲基金投资所涉及的关键因素重叠很少。

第二，VAR 是纯粹统计意义上的风险测度指标，无法揭示计算结果背后的经济结构与意义。作为起初由场外衍生产品交易商开发的评估衍生产品证券组合风险敞口的测度指标，在险价值并不适宜于某些类别的投资，如新兴市场债券、风险套利或可转换债券套利。①

第三，VAR 的基本假设是收益率呈正态分布，因此只是通过估计收益分布的均值与方差来估计尾部（高风险事件概率），而非分析小概率事件的相对频率。但基于正态分布的参数估计存在很大问题，因为金融数据，尤其是对冲基金收益分布具有高度非对称的特点，即其为非对称分布、高度偏态，且呈厚尾分布，具有低频高损的特点，因此，实际尾部风险事件出现可能比正态分布所预测的要多。这一特点在 VAR 度量中无法反映。

第四，VAR 属于风险的无条件测度，这意味着其计算一般总是基于组合损益的无条件分布。但从实施积极风险管理角度分析，条件测度更具相关性，尤其是积极回应市场条件变化的策略。② 此外，在险价值计算中要假定组合各成分之间的相关度，为简化计算，假定组合各成分彼此不相关。但长期资本管理公司事件证实投资组合各成分头寸的相关度高度依赖于市场条件，在正常市场条件下看似无关的证券可能在市场危机时期相关度迅速上升。

（2）对冲基金投资的非线性特征。投资对冲基金最有吸引力之处是其收益与市场指数之间较低的相关度，现代金融组合理论提供了关于多样化收益的强有力证据，许多对冲基金风格之间以及与市场指数相关度很低甚至为负。但关于对冲基金投资促进组合多样化的好处在 1998 年长期资本管理公司事件之后引起争论，当时俄罗斯国债违约导致全球安全投资转移行为（Flight to Quality），许多市场和产品之间的相关度在一夜之间从 0 跃升到接近 1。③ 在物理和自然世界中，这一现象被称为“相位锁定”行为，即原本不相关的行为迅速突然同步化。从金融工程观点看，在风险模型中明确允许有关事件的发生是捕捉相位锁定效应的最有效方

① 尤其是作为组合损益边际分布的静态抓拍，在险价值无法捕捉流动性风险、事件风险、信用风险、因素敞口和动态交易策略的时变风险，这些因素对市场条件系统的定调、确认至关重要，如卖空波动率、信用价差策略。

② 例如，组合在险价值为 1000 万美元的信息效果不及如果标准普尔指数下降 5%或 100 万美元组合在险价值为 1 亿美元清晰。

③ 市场条件可能出现相位锁定并非新现象，自从有组织的金融市场出现，这种可能就已存在，但 1998 年前，很少有对冲基金投资者和管理人以系统方式将其纳入投资过程中。

式。如果没有明确风险模型所带来的好处，几乎无法识别标准相关系数中“相位锁定”效应是否存在。

对冲基金收益还存在其他无法通过传统线性模型揭示的非线性特征，为研究非线性特征，需要对对冲基金收益进行更复杂、精细的分析，该模型需要考虑因子敞口非对称性、相位锁定行为和其他积极投资策略中常见的非线性特征。这意味着必须对对冲基金所交易的各种证券开发非线性风险模型，对每类证券中，必须包括下列7个影响因素：市场指数收益、部门、投资风格、波动率、信用、流动性、宏观经济因子。[①]

（3）操作风险地位突出。长期资本管理公司事件和不凋花对冲基金巨额亏损案例使市场和投资者对对冲基金引发的信用风险和市场风险触目惊心，但学术研究表明，操作风险这一长期不为人关注的风险类别在对冲基金失败案例中占超过50%的比重。[②] 根据对追溯20年的超过100只失败对冲基金的数据分析，如果将对冲基金失败归纳为投资风险、商业风险和操作风险这三大基本风险，则有54%的失败对冲基金存在可确认的操作问题，全部失败对冲基金中更有50%可以单独归因为操作风险。与对冲基金损失最相关的问题包括基金投资陈述失实、挪用投资者资金、未授权交易和资源不充分。而且，在因操作风险遭受失败的对冲基金中，有49%存在多项运营缺欠。Corentin Christory（2007）就操作风险对对冲基金运营的影响做了进一步研究：一是明确提出操作风险是投资者实际可能承担而未获得对价的风险，应当绝对避免；二是确认在导致对冲基金失败案例中，操作风险影响远远超过与交易策略相联系的市场风险；三是通过对1994~2005年的109个样本的分析，在因果模型框架下归纳出可能导致对冲基金破产的6条路径并计算了各自比重分布；四是确认投资工具复杂性与基于操作问题影响后果的对冲基金违约存在直接的因果关系。

由此看来，操作风险已经成为投资者必须理解的最复杂风险来源，由于极少的监管要求和监督安排，对冲基金操作敞口非常大。

（4）流动性风险问题。流动性风险是对冲基金运营中最为复杂、最难把握的一类风险，它与保护投资者和控制系统性风险两大监管目标相联系。从投资者保护视角分析，一方面，近年来，伴随大量机构资金涌入对冲基金投资领域，为保持高收益率，对冲基金日益选择低流动性资产作为投资对象。研究表明市场流动性越低，操纵收益和使收益平滑化的机会和余地越大。低流动性投资的风险并非来自管理人利用市场低流动性套利或对价格缺口进行交易，而是管理人没有披露

---

① Andrew W. Lo，Risk Management For Hedge Funds：Introduction and Overview，2001，p. 15.

② Christopher Kundro and Stuart Feffer，Understanding and Mitigating Operational Risk in Hedge Fund Investments，A Capco White Paper，March 2003.

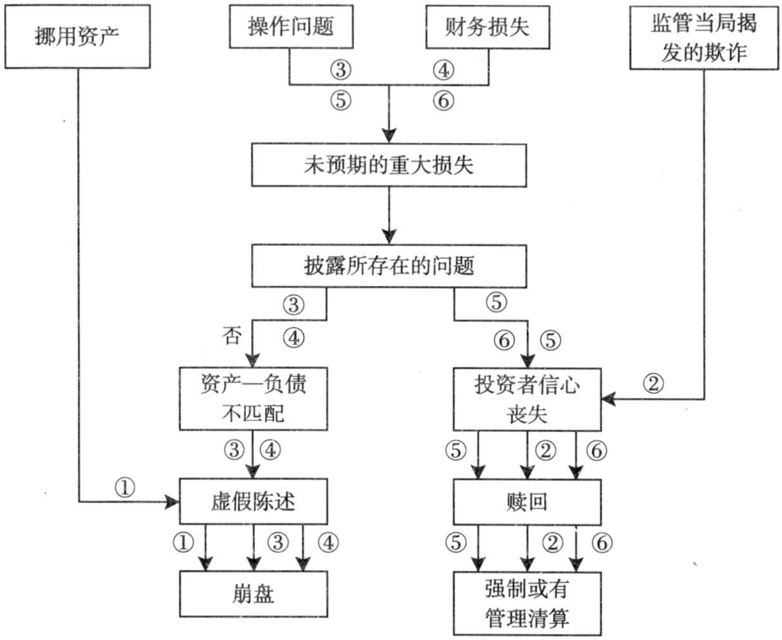

图 6-2 对冲基金操作违约因果模型

注：①直接欺诈，占 43.1%；②监管者发现对冲基金欺诈，占 11%；③未披露的金融原因，占 17.4%；④未披露的运营问题，占 6.4%；⑤披露的运营问题，占 6.4%；⑥已披露的金融原因，占 15.6%。

资料来源：Corentin Christory，Stephane Daul，Jean-Rene Giraud，"Qualification of Hedge Fund Default Risk"，January 2007。

与流动性缺口相关联的风险。在低透明度下对冲基金管理人通过参与低流动性投资并操纵复杂工具估值可以不留痕迹地欺诈投资者。另一方面，使用高杠杆的大规模对冲基金一旦面临流动性压力在市场被迫变现回收流动性时可能触发系统性风险。尽管流动性风险和信用风险是对冲基金及其投资者独立的风险敞口来源，任何一类风险都可以独立于另一类而单独存在，但在投资者印象中其互相缠绕，难以分开。事实上两种风险通过杠杆可以实现互联互动。许多对冲基金使用杠杆，其实际头寸规模显著高于用以支持该头寸的抵押品数量。当市场价格发生不利变动时，杠杆效应迅速降低抵押品价值，交易对手收回信贷导致对冲基金必须在短时间内大规模清算头寸，可能导致广泛的金融恐慌传播，这就是 1998 年长期资本管理公司事件揭示出的问题：伴随金融体系全球化带来好处的同时，发生在一国的金融危机可以迅速传播扩散到其他市场。

近期的研究在将信用风险、流动性风险同时纳入全面风险模型方面取得了一定进展。但是，债权人/债务人的复杂关系、循环信贷协议和其他金融财务方面的联系仍没有得到充分适当的描述与反应，如何快速准确地测定流动性风险敞口仍是重要难题。

3. 构建对冲基金全面风险管理制度

现代金融学的一个重要结论是，风险与收益之间存在替代关系，二者紧密关联，因此，适宜的风险管理本身可以成为超额收益的重要来源，但这一点常被忽略，正如华尔街的格言所称“赚钱的最佳方式是不输钱”。[①] 对对冲基金而言，低估风险可能导致极好的业绩伴随突然来临的重大损失，而高估风险则会导致资本运用不充分，降低投资回报。因此，构建适合自身特征的全面风险管理系统，运用系统多维的方法来平衡性质上相互关联的风险和收益特征就至关重要。对投资者而言，行之有效的对冲基金风险管理制度可以进一步提升投资的风险—收益边界（向有效边界左上方移动），实现投资者福利的提升；对金融市场参与者和监管当局而言，鼓励单一对冲基金在保持目前豁免直接风险监管地位的同时完善内部风险管理，可以在保持对市场正外部性的同时控制降低负外部性，打造完善微观审慎管理环境，并成为宏观审慎风险管理的基础。

良好的对冲基金全面风险管理制度包括下列构成要素：

（1）风险管理工具。运行良好的有效风险管理需要依托适合对冲基金特征的风险管理工具来发挥作用，具体而言，包括如下工具：

1）以在险价值为基础，压力测试和回测检验为补充的风险监控体系。单独运用在险价值（VAR）来测度对冲基金运营过程中的风险存在很多缺欠，但VAR仍是目前对冲基金管理人最有效的跨基金、跨策略和跨资产类别汇总风险的监测工具，应当通过使用压力测试和回测检验等工具完善对冲基金风险监测体系，换言之，VAR需要被补充加强而非被完全忽略。

2）流动性调整在险价值。如何将流动性风险与市场风险、信用风险的关系在整合风险框架中反映是对冲基金风险管理过程中的一个难题。Culp Cristopher (2001) 的研究指出，可以通过计算流动性调整在险价值指标，借助市场买卖价差(Bid-Ask Spread) 将流动性风险纳入市场风险总体计量分析框架下，以公式表示为：[②]

$$LVAR_i(\alpha)=V_{t,i}[\mu_i-\lambda(\alpha)\sigma_i+1/2S_{t,i}] \tag{6-1}$$

其中，$V_{t,i}$ 为资产价值，μ_i、σ_i 为收益率的均值和标准差，λ（α）为置信参数，(1-α) 为估计的置信水平。

如果某资产 j 的买卖价差保持在 $S_{t,i}$ 不变，则资产参数正常流动性调整在险

① Andrew W. Lo 的研究表明，在某些情况下风险管理可以同时提高超额收益和降低风险。参见 Andrew W. Lo，Risk Management For Hedge Funds：Introduction and Overview，2001，p. 1。

② Culp Christopher. Identifying，Measuring and Monitoring Liquidity Risk，John Wiley & Sons，Inc.，2001，p. 147.

价值可以表达为式（6-1）。该价差乘以 1/2 是用来反映清算行为只构成单向销售，而不影响整个买卖循环。

由于价差随时间变化，流动性调整在险价值可以在考虑最差情形执行价差的基础上进行修订。如同在险价值是在置信水平（1-α）条件下的最坏情况下的市场风险度量，最差情形价差可以定义为置信水平（1-α*），以公式表示为：

$$LVAR_j(\alpha, \alpha^*) = V_{t,j}\left\{\mu_j - \lambda(\alpha)\sigma_j + \frac{1}{2}\left[\mu_s + \lambda(\alpha^*)\sigma_s\right]\right\} \tag{6-2}$$

3）另类投资风险收益测度指标。为向投资者提供准确的风险信息，对冲基金管理人应努力寻求将风险和收益更紧密地联系、更详细地揭示其关系的另类投资风险收益测度数据指标。理想的对冲基金投资业绩评价指标应能准确、全面地揭示投资风险，并具备如下性质：一是反映整个分布曲线的特征，可以揭示尾部风险；二是反映波动率和杠杆率的变化；三是与风险厌恶假定相一致；四是规避矩估计和收敛的要求；五是与压力情景或制度体系转换模型相一致。

目前理论界和实务界关于对冲基金业绩评价指标的研究刚刚开始，Milind Sharma（2004）在期望效用理论基础上构建的另类投资风险调整业绩指标（AIRAR）同时具有上述特性，运用该指标还可以方便地调整流动性、风险价格调整僵化、高阶矩风险，但由于要考虑三阶以上的统计数据分布高阶矩特征，计算过程比较复杂，离实际应用还有一段距离，因此需要继续完善和简化。

（2）风险管理组织体系。要保证风险管理制度工具正常运行并实现风险管理目标，就必须建立符合对冲基金自身组织特征和运转规律的风险管理组织体系，包括以下要素：

1）独立风险管理人。任命专业负责人在对冲基金治理框架下独立负责风险管理，有助于提升对冲基金风险管理专业性并对投资组合构建、运行过程实施独立监督。由于履行一定的监督功能，要顺利履行职责，必须首先明确风险管理负责人的定位是属于投资管理团队的重要成员而并非基金内置“风险警察”，以此建立内部融洽的合作关系，在此基础上进一步明确风险管理人的具体职责。

2）塑造企业风险管理文化。要使风险管理“横向到边、纵向到底”，覆盖具体政策未明确的灰色地带，就必须在将风险管理整合纳入对冲基金运转流程的同时营造符合对冲基金自身特点的风险管理文化，并体现风险—收益均衡替代、定性定量结合以及整体管理等风险管理理念。

3）确立适当的风险报告线。风险管理负责人在履行职责过程中必须确保交易得到报告，数据准确无误，价格与头寸得到准确检查，并证实在险价值和风险限额得到遵守。在此基础上，风险管理部门应当按策略、资产类别和细分市场提供最大头寸和最集中头寸的报告，并将综合风险管理报告直接送达基金董事会和所有者。与负责确定基金总体风险目标的基金治理负责团队建立直接联系报告机制，有助于确保风险管理独立性并获得必要资源支持，促进相互理解，减少信息漏损。

（3）风险管理过程的输出控制。从流程管理角度，风险管理的最终环节为完成风险报告并及时对利益相关者提供，从信息披露角度，上述工作属于提升透明度的重要部分。围绕提升透明度，一个关键问题是透明度的准确含义，是否需要披露具体头寸，或者只提供汇总信息是否可以满足投资者要求。

本书认为，考虑到对冲基金投资运作的特点，提供头寸透明度可能对基金策略执行造成严重危害，并最终损害基金投资者利益，因此并非提升透明度的适宜路径。原因包括：第一，披露具体头寸可能会泄露市场基金的关键商业秘密，严重损害基金业绩，尤其当基金持有大量空头寸时，披露可能引发市场"逼空"行为；第二，将头寸信息转化为有意义的风险管理信息需要进行大量的数据处理过程，[①] 而多数投资者并不具备这样的能力；第三，从法律视角，对机构投资者而言收到信息而不（愿意或能够）进行分析远比没有收到信息糟糕。

因此，提升对冲基金风险信息输出质量的最佳路径是，在综合权衡信息内容、细致程度、频率、延夯程度的基础上，以风险透明度取代头寸透明度，实现投资者和基金管理人的双赢。在这一过程中，应注意有意义的报告需要将原始数据转化为可理解的信息，因此简单提供具体头寸的披露并不充分，而跨时期分析的风险报告可以提供有益的信息。在事后基础上，比较每个基金的实际风险和其风险目标为投资者和投资管理人提供了评估风险承受是否与预期一致的好机会。无论基金选择的信息披露详细程度如何，适当设计的图表可以为组合管理人和投资者带来很大好处，更直观形象地揭示投资风险特征。在风险报告领域，一图抵千言，以适当方式显示风险数据特点对于最大化其效用至关重要。

综上所述，对冲基金行业的存在意义就在于通过驾驭风险获得高于指数收益的市场回报，因而风险管理在对冲基金运营过程中的地位至关重要。在理想状态三棱锥的复合监管模式下，个别基金的具体风险控制职责应赋予基金管理人，因为只有管理人最为熟悉基金所面临的风险，监管者更多关注整个行业宏观层面对系统性风险的影响。但监管者不能对风险管理完全放任，基于其在对冲基金运营中的重要性，监管者应对基金内部风险管理加以必要的监督和引导，为此可以考虑以行业协会的良好风险管理实践为依托，出台类似 IOSCO 估值指引的对冲基金全面风险管理监管指引，督促基金管理人执行监管指引，提升风险管理水平，

① 以长期资本管理公司为例，高盛、所罗门兄弟等国际顶级投资银行的专家花了一周时间才将基金规模巨大的头寸所包含的风险规模弄清。

并可以将其作为管理人新设立的基金是否具备准入资格的重要依据。

三、对冲基金资产估值与定价

伴随机构投资者资金的大量涌入，对冲基金为获得令投资者满意的收益日益投资低流动性资产。在这一过程中，因为能同时影响基金净资产值、财务报告和业绩披露、对对冲基金服务提供者所支付费用、抵押资产要求和其他一系列风险特征，对冲基金估值由此凭借其“牵一发而动全身”的地位日益引起投资者和监管者关注。[①] 原因一是评估复杂低流动性资产的内在复杂性，二是投资顾问与基金投资者潜在的利益冲突导致欺诈问题日益突出，事实上这两个问题相互关联，因为在评估低流动性复杂资产时对冲基金顾问有最大余地和最大的估值参与程度。因此，监管者日益对行业施加压力要求制定适当的估值程序和方法，且该估值方法要得到合理、一致的适用。2006 年英国金融服务署对伦敦主要对冲基金管理人估值进行监督检查，美国 SEC 也多次与对冲基金行业讨论估值问题。监管者施加的压力使对冲基金行业对估值问题高度重视，另类投资管理协会（Alternative Investment Management Association，AIMA）和管理基金协会都发布了估值指引，根据 AIMA 于 2007 年发布的《对冲基金估值良好指引》的总结，一些估值实践得到对冲基金行业的广泛使用，逐步成为行业标准，其他一些标准被称为领先实践，目前尚未得到广泛采用。[②]

1. 对冲基金行业估值现状

AIMA 于 2005 年曾对对冲基金业内估值实践进行过调查，2007 年 10 月德勤会计师事务所也对 60 家主要对冲基金管理人估值和风险管理实践进行了调查，分析两次调查的结果，对冲基金行业估值的做法在以下三个方面存在缺欠：一是缺乏独立性，对冲基金资产估值的关键意义在于估值结果要用来作为净资产值计算的参数，而单位净值是计算激励报酬的基础，如果由基金管理人或投资顾问来实施估值，在该顾问和基金投资者之间就会出现潜在利益冲突。为解决这一潜在利益冲突，净资产值评估由第三方行政管理人或其他独立第三方实施已成为行业标准。但实际上，使用独立行政管理人并不能完全解决估值问题，因为并非所有基金行政管理人都有专长来实施复杂的内部估值，因此如何以适当方式解决组合管理人与行政管理人之间的矛盾值得引起重视。二是估值政策与程序执行不力，德勤的调查显示，一方面，有 86%的反馈者制定了书面估值政策，但其中有 46%只是规定在“必要”的基础上实施复核与验证，而且没有确定的复核时限要求；

① IOSCO，“Principles for the Valuation of Hedge Fund Portfolios，Final Report”，November 2007，p. 7.

② AIMA，“Guide to Sound Practices for Hedge Fund Valuation”，2007.

另一方面，虽然近半数对冲基金成立了估值委员会并制定书面章程，但只有很少的委员会实际参与提供真实监督，近 1/3 的估值委员会只有 1 人，形同虚设。三是复杂资产估值存在困难。实践中多数对冲基金依赖交易所报价、经纪人报价和第三方/估值服务提供商评估复杂低流动性资产，较少使用专有或购买的估值模型。总的来看，在监管者的关注和行业推动下，对冲基金估值实践得到一定改善（见表 6-3），但仍然与最佳实践存在较大差距，这也意味着存在较大改进余地。

表 6-3 德勤对冲基金估值调查结果

	遵循上述实践做法的反馈者比重（%）
由行政管理人或其他第三方计算净资产值	78
独立第三方估值验证	47
书面估值政策	86
书面估值政策至少每年复核	38
估值政策与所有投资者分享	68
估值政策至少每年与投资者分享，如果出现重大变化要告知投资者	50
估值委员会复核日常尽职调查的部分	25

资料来源：德勤全球对冲基金顾问风险管理与估值实践调查，2007 年 10 月。

2. IOSCO 对冲基金资产估值原则

鉴于对冲基金估值对投资者保护这一监管目标的严重影响和在对冲基金运营中举足轻重的地位，IOSCO 从 2006 年起组织业内专家和监管者一起制定对冲基金估值监管原则，经过反复征求各国监管者和市场意见，2007 年 11 月 IOSCO 正式颁布《对冲基金组合估值原则》，这是其在对冲基金监管领域出台的第一个普遍适用的国际监管原则。该原则在明确对冲基金适当估值最终责任属于基金管治实体（Governing Body）的基础上，[①] 确定了对冲基金资产估值过程中需要遵循的重要原则：一是制定书面综合性估值政策，对冲基金管治实体应当确保建立书面估值政策和程序，并确保其得到一致的实施；二是揭示每类金融工具的具体估值方法，在说明估值参数、模型、市场数据选择标准的基础上建立前瞻性估值框架；三是估值原则应当得到持续一致的适用；四是估值政策必须定期独立复核；五是确保估值独立性；六是对估值中遇到的例外情形，估值政策和程序应当描述处理和记载估值偏离的过程，包括由独立主体检查定价偏离；七是向投资者披露对冲

① 管治实体的确定在不同司法辖区存在差异。例如，对冲基金管理人自身经常组建于一个司法辖区（主要是国际金融中心），而在另一司法辖区组建基金（如开曼群岛）。离岸司法辖区的法律要求所组建对冲基金建立独立于基金管理人的董事会，因此基金管治实体属于基金董事会。在其他司法辖区，对冲基金管理人自身可能成为基金管治实体。

基金投资组合估值的有关安排。

本书认为，IOSCO选择估值作为国际层面对冲基金实体监管规则的突破口是合理的，因为估值行为直接牵涉基金管理人和现实、潜在投资者多方利益，是矛盾冲突的焦点。IOSCO估值准则的最大贡献在于明确将估值最终责任赋予基金管治实体，避免了因估值责任外包可能出现的各方推诿责任；其另一鲜明特点是准则制定的过程充分体现在理想状态下三棱锥对冲基金监管模式的市场友好性特征，MFA、AIMA等行业协会不仅在规则出台后提出意见和建议，其专家更直接参与了规则的制定过程，这有利于规则本身更充分地反映行业实践的特点。当然，规则本身还存在一些缺欠，例如，在估值原则下应当对每一条原则制定具有操作性的指引，考虑到对冲基金管理行业两极分化的特点，可以按照基本标准+附加标准的模式完善监管原则，使不同类型的管理人各得其所。

综上所述，良好的内部管理是对冲基金高效监管体系的基石，监管当局应当以适当方式对对冲基金内部管理进行监管。一是由监管当局在行业组织自律规定基础上颁布对冲基金运营良好实践，如2007年11月阿联酋迪拜监管当局在全球率先颁布对冲基金运营良好实践；二是遵循“穿透式”监管思路，对组合式对冲基金和养老基金、保险基金等机构投资者所投资标的对冲基金提出具体的内部管理、风险管理和估值标准；三是与对冲基金行业自律组织加强沟通，适时提出对冲基金内部风险管理、估值实践和运营最低标准，要求行业协会制定高于该最低标准的行业运营良好实践。通过上述方式直接或间接渗透监管要求，促进对冲基金治理结构的完善和风险管理水平的提高。

第二节　对冲基金行业自律管理

自律管理与证券市场同时出现，它的产生时间早于法定监管，具有高效、专业、灵活、低成本等优势。[①] 伴随管理资产规模和从业人员规模的持续高速增长，以对冲基金为代表的从事另类投资策略的企业日益从传统投资管理行业中分离出来，以另类资产管理协会（AIMA）和管理基金协会（MFA）为代表的行业协会的诞生和积极运作，既是独立对冲基金行业诞生的标志，也是全球对冲基金行业加强自律的组织依托。行业自律管理是对冲基金监管法律制度中的重要环节，发挥着承上启下的枢纽作用，它既是对冲基金管理人自身提升治理和内控水平的推动者，也是对冲基金与其他市场主体协调利益、沟通立场的平台；行业自律规则

① 顾功耘主编：《金融衍生工具的法律规制》，北京大学出版社2007年版，第42页。

既是未来正式监管规则的范本和基础，其有效实施也是避免政府监管过多干预行业运作的保障。总之，行业自律并非政府监管的对立者，而是激励相容、高效运作的监管体系的重要组成部分。

一、全球对冲基金行业自律的实践

伴随对冲基金在全球金融市场的布局和快速发展，形成了另类投资管理协会（AIMA）和管理基金协会（MFA）两大行业协会组织。AIMA 总部设在伦敦，在全球 49 个国家拥有 1300 个公司成员，包括居于领导地位的对冲基金管理人、组合式对冲基金管理人、主经纪人、法律和会计服务提供者以及基金行政管理人。AIMA 协会是一个快速发展的组织，反映会员利益并提供有价值的全球性网络，同时也推出另类投资管理行业第一个也是目前唯一的专业认证考试——注册另类投资分析师认证（CAIA）。该协会成员管理资产占全球单一对冲基金资产的 75%，占全球组合式对冲基金资产的 70%。[①] MFA 总部设在华盛顿，成立于 1991 年，成员包括对冲基金专业人员、组合式对冲基金和管理期货基金，是以美国为基地的全球性会员组织。[②] 两大协会成立以来，在增进市场对对冲基金的了解、促进与各国和国际监管组织沟通交流、促进资本市场中另类投资部门的发展、提升行业自律等领域开展了大量卓有成效的工作。

1. 制定对冲基金行业良好实践指引

长期资本管理公司事件后，加强对冲基金风险管理和行业自律问题引起监管者重视。2000 年 2 月，作为对美国总统金融市场委员会建议的回应，[③] 6 家美国最大对冲基金管理公司发起制定了“对冲基金管理人良好实践”，这是 MFA2003 年版“对冲基金管理人良好实践指引”的前身，也是全球第一份对冲基金行业自律标准。此后，MFA 和 AIMA 分别沿不同路径推动行业良好实践的完善：前者着力根据行业发展不断完善良好实践指引文件本身，并在 2003 年、2005 年、2007 年分别三次更新标准；后者根据会员覆盖对冲基金管理人和主要服务提供者、分布于全球各司法辖区的特点，不断推陈出新，完善细化具体规则，形成了比较完整的良好实践指引规则体系，并鼓励各区域组织自行制定本地区适用的具体规则。在两大协会之外，成立于伦敦的对冲基金标准集团和美国总统金融市场委员会也在 2008 年分别制定对冲基金行业实践指引，具体见表 6-4。

---

① www.aima.org，2008 年 6 月 30 日检索。

② www.managefund.org，2008 年 6 月 30 日检索。

③ 1999 年美国总统金融市场委员会在“对冲基金、高杠杆机构与系统性风险”综合分析报告中建议“对冲基金管理人应组成一个集团，草拟公布一套风险管理和内部控制的良好实践标准。上述研究应至少涉及市场风险测度与管理、流动性风险管理、压力测试与头寸估值”。

表 6-4 全球对冲基金行业良好实践标准规则体系

组 织	颁布时间	指引名称
另类投资管理协会	2002 年	欧洲对冲基金管理人实践指引
	2004 年 3 月	加拿大对冲基金管理人实践指引
	2004 年 12 月	亚洲对冲基金管理人实践指引
	2004 年 9 月	对冲基金行政管理人指引（2007 年修订）
	2005 年 6 月	离岸另类基金董事指引（2007 年修订）
	2006 年 6 月	对冲基金管理人业务持续性管理指引
	2007 年 4 月	对冲基金估值指引
	2007 年 8 月	澳大利亚对冲基金风险披露指引
管理基金协会	2003 年	对冲基金良好实践指引（2005 年、2007 年修订）
对冲基金标准集团	2008 年 1 月	对冲基金标准最终报告
美国总统金融市场委员会	2008 年 4 月	对冲基金行业最佳实践

资料来源：自行整理。

2. 参与相关立法，反馈行业意见

作为行业协会，在监管者相关立法过程中代表行业发表意见是自律组织的重要职责。伴随近年来各国监管者对对冲基金行业的关注，两大协会积极参与立法进程，反馈行业意见。例如，MFA 对 SEC 于 2004 年修订的投资顾问法对冲基金管理人豁免规则提出了强烈的反对意见，AIMA 也反对已经在英国注册接受监管的对冲基金管理人根据 SEC 规则必须在美国登记的规定。两大协会还积极与外国监管者沟通，争取其开放市场允许对冲基金投资，如 2007 年印度宣布准备开放本国金融市场允许对冲基金作为“外国机构投资者”参与投资，MFA 以行业组织的敏锐立即发现印度证监会拟议规则关于“接受母国监管”定义不够明确，遂积极游说监管者基于美国金融市场体系的完善认可未在美国 SEC 登记的对冲基金顾问享有“受监管地位”。在国际证券监管组织制定对冲基金估值规则的过程中，两大协会分别派员参加规则制定小组，在“规”的制定过程即代表行业发表意见，促进了规则的顺利出台和未来对行业适用性的提高。

3. 开展独立研究和其他服务

以 AIMA 为例，协会做到以下几点：一是积极组织业内围绕行业发展的热点进行研究并发表相关研究报告，如 2002 年发布的组合式对冲基金管理与投资指引、市场中性与对冲策略研究报告和管理期货利益等分析文章；二是创办另类投资管理协会专业期刊，每季度发行，主要包含由业内专家撰写的非商业性分析文章；三是推动专业资质认证考试“注册另类投资分析师”（Certificated Alternative Investment Analyst）的全球推广，提升行业参与者的专业性。

二、对冲基金行业自律的完善

在肯定对冲基金行业自律不断改进的同时，必须看到其与全球监管者基于对冲基金行业高速发展所产生各种问题的关切还很不相称，存在诸如标准不统一、职责不健全、自我管理力度不大等问题，需要着力改进。

1. 加强主要自律组织之间的合作

实践中，AIMA 的成员全球分布更广，代表性更强，而 MFA 所代表的美国对冲基金管理人管理资产占全球一半以上，加上美国金融市场在全球龙头的地位短期内无可动摇，因而两大协会基本上势均力敌，通过合并重组的阻力会很大，因此现实的路径是加强合作。可喜的是，两大协会最近加快了合作步伐。2008 年 4 月 7 日，AIMA 和 MFA 正式宣布结为联盟，并宣布两大组织将更加紧密地就行业发展的关键问题开展合作。两协会主席在联合声明中宣布，两会将建立一种机制和框架就关乎共同利益的问题开展合作，如设计实施全球性的以原则为基础的监管规则体系，加强其成员跨境交流。促进行业层面符合良好业务实践的最高标准。作为第一步，两会将建立信息交换机制，通过派员参与各自理事会的方式推进实质合作，并将讨论有关动议在行业教育方面开展合作。2008 年 5 月，MFA 协会董事会董事 Sean Simon 被提名为 AIMA 协会美国分会理事，并同时入选 AIMA 协会理事会，这一举措印证了两大协会近期通力合作的共识，交叉任职必将极大地促进两协会的合作。[①] 在两大协会加强合作的基础上可望通过协调方式出台全球统一的对冲基金管理人良好实践标准。2008 年 7 月，AIMA 宣布将与 MFA 合作出台第一个全球统一的组合式对冲基金管理人实践指引。

2. 健全自律管理职责

实践中对冲基金行业自律职责在很多关键领域还存在盲点，应当在尽快填补空白的基础上完善自律职责。

（1）制定准入门槛，加强从业人员管理。目前，几乎任何主体都可以申请成立对冲基金，而进入基金的从业人员也无须通过任何资质证明，导致行业内部鱼龙混杂，包括欺诈、舞弊等各种纰漏层出不穷，损害了行业声誉。虽然基于对冲基金迅速发展的特点，无论是对机构还是对从业人员的资质和知识测评，可能短时间内就需要更新，而且运营对冲基金需要的不仅是通过考试，更多的是实际的交易技能和直觉。但不可否认的是，一定的资格验证或执业执照制度有助于设定行业标准并提升行业内的专业化水平。因此，行业协会在推动准入

① Marc Raybin. Simon Doing Double Duty with AIMA，May 19，2008.

标准的设置和实施方面应当有所作为，一个现实的措施是要求对冲基金管理公司高级管理人员在限期内通过 CAIA 考试，并对接受自律管理的机构和人员的资格进行动态控制。与此同时，对于离开对冲基金行业的人员，则需要及时吊销其从业执照。

（2）制定行为标准，提升从业人员职业道德规范。为此，行业协会要做到：一是需要设定投资行为标准，并成立专门委员会负责标准的执行与监督。标准的内容可以包括对交易过程中信息来源和使用的限制。委员会还要负责依据行业进展及时更新标准，同时业内违规的通报也必不可少，这样可以加大违规成本，起到有效防范的作用。二是考虑到 AIMA 成立 15 年来只对一起欺诈案例进行内部处理的事实，[①]必须加大行业协会对违规行为的处理力度，因为缺失惩罚机制将导致对违规者的惩处不得不依赖法律的规定和国家机器。这一方面便于外部机构以协助落实惩罚为名对行业进行干预；另一方面会增加对国家的心理依赖，最终导致行业协会自身失去自治赖以依托的独立精神与品格，丧失自律继续存在的基础。

（3）建立全球统一的对冲基金信息数据库。当前并不存在全球统一的对冲基金数据库，由于每个数据服务商对对冲基金定义不同，导致没有任何数据库可以提供关于对冲基金行业的完整信息。[②] 更重要的是，现行数据库存在一系列重大偏差与缺欠，包括生存偏差、自我选择偏差、回填偏差、清算偏差和双重计算偏差等，而且多数数据提供商所使用的信息直接来自投资管理人或行政管理人，而没有经过独立的第三方检查，因此数据是否真实、可靠还存在疑问。

通过依托全球统一的行业自律组织，要求所有成员强制履行对协会的必要信息披露义务，一是可以修正主要数据库的偏差与缺欠：行业协会作为独立第三方，要求加入协会的基金管理人根据协会制定的统一标准必须定期披露包括以往停止基金的信息，并对管理人是否披露信息进行独立监督，以上几点措施可以修正现有数据库的偏差。二是增量成本有限而收益很大：AIMA 和 MFA 各自都建立了会员专有信息数据库，其中 AIMA 的数据库包括全球对冲基金管理资产的 70%，在与 MFA 合作分享各自数据库的基础上覆盖面会进一步提高，从建设全球统一数据库的增量成本角度考虑，这是最为经济的现实路径。而且，形成统一数据库后，可以方便地推出可投资指数等产品，既有利于市场投资者扩大选择范围，获得质量更高的投资产品，又可以实现可观收益造福会员。

---

① 梁兆棋：《对冲基金治理研究》，上海财经大学出版社 2007 年版，第 34 页。

② 在实证分析比较中，有学者指出所有主要对冲基金数据库都有 15%~25%的独特数据，即任何其他数据库不包含的“专有”对冲基金，这进一步表明需要建立统一数据库。参见 Corentin Christory，Stephane Daul，Jean-Rene Giraud. Qualification of Hedge Fund Default Risk，January 2007。

(4) 统一对冲基金管理人业务操作实践指引。AIMA 和 MFA 已经各自制定了管理人操作实践指引，但存在两个问题：一是各自的标准体系存在差异，规则更多反映管理人注册国家监管环境的约束因而不统一；二是最佳实践标准无法适用于整个行业，特别是考虑到相当比重的中小型对冲基金管理人由于成本考虑难以实施最佳实践。针对这个问题，应加强两协会的协调与合作，逐步统一现有规则，更重要的是，要努力完善现有实践标准的规则文本框架和执行监督机制。

1）引进遵守或解释机制。借鉴英国对冲基金标准集团《对冲基金标准》的框架，可以通过“遵守或解释”机制实现与标准的一致，该机制的基础是信息披露。基金管理人如果签署标准，就承诺与标准一致，即全部遵守标准或解释为什么不遵守该具体标准的原因以及自身实际做法，在这种框架下解释这种选择并不意味着效力次于遵守，它也是市场纪律的实施形式。其优点：一是遵守或解释框架依赖于信息披露，因此所需要的规定的详细程度较低；二是解释的选择使标准既可以覆盖对冲基金及其管理人运营的主要环境和情景，又承认存在独特与特殊性；三是“遵守或解释”框架与企业和行业动态发展的特点相容，而不必频繁地改动标准，可以确保相对稳定性；四是适用性更广，有助于允许注册于不同司法辖区的基金管理人签署该协议。

2）实行双层次标准。考虑到大型对冲基金管理人与中小型精品店型管理人在基础设施、运营成本方面的巨大差距，在规则文本形式上可以借鉴巴塞尔核心原则评价方法中必要标准与附加标准相结合的做法，努力构建有弹性的动态调整的对冲基金良好实践标准。必要标准是要求所有管理人都必须具备的最低标准，附加标准则是进一步加强自律约束的各种要素，是对冲基金完善良好实践努力的目标，大型对冲基金管理人可以自愿采纳。这种模式实现了根据金融市场的发展和实践经验的增加，在保证标准基本稳定前提下的持续动态调整，能够更连贯、完整地反映不断变化的市场现实和监管现状。这种多层次规则形式及其形成的弹性动态调整的框架内在地体现了激励相容的理念，可以与监管当局的监管措施匹配使用。一是在准入监管阶段可以作为监管当局对基金管理人市场准入、新设基金募集发行审批的依据；二是可以成为日常监管过程中对对冲基金实施监管分级、确定现场检查频率和范围的参考和准据；三是可以成为判定是否采取干预措施及其他市场退出措施的依据。

3）成立专门机构作为监管标准的保护者。可以借鉴对冲基金标准集团成立对冲基金标准委员会的经验，在行业协会内部建立专门机构，在作为实践标准保护者和监护人的基础上，发挥独立监督作用，并履行合规检查、标准更新、对外联系等职责。

三、监管者对自律监管的授权与监督

基于自律监管所具有的利益冲突、视野局限和软约束等问题，为实现趋利避害，必须将行业自律纳入对冲基金监管法律整体框架，并正确处理自律监管与政府监管之间的关系。IOSCO 在《有效自律监管模式》的文件中指出，“有效的自律监管必须在政府监管框架内定义”。[①]政府对自律组织活动的监督，能够确保自律活动兼顾到市场各方面的利益，为有效的自律监管提供必要的制衡。基于自律组织的两面性，处理政府监管与自律组织的关系时，应从如下几个方面入手：

1. 支持行业自律，纳入责任分担的监管结构模式

监管者应当支持自律组织发挥自律、服务、协调等职能，充分发挥自律组织的作用。在理想状态三棱锥模式下，按照高效监管和发挥比较优势原则，对自律组织的责任分配应当落实在它们最有能力和动力施行且效率较高的领域，允许对冲基金行业协会在接受政府监管当局监督指导的前提下承担适当的监管责任。通过建立这种监管当局指导下的自律组织监管体系，政府当局可以更有效地使用有限资源，并在金融体系中形成一个责任共享的监管网络，降低道德风险，实现激励相容。

必须强调，监管责任分担的结构模式强调“责任分担”，而非完全放任。自律组织及其监管规则最终要得到政府监管当局的授权和认可，并接受监管当局监督，以此避免自律组织及其成员滥用手中权力损害投资者利益，妨碍市场竞争。

直观上，责任分担的对冲基金监管模式可以视为一个金字塔形结构，最底层由市场主体对冲基金管理人组成，他们是行业协会成员，但自律组织成员资格要在符合一定条件的基础上才能获得。金字塔中间层是由行业协会组成；金字塔顶端是政府监管当局，依照法律程序，负责对整个金融体系的监管和监督。

具体而言，一方面，行业协会的最佳实践标准在条件成熟时可以直接纳入或经调整后成为监管标准的来源，既降低监管规则制定成本，又有助于提高监管规则的适宜性和执行效果；另一方面，自律监管在精心设计的监管法律体系下有适当位置，并得到监管权力的支持。例如，市场准入监管阶段可以赋予小规模对冲基金管理人豁免在监管部门登记的权利，但前提是其必须加入行业协会接受自律并得到自律组织的认证；通过要求所有基金管理人参加自律组织并定期提交数据可以建立行业数据库，便于监管者获得可靠的分析数据；在对对冲基金管理人的日常监管中参考其遵守自律组织行业实践的情况（遵守最低标准还是较高标准，

① The SRO Consultative Committee of the International Organization of Securities Commissions, Model for Effective Regulation, May 2000.

合规情况）来对对冲基金管理人实行监管分类等；在监管法律体系中明确行业协会自治权的内容，赋予其行业规则制定权、适当的行业监管权、非法律惩罚权、业内争端解决权和独立的起诉权。

2. 监管者加强对自律组织的管理

对冲基金行业协会存在的利益冲突、软约束与视野局限等缺欠决定了其必须接受金融监管机构的监督和指导，自律活动必须在法律规定框架下进行。为此在对冲基金监管法律框架下必须明确自律组织有接受监管者监督检查的义务，并且自律组织规则也要接受监管审查。[①] 此外，为不侵犯自律组织的监管自治权，监管者应当减少对自律组织的直接、具体管理，着重加强对自律组织行为的事后监督与制约。

3. 自律组织有权对监管机构进行监督和制约

监督和制约要有效发挥作用就必须实现双向制约，对自律组织而言，一方面可以通过参与监管决策实现对监管权的制约，把握市场动向，反映市场呼声。长期以来，AIMA 和 MFA 在这方面发挥了非常重要的作用，特别是在制定《对冲基金估值原则》的过程中，充分利用直接参加规则制定的机会，积极与各国监管者沟通，促进了规则的顺利通过。另一方面可以通过行政诉讼实现对监管机构的监督，可以原告身份起诉。2006 年美国律师 Goldstein 在 MFA 的支持下起诉 SEC 修改投资顾问法下对冲基金管理人豁免规则超越了国会对 SEC 的授权，经过审理，哥伦比亚联邦上诉法院判决 SEC 败诉，新的监管法规被推翻。虽然这使美国对冲基金管理人监管乃至全球对冲基金监管网形成巨大漏洞并延续至今，但至少证明市场主体有运用法律授权维护自身权益并获得成功的可能。

---

① 美国于 1975 年修改 1934 年《证券交易法》，要求所有自律组织制定的新规则必须经 SEC 批准才能得以实施。

第七章　对冲基金监管制度协调

要使对冲基金监管法律制度良好有效运行，就无法回避监管对象——对冲基金的全球化运营与监管主体国别化设立之间的矛盾，这是探讨加强对冲基金国际法律协调，建立国际合作机制的根本原因。实践证明，由于对冲基金产业链和运营框架往往牵涉多个国家，可以有效利用各国监管法律制度的差异实施监管套利，其在积极发掘各国金融市场定价无效投资机会的过程中既推动了全球金融市场一体化进程，同时也打破了金融风险跨国界传播的障碍，增加了全球金融体系的不稳定性。长期资本管理公司濒临倒闭案例证明，即使拥有全球规模最大、流动性最充沛的金融市场，并从对冲基金活动大量受益的美国也无法独善其身，因此在适当的国际组织框架下，以确立全球最低监管原则为起点加强监管法律的协调，建立并实施制度化的监管合作机制是理想状态三棱锥所表征的对冲基金监管法律制度的重要内容，是完善对冲基金全球监管网，鼓励发展中国家开放对冲基金投资本国金融市场的必由之路。

第一节　监管协调与合作理论基础
——经济学模型阐述

运用模型方法研究对冲基金监管协调与合作的理论基础，有助于更准确地界定研究范围，并将不同关联因素之间的关系明朗化、系统化。本节从监管外部性模型和成本收益比较框架下的博弈分析两个角度揭示监管协调与合作的理论内涵与外延。

一、监管外部性模型

1. 外部效应

外部效应（Externality）是指提供一种产品或劳务的社会费用（利益）与私

人费用（所得）之间的偏差。[①] Meade（1973）将其定义为一种事件，它给某位或某些人带来好处（或造成损害），而这位或这些人并非是做出直接或间接导致该事件决策的完全赞同一方。外部效应分为正外部性和负外部性，前者是社会收益大于私人收益，后者是社会收益小于私人收益。当某一经济单位所从事的经济活动存在某种外部性，尤其是负外部性时，其自我运行所达到的利益目标就不可能与社会利益保持一致，这就需要代表社会公共利益的国家对其活动进行必要干预，以引导或强制其活动尽量与社会公众利益一致。根据福利经济学观点，外部性可以通过征收"庇古税"进行补偿，但是金融活动巨大的杠杆效应，即包括对冲基金在内的个别金融机构利益与整个社会利益之间的严重不对称，使该方法存在很大局限性。而"科斯定理"从交易成本角度说明，外部性无法通过市场机制的自由交换得到消除，需要市场以外的力量介入以限制金融体系的负外部效应。

大型对冲基金的特点是具有广泛的债权债务关系，尤其是与主经纪人和其他贷款人之间以融资融券、衍生产品交易、借贷等多种方式形成的复杂债权债务关系，这决定了对冲基金经营具有很强的外部性，包括正外部性和负外部性。

对冲基金的负外部性有两种形式：第一种是由金融机构之间债权债务关系引起的，一家金融机构即使经营正常，如果与一家倒闭的大型对冲基金有较大规模的复杂债权债务关系，也会因此遭到损失，甚至随同破产倒闭；第二种负外部性发生在没有直接债权债务关系的对冲基金与金融机构之间，是由行业性质相同、信息不充分引起的。如果一家对冲基金投资失败而致投资者和债权人丧失信心发生挤兑，在脆弱市场环境下可能引发流动性短缺和交易条件恶化，因此其他与失败对冲基金没有直接债权债务关系的金融机构也会受到影响，严重者甚至走向破产。

由于第二种形式的负外部性可以跨越国界，因此防范金融风险和金融危机在国际间的传递十分必要，但仅靠一国的监管当局显然不够，需要国际金融组织、相关国家监管当局共同采取措施以稳定投资者信心，从而制止第二种形式的负外部性在国际间大规模扩散。

2. 监管外部性模型

下文借鉴阿里西亚和马奎斯的"监管中的外部性模型"框架[②]分析对冲基金监管合作的理论基础问题。

假设对冲基金监管者关注对冲基金部门对资本市场效率、安全和稳定性的影响，这是监管的主要动机，为此直接假设对冲基金监管者关注对冲基金的风险。[③]

---

① 林俊国：《金融监管的国际合作机制》，社会科学文献出版社 2007 年版，第 31 页。

② 刘仁伍等编译：《国际金融监管前言问题》，中国金融出版社 2002 年版，第 44–48 页。

③ 即内在风险和次生第二轮风险。

假设监管者可能有许多不同的监管工具使用，在给定监管目标下，监管者将选择这些工具的某些优化组合。①

这些工具包括基金管理人准入要求、主经纪人与托管人准入要求、投资者准入财富标准、资产组合分散化要求、风险管理水平评估、大型对冲基金综合杠杆率披露、失败对冲基金责任追究等。这些工具的共同点是有助于降低对冲基金系统性风险的外溢，或者降低对冲基金倒闭给投资者、交易对手带来的损失。同时，这些工具的任何组合使用都不为对冲基金所喜欢，因为作为经营者，基金及其管理人总是希望减少监管干预。将 i 国的工具集合称为变量 k_i，假设该变量包含了许多可能的监管工具的影响。在模型中采用简化形式，假设存在两个国家，每个国家都开放冲基金行业投资运作，要求对冲基金管理人在该国注册登记，并明确相应监管者。在 i 国注册的对冲基金行业利润和风险取决于监管者施加于它们的监管水平，也取决于 j 国监管者施加在注册于 j 国的对对冲基金的监管水平 $\prod_i(k_i, k_j)$。为对冲基金所厌恶的监管标准的强制实施假设可以表达为如下形式：

$$\frac{\partial \prod_i (k_i, k_j)}{\partial k_i} < 0, \quad \frac{\partial \prod_i (k_i, k_j)}{\partial k_j} > 0 \tag{7-1}$$

第一个表达式说明监管标准越高，对冲基金利润越低，相应系统性风险也越低，换言之，对冲基金监管越严格，其利润越低。第二个表达式说明在竞争对手或至少某些对手因受到更严格监管，盈利模式和能力受到束缚的情况下，对 i 国对冲基金越有利。

监管者关注对冲基金对市场效率、安全和稳定性的影响，由函数 $F_i(k_i, k_j)$ 来表示，在低监管水平时，它是 k_i 和 k_j 的增函数，但当 k_i 和 k_j 接近于 1 时，它是减函数，即是 k_i 和 k_j 的凹函数。②

$$\frac{\partial^2 F_i}{\partial k_i^2} < 0, \quad \frac{\partial^2 F_i}{\partial k_j^2} < 0 \tag{7-2}$$

该函数代表了促进对冲基金系统稳定性和保护投资者利益的优化监管净收益。③不过，监管者一定程度上还要关注对冲基金提升金融市场效率的可能，这可以通过假设其关注对冲基金流动性来表征。由假设监管者给予对冲基金提升效率和流动性的权重 α 和稳定函数 F 的权重 $(1-\alpha)$ 来实现。

---

① 将这个问题抽象为监管的最优设计内容，假设给定其目标函数，监管者可以找到一个解，以最大化其目标函数。这等价于监管者可以确定实施某些监管标准的影响。

② 这个假设保证施加于每只对冲基金的监管水平的唯一最优解和一个内解，如果 F_i 在 k_i 的所有范围内，$k_i \in (0, 1)$，都随 k_i 增加，则监管者可能采取极端的监管标准。

③ 对每个可用的工具即建立一个收益函数，每项监管工具的收益都可以单独模拟表达。F 代表所有工具组合的总收益，由监管者所有目标累加起来得到。考虑到实现部分目标可能阻碍其他目标的实现，可以假设 F 代表了在那些可能冲突的目标之间的监管者的最佳平衡。

考虑两种不同情况：一个为独立的各国监管者，其中每只对冲基金只接受母国监管；另一个为对全球金融体系中所有对冲基金制定监管标准的中央监管者。假设每个独立国家有能力为在该国注册的对冲基金管理人和对冲基金设定监管规则，并只能控制 k_i；在中央监管者情况下，假设监管者可以设定 k_i 和 k_j，但必须平等地对待所有对冲基金，为此必须设定二者相等（$k=k_i=k_j$）。实际上，完全有理由认定中央监管者在各国实行不同的监管标准在政治上不可行。而且，假定中央监管者的目标函数是各国监管者目标函数的加总，为简单起见，对中央监管者的目标函数如何不同于原来国内监管者目标函数的情况进行了抽象处理。

在各国独立监管者情形下，每个监管者在包括考虑对冲基金效率和流动性在内的监管总效用的最大化问题为：

$$\max^{Ki_i} U_i\ (k_i,\ k_j)=(k_i,\ k_j)+(1-\alpha)\ F_i(k_i,\ k_j) \tag{7-3}$$

而中央监管者的监管总效用将最大化为：

$$\max^{K} U(k)=\alpha\left[\prod\nolimits_i(k)+\prod\nolimits_j(k)\right]+(1-\alpha)\ [F_i(K)+F_j(K)] \tag{7-4}$$

式（7-4）中，$K=(k_i,\ k_j)$，因此中央监管者必须为两个国家选择相同的监管水平，如果 $\prod_i(k)=\prod_j(k)$，$F_i(K)=F_j(K)$，则两个国家是相同或对称的，式（7-4）可以简洁地写为：

$$\max^{K} U(k)=2\alpha\prod(k)+2\ (1-\alpha)\ F\ (K) \tag{7-5}$$

本模型下集中研究对称图形，此处的对称是指监管对利润和监管收益的影响，但并不必然指对每项权重的影响。

在独立的各国监管者情形下，式（7-3）的一阶条件集（FOC）为：

$$\alpha\cdot\frac{\partial\prod_i(k_i,\ k_j)}{\partial k_i}+(1-\alpha)\ \frac{\partial F_i(k_i,\ k_j)}{\alpha k_i}=0 \tag{7-6}$$

该最大化问题的解为一对同时满足两个方程的（k_i^*，k_j^*），由于国家是对称的，$k_i^*=k_j^*$时存在一个均衡，关注该情形。

中央监管者的情形由式（7-7）给定，式（7-4）的一阶条件为：

$$\alpha\cdot\frac{\partial\prod_j(k_i,\ k_j)}{\partial k_j}+(1-\alpha)\ \frac{\partial F_j\ (k_i,\ k_j)}{\alpha k_j}=0 \tag{7-7}$$

该问题的解产生一个监管标准 k^*。

比较两个问题的解，如果将独立监管者之间的纳什博弈均衡解（k_i^*，k_j^*），代入中央监管者的一阶条件式（7-7）中，整理可得：

$$\left[\alpha\cdot\frac{\partial\prod(k_i,\ k_j)}{\partial k_i}+(1-\alpha)\ \frac{\partial F\ (k_i,\ k_j)}{\alpha k_i}\right]+$$

$$\left[\alpha\cdot\frac{\partial\prod(k_i,\ k_j)}{\partial k_j}+(1-\alpha)\ \frac{\partial F\ \ (k_i,\ k_j)}{\alpha k_j}\right]=0 \qquad (7\text{-}8)$$

由于等同于各国监管者的一阶条件，式（7-8）中第二项的两部分都为正，所以也为正；要使等式成立，第一项必须为负。而且，由于$\prod$和 F 的凹性，为满足方程（7-7），必须有较高的监管标准，即满足 $k^*>(k^*_i,\ k^*_j)$。

该结果表明竞争性监管机构相对于中央监管者，将出现低监管标准或监管不足，因为其不能完全地内部化其行为的收益。而且监管者还会试图为其对冲基金提供竞争优势，进一步降低监管标准。因此对冲基金实践运行中会出现：

$$U_i(k^*,\ k^*)>U_i(k^*_i,\ k^*_j),\ i,\ j=1,\ 2 \qquad (7\text{-}9)$$

显然，监管中外部性的程度取决于两国金融市场和对冲基金行业的一体化程度，没有一体化，一国的监管对另一国对冲基金行业发展效率和金融体系的稳定性就没有影响。这种影响在金融一体化程度更高的国家中更为显著，因此协调的影响会被放大。

上述模型分析了在对冲基金和监管者有相同和类似偏好的假设下，允许对冲基金在各自注册市场进行竞争的条件下，集中性对冲基金监管者和独立监管者之间的差异。监管者之间协调的缺乏导致各监管者执行比他们能够相互协调时更为松弛的监管标准，即出现监管不足，这不利于各国金融市场稳定，因此需要开展监管合作。

非常相似的国家（如欧盟）可能从拥有中央监管者中获利，该收益随着这些国家差异（对冲基金行业效率）的增加而降低，当各国差异巨大时，最优监管可能要求执行不同的标准。因此，当国别之间差异增大时，灵活性损失的成本增加，这又证明当今发达国家和发展中国家金融市场发展水平和立法规范程度存在巨大差异，使对冲基金监管协调面临巨大困难。

二、对冲基金监管博弈模型

各国监管当局开展监管合作的主要目的是加强对跨国实施投资运作的对冲基金的监督，防止风险累积以及在国际间相互传导。在对冲基金监管国际合作中，参与监管当局都会获得收益，也必须支付一定成本。成本支付包括构建制度、收集信息以及与外国证券监管当局的信息交流与共享；收益主要体现为因加强对冲基金监管国际合作，跨国运作对冲基金监管有效性增强，在此基础上获得更多市场准入许可并从更多来源募集资金、金融市场效率提升与风险跨国传播可能性下降等。

下文以最简单的完全信息博弈模型来表示监管合作双方的选择。假设有两个国家，S 国和 W 国监管当局进行对冲基金监管合作，两个国家参与合作的成本分别为 $C_s(X)$ 和 $C_w(X)$。双方都选择不合作时，彼此收益都为零。当其中一方选择合作，而另一方选择不合作时，由于金融风险跨国传播的可能性，选择不合作的一方也会受益，即存在“搭便车”的现象。但双方都参与合作时，其收益会扩大。更具体地，假设两国中只有一方合作、另一方“搭便车”时，各自收益为 $R_s(X)$ 和 $R_w(X)$。但如果双方都进行监管合作，则各自收益都将上升，假设此时 S 国的收益为 $mR_s(X)$ $(m>1)$，W 国的收益为 $nR_w(X)$ $(n>1)$。此时，称 m、n 为合作溢价。博弈矩阵如图 7-1 表示：

		W 国	
		协调	不协调
S 国	协调	$mR_s(X)-C_s(X)$，$nR_w(X)-C_w(X)$	$R_s(X)-C_s(X)$，$R_w(X)$
	不协调	$R_s(X)$，$R_w(X)-C_w(X)$	0，0

图 7-1　博弈矩阵

命题之一：当合作溢价足够大，且合作收益大于合作成本时，双方均参与合作是唯一的纳什均衡解。

双方均合作是唯一纳什均衡解的条件应当满足：

$$mR_s(X)-C_s(X)>R_s(X) \tag{7-10}$$

$$nR_w(X)-C_w(X)>R_w(X) \tag{7-11}$$

$$R_s(X)-C_s(X)>0 \tag{7-12}$$

$$R_w(X)-C_w(X)>0 \tag{7-13}$$

$$\text{即 } m>\frac{R_s(X)+C_s(X)}{R_s(X)} \tag{7-14}$$

$$n>\frac{R_w(X)+C_w(X)}{R_w(X)} \tag{7-15}$$

$$R_s(X)>C_s(X) \tag{7-16}$$

$$R_w(X)>C_w(X) \tag{7-17}$$

式（7-14）和式（7-15）表明当合作带来的收益越小、成本越高时，所要求的合作溢价越大。当式（7-14）和式（7-15）都成立时，双方均选择合作是纳什均衡解。式（7-16）和式（7-17）保证合作的利得为正数，从而避免双方均不合作的情况。这种情形可能发生在大国之间（如英、美）的合作上。在金融市场全球一体化进程中，注册于大国的对冲基金管理人可能会到其他国家金融市场设立投资机构，在当地运作并吸引当地投资者资金，也会有更多的外国对冲基金到该国设立分支机构。由于合作可以给彼此提供足够的信息，更容易识别跨国对冲基金运作的风险点，因此，如果合作收益较高，在成本相对固定的情况下，只要有较小的合作溢价，双方就均愿意选择合作。此时合作溢价 m 和 n 的取值区间为（1，2）。

命题之二：当合作收益小于合作成本，且合作溢价不够大时，双方不合作是唯一的纳什均衡解。

当合作收益不足以抵销合作成本时，双方都选择不参与合作，从而：

$$R_s(X)-C_s(X)<0 \tag{7-18}$$

$$R_w(X)-C_w(X)<0 \tag{7-19}$$

此外，当合作溢价不够大时，即：

$$mR_s(X)-C_s(X)<R_s(X) \tag{7-20}$$

$$nR_w(X)-C_w(X)<R_w(X) \tag{7-21}$$

这更多地发生在小国之间的合作上，小国虽然参与国际金融市场一体化，但由于金融市场规模不大，在没有显著的金融风险因素跨国传导的情况下，其收益往往不大，甚至小于合作的成本支出，此时选择不合作是唯一的纳什均衡解。

命题之三：当合作收益小于合作成本，但合作溢价足够大时，双方均不合作和双方均选择合作都是纳什均衡解。

$$R_s(X)-C_s(X)<0 \tag{7-22}$$

$$R_w(X)-C_w(X)<0 \tag{7-23}$$

$$mR_s(X)-C_s(X)>R_s(X) \tag{7-24}$$

$$nR_w(X)-C_w(X)>R_w(X) \tag{7-25}$$

这种情况也发生在小国之间的合作中，如果一方采取“搭便车”行为，则单个主体合作收益小于其成本，但如果双方均合作，则双方都能获得更高的收益(此时可能发生在小国对金融风险跨国传导的预期较大时，其合作溢价很高)。但事实上，双方都选择不合作是更稳定的解，因为一方并不清楚对方会如何选择，这就需要一个有效的信号传递（签订谅解备忘录），让对方知道并确信自己愿意合作非常重要，此时，m 和 n 的取值应该大于 2。

命题之四：在双方合作中，只有一方合作溢价较大时，会出现“搭便车”情形。

以 W 国“搭便车”为例，对于 S 国来说，进行合作是其占优策略，在这样的信念下，W 国采取不合作，进行“搭便车”，此时应满足的条件为：

$$mR_s(X)-C_s(X)>R_s(X) \tag{7-26}$$

$$R_s(X)-C_s(X)>0 \tag{7-27}$$

$$nR_w(X)-C_w(X)<R_w(X) \tag{7-28}$$

即对于 W 国来说，合作溢价并不会给“搭便车”带来更大好处，但对于 S 国来说，不管 W 国采取什么行动，合作总是最优选择。该情况多发生在大国与小国之间合作，小国从合作中获得的收益可能不是很大，但却要付出一定成本，它进行合作的收益可能不及“搭便车”的收入，这也可以解释为什么大国更热衷于构建金融监管合作制度。

综上所述，双边监管合作的局面能否顺利实现涉及合作主体各自的特征定位，比较复杂，特别是需要合作的国外监管当局数量很多时，合作难度显著加大。

第二节 对冲基金监管国际协调现状与问题

1998 年长期资本管理基金引发系统性风险事件以来，伴随对冲基金跨国运营带来的规模不断扩大和市场影响的提高，许多国际监管组织对对冲基金开展了一系列研究。作为唯一的多边证券监管专业组织，IOSCO 在推进对冲基金监管国际协调与合作方面发挥了重要作用，通过出台一系列监管指引和研究报告提供了大量的实体性规则，推动了各国监管信息共享与监管技术和方法的借鉴。但由于 IOSCO 自身的局限性以及国际层面围绕对冲基金监管存在的严重理念分歧，当前的监管合作还存在许多缺欠，亟待完善。

一、对冲基金监管国际协调现状

IOSCO 成立以来，一直大力推进国际证券市场监管法律规则的协调和监管合作机制的确立。随着对冲基金行业的发展和在金融市场地位和重要性的提升，IOSCO 日益关注对冲基金监管问题，在出台一系列标准文件的基础上自 2006 年中国香港年会开始连续三年将对冲基金监管作为年会主题讨论内容之一。与此同时，IOSCO 通过确立以司法互助协定和监管谅解备忘录为主要形式的国际监管合作机制，有效地推动了各国以监管信息共享和借鉴监管技术方法为主要内容的合作实践。

1. 监管规则与标准的制定

对冲基金活动纳入 IOSCO 监管视野始于 1998 年长期资本管理基金事件，作为证券市场专业监管者，IOSCO 一直高度关注、密切跟踪对冲基金行业的发展及其带来的监管挑战，并适时出台相应的监管原则和标准进行规范。

1999 年 11 月，技术委员会发表研究报告《对冲基金与高杠杆机构》，其研究结论在要求证券公司加强交易对手风险管理和要求对冲基金提高透明度的问题上与巴塞尔委员会、美国总统金融市场委员会的调查结论一致，所不同的是，IOSCO 没有排除直接监管对冲基金的可能性，指出“如果提高信息披露降低系统风险的措施无效，应当考虑直接监管对冲基金”。2001~2002 年，新加坡、爱尔兰、中国香港等司法辖区推出投资起点远低于传统私募对冲基金的公募对冲基金立法框架后，IOSCO 立即注意到这种变化可能导致零售投资者间接参与对冲基金投资，并使以往为监管者忽视的投资者保护问题浮出水面。为此 2003 年初，IOSCO 发布技术委员会公告第 142 号，对零售投资者参与对冲基金投资的影响进行了分析，并认为集合投资计划监管框架可以提供必要的投资者保护机制，这一结论对欧洲各国借鉴《可转让集合投资计划》（UCITS）监管框架建立在岸对冲基金监管法律制度有重要影响。

伴随对冲基金管理资产突破 1 万亿美元和投资管理人日益全球化运作，2004 年底 IOSCO 技术委员会启动监管调查，对技术委员会成员所在司法辖区对冲基金监管立法和执行情况进行调查，经过一年多的分析整理和公开征求意见，2006 年 11 月技术委员会报告第 226 号《对冲基金监管环境：调查与比较》颁布，报告在承认全球各司法辖区并不存在公认的对冲基金定义基础上，指出各国监管实践中主要存在三种方法：登记注册的集合投资计划（CIS）采用类似对冲基金的投资策略、监管者对对冲基金实施有限监管、不要求对冲基金登记或接受监管。调查确认除美国外，全球各司法辖区都对对冲基金管理人实施登记注册等监管措施，这可以构成未来对冲基金全球监管协调与合作的基点。

随着对冲基金日益投资低流动性资产，能否准确地对投资组合进行估值成为能否有效实现投资者保护的关键。在吸收和借鉴 AIMA、MFA 等行业协会指引经验的基础上，IOSCO 于 2007 年 11 月颁布了不同司法辖区对冲基金组合估值必须遵循的 9 项原则。在承认不同司法辖区对冲基金运营的差异导致基金结构存在重大区别的基础上，IOSCO 明确对对冲基金投资组合适当估值的最终责任属于基金管治实体，并以维护估值过程独立性为起点制定了若干操作标准。估值原则是 IOSCO 组织下颁布的对冲基金行业第一项国际监管标准。

伴随对冲基金零售化趋势日益明显，IOSCO 在 2006 年底开始对组合对冲基金投资进行调查，并于 2008 年 6 月发布技术委员会报告第 276 号，在确认各国关于组合式对冲基金的监管规则层面出现趋同的基础上，IOSCO 将确立组合式对冲基金国际监管标准要素，在接受监管前提下允许跨境销售作为未来监管法律协调的思路，并指出相关监管要素至少应包括应对流动性风险的方法和组合式对冲基金管理人尽职调查条件。

总的来看，IOSCO 围绕对冲基金的针对性监管调查与标准协调活动是比较成功的，在准确跟踪把握对冲基金发展趋势基础上确立了未来监管法律协调的基础和路径。

2. 监管合作机制的确立

要确保对冲基金在有序基础上跨多个金融市场运营，就必须在所涉及各国监管当局之间建立良好的监管合作机制，通过多年的努力，IOSCO 积极推动各国确

表 7-1 IOSCO 颁布对冲基金监管标准一览

时间	报告名称	主要结论和监管建议
1999 年 11 月	对冲基金与高杠杆机构（技术委员会报告第 98 号）	1. 证券交易机构应加强交易对手风险管理 2. 对冲基金应提高透明度 3. 如果提高公共披露信息无法控制系统性风险，则应考虑直接监管对冲基金
2001 年 4 月	多边集团工作组关于提高信息披露的最终报告（第 116 号文件）	1. 提高透明度要在定性披露与定量分析之间保持平衡 2. 披露要求应当与企业自身风险管理要求一致 3. 时期内敞口应与期末时点数结合
2003 年 2 月	关于零售投资者参与（组合式）对冲基金投资所引发的监管与投资者保护问题（技术委员会报告第 142 号）	1. 应当关注零售投资者参与对冲基金所引发的一系列监管问题，特别是涉及投资者保护问题 2. 集合投资计划框架可以为零售投资者提供必要保护
2006 年 11 月	对冲基金监管环境：调查与比较（技术委员会报告第 226 号）	1. 比较分析技术委员会 15 个成员司法辖区的对冲基金监管法律制度 2. 指出未来对冲基金监管法律协调的重点：估值与行政管理 3. 以组合式对冲基金为重点起草对冲基金监管统一规则
2007 年 11 月	对冲基金组合估值原则：最终报告（技术委员会报告第 253 号）	明确全球各司法辖区运营的对冲基金在资产组合估值时都要遵守以独立性为重点的 9 项估值原则
2008 年 6 月	组合式对冲基金：最终报告（技术委员会报告第 276 号）	1. 确认投资者保护问题是组合式对冲基金投资的关键监管考虑 2. 在各国关于组合式对冲基金的监管规则层面出现趋同，尤其是在投资前后对投资者的信息披露方面以及挑选标的对冲基金的合格标准上 3. 日后工作重点：确立组合式对冲基金国际监管标准要素，在接受监管前提下允许跨境销售
2008 年 10 月	基于最佳市场实践的组合式对冲基金国际监管标准要素（征求意见稿）	1. 在部分司法辖区，组合式对冲基金监管制度尚不存在或过于一般化 2. 应以流动性风险管理和组合式基金管理人尽职调查过程的性质与条件作为国际监管标准要素的核心
2009 年 3 月	对冲基金监管（征求意见报告）	1. 结合全球金融危机，分析对冲基金对资本市场带来的各种风险 2. 分析当前全球层面对冲基金监管制度的构成和力度 3. 初步政策建议

资料来源：根据 IOSCO 网站自行分析整理。除上述标准之外，2006~2008 年，对冲基金监管问题连续三次成为 IOSCO 年会讨论的主题之一。

立包括对冲基金在内的证券监管合作机制的形式和内容。

（1）合作形式。证券监管合作是指两个或两个以上司法辖区的证券主管机关之间为证券市场管理的法律性、技术性问题而开展的交流和协作。双边合作是其中最基本、最常见的形式，一般通过签订双边协定来实现，主要形式为司法互助协定与谅解备忘录两种。

1）司法互助协定。司法互助协定是一种涉及国际证券监管但不限于证券管理的双边条约，一般包括如下内容：可适用协助的事项、请求的要件、请示执行的方式、所获信息的用途以及拒绝请示的情形。美国是最早利用形式实行国际证券监管合作的国家，现已与瑞士、加拿大、英国等十几个国家签订了司法互助协定。这些协定为缔约国一方证券法在域外适用时获得外国有关当局的协助带来了极大的便利，从而有利于缔约国之间携手共同打击证券违法犯罪活动与过度投机行为。①

2）谅解备忘录。证券监管国际合作的谅解备忘录是两国证券主管机关针对证券监管合作事项而签订的。与司法互助协定不同，谅解备忘录是专就证券监管事项而签订的一种双边法律文件，目的主要在于设置双边监管信息交流机制，以加强诸如内幕交易等跨国证券违法活动的管制以及证券市场中介机构的监管。由于这些谅解备忘录是各国对证券市场负有直接监管责任的监管部门之间达成的，因此它在获取有关证券违法和犯罪的情报方面比司法互助协定更有效，更具有预见性。

谅解备忘录作为国际证券监管合作的最主要形式，最早见于 1982 年美国与瑞士之间达成的一个谅解备忘录，目前已为世界各国以及一些国际组织普遍采用。根据国际证监会组织于 1991 年 9 月发布的《谅解备忘录的准则》的规定，一个完备的谅解备忘录主要应包括以下几方面的内容：①主题事项；②保密责任；③执行程序；④被调查者的权利；⑤磋商；⑥公共秩序保留；⑦协助种类；⑧信息的使用；⑨请求机构的参与；⑩费用的承担。IOSCO 提出的上述十项原则为国际证券监管机构之间签订谅解备忘录提供了一个蓝本。经过 30 年来的实践（1982~2012 年），双边谅解合作备忘录已成为国际证券双边监管合作与协调最为有效的方式，在推进国际证券监管合作与协调方面发挥了重要作用。

（2）合作内容。对冲基金监管合作的具体内容主要表现为信息共享与监管方法的吸收和借鉴。

1）监管信息共享。通过确立信息共享机制，控制跨境证券犯罪是 IOSCO 推进国际证券监管合作的重要内容之一。1986 年 11 月 7 日，IOSCO 出台了《相互援助协议》（《里约宣言》），要求所有签字国监管当局在互利基础上彼此提供援助，便于他方获取与本国市场保护监督有关的信息，以保障投资者利益，防止欺诈行为发生。1994 年 10 月 IOSCO 技术委员会发布《监管不力和司法不合作对证券和期货监管者所产生问题的报告》，对如何从不合作的司法机构获得信息进行了介绍，强调在减少证券欺诈方面进行合作的必要性。

1995 年 5 月，来自世界主要期货和期权市场的 16 个司法辖区的监管官员在英国签署《温莎宣言》，表示要加强合作，努力保护客户头寸资金和资产，加强违约过程监管，并在紧急情况下加强监管合作。《温莎宣言》之后，各监管者与交易

① 冯彦辉：《论国际证券的合作监管》，《贵州社会科学》2005 年 11 月，第 16 页。

所之间加强合作。1996 年 3 月，49 个交易所和清算所、14 个监管机构在期货产业协会年度大会上签署《国际信息共享协议》，该协议允许交易所和清算所共享成员的市场和金融信息。①

2007 年，IOSCO 通过《多司法辖区市场监督信息共享最终报告》明确了市场准入和持续监管阶段证券投资母国与东道国之间应当交换的信息内容及其意义。报告指出，无论准入和持续监督方法存在多少差异，东道国当局在做出市场准入决策前都需要了解母国市场大量的信息。除此以外，东道国还需要获得关于母国监管法律能力的确认以及外国市场监管者提供监管合作和分享信息的愿望。通过信息共享机制的实施，有利于各国监管者分享重要关键信息，加强其打击对冲基金跨境操纵市场、内幕交易等行为的力度，保护金融市场完整性。

2）监管技术与方法的借鉴。对于投资策略复杂、跨多个市场运作的对冲基金而言，要提高监管有效性，就必须在监管合作过程中及时分享有效的监管技术与方法，扩大其适用范围以完善对冲基金监管网。

第一，借鉴风险为本的监管方法。2004 年起，英国 FSA 成立对冲基金专家中心，此举显著提高了对冲基金监管的专业性。与此同时，对注册于伦敦的对冲基金管理人推行市场影响评估基础上的监管分类，对 31 家被认定对英国市场有重大影响的基金管理人建立关系型紧密监管机制，提高频率，确立主监管负责人；对低市场影响管理人实行基线型管理，在提高监管有效性的基础上降低了对行业的干预程度，此举深受对冲基金行业欢迎，加强监管不但没有降低伦敦对于对冲基金管理人的吸引力，良好的监管声誉反而成为吸引包括美国在内其他国家对冲基金管理人在伦敦注册的重要因素。②

为提高本国对冲基金监管制度的有效性，美国 SEC 积极学习英国经验。一是提高监管人员专业素质，为此开发专门培训项目以使监管检查人员更加熟悉对冲基金运营，实现对对冲基金投资顾问的有效检查。2005 年 10 月~2006 年 10 月，SEC 就与对冲基金相关主题进行了 20 项专门培训。二是在确定检查对象时，借鉴 FSA 做法采纳以风险为基础的检查方法，使用命名为“风险评估分析报告数据库”（RADAR）的应用数据库，以识别确认检查人员发现的高风险领域并针对所识别高风险领域提出监管回应建议，被确定为高风险的投资顾问每 3 年检查一次。在 2006 财政年度，“风险评估分析报告数据库”还发现了包括市场操纵、挪用资金、估值不准等一系列与对冲基金有关的风险问题。③

① 朱孟楠：《金融监管的国际协调与合作》，中国金融出版社 2003 年版，第 85 页。

② 到 2007 年底伦敦对冲基金管理人管理资产规模占欧洲份额的 80%，全球份额的 25%。伦敦已经成为仅次于纽约的全球第二大对冲基金中心。

③ US States Government Accountability Office，“Hedge Funds：Regulators and Market Participants Are Taking Steps to Strengthen Market Discipline，But Continued Attention Is Needed，” Report to Congressional Requesters，January 2008.

第二，推广主经纪人敞口调查制度。对冲基金通过各种业务与主经纪人建立的融资和交易对手关系构成了对金融稳定威胁的最大敞口。英国 FSA 认为，市场经济中约束风险的第一道防线是市场纪律，但鉴于多主经纪人关系和内在利益冲突的存在，这种市场纪律非常脆弱，因此监管者必须主动介入加强和引导市场纪律。2004 年以来，FSA 开始对伦敦注册大型投资银行和商业银行主经纪人敞口进行调查，通过对相关数据的分析判断市场系统性风险敞口情况。美国 SEC、OCC 和纽约联储在 1998 年长期资本管理公司事件后也关注收集被监管对象建立对冲基金敞口的信息。在此基础上，2006 年秋季，纽约联储发起了国际大银行对冲基金敞口的第一次多边监管复查行动，参加者包括美国证券交易委员会、货币监理署、德国、瑞士和英国金融服务署。2006 年 12 月第一阶段复查结束，调查表明银行对对冲基金当前敞口和潜在未来敞口相对于银行资本的比例相对有限，因此潜在系统性风险威胁并不显著。类似的多边复查机制应当进一步推广覆盖日本、中国香港、新加坡、法国等主要国际金融中心，在此基础上持续下去且形成惯例，并逐步提高频率，最终达到每季度或半年检查一次；同时应当在 IOSCO 或金融稳定论坛框架下将调查结果加以系统整理形成全球对冲基金监管数据库并通过后续检查定期更新，实施动态监控。

二、对冲基金监管国际协调存在的问题

在日益一体化的市场条件下，依靠国际协调与合作来实现符合各国资本市场利益的监管目标，是各国监管者以最低成本实现本国范围内监管目标的前提。在 IOSCO 推动下，对冲基金监管国际协调与合作取得了一些进展，但还存在许多缺欠，距离理想状态三棱锥模式所揭示的应然状态还有相当大的差距。

1. IOSCO 自身存在的局限性

尽管 IOSCO 在推动对冲基金国际监管协调与合作进程中取得了很大进展，但其也存在不容忽视的内在局限性：其一，成员多样和组织形式松散，导致决策效率较低。作为证券市场监管的纲领性文件，《证券监管目标与原则》缺乏清晰的执行机制，依靠自身架构无法顺利实施。而成员的分散状态和原则的高度抽象，使文件本身的说服能力大幅度下降。其二，虽然出台了一系列关于对冲基金的研究报告和监管指引，但其决议、文件属于软法性质（Soft Law），不具有强制力，各国基于本国证券市场的发展水平和经济需要，采用的标准并不一致。IOSCO 不像 WTO 那样可以通过对成员国有法律约束力的协议来建立国际规则，也不具有 IMF 那样通过援助来施加政策压力的实力，在相当程度上仍属于多边论坛，不具有实质性决策和执行权力。因此，各成员对于 IOSCO 出台的监管指引只会选择性适用，使规则的实施效力大打折扣。

2. 国际层面对冲基金监管理念存在的分歧

对冲基金发展历程中的大量案例表明，其既可以通过实施具有市场操纵特征的操作策略狙击某些中小规模开放型金融市场，也可能因大规模高杠杆操作在特定市场环境下成为触发金融危机的引擎，但不同国家集团之间利益诉求的巨大差异导致目前仍无法就加强对冲基金国际监管达成共识。

作为全球最大对冲基金管理人聚集地和对冲基金全球投机活动的最主要受益国，美国长期拒绝采取措施加强对冲基金监管，直到 1998 年长期资本管理公司事件证明不受控制的对冲基金可能危及美国自身金融安全，才开始重视对冲基金监管问题。虽然总统金融市场委员会 1999 年在《对冲基金、杠杆与长期资本管理公司的教训》报告中承认了监管对冲基金的必要性，但由于政府与华尔街之间错综复杂的利益关系，① 加上监管者自身为争夺监管权所实施的具体路径南辕北辙，② 目前仍旧强调通过交易对手间接监管和提醒投资者自我保护的方法维系最低程度的监管关系，③ 对冲基金及其管理人仍可以借助证券法律体系的豁免条款逃避直接监管。英国要求所有在伦敦市场运营的对冲基金管理人在 FSA 注册登记，其监管措施侧重于保护本国金融市场的稳定，对注册于海外的对冲基金具体运营状况不加干预。欧洲大陆国家为加强本国金融市场竞争力，提供投资者更多的投资选择机会，在开放对冲基金投资本国市场过程中注重监管法律框架的建立，并对对冲基金运营施加比较多的限制，以德国为代表力主加强对冲基金监管，德国央行主张实行国际借贷登记制度，要求提高对冲基金运作透明度，在金融管理当局直接监督下遵守定期报告规则，2007 年 5 月八国峰会上更是直接主张对对冲基金实施全面监管，但由于英美强烈反对而不了了之。④

离岸金融中心是对冲基金主要注册地，为维护自身在轻税负和低监管方面的比较优势，离岸金融中心一直强烈反对加强对冲基金监管。但随着 20 世纪末以

① 美国政府的许多高官来自华尔街，退休后又回到华尔街任职，因此历史上在政府与资本市场之间形成了复杂庞大的关系网。出于自身利益考虑，监管高官往往以保护自由市场纪律为由拒绝加强市场监管。前美联储主席格林斯潘在退休两年后于 2008 年初加入纽约保尔森对冲基金公司，成为该公司的投资顾问。在任内格林斯潘曾多次回绝加强监管对冲基金的提议。参见 http: //www.caijing.com.cn/2008-01-16/100045534.html，2008 年 8 月 7 日检索。

② 2003 年美国 SEC 提议修改投资顾问法豁免规则，要求符合条件的对冲基金管理人必须在 SEC 登记，而同期期货市场监管机构 CFTC 修改登记规则，借鉴投资顾问法的豁免规则为对冲基金管理人参与期货市场投资新设豁免规则，表明两监管机构对对冲基金监管问题的判断完全相左，客观上吸引对冲基金管理人为寻求豁免而转入期货市场投资。

③ 2007 年 2 月美国总统金融市场委员会发布的“私人资本监管的指引”再次强调以市场纪律作为监管对冲基金的主要途径。

④ 在对冲基金监管问题上德国与英美存在严重利益冲突。德国对冲基金行业的正式发展始于 2004 年《投资法》和《投资税法》的修订，且因限制较多发展缓慢，规模不大。而英美两国对冲基金管理人管理的对冲基金是全球竞争力最强的，对冲基金已经通过对德国企业的收购大量渗透到德国关键产业中，引起后者警惕。参见陈楚钟、罗思婕《论对冲基金的国际监管分歧》，《金融经济》2007 年第 8 期，第 90 页。

金融稳定论坛（FSForum）、经济合作与发展组织（OECD）、金融特别行动组织（FTAF）为首的国际组织从防止金融犯罪、提高监管标准等方面对离岸金融中心加强监督与评估，尤其是卢森堡、都柏林、中国香港等具有税收竞争力的在岸金融中心纷纷立法设立对冲基金监管运营框架，多数离岸金融中心在保护投资者和争取跨境运营资格的竞争压力下陆续建立对冲基金监管立法以赢得对冲基金投资者信心。[①]

亚太各国因饱受对冲基金冲击，为保护自身利益和金融市场的稳定，普遍加强金融监管。如马来西亚推行货币管制，新加坡提出将对冲基金的国际离岸中心纳入监管范围。近年来，随着对对冲基金市场作用认识的深化，日本、中国香港、新加坡、澳大利亚等国家和地区已经通过制定专门监管框架对对冲基金开放市场，允许其投资本国市场并在本司法辖区发行募集，以此建立在岸对冲基金市场。但对于包括中国在内的绝大多数发展中国家而言，由于担心不受监管的对冲基金对本国市场可能带来巨大冲击，因此仍维系资本市场管制。[②]

总的来看，围绕对冲基金的运营与监管，发达国家与发展中国家集团之间存在尖锐的矛盾，而发达国家内部之间就对冲基金的监管方式和力度也存在分歧，由于美国坚持间接监管方法，对冲基金监管还停留在“各人自扫门前雪”的状态，围绕对冲基金监管的国际合作，目前还没有取得实质进展。

关于对冲基金监管矛盾的实质是如何在开放金融市场与对冲基金接受监管之间寻求必要的平衡。没有美国等对冲基金或管理人注册母国的参与，任何国家的监管都会受到极大限制与削弱，因此发展中国家出于安全考虑往往管制资金流动，限制金融自由化，这会给发达国家资本全球扩张造成严重限制。同时，由于对冲基金活动遍布全球，没有其他国家的协助，美国自身也无力单独处理影响其自身金融安全的对冲基金活动。因此，以在母国接受适当监管换取开放东道国市场为特征的全球对冲基金监管合作，能在防止对冲基金活动给全球金融安全造成冲击的同时确保各国都可以从对冲基金运营和金融全球化中获利，尤其是符合一直试图进入各国金融市场的美国更可以从中获利，因此从长远上看，围绕对冲基金的运营加强国际监管合作符合各方利益。问题于是转变为，在什么样的国际组织制度框架下推进对冲基金监管国际合作?

① 各主要司法辖区对冲基金监管法律制度详见本文附录。
② 2007 年以来，印度、中国台湾和韩国监管当局先后表示开放本国市场，欢迎对冲基金投资。

第三节 完善对冲基金监管法律协调

监管合作博弈模型揭示了双边基础上的监管合作面临参与合作者自身在成本收益核算基础上的复杂定位，并可能造成“搭便车”行为，虽然从整体上考虑合作收益大于成本，但过多“搭便车”行为可能损害双边监管合作的氛围与基础。因此，在适当的国际组织框架下构建多边基础的对冲基金监管法律协调与合作制度是更有效率，也是更为巩固的协调与合作形式。虽然在可预见的未来由于国家主权的特性继续存在，很难设想会出现监管外部性模型中的“中央监管者”，制定全球统一适用的对冲基金监管标准，但在适当地对国际法主体具有约束力的多边合作框架的基础上，形成以原则为基础的对冲基金监管准则，通过接受适当的监管换取多边成员国开放市场，可以在大力增进国际经济金融活动共同利益的过程中有效控制风险，寻求同步实现对冲基金及其管理人注册母国与投资、融资所在东道国市场各自的长远利益最大化。本书认为，在世界贸易组织（WTO）程序框架下吸收和采纳以国际证券监管组织（IOSCO）为主的国际金融监管组织制定的有关证券监管的一般原则和对冲基金监管具体标准作为实体意义上的监管标准、原则，是效率最高，也最为实际的国际对冲基金多边监管协调与合作的实现路径。在此基础上，一方面在多边监管合作中明确以基金管理人注册地为监管合作牵头责任国，另一方面以监管理念协调为基础推进各国对冲基金监管法律的协调。

一、WTO 框架下的国际对冲基金监管协调

作为以推动多边贸易为主要职责的国际经济组织，[①] WTO 并非国际金融监管专业组织，表面上与对冲基金国际监管协调与合作没有直接关联，但事实上，一方面推动包括金融在内的全球服务贸易规则协调统一是 WTO 的重要职责，而 WTO 在推动全球服务贸易自由化进程中对审慎例外的尊重内在一致地协调了对冲基金全球市场拓展中来自发达国家和发展中国家不同利益诉求的冲突；另一方

① 世界贸易组织成立于 1995 年，总部设在日内瓦。其宗旨是促进经济和贸易发展，提高生活水平，保证充分就业，保障实际收入和有效需求的增长；根据可持续发展的目标合理利用世界资源、扩大货物和服务的生产；达成互惠互利的协议，大幅度削减和取消关税及其他贸易壁垒并消除国际贸易中的歧视待遇。截至 2008 年 8 月 7 日，WTO 共有成员 153 个。http：//www.wto.org/english/thewto_e/whatis_e/tif_e/org6_e.htm，2008 年 8 月 7 日检索。

面在WTO的程序框架下可以有效推动包括对冲基金在内的国际证券监管合作与协调的机制和原则的确立，通过承诺机制可以增强政策协调的公信力，而争端解决程序保证了纠纷解决的公平性、可预见性和稳定性。因此，WTO可以为国际对冲基金监管协调与合作提供必要而适当的程序框架。

1. WTO框架下协调对冲基金监管的必要性与可行性

（1）必要性。国际金融市场存在的巨大利益决定了WTO将会试图通过《服务贸易总协定》（简称GATS）推动包括对冲基金在内的金融服务贸易发展，事实上，通过WTO推动对冲基金监管的国际协调与合作具有充分的必要性。

一方面，目前负责对冲基金国际监管协调的国际证监会组织具有内在局限性。首先，成员多样和组织形式松散，导致决策效率较低；其次，其决议、文件属于软法性质，不具有强制力，各国基于本国证券市场的发展水平和经济需要，采用的标准并不一致。鉴于对冲基金行业最近数年的快速发展，目前IOSCO在对冲基金监管领域主要是调查了解各司法辖区的立法监管现状，其实质意义上的监管协调仅限于对冲基金估值等个别问题，并没有形成统一适用的监管标准。

另一方面，应当看到在国际交往中，一个标准的形成通常需要得到各国特定实践的承认，或者绝大多数国家、交易主体长时间、始终如一地接受或不断应用。[①] 20世纪以来，各种标准通过拥有最广泛国家成员的组织，如国际货币基金组织、世界银行、WTO的实践及国际标准合同与示范法的编纂得到迅猛发展。实践证明，监管标准的统一只有在拥有普遍成员的国际组织中进行才更容易获得成功。在国际社会，并不存在统一的凌驾于各主权国家之上的立法机构，规范国际关系的原则、规则和制度的条约化、法典化是一定意义上的国际立法形式。国际组织实际上承担着全球化法律原则、规则和制度的创造者角色。[②] 因此，如果提出国际性标准的组织只拥有数量有限的成员国，如经济合作与发展组织、巴塞尔委员会和IOSCO，则标准的形成和被接受的进程会十分缓慢。反之，如果该组织拥有最广泛的成员，如WTO，则形成统一标准就会容易得多。[③]

（2）可行性。虽然与货物贸易相比，WTO在金融服务贸易政策的制定上给予了各国政府更大的空间，[④] 如GATS在序言中明确承认“各成员方为实现国家政策

---

① 陈欣：《衍生金融交易国际监管制度研究》，北京大学出版社2006年版，第81页。

② 饶戈平、黄瑶：《论全球化进程与国际组织的互动关系》，《法学评论》2002年第2期，第7页。

③ 根据罗伯特·基欧汉的理论，国际制度的产生至少需要具备以下条件：第一，有关国家在国际关系某一特定领域存在共同利益，而这一共同利益只有通过合作才能获得；第二，共同利益并非国际制度产生的充分必要条件，只有国家间彼此合作的好处超过不合作的好处时，合作才会产生。参见Robert Keohane. After Hegemony：Cooperation and Discord in the World Political Economy，Princeton University Press，1986，p. 6。

④ Mike Moore，“The World Trade Organization，Globalization，and the Future of International Trade Essay：The WTO，Looking ahead”，*Fordham International Law Journal*，2000，24，p. 6.

目标，有权对其境内的提供服务的行为制定和实行新的规定”，并且对作为一般规则的最惠国待遇设置许多例外，同时要受到豁免清单的限制，但这并不意味着在WTO框架下运用GATS推行对冲基金监管规则的协调不可行。首先，《金融服务协定》在推进金融服务贸易自由化过程中取得重要进展，各成员方通过“豁免清单”对最惠国待遇提出豁免的范围已经大大缩小，在美国、印度和泰国撤回其“对等”条件的“豁免清单”后，对多数成员而言，这种豁免实际上仅限于双边或区域性条约规定的特别优惠待遇的例外。① 其次，在发展中国家问题上，WTO的宗旨是保护发展中国家尤其是最不发达国家的利益。同时，金融服务自由化程度越高，越需要能真正得到严格执行的监管措施，而金融全球化则要求金融监管措施的国际协调，并接受一套相对完善、统一的多边纪律的约束。② 因此，在对冲基金监管过程中形成统一、严格的标准更有利于保护发展中国家的国内市场。最后，英国、美国都是IOSCO的成员国，它们在设置金融服务自由化目标和金融监管措施时，必然要考虑如何兼顾和协调二者关系。由于这些国家国内对冲基金监管措施受到IOSCO指引的影响，在和其他WTO成员方进行经贸往来的过程中，通过这些规则的应用，自然有利于在WTO范围内形成统一的标准。

2. WTO框架下的对冲基金监管协调

GATS和金融服务贸易多边规则的直接目的都是推进包括对冲基金在内的证券投资服务业自由化，而并非统一全球证券市场监管法律制度，但其实施结果客观上有力地推动了国际证券市场监管的合作与协调。

（1）国民待遇原则。市场准入与国民待遇是GATS的核心原则，其特点在于作为特定义务，它们不是自动在所有成员的各个服务部门适用，而是由各成员在具体的服务部门中对这两项义务的情况做出各自的承诺，并受该承诺约束。允许外国服务提供者进入本国市场，并且在经营条件方面保障非歧视待遇是服务贸易自由化的必要条件。但每个成员的自由化应达到何种程度，即选择在什么部门做出怎样的市场准入和国民待遇的具体承诺，各成员享有自由裁量权。

首先，根据GATS第17条第1款的规定，对于列入具体承诺减让表中的证券业，在遵守所列任何条件和资格的前提下，每一成员在影响证券业服务提供的所有措施方面给予任何其他成员的证券业服务和服务提供者的待遇，不得低于其给予本国同类服务和服务提供者的待遇。也就是说，在满足其所列条件和资格的前提下，一国应该对在其国内从事证券服务业的本国和外国证券经营机构实施相对统一的监管标准。

其次，根据《关于金融服务承诺的谅解》第C条第2款的规定，如一成员为

---

① 陈欣：《衍生金融交易国际监管制度研究》，北京大学出版社2006年版，第83页。
② 李国安：《全球金融服务自由化与金融监管法律问题研究》，《法商研究》2002年第4期，第68页。

使任何其他成员的证券经营机构在与该成员的证券经营机构平等的基础上提供证券服务，而要求参加、参与或进入任何自律组织、证券或期货交易所或市场、清算机构或任何其他组织或协会，或如果该成员直接或间接地向此类实体提供在提供证券服务方面的特权或优势，则该成员应保证此类实体对在其领土内的任何其他成员的证券经营机构给予国民待遇。换言之，成员方应能使外国证券经营机构不受歧视地参与或进入任何自律监管组织、证券或期货交易所或成为上述机构的会员。同时，成员方应保证其自律监管组织、证券或期货交易所给予外国证券经营机构以国民待遇。

（2）最惠国待遇原则。作为 WTO 最重要也是影响最广的原则，最惠国待遇原则属于 GATS 中的一般义务与纪律。GATS 第 2 条对最惠国待遇原则明确规定如下："关于本协定涵盖的任何措施，每一成员对于任何其他成员的服务和服务提供者，应立即和无条件地给予不低于其给予任何其他国家同类服务和服务提供者的待遇。"总体而言，最惠国待遇原则在推进国际对冲基金监管与协调中可以起到以下几个方面的作用：

1）最惠国待遇原则使成员方对在其领土内的任何其他国家的证券经营机构实施统一的监管标准，包括准入监管标准和持续监管标准等。

2）最惠国待遇原则具有将双边国民待遇多边化的效用。具体地，最惠国待遇原则可以使成员方通过双边协商达成的一成员方给予另一成员方对冲基金管理人的国民待遇扩及全体 WTO 成员方，在极大提高效率的同时，使双边监管合作与协调达成多边监管合作与协调的效果。

3）最惠国待遇原则可使围绕对冲基金监管的合作与协调的多边谈判简化为双边谈判，从而使谈判结果更易达成。

4）最惠国待遇原则可使成员方有关外国证券经营机构监管的法律、法规简化和统一，无须依证券经营机构的国籍不同而制定不同的法律、法规。

（3）透明度原则。公开性或透明度原则是 WTO 的一个基本原则和制度，其主要功能是防止和消除成员政府不公开的法律、法规和行政管理所造成的歧视待遇和由此给国际自由贸易带来的障碍，监督成员政府执行世界贸易组织各项协定和履行市场开放的承诺。根据 GATS 第 3 条的规定，成员方有关证券业法律、法规、规章、政令和措施的透明度的基本义务如下：

1）除紧急情况外，每一成员应迅速并最迟于其生效之时公布有关或影响本协定运用的所有普遍适用的相关证券业法律、法规和措施。一成员为签署方的有关或影响证券业的国际协定也应予以公布。

2）每一成员应迅速并至少每年向服务贸易理事会通知对本协定项下具体承诺所涵盖的证券业有重大影响的任何新的法律、法规、行政准则或现有法律、法规、行政准则的任何变更。

3）每一成员对于任何其他成员关于提供属第1款范围内的任何普遍适用的证券业措施或国际协定的具体信息的所有请求应迅速予以答复。每一成员还应设立一个或多个咨询点，以应请求就所有此类事项和需遵守第3款中的通知要求的事项向其他成员提供具体信息。

4）任何成员可将其认为影响本协定运用的、任何其他成员采取的任何证券业的措施通知服务贸易理事会。

因此，透明度规则本身虽不能避免证券法律冲突，但证券业法律、法规、规章、政令和措施的透明有助于各国证券业立法的趋同化、一体化和相互承认措施的实施。[①] 首先，有关透明度的规定可以使成员方之间可以互相充分了解各种有关证券业的立法，为将来谈判和制定统一或协调的证券业监管规则奠定坚实的基础。其次，各国证券业法律、法规、规章、政令和措施的高度透明，可以使新兴证券市场国家全面和系统地学习与借鉴英国、美国等发达市场国家的先进立法，从而促进各国证券业监管法律制度的实质趋同化。[②]

（4）相互承认原则。GATS第7条和《关于金融服务的附件》第3条就相互承认措施做了具体规定。概而言之，相互承认措施的实施在以下几个方面推动了国际证券的监管合作与协调。

1）相互承认有关证券的学历、资历、许可证或资格证书。根据GATS第7条规定，为使证券经营机构获得授权、许可或证明的标准或准则得以全部或部分实施，在遵守第7条第3款要求的前提下，GATS允许成员之间可以通过协调、缔结协定或自动给予的方式，相互承认证券经营机构及其工作人员在各自国家获得的学历或资历、许可证或资格证书。但这种承认不得与最惠国待遇原则相抵触，不得变成一种歧视手段或对证券服务业的变相限制。中国香港从2006年以来简化对冲基金管理人登记手续，放宽对冲基金高级负责人工作经历要求并豁免考试要求的依据就是本条款。

2）相互承认证券审慎监管措施。在证券服务领域，相互承认的主要内容是各国的审慎监管措施，可以说，GATS为协调各国证券监管法律法规铺就了道路和创造了机会。[③] 根据GATS《关于金融服务的附件》第3条（a）款的规定，一成员在决定其有关证券服务的措施应如何实施时，可承认任何其他国家或地区有关证券业的审慎措施。此类承认可以依据与有关国家的协定或安排，通过协调或其

① Hans Van Houtte, The Law of Cross-Border Securities Transactions, Sweet and Maxwell, 1999.

② 邱永红：《WTO框架下国际证券监管合作与协调》，《湖北经济学院学报》2006年7月第4卷第4期，第53页。

③ John M. Fontecchio, "The General Agreement on Trade in Services: Is It the Answer to Creating a Harmonized Global Securities System", *North Carolina Journal of International Law and Commercial Regulation*, 1994, p. 20.

他方式实现，也可自动给予。但是，这种承认不得与最惠国待遇原则相抵触。

瑞典、意大利在外国对冲基金募集审批时，要求母国监管水平与瑞典的监管程度相当，这实质上就是承认母国证券监管法律措施的一种形式。[①]

（5）共同国际标准。在证券服务业领域适用共同的国际监管标准具有重要意义，它有助于克服各国现行国内法上的差异，促进各国国内法律和政策目标的一致，从而推动国际证券市场监管的合作与协调。尽管 GATS 没有将相互承认规定为一项多边义务，也没有像 IOSCO、BIS、FSF 等国际组织一样，为金融服务业制定具体的国际监管标准，但它强调制定和采纳证券业的共同国际标准的重要性和必要性。这主要表现为以下两个方面：

第一，根据 GATS 第 7 条第 5 款规定，只要适当，承认即应以多边议定的共同国际准则为依据。在适当的情况下，各成员应与有关政府间组织或非政府组织合作，以制定和采用关于承认的共同国际标准和准则，以及有关证券服务行业和执业实务的共同国际标准。目前，在证券业领域，诸多的共同国际监管标准已由 IOSCO 等国际组织制定并被越来越广泛地采纳。其中除《对冲基金组合估值指引》（2007）之外，如《证券监管目标与原则》、《集合投资计划监管原则》等普遍适用性规则都可以适用于对冲基金监管作为国际标准。

第二，根据 GATS 第 6 条第 5 款（b）项规定，在确定一成员是否符合第 5 款（a）项下的义务时，应考虑该成员所实施的有关国际组织的国际标准。也就是说，IOSCO 等国际组织的国际标准应用来作为衡量一成员是否符合第 5 款（a）项下的义务的一项标准。

3. 对 WTO 框架下国际对冲基金监管与协调的评价

（1）作用与贡献。WTO 框架中的 GATS 及其后达成的金融服务贸易多边规则，其目标虽不在于统一全球对冲基金监管的法律制度。但是，从客观上而言，GATS 及其后达成的金融服务贸易多边规则对国际对冲基金的监管合作与协调起到了巨大的推动作用。总体而言，主要表现在以下几个方面：

1）WTO 为对冲基金监管的合作与协调提供了一个全球性的多边程序框架（Procedure Framework），[②] 从宏观的高度推动了对冲基金监管的国际合作与协调。与 IOSCO、BIS 等国际组织不同的是，WTO 没有为国际证券市场对冲基金监管和各国国内证券市场对冲基金立法提供统一的实体法意义上的监管标准、原则与方法，但是，它通过国民待遇、最惠国待遇、透明度、相互承认、共同的国际标

---

① European Fund and Asset Management Association: Hedge Funds Regulation in Europe A Comparative Survey, August 2005, p. 13.

② Mahmood Bagheri, Chizu Nakajima, "Optimal Level of Financial Regulation Under the GATS: A Regulatory Competition and Cooperation Framework for Capital Adequacy and Disclosure of Information", *Journal of International Economic Law*, 2002 (5): pp. 517-537.

准、具体承诺等规定和措施，为对冲基金监管的合作与协调提供了一个全球性的多边程序框架。如果说 IOSCO 等国际组织是从微观的层面为适应对冲基金开放投资过程中的国际金融安全和稳定做出的具体安排，制定具有较强可操作性的统一的监管原则、建议、标准和措施，那么，WTO 则是从宏观的高度推进了对冲基金监管的国际合作与协调。

2）WTO 本身的性质及其强大的执行监督机制，使其框架下国际对冲基金监管合作更具刚性和可执行性。

与 IOSCO 不同的是，WTO 作为与世界银行、国际货币基金组织一起并称为当今世界经济体制的三大支柱的政府间国际组织，是根据在 1994 年 4 月 15 日由乌拉圭回合参加方在摩洛哥马拉喀什通过的《建立世界贸易组织马拉喀什协定》（以下简称《建立世界贸易组织协定》）所建立的，具有国际法上的法律人格。根据国际法上条约必须信守的原则，一个合法缔结的条约，在其有效期间内，缔约国有依约善意履行的义务。[①] 因此，WTO 框架下的一系列法律文件对其成员方均具有法律上的强制约束力，各成员方要严格履行其在 WTO 框架下的包括金融市场自由化与包括对冲基金在内的监管协调等各项义务。与 IOSCO 缺乏执行监督机制的现状相比，WTO 有着强大的执行监督机制。而执行监督机制的存在，使得 WTO 框架下国际对冲基金监管合作更具刚性和可执行性。《建立世界贸易组织协定》附件二《关于争端解决规则与程序的谅解》（Understanding on Rules and Procedures Governing the Settlement of Disputes，USD）是世界贸易组织关于争端解决的最基本的法律文件。它规定了适用于乌拉圭回合各项协议下可能产生的争端的一套统一规则，确立了 WTO 的争端解决机制。WTO 争端解决机制是对关贸总协定（GATT）争端解决机制长期实施的全面继承和发展。与 GATT 的争议解决机制相比，WTO 争议解决机制在组织上更加完善，在机制上更加有利于将世界贸易组织各项协议的实施落到实处，在裁决的执行上更有法律保障。

通过 WTO 争端解决机制对 WTO 各成员方执行 WTO 有关对冲基金市场开放与证券监管协调的规则的监督，特别是专家组和上诉机构对各成员方在履行上述规则过程中产生的争议所涉及的对世贸规则的解释和适用问题的解决，对于维护 WTO 各项协定及其附件等的统一与执行，发挥着重要的作用。

（2）缺欠与不足。除了因非属金融监管专业组织导致有关监管规则协调的规定范围狭窄、具体操作执行不便的不足之外，WTO 在推进对冲基金监管全球性多边合作与协调方面在方式和程度上还存在缺欠。

---

① 李浩培：《条约法概论》，法律出版社 1987 年版，第 68 页。

1）从方式上来看，如上所述，WTO 为证券监管的合作与协调提供了一个全球性的多边程序框架，其意义自不待言。但是，WTO 毕竟没有为国际和国内证券市场监管提供统一的实体法意义上的监管标准、原则与方法，只是规定在适当的情况下，各成员应与有关政府间组织或非政府组织合作，以制定和采用关于承认的共同国际标准和准则以及有关证券服务行业和职业实务的共同国际标准。因此，从实体法角度而言，WTO 对对冲基金监管的协调，最终有赖于各成员与其他有关国际组织合作制定和采用共同国际标准和准则。

2）从程度上来看，WTO 对对冲基金监管的协调具有不彻底性。例如，最惠国待遇原则属于 GATS 中的一般义务与纪律，但 GATS《关于第 2 条豁免的附件》又做出了成员方根据情况可申请免除最惠国待遇的规定。同时，GATS 将市场准入和国民待遇规定为特定义务，这些都必将降低 GATS 对对冲基金监管协调的功效。

综上所述，对冲基金全球跨市场运作的巨大利益、内国对冲基金监管法律制度的溢出效应以及国际监管协调所促进的有秩序前提下的资本流动，共同促成了将对冲基金投资服务纳入 WTO 框架的事实基础。但与 IOSCO 的文件不同，作为国际条约，WTO 的相关规则对于成员方具有强制约束力。就包括对冲基金投资在内的服务贸易而言，WTO 的最重要价值在于它构成了承诺的机制，使成员方的贸易自由化政策的公信力得到加强。纳入多边贸易体制的成员不仅在对外政策制定上受 WTO 各项规则所构成的制度的约束，同时在国内政策和法律的制定过程中也受有关制度的影响，必须与 WTO 体系保持一致。[①]

（3）改进路径。本书认为，作为对冲基金监管协调与合作的机制框架，WTO 和 IOSCO 各有所长，也各有缺欠。就 WTO 而言，它最宝贵的价值在于提供了一个全球性的多边程序框架，有助于从宏观高度推动对冲基金监管的国际合作与协调，而且 WTO 本身的性质及其强大的执行监督机制，使其框架下国际对冲基金监管合作更具刚性和可执行性。但是，在金融领域，WTO 的主要目标是推动服务贸易自由化，它毕竟没有为国际和国内证券市场监管提供统一的实体法意义上的监管标准、原则与方法。而 IOSCO 正好可以弥补这方面的缺欠，一方面，它推动各国证券监管机构在信息共享和协助执行等领域合作机制的确立与运行；另一方面，以《证券监管目标和原则》的颁布为标志，IOSCO 确立了可以借鉴并适用于对冲基金的一般性监管标准框架，在此基础上，通过针对性监管标准协调，IOSCO 指出了未来对冲基金监管法律协调的路径和关键要素。因此，WTO 与 IOSCO 结合，即在 WTO 程序框架下，以 IOSCO 的具体监管准则和标准为微观基础，可以实现

① 萧凯：《WTO 的制度性影响及其法律分析》，《法学评论》2000 年第 4 期，第 110 页。

“双剑合璧”的功效，极大地提高对冲基金监管协调与合作的效率。

二、明确对冲基金监管国际协调牵头国

为落实具体监管责任，提高监管协调效率，本书认为，应当在监管协调进程中明确监管协调牵头责任国，在履行自身监管责任的基础上，负责具体协调过程中的组织协调、信息汇总分析工作。考虑到对冲基金及其管理人的运营特点和当前注册登记接受监管的情况，本书建议以对冲基金管理人注册地国为母国，对冲基金注册地国、主经纪人注册地国为核心层，对冲基金托管人注册地国、基金发行募集国家（投资者）所在国家、对冲基金行政管理注册地国、其他主要服务提供者注册地国为外围的双层监管协调与协调框架。

选择以基金管理人注册地为行使监管协调牵头权的国家，既有必要性，也是可行的。从必要性上分析：

第一，基金管理人负责基金投资运作，并享有充分的决策权。在对冲基金治理框架中居于核心地位。并且作为受托责任人，要对基金投资者履行信托义务。明确管理人注册司法辖区为监管协调牵头国，可以督促该司法辖区监管者进一步完善自身监管法律制度，提升监管标准，更好地实现对冲基金监管法律制度保护投资者、提高市场完整性和控制系统性风险的目标。

第二，基金管理人所在国监管当局可以在适当的对冲基金信息披露制度框架下采取必要的监管措施。实践中，基金管理人选择注册地的首要考虑是贴近基金运作市场，便于实施具体的投资策略，因此管理人所在地往往是对冲基金主要投资市场和国际金融中心。在这种结构下，一方面基金管理人监管者可以依据其与基金管理人的监管关系收集基金运作的必要信息，另一方面除掌握基金在本国市场的投资情况外，还可以借助监管协调渠道了解分享基金在其他投资市场的具体运作，有助于从整体上把握市场和基金自身的风险状况，并在必要时采取监管措施。而且，身为主要金融中心的管理人注册地，往往也是为基金提供融资和运作关键支持性服务的主经纪人注册地，监管者可以通过开展主经纪人敞口调查等方式从交易对手方向掌握对冲基金运作信息，丰富信息来源渠道，便于履行监管职责。

第三，如果选择基金注册地为监管协调牵头国，由于基金70%以上注册于离岸金融中心，其监管理念以便于基金运营为先，监管法律制度基础薄弱、信誉不佳，即使有效履行自身监管职责都有困难，更无法行使监管协调牵头职责。而且由于目前各国对冲基金市场准入监管中对母国监管水平有严格要求，以基金注册地为监管协调牵头者不利于对冲基金顺利实现跨境募集。

从可能性上分析：

第一，这种制度安排符合目前国际监管实践，制度变迁成本增量有限，且有助于弥补对冲基金国际监管网。除美国对基金管理人有豁免登记规定外，[①]目前世界主要国家都要求基金经理必须在本国注册，而允许基金注册于海外。

第二，作为主要金融中心所在地，基金管理人监管者应当切实履行监管协调职责，维护和提升本司法辖区在全球层面的监管声誉，提升监管竞争力。以英国为例，推行对冲基金管理人监管注册制度和风险为本的运营流程监管检查制度，既有效控制了对冲基金运作可能带来的风险，也注意控制和减少对基金运作的不必要干扰，受到基金管理人欢迎。市场信誉和监管优势成为伦敦对冲基金中心快速发展的重要原因。

在监管实践中，根据基金管理人、基金本体、主经纪人、基金投资市场和投资者所在司法辖区的不同分布，应当建立相应的监管协调机制，详见表 7-2。

表 7-2 国际对冲基金监管协调牵头者的确定

基金注册地	基金管理人注册地	基金投资市场	基金投资者所在司法辖区	主经纪人注册地	行使监管牵头权的国家
A	A	A	A	A	A
A	B	B	B	B	B
A	B	B	C	C	B，前提是 C 国认可 B 国的监管制度（相容），B 国要与 A 国、C 国加强监管协调（双边协议）
A	B	C	C	C	B，前提是 C 国认可 B 国的监管制度（相容），B 国要与 A 国、C 国加强监管协调（双边协议）
A	B	C	D	D	B，前提是 C、D 两国认可 B 国的监管制度，A、B、C、D 四国之间加强监管协调
A	B	C	D	E	B，前提是 C、D 两国认可 B 国的监管制度，A、B、C、D、E 五国之间加强监管协调
A	B	全球	全球	全球	B，且 B 国在 WTO 或 ISOCO 框架下承担对各国的信息披露和监管协调义务

三、监管法律协调

在提升全球对冲基金监管法律制度整体有效性、控制对冲基金运用运作灵活的优势实施跨境监管套利的过程中，推进各国监管法律的协调与加强监管协调是

① SEC2004 年也在试图通过修改证券法关于“合格投资者”的界定收紧豁免通道，但其基于对证券法从严解释而制定的新监管规则被哥伦比亚地方上诉法院推翻。

并行不悖、目标一致、相互支持、缺一不可的两条路径。其目标都是为在全球金融市场层面实现对冲基金监管法律制度的三大目标，实施过程中相互促进、相互支持。实践中，理念与目标存在严重分歧的监管法律制度其彼此具体规定必然千差万别，即使建立监管协调框架也会因实体法规定的巨大矛盾冲突而难以执行；而即使监管理念一致，由于各国市场发育阶段的差异和历史、文化传统演进的路径依赖，具体规定仍会有差异，而如果没有适当的监管协调框架，很容易被对冲基金利用实施监管套利行为，损害全球金融市场完整性并可能形成系统性风险隐患。因此，在监管理念协调的基础上通过确立全球对冲基金监管法律制度基本原则，是促进监管协调顺利进行，提升监管法律制度整体功效的关键。

1. 在理念协调基础上确立对冲基金监管制度基本原则

保护投资者利益、维护金融市场完整性和减少系统性风险是国际公认的证券监管三大基本目标，良好有效的监管制度应该在保障对冲基金竞争力、发挥其分散风险、提供市场流动性功能的前提下同时促进三大目标的实现，这就是推进各国对冲基金法律法规协调的监管理念上的基础，而跨国募集资金和在多金融市场灵活运作对对冲基金行业整体可能产生的巨大利益是全球对冲基金监管基本原则协调的基础。根据本书第一章的讨论，这些基本原则包括对三大监管目标的平衡保护、引导支持市场主体参与形成多元治理结构、坚持监管成本效益核算、推进激励相容、原则先行等，在此基础上，构建兼具市场友好型、动态调整型、监管公平型、风险导向型的复合式可移动对冲基金监管模式。在以接受母国和东道国适当监管为基础开放跨境募集、投资的前提下，确立涵盖对冲基金及其管理人市场准入、日常运营和市场退出三大流程的，覆盖单一对冲基金、组合式对冲基金、对冲基金指数产品等对冲基金产品体系在内的监管法律制度框架。

2. 推进监管规则的具体协调

在基本监管原则得到确立的前提下，应当选准突破口实现监管规则与标准的实质协调与统一。本书认为，可以从对冲基金市场募集和主经纪人投资标的产品规制两个角度实施具体规则的协调。

（1）对冲基金跨境募集中的规则协调。总的来看，目前对冲基金监管法律的协调尚处于萌芽状态。但个别国家在立法中已经涉及这方面的规定。如德国、意大利、瑞士等国要求基金管理公司不得投资于不配合本国反洗钱活动的国家/地区的对冲基金。在是否允许外国对冲基金在本国募集的问题上，各国立法推进监管规则协调的趋势更为明显，意大利规定外国对冲基金的销售必须得到意大利银行批准，而其中重要的判定标准是要求该基金的经营安排与为意大利基金设计的制度相容。具体条件包括功能结构与意大利基金一致，且基金在注册国接受类似意大利基金的适当形式的监管。在判定自由裁量标准方面，则考虑意大利监管当局和对冲基金母国是否存在监管协调协议以及在国际协议范围内是否满足母国制定的互惠条件。[①]瑞典要求母国监管水平与瑞典的监管程度应相当，并建立监管协调的结构性框架。[②]上述规定对推进对冲基金监管规则的协调有一定作用，但各国法律更多强调内国法的对外适用，对推进法律协调作用终究有限，相关立法应在评估母国监管水平的基础上设计更多的互惠规定，以此在更高层面上推进对冲基金监管法律协调。本书认为，对母国监管水平的认定可以从两个方面着手：一是在IOSCO框架下借助《各司法辖区执行证券监管目标与原则的方法》对该司法辖区执行《证券监管目标与原则》的情况进行全面系统评估，包括自我评估和外部复核两个流程，并且每3年更新一次，所得结果作为评判母国监管水平的依据，东道国可以以此为依据，要求母国补充提供上次评估以来监管法律制度的变化和对市场监管影响的评估报告，对母国整体监管制度和水平进行评估。二是对该司法辖区注册对冲基金监管制度的具体评估，包括基金或管理人是否在母国注册、是否遵守必要的信息披露要求、是否执行风险为本的持续监管要求、在募集和投资过程中对投资者的保护以及市场退出阶段有无明确的法律制度和救援机制。综合上述信息判断承认母国对冲基金监管有效性，而在这一过程中，也对母国对冲基金和金融市场整体监管法律制度提出了具体要求。

（2）组合式基金投资标的基金规则。设定组合式对冲基金合格标的投资基金的标准是最直接、效力最强的穿透式监管机制，其标准清晰明了、易于执行，对标的对冲基金的影响最为直接，也是体现激励相容原则的推进各国对冲基金监管规则协调与统一的重要渠道。分析法国、爱尔兰、中国香港、瑞士等司法辖区的法律规定，纯粹的规则导向的最低标准因限制过多、执行困难使本国组合式对冲基金投资选择余地受到约束，竞争力下降因而并不适合；但单纯的原则导向指引又会因缺乏可操作的标准判定组合式基金管理人履行职责情况而失去约束力，特别是丧失了“穿透式“监管规则的压力传递作用，因而也存在缺欠。本书认为，确定合格标的基金标准应该坚持原则与规则相结合的思路，实行源头控制和结果控制相结合，以结果控制为重点的全流程控制理念。具体而言，根据全球对冲基金运营实际状况，提出如下最低标准：

第一，基金或基金管理人必须在母国监管当局登记。鉴于全球范围内只有美国立法允许对冲基金管理人豁免登记，因此这条标准的限制约束对象十分明确，这是试图填补全球对冲基金监管网的重要尝试，通过全球组合式基金管理人同步执行标准来传递刚性弹性相结合的监管压力，如果豁免登记的美国对冲基金管理

---

① European Fund and Asset Management Association, “Hedge Funds Regulation in Europe: A Comparative Survey”, 2005, p. 42.

② Chapter 1 § 9 Swedish Investment Funds Act.

人试图吸纳组合式对冲基金投资，就必须在母国或东道国监管当局登记注册；如果坚持豁免登记地位，就必须放弃吸纳组合式基金投资的权利，在富有弹性的基础上可能引起的抵触压力会被适当吸收。

第二，注册母国积极参加反洗钱国际协调。这条排他性规定是为与全球反洗钱行动同步。

第三，对冲基金实行法定年度审计制度，基金母国的监管法规应当强制要求基金年度报表得到法定审计师审计，通过明确法定审计要求为投资者增加一重保护。

第四，投资者公平原则。标的对冲基金每一类单位或资产类别的股东和基金单位持有人应当有平等权利，关于运营管理费率和认购、赎回特殊条款不得推翻上述平等权利。这条标准的实质是排除对冲基金对各类投资者提供差别待遇的“台底条款”(Side Letter)，从而确保组合式对冲基金投资者公平参与对冲基金投资的权利。

第五，由独立于基金运营方的第三者验证投资价值。

第六，赎回机制的规定。建立适当机制允许投资者在合理的时间内赎回投资，或者有已经建立并正常运营的基金单位交易市场。

在上述规则标准基础上，对托管、报告、信息披露等提出原则性要求，实现新标准原则性与灵活性兼顾，在避免僵化限制的同时保留对标的基金必要的穿透式监管压力。上述6项标准实质上对标的对冲基金注册司法辖区对冲基金监管法律提出了最低程度的标准和规则协调要求。

第八章　中国对冲基金监管法律制度设计[①]

目前中国虽未正式开放对冲基金投资，但国际对冲基金普遍看好中国大陆市场，并以各种方式间接参与中国市场投资，而具有对冲基金若干运营特征的国内私募基金行业伴随市场几起几落后，规模也在稳步增长。多年来，我国吸引外资的政策为对冲基金进入中国提供了便利条件。目前，对冲基金可以通过 QFII 制度、产业投资、与国内私募基金合作、作为个人或机构投资者工商注册四种方式直接进入中国，还可以通过参与境外中国概念金融产品交易的方式对我国金融市场产生间接影响。根据亚洲对冲公司的估计，目前可以投资中国大陆市场的亚洲对冲基金规模在 200 亿~500 亿美元。这一规模约相当于国内证券投资基金总资产的 16%~40%。由于对冲基金具有短期内迅速调整资产组合的能力，因此一旦我国资本项目管制发生松动，亚洲以外地区的对冲基金也可能迅速进入亚洲，届时进入中国的对冲基金总规模有可能突破前述估计数字。短期内大量对冲基金涌入，无疑会对我国金融市场形成一定冲击。本土私募基金是指通过非公开募集方式筹集资金，投资者收益共享、风险共担的集合资金管理方式。[②] 伴随近年来我国证券市场的复苏，2002 年以后逐步销声匿迹的私募基金市场重新活跃起来。根据 2005 年 12 月 29 日发布的《中国地下金融调查》，中国当时地下金融规模为 8000 亿元，其中私募基金规模达 6000 亿~7000 亿元，占地下金融总规模的九成左右。[③] 目前我国私募基金的主要存在形式包括券商集合资产管理计划、信托投资管理公司发行的信托投资计划、管理自有资金的投资公司，以及法律地位不确定的民间私募基金。其中，券商集合资产管理计划和信托公司集合资金信托计划都采用私下募集方式，并且具有明确的法律地位和相应的监管机构。

---

① 作为世界上最早推出创新型公募对冲基金制度的司法辖区之一，中国香港于 2002 年通过《对冲基金指引》确立了对冲基金监管法律制度，并成为亚太地区主要的对冲基金中心之一。2008 年 6 月中国台湾“行政院金融监管委员会”宣布台湾欢迎对冲基金进入本地市场投资。因此本书所设计的对冲基金监管法律制度框架是以中国大陆金融市场为研究对象。本书以下所称“中国”仅指中国大陆地区，特此说明。

② 王霞：《我国私募基金规范发展若干问题研究》，深圳证券交易所综合研究报告第 0150 号，2007 年 3 月 30 日，第 2 页。

③ 程少功：《对我国本土对冲基金的形成与发展探析》，《金融经济》2007 年第 8 期，第 34 页。

我国现有监管法律法规体系并没有明确针对对冲基金的规则。目前可以实际限制外国对冲基金市场准入的是中国人民银行、中国证监会和国家外汇管理局共同制定，2006年9月实施的《合格境外机构投资者境内证券投资管理办法》（以下简称《办法》）。《办法》对申请成为合格境外机构投资者的外资金融机构的财务、人员、内控、母国监管环境等提出了要求，但并没有对申请人的身份性质进行明确界定，而是将其放宽至“境外基金管理机构、保险公司、证券公司以及其他资产管理机构”，这意味着对冲基金也可作为“其他资产管理机构”纳入允许范围内。当然《办法》提出，“为鼓励中长期投资，对于符合本办法规定的养老基金、保险基金、共同基金、慈善基金等长期资产管理机构，予以优先考虑”，这对于对冲基金又有间接意义上的限制作用，但实际上监管机关保留着很大的自由裁量权。《办法》规定，申请人必须符合“中国证监会根据审慎监管原则规定的其他条件”，但何谓“其他条件”并不明确，因此监管机构如果不希望国际对冲基金直接进入中国，完全可以在审批进程中行使自由裁量权拒绝申请，使其无法获得QFII资格。从本土私募基金角度看，目前我国有明确法律地位的“阳光”型私募基金主要包括券商集合资产管理计划和有价证券集合信托计划。[①] 这两种业务的监管规则分别由证监会和银监会制定和颁布，由此可以看到，目前我国私募基金的监管框架是，依据从事私募基金业务的机构，由其主管部门负责监管。从相关监管规则看，目前我国私募基金监管的重点仍放在对私募基金管理人资格的政府审批，以及通过限制基金投资方向和投资比例控制基金投资风险。[②] 从目前我国这两种业务的监管规则可以看出，其监管思路与共同基金的监管思路非常相似，将所有投资者纳入私募基金的投资者范畴，同时也纳入监管者试图通过监管政策保护的投资者范畴。因此，在制定具体的监管政策时，很大程度上仍从保护公众投资者的角度出发，与共同基金监管同质化。

将中外对冲基金行业发展现状以及我国当前对冲基金监管规则与本书设计的理想状态三棱锥所揭示的良好对冲基金监管法律制度规则体系进行两个层次的对比，一方面，我国市场基础设施还存在诸多不完善之处，无法满足对冲基金顺利

① 其中，券商集合资产管理计划的监管规定主要包括2004年1月证监会颁布的《证券公司客户资产管理业务试行办法》和《关于证券公司开展集合资产管理业务有关问题的通知》。另外，2006年7月25日，证监会又公布了《证券公司集合资产管理业务实施细则》征求意见稿。该细则于2008年7月1日正式颁布实施，成为当前券商集合资产管理业务的主要监管法规。规范有价证券集合信托计划业务的主要法规包括《信托法》，央行2002年的《信托投资公司资金信托管理暂行办法》与《信托投资公司管理办法》；另外银监会2004年和2005年集中发布的一些文件，主要包括《信托投资公司资金信托管理暂行办法》、《中国人民银行关于信托投资公司资金信托业务有关问题的通知》、《中国银行业监督管理委员会关于进一步规范集合资金信托业务有关问题的通知》。

② 2009年3月，银监会出台规定，对阳光私募基金管理人计提激励报酬进行限制。该规定的初衷是保护基金投资者利益，但有干预基金管理人与投资者私人契约自由之嫌。

运作投资策略的需要。一是尽管酝酿许久，但卖空、杠杆投资机制仍未正式推出；二是可供交易的金融衍生产品种类很少；三是基金服务产业落后，对冲基金顺利运营所必需的主经纪人、基金行政管理尚属空白；四是资本账户尚未开放，人民币尚无法自由兑换；五是抵销、净额结算等支持对冲基金运作的交易惯例的合约效力在法律上尚不明确；六是对冲基金运作的税制尚不明确。

另一方面，现行监管规则还存在大量空白，仅有的少数规则也与对冲基金的运营特性不完全相容。一是监管目标侧重投资者保护，忽视了对冲基金尤其是单一对冲基金投资者成熟富有、风险承受能力强的特点，没有注意在防范系统性风险、保持市场完整性、保护投资者利益之间寻求适当的平衡；二是监管主体不明确，银监会和证监会如同铁路警察，“各管一段”，这就难免会出现监管冲突和空白，形成都管都不管的局面；三是产品单一，仅推出了券商集合资产管理计划和有价证券集合信托计划两种产品，无法满足不同类别投资者以适当方式参与对冲基金投资的愿望；四是监管规则在流程上偏重准入阶段，运营流程监管和市场退出阶段的监管规则还是空白；五是非公开发行标准不明确，对短信、网络营销等实质上的公开发行缺乏有效监管；六是忽视金融市场多元治理的作用，过分强调政府监管的作用，监管效率低下。

本书认为，针对上述问题，在中国资本市场逐步开放的进程中，为在有效控制风险的基础上实现市场效率的提升和投资者多元化需求的满足，应当借鉴国际经验、结合自身市场发育状况和特点，按照适当的顺序构建多元化的对冲基金产品与监管法律制度体系，在发挥对冲基金价值发现功能和市场润滑剂、流动性提供者作用的基础上实现趋利避害。

第一节 中国对冲基金发展前提

伴随改革开放30年以来国民经济的长期增长和市场主体财富的积累，寻求更灵活的投资途径，以更有效的方式实现资产保值增值成为市场主体的必然需求，这就是对冲基金在我国存在的经济基础。但寻求高收益的投资活动必然伴随高风险，这种风险可能通过不同金融市场的联系传递产生扩散效应，并引发系统性风险。立法既是对经济现实的必然反应，又应发挥对经济现实的引导、规范、调整作用。可以预见，伴随市场规则的完善和各类可运用金融工具的出现和发展，对冲基金在中国的发展和壮大将是可以预期的。在考虑中国对冲基金监管法律制度框架的设计过程中，必须考虑我国作为兼具新兴和转轨特征的后起金融市场的特征，根据市场发展进程逐步建立、完善对冲基金正常运营所必需的各项基础设施。

一、建立卖空和杠杆交易机制

卖空操作是对冲基金的核心操作策略之一，因此一定意义上如果不确立卖空机制，中国就不可能发展对冲基金。1998 年亚洲金融危机背景下制定的《证券法》关于“证券交易以现货进行交易”、“证券公司不得从事向客户融资或者融券的证券交易活动”的规定，实际上构成了对建立证券市场卖空机制、发展金融衍生产品市场和套期保值工具以及为投资者提供合理的财务杠杆的禁止性规定。随着环境的改变和市场的发展，2006 年 1 月 1 日开始实施的新《证券法》已经修改了有关“证券交易以现货进行交易”的规定，重新表述为“证券交易以现货和国务院规定的其他方式进行交易”。这一重要修改，实际上消除了引入证券卖空机制以及发展股票指数期货及期权、股票期货及期权市场的法律障碍。此外，新《证券法》删除了原《证券法》中关于“融资融券等信用交易”的禁令，为证券公司开展融资融券业务预留通道。随后，国务院办公厅发布《关于做好贯彻实施修订后的〈公司法〉和〈证券法〉有关工作的通知》，再次强调“适时推出证券信用交易制度的有关方案，为资金合规入市创造条件”。

这些立法变革，为对冲基金的发展留下了法律空间。对冲基金监管立法，可以允许对冲基金使用卖空机制。但基于卖空可能引发打压价格、操纵市场行为，应当借鉴发达金融市场经验，从允许卖空的证券种类、卖空实施的进程和与卖空相关的特定结算要求以及卖空行为必要的监管信息披露等多方面有效控制风险。

卖空的实质是融券行为，涉及杠杆的使用，因此，在确立卖空机制的同时，应当规定相应的保证金制度，以有效控制风险。即明确规定对冲基金在向券商融券之前，必须在券商处开立一个保证金账户，根据保证金的多少，确定一个比例进行融券。根据《融资融券试点交易实施细则》的规定，投资者融资买入证券和融券卖出时，保证金比例均不得低于 50%，该细则实际上将对冲基金可能通过融券交易运用的杠杆倍数限制在 2 倍以内，在有效控制风险的同时也限制了对冲基金放缩杠杆倍数自由度的可能。考虑到我国证券市场尚不成熟，经常大起大落的现实，上述必要的限制是合理的。

二、积极稳妥地推出金融衍生产品

国际对冲基金的发展是建立在金融衍生产品发展基础之上的，对冲基金的投资运作必须要借助期权、股指、利率等金融衍生工具以进行复杂灵活的操作。在我国建立股指期货，推出衍生产品的呼声日益高涨，2008 年以来股指的一路下跌进一步印证了建立做空机制，推出衍生产品的必要性。而新加坡、芝加哥交易所陆续推出以人民币计价结算的衍生产品也表明应尽快推出人民币衍生产品、争取衍生产品定价权。2006 年 9 月中国金融衍生产品交易所已经落户上海并开始就推出沪深 300 股指期货产品进行设计论证。虽然投资复杂衍生产品造成的巨大损失是本次金融危机的重要特征，但衍生产品本身只是具有中性意义的投资工具，关键是要设计适当的框架进行监管而不可放任自流。本书认为，我国金融衍生产品的适时推出和市场的逐步完善是必然趋势，将会为本土对冲基金孕育成长创造良好的市场环境。

三、发展基金服务产业

分析国际对冲基金的运营实践，其投资策略的高效运作离不开主经纪人、行政服务管理人、审计师和律师等市场中介组织的专业化服务支持，而来自伦敦、纽约、中国香港等国际金融中心的经验表明，对冲基金在当地市场注册运作可以吸引市场专业服务提供者尾随而来形成显著的集聚效应，二者事实上形成相辅相成的良性互动关系。同时，对冲基金服务提供者可以成为间接监管和市场纪律约束的重要来源，在对冲基金监管法律体系中发挥重要的监督作用。因此，为推动本土对冲基金行业的发展，应积极鼓励本土相关机构提高服务质量，并适度引进国际专业机构在香港、上海等金融中心城市注册提供服务。

四、完善破产法与基金税制

ISDA 协议中终止净额结算条款极大地降低了场外衍生产品交易的信用风险，同时也降低了由信用风险引发的系统风险。如果能够通过法律确认终止净额结算的效力，使 ISDA 主协议中的终止净额结算条款在与破产法冲突时，能够得到例外处理，这将有助于增强场外衍生产品市场参与者的信心。因此，在我国破产法律体系中，确认终止净额结算条款的效力，可以促进场外衍生产品市场的发展，为包括对冲基金在内各市场主体的有序运营提供良好的市场环境，并且提高我国金融机构在场外衍生产品市场中的竞争力。

根据汪泽的研究，为确保交易双方签署的 ISDA 协议中终止净额结算条款的效力，一国法律至少需要满足六点要求。① 以此对照，ISDA 主协议终止净额结算条款在我国《破产法》下效力存在不确定性。ISDA 协议用以防范信用风险的主要手段就是终止净额结算，而在我国法律上并没有终止净额结算的法律概念，因此如果我国法律适用于该问题，那么一定会采用破产抵销原则来管辖终止净额结算的效力。

在 ISDA 协议中作为终止净额结算基础的是单一协议条款和自动提前终止条款，终止净额结算只有在这两个条款成立的条件下才能进行。我国的《破产法》和有关的司法解释都不支持自动抵销，而 ISDA 协议通过单一协议条款明示地将其项下所有交易规定为一个协议，这种双方的合意安排无法排除其规避法律的嫌疑，因而很可能得不到我国法律的承认。② 因此，在我国现行《破产法》下，单一协议条款和自动提前终止条款都会由于违反了当事人不能进行自动抵销的立法意图而难以得到法院承认和强制执行，从而使 ISDA 协议的交易方在我国《破产法》中无法进行终止净额结算，也无法据此来降低信用风险。

本书认为，我国确认终止净额结算的立法方式要么选择在《破产法》中增加例外条款，要么制定单独的净额结算法，但无论采用哪种方式，都需要对不受《破产法》限制，可以进行终止净额结算的"合格交易者"与"合格交易"进行界定，这样才不会导致破产过程中对具体债权债务甄别时发生混淆。总体思路是，为促进金融衍生产品市场发展，应当通过立法确认该条款，但是又不能急于求成，最佳方案是由全国人大常委会在充分吸收国际惯例和实践经验的基础上，制定单独的终止净额结算法律。这样既可以促进场外衍生产品市场的发展，又与《破产法》衔接一致，避免借场外衍生产品交易的名义逃避破产法的规制，

---

① 汪泽：《论场外衍生产品的法律规制——以 ISDA 主协议为研究对象》，对外经济贸易大学博士学位论文，2006 年 6 月，第 71–72 页。有关要求是：第一，法律在技术上将终止净额结算与抵销做出区分。在进行终止净额结算时，法律不应该认为每笔交易下的独立义务互相抵销，而是要认为所有的交易产生一个净义务。这就要求法律确认 ISDA 文件及其下的所有相关交易构成一个单一协议。第二，在 ISDA 文件中，只存在交易终止的情况，协议本身并不会因交易终止而终止，因此在交易被提前终止时，协议中的净额结算条款依然有效。因此在进行终止净额结算时，法律不应该要求 ISDA 协议终止。第三，当《破产法》允许破产清算人选择履行时，法律应确认终止净额结算不属于被禁止的抵销行为。第四，当《破产法》规定有怀疑期时，法律应确保在合格交易下的支付并不是优先转让，而且这种支付也不是对其他债权人做出的阻碍、延缓或欺诈。第五，法律应确保，当在 ISDA 协议中出现不适用《破产法》例外规则的交易时，在其他符合《破产法》下例外规则的交易之间进行终止净额结算并不会受到影响。第六，法律应保护支持净额结算协议的担保安排，当担保安排既涵盖合格交易又涵盖不合格交易时，担保安排对于合格交易而言依然有效。如果担保法要求在担保权益实现之前，担保权人需要征求其他人或清算人的同意或对其进行通知，但支持净额结算的担保安排却与此存在冲突，那么法律对此应该进行例外安排。

② 在法律没有特别规定的情况下，除非未破产方可以证明单一协议条款下的各个文件相互具有不可分割性，否则该原则很容易被认为是在恶意规避破产法的规制，破坏了公平受偿原则，因此其效力在我国《破产法》下难以得到保障。可是，实践中场外衍生产品交易方要证明 ISDA 协议下所有交易是不可分割的非常困难。

最终仍然阻碍场外衍生产品市场发展的情况出现。

为鼓励国内私募对冲基金管理人选择阳光化运作并培育本土对冲基金市场，可以考虑在税收方面给予有限合伙型私募基金管理人一定优惠。由于我国目前个人股票买卖资本利得收益为免税个人所得，私募基金目前基本都不缴纳任何税收。因此，为了帮助民间私募基金的发展，提高其阳光化动力，避免私募基金阳光化后税收和管理成本剧增，在制定私募基金相关规定时，可以考虑在税收等方面给予类似于公募基金的优惠，即实现公募基金和私募基金实质上享受平等的税收待遇。

第二节　中国对冲基金监管法律制度体系设计

虽然资产规模不可小视，但由于对冲基金运营的关键市场基础设施如杠杆运营、做空机制等还存在很多缺欠，我国本土对冲基金仍处于萌芽阶段，而在资本账户管制之下，海外对冲基金也不能自由进出中国资本市场，似乎目前我国与对冲基金并无多大直接关联。[①] 但在迅速发展的市场大环境下，必须动态前瞻性地看问题，为此有必要加强对对冲基金的研究，制定合理的法律法规和相关政策，促进我国本土对冲基金的健康发展，同时要努力防范对冲基金可能带来的各种风险。其一，随着我国经济的高速发展、经济总量不断扩大以及金融市场不断发展完善的现实，有理由相信，对冲基金在我国将会快速发展壮大。其二，法律空白不利于对冲基金的发展。尽管金融创新的动因往往是为了规避监管，但如果完全没有相关的法律制约，金融创新主体本身很难持续生存。我国目前还没有对冲基金的任何适用条款，这既不利于保护投资者利益，也不利于对冲基金的成长。其三，对冲基金的潜在风险总是存在的。目前对冲基金在保护投资者、保证市场完整性、防范系统性风险三个方面都有很多隐患，加强监管仍然是全世界各国关注的课题。

因此，应当在准确分析判断对冲基金行业对我国金融市场发展的利弊影响基础上，坚持均衡考虑金融监管三大目标，借鉴国际对冲基金监管法律制度的基本原则和特征，设计我国对冲基金监管法律制度。

---

① 钟伟、黄海南：《对冲基金在我国的发展及建议》，《中国金融》2008 年第 4 期，第 40 页。

一、明确立法目标与监管原则

目前，对冲基金在我国尚没有合法地位，《证券投资基金法》、《证券法》中都没有对冲基金的适用条款。制定对冲基金监管法律制度，应该首先在明确立法目标与监管原则的基础上，理清监管目标与思路。

1. 立法目标

1998年IMF提出对冲基金监管的三大目标，即保护投资者、保证市场完整性以及防范系统性风险。这三大监管目标与IOSCO证券监管三大目标具有内在一致性，体现了金融监管立法必须体现的效率、秩序、公平三大价值目标，在实践中得到普遍认同。本书第一章指出以理想状态三棱锥为表征的对冲基金监管法律制度应当在均衡保护过程中同步实现三大监管目标。为此，在我国对冲基金监管法律制度设计时，应均衡考虑如下问题：

（1）保护投资者利益。重点关注三个方面：对冲基金是否利用信息优势欺诈投资者；是否给投资者带来正常投资风险以外的损失；是否向投资者收费过高。必须明确，对冲基金直接投资参与者应属于合格投资者，有较高的风险承受能力和自我保护能力；普通投资者只能通过组合式对冲基金、对冲基金指数产品在得到较多监管保护的前提下间接实现。无论直接还是间接投资对冲基金，投资者均不得从投资者保护基金中获得赔偿。在此基础上，对冲基金监管法律制度应对对冲基金的设立方式、组织形式、合格投资者界定、发行方式等做出规定。

（2）保护市场完整性。保护市场完整性意味着金融市场功能正常、金融交易公平，它往往与市场操纵（Market Abuse）、内部交易（Insider Trading）等影响市场正常运行的恶意行为有关。为体现监管公平性原则，以保持金融市场完整性和效率的监管措施应当以市场行为为监管对象，例如大额交易披露制度和并购交易披露制度，只要市场主体的交易达到披露起点，就必须在法定期限内向市场披露有关交易的目的、规模和发生时间，而不必区分主体身份是否为对冲基金，使不同市场主体的监管负担相等，避免歧视性监管措施。[①]

（3）控制系统性风险。由于金融体系的强外部性，系统性风险不仅危害金融市场，而且也会严重影响实体经济，而理论分析和实证研究都证明，对冲基金既可能成为风险缓释器，也可能成为触发系统性风险的引擎，因此防范控制对冲基金投资行为可能触发的系统性风险就成为对冲基金监管立法的重中之重。应当按

① 例如2008年7月英国FSA要求市场主体披露通过价差合约积累上市公司头寸的信息，虽然该措施实质上的主要影响规制对象是对冲基金，但其名义上的受众为所有市场主体，避免因歧视性监管措施为业界诟病。

照直接监管与间接监管相结合的思路，确立以大额对冲基金管理人信息披露和交易对手信用敞口报告为主体的监管措施。

2. 监管原则

针对对冲基金自身的特点和我国金融市场的发展现状，我国对冲基金监管立法应当遵循以下原则：

（1）规范原则。鉴于对冲基金的高风险性，以及我国证券市场的发展现状，对有关对冲基金的市场准入、运作、信息披露应该做出明确的规范，使其在有法可依的前提下，充分发挥其自身优势。

（2）公平原则。传统的单一私募对冲基金仍是所谓的“富人俱乐部”，因此，原则上而言，立法不宜过细、过宽，但仍需强调公平原则，适用于一般投资基金的监管内容，如反欺诈、反市场操纵、禁止内幕交易，以及关联交易限制等规定均应同样适用于对冲基金。

（3）平等原则。立法中应当遵循保证对冲基金当事人地位平等的原则。一方面，法律的监管在于保证基金投资者是合格的投资者，确保投资者和发起人、管理人双方能力的均衡；另一方面，合格的投资者可以依靠自己的能力获得和对冲基金发起人平等的法律地位，法律监管则应适当放松。

（4）鼓励金融创新原则。在立法时，要树立鼓励金融创新的指导思想和立法原则，在立法时具有一定的灵活性和超前性，既要注意保护投资者，又不能管得太死，以免扼杀对冲基金金融创新的积极性。

二、选定法律框架

从发达金融市场所在司法辖区的经验来看，其大都通过若干部立法或监管条例来对对冲基金实施监管，有效监管对冲基金需要制定一整套完备的法律法规体系。本书认为，从我国基金业的实践及基金立法的现状出发，应当以《证券投资基金法》为主体、《证券法》、《公司法》、《合伙企业法》为补充，构建我国对冲基金监管法律体系。

首先，应当在《证券投资基金法》中正式确认私募基金的合法地位。与证券投资基金并列的是产业投资基金和风险投资基金，这是按投资对象或投资方向的不同而作的一种划分。我国《投资基金法》在因产业投资基金和风险投资基金立法条件不成熟为由缩水为《证券投资基金法》后，也应对私募证券投资基金进行规定，因为私募只是一种发行方式而已，证券投资基金只要运作规范，也可以私下募集。[1] 由于事实上目前我国私下募集的资金基本上只是投资于证券市场，因而

① 李勋：《我国发展对冲基金的法律研究》，《法治论丛》2007年第7期，第57页。

可以考虑在现有《证券投资基金法》内确认私募证券投资基金的合法性。对冲基金作为私募基金的一种，只有在私募基金的地位合法化以后，才能获得生存和发展的基础与空间。

其次，在《证券投资基金法》内设对冲基金专章，对其市场准入、运作、信息披露等方面的监管要求做出专门规定。由于我国证券市场尚不成熟与规范，相关证券立法不健全，对于对冲基金这种新型投资工具，不宜像美国那样通过各相关立法的豁免规定来约束，而应该借鉴我国香港和德国的做法。中国香港在《单位信托和互惠基金守则》中专门设立“对冲基金指引”一章，德国在其《投资法》第四章设“对冲基金”专章，对其设立、运作、信息披露等问题做出明确的具体规定，该章未规定的情况适用该法的其他规定。这种立法模式是在考虑对冲基金与其他投资基金存在共性的前提下，尊重对冲基金的特殊性，在立法中只对特殊问题做出具体规定，其因而提高了立法效率，节约了立法成本。

最后，同步修订《证券法》和《公司法》。对冲基金组织形式的选择、投资策略的选择等具体问题需要《证券法》、《公司法》、《合伙企业法》等做出相应的修订，才能得以解决。有限合伙是海外非离岸市场私募对冲基金最普遍的法律形式，而 2007 年 6 月 1 日付诸实施的新修订的《中华人民共和国合伙企业法》（以下简称《新合伙法》），首次确立了“有限合伙”这一企业组织形式在我国的合法地位，为我国发展有限合伙型私募基金带来了新的契机。我国新合伙法对有限合伙企业合伙人结构和不同类型合伙人法律责任划分的规定非常适合对冲基金的发展。[①] 投资者作为有限合伙人只在自己投资金额的限度内承担投资风险。基金经理作为普通合伙人承担无限责任，授权管理合伙资产。而且，新合伙法明文规定，合伙企业的生产经营所得和其他所得，由合伙人分别缴纳所得税，避免了双重征税，使我国私募基金的个人投资者可以合法享受股票投资收益的免税优惠，符合私募基金投资者利益。

三、确立以证监会为主的监管体制

从各国立法经验来看，多将对冲基金这种新型投资工具作为特殊的集合投资计划，与其他证券投资基金同受一套监管体制约束。从我国实际出发，可以沿用

① 目前，发展有限合伙型私募基金所要面临的主要问题是开户问题。我国 2006 年《证券法》第 166 条规定：“投资者委托证券公司进行证券交易，应当申请开立证券账户。证券登记结算机构应当按照规定以投资者本人的名义为投资者开立证券账户。投资者申请开立账户，必须持有证明中国公民身份或者中国法人资格的合法证件。国家另有规定的除外。”即只有中华人民共和国公民和法人才允许开立证券账户。而新修订的合伙企业法中没有明确赋予合伙企业的法人地位，因此按照目前的法律，除非国家另行规定，否则以有限合伙企业形式设立的私募基金无法开立证券账户。

现有的基金业监管体制，但要对其进行必要的完善。监管体制确立的关键是明确监管主体，是证监会、银监会、中国人民银行还是未来可能出现的金融监管协调机构。当前在合法私募基金的监管上仍然存在银监会和证监会“二龙治水”的局面，即沿用机构监管思路，依据从事私募基金业务的机构，由其主管部门负责监管。基于对冲基金的本质属性、灵活多变的投资特点和主要投资活动场所的考虑，当前比较适宜的做法是确立证监会为主监管机构，在此基础上根据对冲基金所选择的法律组织形式、投资领域加强各监管主体的监管合作和信息交流。随着我国金融市场混业经营的发展进程以及混业监管协调的演进，进一步考虑是否适宜由金融监管协调机构统一监管对冲基金。另外，在监管体制设计中，要考虑市场自律组织的地位，赋予其一定的市场规则制定权，并确立提升对冲基金行业自律的责任。

四、对冲基金产品体系设计

目前并不存在各司法辖区普遍认可的对冲基金定义。[①]实践中各国大多以描述其主要特征的形式做出说明。对对冲基金进行法律监管，首先必须明确对冲基金的内涵。本书认为，应当根据本国的法律环境，从对冲基金的特征出发对其进行定义，即具有如下特征的另类集合投资计划（投资基金），其管理人可以接受与业绩挂钩的报酬，并可以自由使用积极的投资策略以获得正的绝对超额收益，包括在广泛的市场范围综合运用杠杆、衍生产品、证券和其他资产的多头或空头头寸。

为满足我国富有阶层、中产阶级和普通投资者不同的投资理财需求，形成错落有致、有序竞争的对冲基金市场发展环境，本书认为我国对冲基金监管法律体系下应当包括四类对冲基金产品：单一私募对冲基金、单一公募对冲基金、组合式对冲基金和对冲基金指数产品，根据投资者风险承受能力和产品对市场的影响，对其可投资资产类别、杠杆率、风险分散制定不同的规定，具体见表 8-1。

表 8-1　我国对冲基金产品监管措施

基金产品种类	投资者类别	投资策略	复杂金融产品交易准入	信息披露负担	适用税率
普通投资基金	零售投资者	禁止卖空和使用财务杠杆，遵循风险分散规定	禁止	最重	最低
基金的基金	零售投资者、机构投资者	通过投资对冲基金可以运用另类投资策略，禁止使用财务杠杆	取决于所投资的单一对冲基金	遵循普通基金的信息披露框架	同普通基金

① IOSCO，“The Regulatory Environment for Hedge Funds：Final Report”，November 2006，p. 3.

续表

<table>
<tr><th colspan="2">基金产品种类</th><th>投资者类别</th><th>投资策略</th><th>复杂金融产品交易准入</th><th>信息披露负担</th><th>适用税率</th></tr>
<tr><td rowspan="3">单一对冲基金</td><td>公募</td><td>中产阶层以上、机构投资者</td><td>可以运用另类投资策略，可以卖空并适度使用财务杠杆，遵循适当风险分散标准（资产集中度限制低于普通基金）</td><td>准入制，进入门槛低于私募对冲基金</td><td>介于普通基金与私募基金之间</td><td>低于私募基金</td></tr>
<tr><td>私募</td><td>高净值合格投资者、机构投资者</td><td>可以运用另类投资策略，可以卖空并使用财务杠杆，无须遵循风险分散规定</td><td>准入制（严格审查）</td><td>满足对投资者和监管当局的最低信息披露标准</td><td>较高</td></tr>
<tr><td>外国基金</td><td>同上</td><td>同上</td><td>准入制（严格审查），且基金注册国与我国建立监管合作制度</td><td>同上</td><td>同上</td></tr>
</table>

五、流程视角的监管规则设计

有效的对冲基金监管制度，应该实现“横向到边、纵向到底”，覆盖对冲基金及其管理人市场准入、日常运营、市场退出的完整流程。

1. 对冲基金市场准入监管

（1）对冲基金的具体组织形式。在国际上，对冲基金的组织形式主要有契约型、公司型和有限合伙型。我国的立法也应该考虑分别确认这三种组织形式，供市场主体自主选择。但是，由于《证券投资基金法》将投资基金定性为信托型契约型基金，对公司型投资基金、有限合伙型投资基金在法律上并未加以认可。因此，为了确认后两种组织形式的法律地位，需要克服法律障碍，对相关内容进行修订。

《公司法》与投资基金有密切联系，但是《公司法》的相关规定却不允许投资基金的设立。第一，《公司法》关于公司组织结构的规定不适合公司型投资基金。投资基金运作的一个重要原则是资产分离制度，资产经营与托管分离，而《公司法》并无相关规定。此外，投资基金的价值之一是专家管理，但是《公司法》没有关于公司董事、经理专业技能的要求，就此，《公司法》应做出相应的补充性规定。① 第二，开放型的公司型基金也与现行《公司法》相抵触。我国《公司法》第 143 条规定公司不得收购本公司股份，但在减少公司注册资本，与持有本公司股份的其他公司合并，将股份奖励给本公司职工，或者股东因对股东大会

① 李勋：《我国发展对冲基金的法律研究》，《法治论丛》2007 年第 7 期，第 58 页。

做出的公司合并、分立决议持异议，要求公司收购其股份的情形下除外。而《证券投资基金法》已经明确规定投资基金既可以是封闭型的，也可以是开放型的。因此，本书建议，现行《公司法》第 143 条可做补充规定，开放式的公司型投资基金不适用本条规定。

有限合伙型对冲基金，以美国为典型代表。它属于一种合伙制的私人投资企业。有限合伙型对冲基金的优点在于能够较好地解决基金信托人与受托人之间的利益冲突。首先，基金的管理人同时也是合伙人，在一定程度上化解了所有者与经营者的冲突。其次，基金的普通合伙人也是基金的管理者，对基金资产负有无限责任，减少了有限合伙人所承担的风险。最后，普通合伙人虽然承担了基金经营管理方面的重大义务，但是作为基金管理人也将得到很大比例的基金投资收益，体现了权利和义务的一致性。在这种风险—利益机制下，可以较好地克服一般投资基金的道德风险，避免所有者缺位的不良后果。我国 2007 年的《合伙企业法》已经确认了这种创新组织形式，但实践操作中面临开户无法可依的问题。根据证券法有关规定，由于合伙制企业不具有法人地位，不能开具证券账户。但是，根据《合伙企业法》的规定，有限合伙更多体现出“资合”的实体性质。因此，应当结合《证券法》第 166 条的规定，出台相关政策或规范，允许有限合伙型对冲基金开设证券账户。

（2）合格投资者的界定。单一私募对冲基金的一个重要特征是向特定投资对象募集的投资基金。特定投资对象是相对于不特定的社会公众而言的，是指具备一定的投资理财经验、知识、投资风险认识能力和承担能力较成熟的投资者。它一般分为合格的机构投资者和合格的个人投资者（富有的个人或家庭投资者）。对合格投资者的判断一般有以下几种方法：其一，主要根据其投资的最低限额为判断标准。只要一位投资者的出资符合对冲基金所要求的最低投资限额，就可以推断其是成熟的、有资格的投资者。其二，根据其收入多少来判断。如美国对于对冲基金认可投资者（Accredited Investor），要求以个人名义投资的，近两年个人收入至少在 20 万美元以上；以家庭名义投资的，夫妇近两年收入至少在 30 万美元以上；如以机构名义参加，净资产至少在 100 万美元以上。其三，只要是金融机构投资者，均可投资。如保险公司、银行、证券公司、信托投资公司等金融机构。其四，具有一定条件的企业、公司等经济组织为合格的机构投资者。如美国1940 年《投资公司法》规定的“合格购买者”之一是“其他拥有不少于 2500 万美元且具有投资自由支配权的组织”。其五，除了合格投资者以外，一定数量的非合格投资者也可以投资于对冲基金，如美国监管法规 D 规则第 506 条规定，合格投资者与 35 名以下的非合格投资者均可以为对冲基金的投资者，而无须注册登记。

从我国现实出发，本书认为，我国对合格的投资者应当做出如下界定：其一，应当规定最低投资限额，能满足此投资限额的投资者才能视为合格的投资者。至于具体限额，应当采取授权立法的方式，授权主管机关根据基金市场发展情况来确定。这样既能保证对冲基金立法的稳定性，又能兼顾其灵活性。借鉴各司法辖区关于对冲基金投资资格的规定，本书建议，允许投资单一私募对冲基金的个人投资者最低金额为100万元，允许投资公募对冲基金的最低投资金额设定为50万元，组合式对冲基金最低投资金额为10万元。对于机构投资者而言，也应受最低投资限额的约束。该限额应高于对个人投资者和家庭投资者所设的限额，具体限额应授权主管机关以行政法规的形式规定。我国的基金市场仍不成熟，尚处于过渡阶段，将限额定得过高，如美国2500万美元是不切实际的，会将许多潜在的机构投资者拒之门外；定得过低，则可能会使投资者总人数太多，使对冲基金失去自身的特征与优势。至于将具备一定条件的公司、企业等经济组织一般机构投资者，区别于银行、保险公司、投资信托公司等金融机构投资者，并进行分别规定的问题则无必要。本书认为，立法中应将二者合而为一，统称“机构投资者”。凡是属于相关法律、法规允许投资的机构，均为机构投资者，机构投资者最低投资限额为人民币500万元。其二，对成熟投资者的规定不宜以收入多少来判断。虽然这种规定可以准确地判断投资者的风险承担能力，但要求投资者提供其收入和资产证明，无疑造成以下两个方面的负面影响：一方面，该规定是对投资者隐私权的侵犯。根据我国《刑法》规定，只有对巨额财产来源不明的特定国家工作人员犯罪嫌疑人，司法机关才可以要求其举证。另一方面，如果要求投资者证明其收入状况，还应当规定严格的程序，如提交银行存款证明或验资机构出具的证明等，这些会使投资者承担额外的负担。因此，我国单一私募对冲基金的特定投资者，应当是指合格的个人（包括家庭投资者）和机构投资者。

（3）非公开发行方式的确定。私募对冲基金是以非公开发行的方式募集而成的投资基金。在判断是否“非公开发行”时，一般应当考虑以下两个主要因素：投资者人数和发行方式。

就投资者人数而言，不同国家或地区的相关法律对对冲基金投资者人数的限制各不相同，主要涉及以下问题：

第一，对机构投资者没有必要限定名额和记入投资者总人数内。限定投资者人数的目的在于确认某一发行是否为非公开发行，其发行的范围是否足以达到公开发行的程度。如果达到公开发行的程度，则足以影响不特定公众和普通投资者的利益，需要注册制度的保护；反之，则不需要。此外，机构投资者可视为具有一定风险识别和风险承担能力的投资者，不需要注册制度的特别保护。

第二，就个人投资者而言，不必分为合格的投资者与非合格的投资者两类。例如，美国1940年《投资公司法》将投资者人数限定在100人以内。监管规则D条例第504条又规定，向合格投资者和35名以下“非合格投资者”发行证券可以免予登记。但我国立法不宜允许非合格投资者投资于对冲基金。既然成熟的投资者是对冲基金的构成要件之一，则没有必要对其分为合格投资者和非合格投资者，实践中也难以作此区分。因为如果达到对冲基金最低出资额要求，便被视为合格的投资者。

第三，有必要对对冲基金的投资者限定人数。对冲基金具有高风险、高回报的特征，虽然合格的投资者不需要注册制度的保护，但如果合格投资者的人数众多，一旦投资失败，即使成熟的合格投资者有承担风险的能力，也难免造成过大的负外部性，造成金融市场动荡，最终影响公共利益。此外，根据美国《投资公司》法 3（c）（7）基金立法的教训，如果对冲基金投资者人数不设上限，其人数太多时，与公募基金实质上没有区别。所以限制投资者人数十分必要，当然机构投资者不在限制范围内。可以考虑在投资基金法中明确规定，也可以采取授权立法，授权主管机关以行政法规进一步规定。不论采取何种立法，投资者人数限定在 100 人较为合理。①

第四，计算投资者人数的除外条款。主要有两类：一是对冲基金管理人及其雇员例外。对冲基金的管理人或参与管理的雇员投资于对冲基金时，不记入投资者人数。二是特殊或法定事由例外。如因“夫妻分离、死亡或其他非自愿事件”而使基金人数超过对投资者人数的限制时例外。

由此可知，在计算投资者人数时，应该以对冲基金发行时投资者人数为计算标准。发行后因特殊、法定的原因而超过法律对投资者人数限制时，属于例外情况。但是，对对冲基金发行人有多次发行行为时，投资者人数应当连续计算。

就发行方式而言，私募对冲基金除了向特定对象募集外，还必须规定以非公开方式发行，二者缺一不可。发行方式是判断“非公开发行”的主要依据，各国相关法律都对其有所规定。如英国 2001 年《集合投资计划豁免条例》从传播信息的角度，对“未受监管的集合投资计划”的发行方式进行了限制。美国 D 条例规定，不论对冲基金发行人还是其代理人均不得在任何报纸、杂志及类似或通过电视、广播、计算机等传播工具进行任何形式的一般性广告宣传，也不得通过研讨会或其他会议形式进行宣传。由此可见，各国和地区在对对冲基金发行方式的立法上采取排除法，即明确规定哪些广告和宣传手段不能使用。

我国的对冲基金立法可以借鉴美国 D 条例的规定。第一，规定不得采用公开方式募集的主体，主要有对冲基金发行人及其代理人；第二，采用排除法明确规

① 由于我国目前个人投资者的富有程度尚不可与发达国家同日而语，而且人口基数大，限定人数如果太少，一方面将使某些合格投资者难以享受到对冲基金的投资优势，另一方面也给对冲基金募集资金带来困难。

定不得使用的广告和宣传手段，主要是指任何广告或招揽形式，包括各种会议与研讨会；第三，明确规定投资者只能通过获得的“投资可靠消息”或直接以对冲基金的发行人或管理人的形式加入。对于实践中出现的以手机短信形式的私募发行方式，应明确禁止。

（4）建立对冲基金管理人资格管理制度。按照全球惯例，对冲基金政府监管的主要目标是控制风险的外部性，但对基金管理人的注册监管制度是实现对私募基金风险有效控制的基础和关键。尤其在有限合伙型对冲基金中，作为承担无限责任的普通合伙人，一定的财力是承担责任的重要保证。为了控制对冲基金规范发展初期可能出现的风险，同时与各国立法监管惯例一致并与我国现有金融监管体系和监管习惯配套，可以建立私募基金管理人资格审查和注册制度。

首先，在设定投资管理人资格时，可以借鉴中国香港的经验，重点审查投资管理人的投资经验、相关专业资格、学历等。监管机构进行投资管理资格审查时，应根据申请人背景，确定其投资管理业务范围，具体包括可以承接的业务性质、允许管理的资产规模等。

其次，针对对冲基金的不同法律形式及其投资管理人法律责任的性质，应制定不同的投资管理人资格标准。对于承接委托理财业务的私募基金管理人，如信托公司集合资产信托计划的投资管理人，可以借鉴中国香港模式，适当提高其资格门槛；对于承接授权管理业务的对冲基金管理人，如有限合伙型私募基金的无限合伙人，则可以借鉴美国模式，降低相应要求。另外，对符合标准、审查合格的投资管理人，应在监管机构注册。如果投资管理人有内幕交易、非公平交易、市场操纵等行为时，监管机构在对其违法违规行为进行惩处的同时，可以吊销其投资管理的资格。

最后，应明确相关的豁免标准。私募对冲基金原本是一种民间的金融服务产品。为了保证其充分的灵活性，对于管理规模很小、投资人个数很少的，有限合伙型私募基金由于私募基金管理人仅承担授权管理业务，且其投资风险的外部性很小，应豁免其投资管理人的资格审查。

2. 运营流程监管

（1）基金份额流动性规定。对冲基金份额的持有者能否转让其通过私募发行而持有的基金份额，也是对冲基金立法面临的一个重要问题。它关系到能否通过转让对冲基金份额而使不合格投资者成为对冲基金份额的投资者，使合格投资者的范围扩大到包容了非合格投资者，从而规避注册制度的适用，导致对广大普通投资者利益保护不力。

我国对冲基金的立法可以借鉴美国的相关做法，解决流动性问题。但是，美国允许以私募发行方式取得的证券向“合格的机构投资者”转让，而不能向其他

“合格个人投资者转让”，对个人投资者又有失公平之嫌。[①] 既然在对冲基金设立时，无论机构投资者还是个人投资者，只要是合格投资者，就可以购买并持有基金份额，为何在转让时又不允许其他合格的个人投资者购买并持有对冲基金的份额。因此，我国对冲基金立法可做如下明确规定：在对冲基金份额转让时，受让人应当为合格的机构投资者及个人投资者，以此实现对冲基金投资进入和退出资格的实质平衡。

（2）投资方向与投资范围的限制。对冲基金本身就是金融创新的产物，其生命力在于创新，因此不应当对其投资方向和范围做过多限制，否则会抑制其发展，使之与共同基金实质趋同而丧失存在价值。在开放对冲基金投资资产种类方面，各国立法实践中呈现两种不同态度，美国、英国、日本、中国香港、新加坡、爱尔兰、意大利、西班牙等司法辖区强调投资自由，促进本国金融市场活力，对对冲基金投资资产类别不加限制；而部分欧洲大陆国家往往根据本国各细分金融市场的不同发展阶段，采取一定的限制措施，限制对冲基金进入发育不成熟的细分市场。例如，法国不允许对冲基金投资贵金属交易，德国不允许进行房地产投资，瑞士不允许从事商品投资，卢森堡允许从事各类投资，但如投资贵金属，必须得到监管者的专门批准；瑞典规定，对冲基金如欲投资于金融衍生产品，必须向瑞典金融监管当局提交豁免适用集合投资管理计划规则的申请。在审批某特定基金的投资规则时，瑞典金融监管当局要结合基金的风险分布对是否具备适当的投资分散性计划进行实质性审查，如果不同意授予豁免权，则集合投资管理计划第五章的规则将适用于该特定基金的资产管理。[②]

综上所述，对冲基金的投资方向和范围千差万别，因此不可能在对冲基金立法中明确规定，但各国立法大都禁止其投资于不动产。各对冲基金的特定投资目的，往往体现在其信托契约或公司章程中，其投资方向和范围要受该特定投资目的的约束。从产业发展政策角度考虑，我国对冲基金立法中应明确禁止对冲基金投资房地产行业。

（3）对卖空和杠杆的限制。可以不受限制地使用杠杆和允许从事卖空交易是对冲基金区别于共同基金的两个重要的本质性特征，一定意义上是行业存在的基石。杠杆与卖空是柄“双刃剑”，在促进市场效率提升的同时也可能成为触发系统性风险的隐患。对一国监管者而言，设计良好的卖空和杠杆监管体系是开放本国金融市场过程中实现趋利避害的重要保障。

---

① 李勋：《我国发展对冲基金的法律研究》，《法治论丛》2007 年第 7 期，第 61 页。

② European Financial Management Association，“Hedge Funds Regulation in Europe：A Comparative Survey”，November 2005，p. 15.

我国在市场基础较为薄弱的试点阶段，对杠杆和卖空行为应当进行必要的限制。根据中国证监会颁布的《融资融券试点交易实施细则》，投资者融资买入证券或融券卖出时，保证金比例都不得低于50%，实质上将对冲基金杠杆借贷倍数限制在2倍以内。在我国衍生产品尚不发达、对冲基金较难通过衍生产品内嵌杠杆获得放大效应的情况下，对借贷杠杆进行限制是必要而可行的。与此同时，应当通过设定卖空的证券种类、卖空实施的进程和与卖空相关的特定结算要求，并建立卖空监管披露制度，对卖空行为进行必要的规范。

（4）信息披露。信息披露监管是贯穿对冲基金的市场准入监管、运作监管直至退出监管等过程的核心内容。相对于一般证券投资基金而言，对冲基金受监管程度较低，但是多数国家都注重适当信息披露制度的构建，以保证投资者在获得充分必要信息基础上能够做出理性投资选择，因此，信息监管仍是对冲基金监管的核心。“证券市场上最广泛、最深刻的违法问题，均与信息披露的深度、广度、及时性和可比性有直接关系”，① 因此，我国对冲基金监管制度的构建必须以有效的信息披露制度为基础。

在信息不对称的情况下，投资者的决策不能实现资源的最优化配置和福利最大化。由于对冲基金投资策略的专业性和高度复杂性，尽管在对冲基金公布信息后，投资者或监管者未必能完全理解对冲基金复杂的投资策略，但投资者有机会知道自己的资金使用状况，并做相应调整，而监管者也有可能对其违法违规行为形成一定的威慑。因此，在信息披露方面，基金管理人不需要向社会公开信息与投资组合，但必须定期向投资者及基金监管机构披露信息，接受其监管。需要强调的是，我们应当借鉴美国、德国、中国香港等国家和地区的成功经验，既不能放任不管，也不能过度监管，限制对冲基金自身优势的发挥。

具体而言，为以适当成本实现对投资者、交易对手和监管者的差异化信息披露，我国对冲基金信息披露监管规则应当划分为两个层次：一是普适性信息披露要求，包括基金业绩、基金风险、重大例外事件的及时披露（核心投资经理变动、基金运营主要当事人变动等）。二是对不同信息接受者的差异化披露要求，如对投资者披露基金费率、投资策略、赎回政策、低流动性复杂资产估值结果等；对主经纪人和交易对手补充披露如下信息：汇总的资产负债表内外头寸、财务业绩表现、风险管理程序与内部控制、诸如在险价值在内的风险测算结果、交易活动的范围和总体方向、流动性与融资状况、核心人员与组织结构、法律地位与投资授权、关联方等；对证监会披露综合杠杆比率信息和头寸集中度信息等。

① 高西庆：《证券市场强制性信息披露的理论基础》，《证券市场导报》1996年第10期，第4页。

3. 市场退出监管

我国对冲基金市场退出制度的设计，应当按照本书第六章的基本原则，在《破产法》下以抵销、净额结算条款为基础实施破产清算，并与对可能引发系统性风险的大型对冲基金退市进行必要的监管干预，对破产失败对冲基金进行失败原因分析以明确责任归属，并与未来该对冲基金管理人或基金经理在我国或其他国家的市场准入资格挂钩。

一方面，由全国人大常委会以特别立法形式肯定金融衍生产品提前终止和净额结算条款在破产法下的效力，在增强市场信心基础上实现多数失败对冲基金按照市场化机制退出市场，交易对手运用净额结算条款降低信用风险敞口，并进而降低市场整体影响；另一方面，以证监会为主要监管者的各监管机构加强对对冲基金可能引发系统性风险的分析与监测，对可能危及我国金融市场稳定的大型对冲基金失败及时进行干预，组织市场力量在成本分担原则的基础上进行救助，并对基金运作失败原因进行事后分析调查，分清责任，建立基金管理人的正向激励机制。

六、复合型监管模式下的金融市场多元治理

为提高我国对冲基金监管法律制度运行效率，在本书所倡导的复合型监管模式下，应当积极发挥金融市场主体多元治理的作用。

1. 纳入全球主经纪人网络

考虑到主经纪人在支持对冲基金运营中所起到的关键作用，在推出融资融券业务的同时，支持国内综合性证券公司推出主经纪服务业务，为对冲基金提供清算、托管、保证金融资、融券、报告、资本推介等“一揽子”服务。同时伴随我国证券市场开放进程，积极稳妥地逐步允许国际大型投资银行和综合性商业银行在我国开展主经纪业务，融入全球主经纪人网络。

在具体规则的设计过程中，一是借鉴意大利、爱尔兰等国家的经验，明确提供主经纪服务必须满足的准入条件，如接受审慎监管、在经纪行业中居于领先地位等；二是从防范系统性风险角度，以基金债务水平为基准，对主经纪人可以使用对冲基金及其管理人资产的数量进行限制；三是加强对提供主经纪服务过程中存在的利益冲突的监督，如对资本推介服务的条件和程序进行规范；四是伴随国内对冲基金业务的发展，积极参与国际对冲基金主经纪敞口多边监管调查，及时获得国际大型对冲基金全球性投资活动和风险状况全貌。

2. 对冲基金投资者监管制度

从推动国内对冲基金行业发展角度出发，监管者可以允许养老基金、保险基金、企业年金参加公募对冲基金或组合式对冲基金投资，首先，加强投资者教育，使其明确自身风险和收益偏好；其次，在制定公募对冲基金、组合式对冲基

金的信息披露、风险控制等监管措施基础上，明确对冲基金管理人信托受托人地位、出台对冲基金投资尽职调查指引；再次，限制机构投资者参与对冲基金投资的资产比例，例如可以借鉴欧洲的规定，将养老基金投资对冲基金资产总额占全部资产的比例限制在10%以下，将保险公司投资对冲基金比例限制在全部可投资资产的5%以下；最后，制定组合式对冲基金投资标的对冲基金的选择标准和基金尽职调查与持续监督标准，完善组合式对冲基金审慎监管制度，增强“穿透式”监管方式的效力。

3. 强制审计制度

借鉴欧洲国家和中国香港、新加坡等司法辖区的经验，中国证监会应对我国对冲基金管理人和公募对冲基金、组合式对冲基金建立强制审计制度，同时对审计所遵循的财务报告准则、审计师资质提出明确要求。在此基础上，中国注册会计师协会应当借鉴美国注册会计师协会《另类投资——审计考虑》的有关规定，适时出台具体审计流程中的操作指引，明确审计监控重点和信息披露要求。

4. 鼓励基金及其管理人寻求评级

从国际比较经验看，在提供评级服务，推动对冲基金提升透明度的过程中，评级机构有效地促进了市场纪律的提升。因此，中国证监会应当鼓励对冲基金及其管理人在发行债券、募集资金组建基金时，寻求市场认可信用评级机构的评级服务，并可以对公募对冲基金、组合式对冲基金募集资金建立强制评级制度，通过风险评级服务以前瞻性的方式，向市场更准确地披露对冲基金信息，同时可以考虑制定对冲基金风险评级监管指引。

5. 推动对冲基金行业组织发展

加强行业自律是提升对冲基金监管效率的重要渠道。中国证监会和中国证券业协会应当积极支持和鼓励国内私募基金行业在获得合法地位的同时加强自我组织和管理，成立独立的对冲基金行业协会，在自愿基础上依法组织起来，共同制定规则以保护和增进行业共同利益，并以此约束自己的行为，实现行业内部的自我管理。同时，加强国内对冲基金行业协会与国际对冲基金行业协会组织的联系，在条件成熟时可以国内对冲基金协会为主，在中国大陆成立另类资产管理协会中国分会，与现有的中国香港分会加强沟通和联系，提高在国际组织内部的发言权和影响力。中国证监会要与我国对冲基金行业组织加强联系，发挥指导和监督作用。

综上所述，我们应该设计合理有效的立法监管措施应对对冲基金的到来。对冲基金监管的立法目标，应当是在协调公平、秩序与效率三者关系的前提下，实现对冲基金监管现代化——鼓励金融创新与风险监管的结合，鼓励创新是实现现代化的前提，坚持风险导向监管是保证现代化实现的途径。而对冲基金监管现代化的实质就是以风险为基础将监管“市场化”，从而最终体现证券监管的宗旨——全面实现保护投资者利益、保护金融市场完整性和有效控制系统性风险。

第九章　结论

对冲基金作为一种投资管理服务的创新，其本质特征是追求绝对收益和超额收益的一种另类投资工具，基金管理人可以选择契约型、公司型、有限合伙型等多种法律形态组建并运营基金。私募发行、投资者以高净值富有个人为主体，管理资产规模相对较小是其豁免监管登记和适用直接监管措施的主要理由。经过60年的发展，凭借激励相容的薪酬结构、有限信息披露、产业链跨国分布和投资运营灵活性等优势，对冲基金的资产规模和市场交易份额显著增长。尤其是近十年来，对冲基金规模和市场影响迅速放大，产品结构日益多元化，投资者结构逐步零售化，这既是行业竞争力和灵活性的体现，也对现有监管模式的有效性提出了挑战。1998年长期资本管理基金濒临倒闭事件凸显了大规模高杠杆对冲基金对金融市场稳定可能产生的影响，而2007年下半年爆发并蔓延至今的全球金融危机也进一步印证了对冲基金行业整体对全球金融稳定和投资者利益的“系统性影响”。虽然各主要司法辖区陆续颁布实施了关于对冲基金的监管法律规则，但仍存在立法出发点差异明显、监管主体限于政府当局、监管流程偏重市场准入等缺欠，加上缺乏制度化的国际监管协调与合作，因此现行监管法律制度既不利于促进对冲基金行业发展，无法实现金融市场全球化带来的经济社会福利的提升，也无法同时实现保护投资者利益、维护金融市场完整性、防范系统性风险的金融监管的三大目标。对冲基金在本次次贷危机所引发的全球金融危机中放大市场动荡、造成投资者重大损失的事实证明现有监管制度存在重大缺欠，需要重新构建。

本书认为，对冲基金监管法律制度是具有社会本位属性、体现公法私法融合特点的衡权法，制度的设计和实施必须同步实现金融监管秩序、效率、公平的价值目标。以此为基础，本书提出动态演进的三棱锥理论，直观阐释对冲基金监管制度的演进沿革，并揭示其原则特征：对冲基金监管制度必须坚持对三大价值目标的动态平衡把握，引导市场主体参与形成多元治理结构，在监管原则导向与规则导向相互配合的前提下坚持激励相容、核算成本效益、推进监管协调与合作；与此同时，设计具有动态调整性、市场友好性、监管公平性、风险导向性的复合型监管模式。在监管手段上，应当坚持直接监管与间接监管相互支持补充、基于主体的监管与基于行为的监管统一、对管理人的监管与基金自身的监督相结合、合规性监管与风险性监管相互促进。在此基础上，设计包括单一对冲基金、组合式对冲基金、对冲基金指数等多层次内在竞争的产品结构框架和监管流程框架。必须正视对冲基金对金融市场和投资者效用的影响既有正效应，又有负效应这一事实，同时存在正负外部性的特点使传统的监管技术顾此失彼，因此对冲基金监管制度的设计必须在紧密把握对冲基金影响效果与传导机制过程中，提高针对性，力求趋利避害。

在市场准入阶段，应当按照以对冲基金在母国接受适当监管换取东道国市场准入的思路，推进不同国家监管制度协调。在此基础上，在基金管理人市场准入方面，从最低初始资本要求、高级管理人员任职要求、管理公司内部治理结构、利益冲突管理、外包行为规范等角度设计监管规则。基金募集过程是市场准入监管的核心与重点，其内容包括对对冲基金法律形式、性质与种类的规范、合格投资者标准的确立、合法资金来源的审查反洗钱监管、基金投资目标和政策的监管、基金产品募集过程监管（包括信息披露要求、广告等营销方式的限制、基金份额流动性限制以及外国基金跨境销售的特殊监管规则等。

日常运营过程中，监管者必要情况下适当的直接监管措施是对冲基金监管制度三大目标同步全面实现的重要保障与后盾。为此，一是加强杠杆监控，构建风险导向型对冲基金管理人监管关系，力求有效控制系统性风险；二是完善场内交易大额披露，提升场外基础设施和交易监控，确保市场完整性；三是采取多种措施实现保护投资者利益目标：首先设计投资行为控制、流动性管理和费率透明度等组合式对冲基金运营监管措施；其次建立对冲基金信息披露制度框架，提高透明度；最后明确管理人受托地位、确立反欺诈监管底线，并建立投资者自我保护救济渠道。本书认为，鉴于对冲基金允许投资者赎回资本，不具有类似银行、证券公司等金融机构的永久性资本，不应对对冲基金设置类似巴塞尔协议框架下的资本充足率要求。

对冲基金破产监管制度侧重体现对冲基金监管法律制度的秩序价值，维护金融市场稳定，减轻由于对冲基金业务无序终止可能对金融体系带来的系统性风险。为此，从监管流程整体角度应当加强对对冲基金市场退出的监督，对于不致触发系统性风险的对冲基金不加干预，允许其遵守《破产法》的实体和程序规则实现有序退出；对于可能造成系统性风险的，及时施加监管干预，阻止市场“挤兑”行为，积极促成市场主体损失共担型救助行为，并通过失败对冲基金原因分析与责任追究制度控制市场退出过程中的道德风险。

为避免单纯依靠政府监管的一系列弊端，对冲基金监管制度应当体现治理、善治的理念，引入金融市场多元治理力量，建立对冲基金自身、行业自律组织、外部相关市场力量和必要的政府监管相互支持、协同生效的复合型监管结构框架，提升对冲基金内部治理水平和控制机制的有效性以及加强来自行业协会的自律监督是复合监管框架的基础，是监管目标的最终实现途径。提升治理水平、构建全面风险管理体系、履行合规职责、完善估值过程是推进对冲基金内部管理水平提升、控制非市场性风险、保护投资者利益的关键举措。在此基础上，本文提出，鼓励另类投资管理协会和管理基金协会积极开展合作、完善内部规则，以其为基础和依托加强全球对冲基金行业自律管理，发挥承上启下的枢纽作用。

要在有效控制系统性风险的同时保留对冲基金对金融稳定的独特贡献，就必须承认监管者自身能力的局限性，在找到市场纪律与间接监管之间正确连接的基础上，推进主经纪人、交易对手、外部审计师、评级机构和各类别投资者参与对冲基金行业的多元治理，实现各种因素相互加强促进。首先，从资格准入、利益冲突、风险控制三方面对主经纪人加强监督，并建立全球主要金融市场主经纪人敞口定期调查制度；其次，在执行新巴塞尔协议的基础上，完善信贷提供者压力测试，实现自营平台并表监管与单独披露相结合；再次，实施需求方控制，明确投资者受托人责任，加强投资者教育，建立组合式对冲基金投资过程和合格标的基金标准；最后，引导实现行政管理人、外部审计师和评级机构对对冲基金的市场纪律约束。

要实现对冲基金监管法律制度良好有效运行，不能回避监管对象——对冲基金的全球化运营与监管主体国别化之间的矛盾，为此必须加强跨国监管协调与合作。本文认为，在世界贸易组织（WTO）程序框架下吸收和采纳以国际证券监管组织（IOSCO）为主的国际金融监管组织制订的有关证券监管的一般原则和对冲基金监管具体标准作为实体法意义上的监管标准、原则是效率最高、也最为实际的国际对冲基金多边监管协调与合作的实现路径。在此基础上，以监管理念协调为前导，推进不同辖区对冲基金监管法律的协调和完善监管合作机制。在明确对冲基金管理人为监管协调牵头者基础上，推进对冲基金注册地国、主经纪人注册地国为核心层，对冲基金托管人注册地国、基金发行募集国家（投资者）所在国家、对冲基金行政管理注册地国、其他主要服务提供者注册地国为外围的双层监管协调与合作框架。本文认为应选定对冲基金市场募集和主经纪人投资标的产品规制两个角度实施具体法律规则的协调。在国际监管约束和在岸基金制度的竞争压力下，离岸金融中心只能逐步确立并完善对冲基金监管规则，减少监管套利余地。

一方面，中国是国际对冲基金无法直接涉足的最后一个大型金融市场，但中国市场所蕴涵巨大商机的吸引和对冲基金自身灵活逐利的特点相结合，国际对冲基金以多种方式间接参与中国市场并发挥其影响；另一方面，中国境内还存在大量具有对冲基金某些特征的合法或地位模糊的私募基金。在中国资本市场逐步开放的进程中，为在有效控制风险的基础上实现市场效率的提升和投资者多元化需求的满足，应当借鉴国际经验、结合自身市场发育状况和特点，考虑我国作为兼具新兴和转轨特征的后起金融市场的特征，一方面逐步建立、完善对冲基金正常运营所必需的各项基础设施；另一方面从宏微观两个角度，沿立法原则、监管体制、产品体系、监管流程、多元治理框架下的复合监管模式等多角度设计具体的监管规则。

附　录

附录1　国际组织和主要国家监管当局对对冲基金监管问题的研究与关注

时间	组织	报告名称	报告主要内容与监管建议
1999年1月	巴塞尔银行监管委员会（BCBS）	1. 银行与高杠杆机构的业务联系 2. 银行与高杠杆机构开展业务时的良好实践	鼓励银行对与高杠杆机构开展业务时产生的信用风险（交易对手风险）加强审慎管理
1999年3月	国际互换与衍生产品协会（ISDA）	ISDA1999年抵押品回顾	降低与交易抵押品相关各种风险的建议
1999年4月	美国总统金融市场工作组（PWG）	对冲基金、杠杆率与长期资产管理公司的教训	1. 回顾长期资产管理公司濒临崩溃事件，分析金融系统不稳定的来源 2. 建议通过对冲基金增加披露来提升透明度
1999年6月	交易对手风险管理政策组织（CRMPG I）	改进交易对手风险管理的实践	报告就如何改进交易对手风险管理提出了建议，并提议设计针对高杠杆机构的监管报告格式
1999年11月	国际证监会组织（IOSCO）	对冲基金与其他高杠杆机构	1. 证券公司如何改进交易对手风险管理 2. 对冲基金部门需要更高的透明度
2000年1月	巴塞尔银行监管委员会（BCBS）	银行与高杠杆机构：巴塞尔银行监管委员会良好实践报告的实施	确认交易对手风险管理方面所需要的进一步工作，例如测算未来潜在的信贷敞口
2000年2月	5家最大的对冲基金管理公司	对冲基金经理的稳健做法	回应总统金融市场工作组报告的要求，开发和公布对冲基金运营风险管理和内部控制的良好实践

续表

时间	组织	报告名称	报告主要内容与监管建议
2000 年 4 月	金融稳定论坛（FSF）	高杠杆机构工作组报告	1. 关注高杠杆机构所带来的系统性风险以及对市场波动性的影响 2. 提出有关提升对冲基金审慎行为标准以及市场纪律的建议
2001 年 3 月	国际证监会组织和巴塞尔银行监管委员会	回顾与高杠杆机构有关的一系列问题	1. 高级经理已经加强了对对冲基金业务活动的复核，来自高杠杆机构的信息得到改进 2. 市场竞争压力不能破坏信贷标准
2001 年 3 月	金融稳定论坛（FSF）	实施高杠杆机构工作组报告的进展情况	1. 交易对手风险管理和监管复核得到加强 2. 交易对手风险测算和压力测试还需要进一步加强
2001 年 4 月	关于提升透明度的多边工作组	最终报告（向三大国际金融监管机构和十国集团中央银行全球金融系统委员会）	改进财务披露的现状，在所有金融中介机构信息披露方面实现公平竞争，而不考虑所从事具体业务活动
2002 年 8 月	英国金融服务署	对冲基金与金融服务署（讨论报告第 16 号）	金融服务署对对冲基金活动监管框架进行评估
2002 年 8 月	另类投资管理协会（AIMA）	欧洲对冲基金经理良好实践指南	对冲基金风险管理和内部控制良好实践
2003 年 3 月	英国金融服务署	对冲基金与金融服务署：对第 16 号讨论报告的反馈声明	并不需要对英国现行对冲基金活动监管框架进行修正
2003 年 5 月	国际证监会组织（I-COSO）	零售型投资者加入对冲基金投资带来的监管和投资者保护问题	随着大量零售型投资者加入对冲基金投资，原本为人忽视的投资者保护问题日益凸显
2003 年 8 月	基金管理协会	对冲基金经理的良好实践（修正版）	修正 2000 年的报告，增加根据 2001 年《爱国者法》满足反洗钱要求的规定
2003 年 9 月	美国证券交易委员会成员研究报告	对冲基金增长的影响	关注对冲基金行业的迅速增长和其不透明的特性，要求基金经理根据 1940 年《投资顾问法》在 SEC 登记并遵守一定的披露要求
2004 年 1 月	欧洲议会	对对冲基金和衍生产品发展的解决方案	为使离岸基金在本土注册，提议对“成熟的另类投资工具”引入泛欧洲的轻度监管框架，使其受益于单一欧洲护照
2005 年 6 月	英国金融服务署	更大范围的零售投资产品（第三号讨论报告） 对冲基金：关于风险和监管介入的讨论（第四号讨论报告）	第三号讨论报告：评估适用与零售投资产品的现行监管制度框架是否适用于现存和新的投资产品 第四号讨论报告：识别对冲基金带来的潜在风险
2005 年 7 月	交易对手风险管理政策组织（CRMPG II）	金融稳定：私人部门视角	回顾、复查 1999 年报告

续表

时间	组织	报告名称	报告主要内容与监管建议
2005年8月	欧洲基金投资管理协会	欧洲对冲基金监管法律制度比较	对截至2005年3月的欧洲8个建立在岸对冲基金监管法律框架国家的具体法律制度进行详细比较，建议给予对冲基金泛欧发行护照
2006年5月	国际证监会组织	香港年会对冲基金监管专题研讨会	业界和监管者提交的专题报告
2006年11月	国际证监会组织(IOSCO)	国际对冲基金监管环境：综合比较	比较15个国家和地区对冲基金监管制度的异同，为下一步的工作进行准备
2007年2月	美国总统金融市场委员会	私募资本组合监管原则	私人部门和公共部门应分担金融市场完整和金融体系稳定方面的责任，鼓励在监管当局指导下提升市场主体自我约束
2007年4月	国际货币基金组织	《全球金融稳定评估》中对冲基金行业趋势与监测进展一节	回顾对冲基金监管的发展与行业的态度
2007年5月	金融稳定论坛	高杠杆机构工作组报告更新	回顾7年来对冲基金行业的发展变化和各国监管者采取的措施，在零售化背景下提出新的监管建议
2007年6月	另类投资管理协会	对冲基金估值原则	提出15项估值原则性指引
2007年11月	国际证监会组织	对冲基金估值原则	证券监管国际组织发布的第一项围绕对冲基金的有约束力的国际监管文件
2007年11月	管理基金协会	对冲基金管理人良好指引(2007年版)	对2005年版本的修订，增加尽职调查问卷
2008年1月	对冲基金工作集团	对冲基金运营标准最终报告	26项最终标准及执行指引
2008年4月	美国总统金融市场委员会	对冲基金行业最佳实践	资产管理者报告、投资者报告互相引用、互相支持
2008年6月	国际证监会组织	组合式对冲基金最终报告	总结各国组合式对冲基金监管框架并指出未来需关注的监管问题

资料来源：自行整理。

附录2 各司法辖区对冲基金管理人监管措施（截至2008年9月）

法律渊源	国家或地区	监管法律	监管者	作为对冲基金管理人的最低资本要求	备注
英国法律	澳大利亚	《公司法》	澳大利亚证券与投资委员会、澳大利亚审慎监管署	无	
	加拿大	无专门立法	加拿大证券管理人协会	无	除非同时管理组合资产，否则不要求对冲基金经理注册。但该规定目前正作为证券管理人协会登记改革计划的一部分接受检讨。当前对最低资本的建议为10万加元
	中国香港	《对冲基金指引》	证券期货委员会	最低初始实收资本：0~3000万港元 最低流动资本：10万~1000万港元，根据业务活动的性质和范围而异	
	英国	2000年《金融服务与市场法》	金融服务署	监管资本一般等于3个月的固定管理费用	详细要求取决于基金经理的具体业务活动
	美国	1933年《证券法》 1934年《证券交易法》 1940年《投资公司法》 1940年《投资顾问法》	证券交易委员会 商品期货交易委员会	无	美国的监管法律一般要求投资顾问如果管理美国客户资产则应在美国注册，但对为15个以下客户管理资产的投资顾问提供豁免（或者美国注册投资顾问管理资产少于2500万美元）。主要业务所在地位于美国以外的投资顾问只需要计算美国居民客户（在初始投资时）以判断是否达到15人限额

续表

法律渊源	国家或地区	监管法律	监管者	作为对冲基金管理人的最低资本要求	备注
英国法律	爱尔兰	1. 1990年《单位信托法》 2. 1990年《公司法》第八章 3. 1994年《有限合伙投资法》 4.爱尔兰金融服务监管署非可转让单位信托通告：第1，12，13，16，19，20，21，24，25号 5.爱尔兰金融服务监管署指引通告：1997年第1号，2001年第1号，2004年草案	爱尔兰金融服务署	爱尔兰注册对冲基金发起人必须保持最低监管资本要求635000欧元	
	南非	《财务顾问与中介服务法》、《集合投资机制控制法》	金融服务委员会	不适用	由于目前对冲基金行业在南非不受监管，因此对冲基金管理人无最低资本要求。对冲基金管理人被南非金融服务委员会根据法律确定为自由裁量全权金融服务提供者，传统投资管理人也纳入该类别。金融服务法预计在未来几个月中要进行修改，引入专门适合对冲基金管理人的监管类别，并设定最低资本要求
德国法律	德国	1. 2004年《投资法》 2. 2004年《投资税收法》	德国金融监管署	初始资本最低要求为73万欧元（根据2007年秋季生效的《投资法》修正案降至30万欧元）+根据管理资产规模设定的持续资本要求。基金资本任何时候不得低于年运营费用的25%	
	奥地利	《奥地利投资基金法》	金融市场当局（FMA）	变化	金融市场当局只认可奥地利银行和ISD公司，对于银行充当基金管理人，其最低资本要求为500万欧元，如果ISD公司为基金管理人，则资本要求根据所提供服务范围的不同分别为5万欧元和125000欧元

续表

法律渊源	国家或地区	监管法律	监管者	作为对冲基金管理人的最低资本要求	备注
德国法律	意大利	1. 财政部长令第228号（1999年5月24日） 2. 意大利银行监管命令2005年4月14日	意大利银行 全国证券交易委员会	100万欧元	
	日本	《证券交易法》、《投资信托和投资公司法》、《投资信托管理规定》	日本金融监管厅	无	
	瑞士	2007年《可转让集合投资计划法》	瑞士联邦银行委员会	最低实收资本为20万瑞士法郎，附加资本要求上限为2000万瑞士法郎，取决于对冲基金管理人的管理资本要求以及固定运营费用。净监管资本必须覆盖至少对冲基金管理人上年度固定费用的25%	瑞士集合投资计划适用于对冲基金管理人。通常最低资本要求不适用于外国对冲基金的瑞士注册基金管理人，因为其通常不受监管。如果对冲基金管理人管理外国对冲基金时要遵守与瑞士监管相类似的外国监管要求，则基金管理人可以自愿向瑞士联邦银行委员会申请资产管理人执照
	希腊	无专门立法	不适用	不适用	
	俄罗斯	无	无/未明确	不适用：对冲基金管理人在俄罗斯不受监管	
法国法律	巴西	无专门立法	证券交易监管委员会		
	法国	1.2003年8月1日《金融安全法》L214-35 2.1989年9月6日法令n89-623	法国监管署	净资本必须持续高于下列要求： （1）年度费用支出的25% （2）125000欧元+（x-2.5亿欧元）×0.02%	
	葡萄牙	无专门立法	葡萄牙证券市场委员会	（1）股本250000欧元+根据管理资产确定的要求 （2）对非投资管理公司的封闭式投资工具管理人而言，自有资金750万欧元	（1）投资基金管理公司最低股本为25万欧元，此外，基金管理公司还被要求持有不低于如下标准的自有资金：0.5%×7500万欧元+0.1%×（x-7500万欧元） （2）对封闭式基金而言，在投资管理公司以外信贷机构也可以成为管理者。信贷机构的最低资本要求取决于其主要活动的性质，如银行、租赁等。但除去股本之外，管理封闭式基金的信贷机构自有资本最低要求为750万欧元

续表

法律渊源	国家或地区	监管法律	监管者	作为对冲基金管理人的最低资本要求	备注
法国法律	西班牙	王室指令 2007 年第 362 号	全国证券交易委员会	30 万欧元+根据管理资产规模和来自投资管理活动净收入确定的最低自有资金要求	
	荷兰	2007 年《金融监管法》	荷兰金融市场署负责市场行为监管；中央银行负责实施审慎监管	如果管理资产不少于 2.5 亿欧元则对非可转让集合证券投资计划管理经理而言，最低资本要求为 225000 欧元；如果管理资产少于 2.5 亿欧元则最低资本要求为 125000 欧元	
	比利时	2005 年 3 月 4 日王室指令第 53 条	银行、金融和保险委员会	无/不适用	对冲基金管理人只能通过私募方式运营（比利时不允许对冲基金公募，除非通过债券结构化产品、寿险结构化产品或保本投资产品发行）对冲基金管理人不会因运营对冲基金而遵守特殊的审慎规则
	卢森堡	金融部门监管委员会通知 2005 年第 176 号	金融部门管理委员会	第二类基金管理人：125000 欧元 第三类基金管理人：150 万欧元	第二类和第三类基金管理人管理非可转让集合投资计划基金，分别注册于卢森堡国内外。但新欧洲金融市场投资指令的实施可望将对冲基金经理的资本要求协调统一为 125000 欧元
斯堪的纳维亚法律	丹麦	《金融业务法》	丹麦金融监管署	总资产不低于 2500 万丹麦克朗（约 340 万欧元），总资产中不含无形资产	
	瑞典	《瑞典投资基金法》	瑞典金融监管署	初始资本 125000 欧元，此外，必须保有 3 个月的费用开支以及 0.02%×（x−2.5 亿欧元）（第三项资本上限为 1000 万欧元）	
	芬兰	无专门立法	芬兰金融监管署	125000 欧元+（x−2.5 亿欧元）×0.02%（最高总体资本要求为 1000 万欧元）	
	挪威	《证券基金法》	挪威金融监管署	125000 欧元	

续表

法律渊源	国家或地区	监管法律	监管者	作为对冲基金管理人的最低资本要求	备注
离岸金融中心	泽西岛	《集合投资基金法》	泽西金融服务委员会	25000英镑	在泽西运营开放式和封闭式对冲基金并不要求建立主要管理公司并接受监管。泽西对冲基金从事的活动涉及服务涉及泽西受监管行政管理人
	百慕大群岛	2006年《投资基金法》、《投资业务法》	百慕大货币署 百慕大股票交易所	无	本土对冲基金管理人在百慕大不受监管，除非其向百慕大居民营销，在这种情况下，对冲基金管理人要在投资业务法下接受监管
	巴哈马群岛	2003年《投资基金法》、1999年《证券市场法》第29节第5款	巴哈马证券委员会	25000美元	
	开曼群岛	2006年《开曼群岛共同基金法》	开曼群岛货币署	开曼注册投资经理必须根据证券投资业务法接受监管。如果基金只对机构投资者和高净值个人开放，则豁免如下监管要求：最低资本50万美元，接受审计和提交财务报表	
	吉尔伯特	无专门立法	金融服务委员会	不含房产初始实收资本1万英镑，否则25000英镑或3个月运营费用较高者	
	格恩西岛	无专门立法	格恩西金融服务委员会	不含房产初始实收资本1万英镑，否则25000英镑或3个月运营费用较高者	在格恩西运营开放式和封闭式对冲基金并不要求建立主要管理公司并接受监管。格恩西对冲基金从事的活动涉及服务涉及格恩西受监管行政管理人
	男人岛	《合伙企业法》	金融监管委员会	75000欧元和3个月运营费用中较高者	
	列支敦士登	《投资企业法》	金融市场当局	可变	基金管理公司初始资本至少100万瑞士法郎，自我管理投资公司初始资本最低50万瑞士法郎（或由银行提供等额担保）；由第三方管理公司负责管理的投资公司初始资本5万瑞士法郎

续表

法律渊源	国家或地区	监管法律	监管者	作为对冲基金管理人的最低资本要求	备注
离岸金融中心	马耳他	《投资服务法》	马耳他金融服务署	对第 2 类执照持有人而言，资本要求必须高于： (1) 初始资本； (2) 下列较高者 下列之和：非交易业务风险部分+交易账户业务风险部分+商品工具风险部分+大额敞口风险部分+外汇风险部分 固定管理费用要求 初始资本等于股本+准备金，不得低于 125000 欧元。上述资本要求反映了欧洲委员会指令 2006/48 号和 2006/49 号关于资本充足率的要求	
	荷属安的列斯群岛	无专门立法	安的列斯群岛中央银行	没有/不适用	

附录 3 各国投资者可获得对冲基金产品明细表（2008 年 9 月）

国家或地区	单一策略对冲基金			组合式对冲基金			最低投资规模	基金平均组建时间
	本国	欧洲注册	其他司法辖区注册	本国	欧洲注册	其他司法辖区注册		
奥地利	×	√	√	√	√	√	无，最低投资规模可以由对冲基金自行决定	大约 4~6 个月
巴哈马群岛	√	√	√	√	√	√	无	专业基金：3 天 认可外国基金：1 天 聪明基金：2 天~1 周 标准基金：4 周

续表

国家或地区	单一策略对冲基金			组合式对冲基金			最低投资规模	基金平均组建时间
	本国	欧洲注册	其他司法辖区注册	本国	欧洲注册	其他司法辖区注册		
比利时	√	√	√	√	√	√	无	无
百慕大群岛	√	√	√	√	√	√	零售基金：无 管理基金：5万美元 机构基金：10万美元	组建两阶段： (1) 成立：1天（设立银行账户等） (2) 监管批准2~3天
加拿大	√	√	√	√	√	√	最低投资取决于发行方式，基于豁免发行的对冲基金为15万加元	3~6个月
开曼群岛	√	√	√	√	√	√	零售基金：无 开曼受监管基金：10万美元	开曼受监管基金：1天
丹麦	√	√	√	√	√	√	取决于基金营销投资者类别和基金类别	从提交所有文件到金融监管署起6~8周
芬兰	√[1]	√	√	√	√	√	无，但基金可以自行设定投资最低规模	4~6个月 共同基金营销前要向金融服务署备案，特别共同基金营销前要获得执照
法国	√	√	√	√	√	√	组合式对冲基金：1万欧元 咏叹式单一对冲基金：12.5万欧元 合约式单一对冲基金：25万欧元	基金经理得到证券监管者认可后，还需要3~6个月组建单一对冲基金
德国	√	√[2]	√[2]	√	√	√	本土对冲基金和组合式对冲基金：无	3~6周，外国组合式对冲基金：最长4个月，只能以私募方式发行
吉尔伯特	√	√	√	√	√	√	取决于基金营销投资者类别和基金类别	2个月
希腊	×	√[3]	√[3]	×	√[3]	√[3]	无	无
泽恩西岛	√[4]	√	√	√[4]	√	√	取决于基金营销投资者类别和基金类别	取决于基金性质和种类，最低3天到6~8周

续表

国家或地区	单一策略对冲基金			组合式对冲基金			最低投资规模	基金平均组建时间
	本国	欧洲注册	其他司法辖区注册	本国	欧洲注册	其他司法辖区注册		
中国香港	√	√	√	√	√	√	单一对冲基金：5万美元 组合式对冲基金：1万美元	大约1~3个月
爱尔兰	√	√	√	√	√	√	125000或250000欧元[5]	合格投资计划24小时 其他结构基金6~8周
男人岛	√	√	√	√	√	√	无	3天
意大利	√	×	×	√	×	×	50万欧元	6~8个月
泽西岛	√	√	√	√	√	√	0或10万美元[6]	3天
列支敦士登	×	√	√[7]	√	√	√	CHF无	4个月
卢森堡	√	√	√	√	√	√	除单一投资者基金为12.5万欧元以外，其余无	2~3个月，但SIF更短，因为无须征得监管者同意就可以营销
马耳他	√	√	√	√	√	√	有经验投资者基金：2万美元 合格投资者基金：10万美元 特别投资基金：100万美元	向马耳他金融服务署提交所需要全部文件后，前两种基金7个工作日，第三种基金3个工作日
荷兰	√	√	√	√	√	√	无	管理人注册于有充分监管的国家：1个月 管理人在本土申请执照的时间：3–6个月[8]
安的列斯群岛	√	√	√	√	√	√	无	2~4周
挪威	×	×	×	×	×	×	无	无
葡萄牙	√	情况不明[9]	情况不明[9]	√	情况不明[9]	情况不明[9]	15000或30000欧元[10]	简单结构基金1~2个月复杂基金时间更长
俄罗斯	×	×	×	×	×	×	无	无
南非	√	√	√	√	√	√	目前无[11]	无监管时限，但目前的结构复杂无法被认定为集合投资计划
西班牙	√	√	√	√	√	√	单一经理对冲基金为5万欧元	集合投资企业授权标准时间为3个月
瑞典	√	√	很可能	√	√	很可能	无	本土对冲基金：完成申请手续后6个月 其他司法管辖区：12个月

续表

国家或地区	单一策略对冲基金			组合式对冲基金			最低投资规模	基金平均组建时间
	本国	欧洲注册	其他司法辖区注册	本国	欧洲注册	其他司法辖区注册		
瑞士	√	√	√[12]	√	√	√[12]	无	符合简化批准流程的：1~2个月，其余3~12个月[13]
英国	√	√	√	√	√	√	250~25万英镑	2~6个月
美国	√	√	√	√	√	√	无	3~6个月

注释：

1. 对冲基金多组建为特别共同基金。
2. 平均批准时间取决于投资策略的复杂程度和产品结构。
3. 只能通过私募方式，并需要获得资本市场委员会授予的执照。
4. 将要实施的立法建议允许所有“受监管基金”向本土居民销售，“登记基金”不可以在本土公开销售，但可以上市。
5. 组合式对冲基金最低投资数量要求已经取消，“专业投资基金”最低投资额度为12.5万欧元，“合格投资基金”最低投资额度为25万欧元。
6. 对专业或机构投资者以及净财富为100万美元以上的投资者无最低投资限制，其他情况下最低初始投资为10万美元。
7. 一般地，离岸产品所注册司法管辖区如果没有充分的监管法规制度，则该产品不会得到同意在列支敦士登公开发行。但是，上述产品可以通过受监管组合式对冲基金、结构化产品或者在全权管理投资合约下管理投资者账户的专业财富管理人、银行进行投资，前提是对冲基金形成相关客户（给定资产管理人下的特定客户）类别普通资产分配过程的一部分。
8. 所规定的时间为：
   (1) 基金管理人注册于有充分监管的国家（由金融监管当局决定）。这是一种新的便利，因为对这些国家的基金管理人不再需要申请执照，而只需在监管者登记（备案），因此1个月只是估计。
   (2) 建立于欧盟国家金融监管当局目前只承认很有限的国家提供充足的监管，包括美国。
9. 有基金在葡萄牙营销，但不知该基金是否注册于欧盟内外，也没有信息阐明上述基金是否包括对冲基金，是单一策略对冲基金还是组合式对冲基金。
10. 最低投资数量取决于对冲基金持有的投资类别。如果投资对象在可营销证券、可转让集合投资计划、流动性强的金融衍生产品以外的资产，则最低投资为3万欧元。
11. 最低投资数量由对冲基金管理人决定。金融服务委员会发布了一份讨论报告试图修改对冲基金监管法规。报告建议单一对冲基金最低投资规模为25万塔兰特，受监管组合式对冲基金无最低投资规模限制。
12. 注册于不具备充分监管条件司法管辖区的基金不会被瑞士监管当局批准公募，但上述基金可以向合格投资者募集（合格投资者包括受监管组合式对冲基金），条件是基金管理人必须在瑞士注册，同时，该基金也可以成为结构化产品的投资对象或由在全权管理投资合约下管理投资者账户的专业财富管理人、银行进行投资，前提是对冲基金形成相关客户（给定资产管理人下的特定客户）类别普通资产分配过程的一部分。
13. 使用行业组织标准基金监管或基金募集备忘录的对冲基金被瑞士联邦银行委员会接受为最低标准，并可以符合简化授权过程：另类投资合格投资者基金在联邦银行监管委员会认可收到全部申请材料4周后自动生效，但监管者可以要求修改基金申请文件，最长达到3个月。
    另类投资公共基金在联邦银行监管委员会认可收到全部申请材料8周后生效，除非监管者索要进一步信息以中断授权过程。所有其他另类投资本土基金如果不符合简易程序则其批准期限为3~12个月，具体期限取决于申请文件质量、基金文件复杂性以及申请人在监管者的概要情况。

资料来源：PWC：“Operational Risk–An Alternative Challenge”，The Regulation，Taxation and Distribution of Hedge Funds Around the Globe，2008。

附录 4 各司法辖区投资者可获得对冲基金产品明细表（2008 年 9 月）

法律渊源	国家或地区	单一策略对冲基金			组合式对冲基金			最低投资规模	基金平均组建时间
		本国	欧洲注册	其他司法辖区注册	本国	欧洲注册	其他司法辖区注册		
英国法律	澳大利亚	√	√	√	√	√	√	无	
	加拿大	√	√	√	√	√	√	最低投资取决于发行方式，基于豁免发行的对冲基金为 15 万加元	3~6 个月
	中国香港	√	√	√	√	√	√	单一对冲基金：5 万美元 组合式对冲基金：1 万美元	大约 1~3 个月
	英国	√	√	√	√	√	√	250~25 万英镑	2~6 个月
	美国	√	√	√	√	√	√	无	3~6 个月
	爱尔兰	√	√	√	√	√	√	125000 或 250000 欧元	合格投资计划 24 小时；其他结构基金 6~8 周
	南非	√	√	√	√	√	√	目前无	无监管时限，但目前的结构复杂无法被认定为集合投资计划
德国法律	德国	√	√	√	√	√	√	本土对冲基金和组合式对冲基金：无	3~6 周，外国组合式对冲基金：最长 4 个月，只能私募发行
	奥地利	×	√	√	√	√	√	无，最低投资规模可以由对冲基金自行决定	大约 4~6 个月
	意大利	√	×	×	√	×	×	50 万欧元	6~8 个月
	日本								
	瑞士	√	√	√	√	√	√	无	符合简化批准流程的：1~2 个月，其余 3~12 个月
	希腊	×	√	√	×	√	√	无	无
	俄罗斯	×	×	×	×	×	×	无	无

续表

法律渊源	国家或地区	单一策略对冲基金			组合式对冲基金			最低投资规模	基金平均组建时间
		本国	欧洲注册	其他司法辖区注册	本国	欧洲注册	其他司法辖区注册		
法国法律	巴西	√	√	√	√	√	√	无	无
	法国	√	√	√	√	√	√	组合式对冲基金：1 万欧元 咏叹式单一对冲基金：12.5 万欧元 合约式单一对冲基金：25 万欧元	基金经理得到证券监管者认可后，还需要 3~6 个月组建单一对冲基金
	葡萄牙	√	情况不明	情况不明	√	情况不明	情况不明	15000 或 30000 欧元	简单结构基金 1~2 个月；复杂基金时间更长
	西班牙	√	√	√	√	√	√	单一经理对冲基金为 5 万欧元	集合投资企业授权标准时间为 3 个月
	荷兰	√	√	√	√	√	√	无	管理人注册于有充分监管的国家：1 个月 管理人在本土申请执照的时间：3~6 个月
	比利时	√	√	√	√	√	√	无	无
	卢森堡	√	√	√	√	√	√	除单一投资者基金为 12.5 万欧元以外，其余无	2~3 个月，但 SIF 更短，因为无须征得监管者同意就可以营销
	墨西哥	√	√	√	√	√	√	无	无
斯堪的纳维亚法律	丹麦	√	√	√	√	√	√	取决于基金营销投资者类别和基金类别	从提交所有文件到金融监管署起 6~8 周
	瑞典	√	√	很可能	√	√	很可能	无	本土对冲基金：完成申请手续后 6 个月 其他司法管辖区：12 个月
	芬兰	√	√	√	√	√	√	无，但基金可以自行设定投资最低规模	4~6 个月 共同基金营销前要向金融服务署备案，特别共同基金营销前要获得执照
	挪威	×	×	×	×	×	×	无	无

续表

法律渊源	国家或地区	单一策略对冲基金			组合式对冲基金			最低投资规模	基金平均组建时间
		本国	欧洲注册	其他司法辖区注册	本国	欧洲注册	其他司法辖区注册		
离岸金融中心	泽西岛	√	√	√	√	√	√	0或10万美元	3天
	百慕大群岛	√	√	√	√	√	√	零售基金：无 管理基金：5万美元 机构基金：10万美元	组建两阶段： (1)成立：1天（设立银行账户等） (2)监管批准2~3天
	巴哈马群岛	√	√	√	√	√	√	无	专业基金：3天 认可外国基金：1天 聪明基金：2天~1周 标准基金：4周
	开曼群岛	√	√	√	√	√	√	零售基金：无 开曼受监管基金：10万美元	开曼受监管基金：1天
	吉尔伯特	√	√	√	√	√	√	取决于基金营销投资者类别和基金类别	2个月
	泽恩西岛	√	√	√	√	√	√	取决于基金营销投资者类别和基金类别	取决于基金性质和种类，最低3天到6~8周
	男人岛	√	√	√	√	√	√	无	3天
	列支敦士登	×	√	√	√	√	√	CHF无	4个月
	马耳他	√	√	√	√	√	√	有经验投资者基金：2万美元 合格投资者基金：10万美元 特别投资基金：100万美元	向马耳他金融服务署提交所需要全部文件后，前两种基金7个工作日，第三种基金3个工作日
	安的列斯群岛	√	√	√	√	√	√	无	2~4周

资料来源：PWC：“Operational Risk-An Alternative Challenge”，The Regulation，Taxation and Distribution of Hedge Funds Around the Globe，2008。

附录5 各国近年对对冲基金信贷提供者的监督

国家监管部门	时间	频率	调查对象	调查内容	基本结论
英国金融服务署	2004年10月	半年	伦敦注册15家大型主经纪人	1. 跨主要业务领域汇总对冲基金信贷敞口 2. 是集中于主经纪业务，包括汇总和最大前十敞口（保证金要求和现金余额）	核心中介审慎地管理其敞口，但调查存在缺欠：覆盖面不完整，并非所有接受调查者可以提供全球基础上的汇总敞口和前十敞口
法国银行委员会	2004年底	半年	8家主要法国银行	银行对对冲基金的敞口数据以及关于对上述敞口风险管理的详细信息	有助于促进与银行之间的对话，以了解对冲基金业务发展演进情况
荷兰中央银行	2005年	一次性	大型银行、养老基金、保险公司	对冲基金敞口	养老基金在对冲基金行业中敞口最高（相对于资本），随后为大型金融集团和银行
欧洲中央银行	2005年	一次性	欧洲注册大型银行	对冲基金敞口	对冲基金行业的飞速发展并没有通过银行对对冲基金的直接敞口对欧洲金融稳定形成严重威胁，但是银行可能受对冲基金的间接影响，例如对冲基金活动导致重要非欧洲主经纪人对欧洲银行形成溢出效应
澳大利亚审慎监管署	2007年	一次性	受监管银行	对冲基金敞口	没有任何主要监管领域形成担忧
加拿大金融机构主要监管人办公室	2006年	一次性	加拿大重要银行	对冲基金敞口	加拿大银行对对冲基金的敞口较小，风险管理行为充分
新加坡货币管理局	2005年	一次性	本国银行和外国银行分行、投资银行	对冲基金敞口	新加坡银行业对对冲基金没有形成重大敞口

续表

国家监管部门	时间	频率	调查对象	调查内容	基本结论
瑞士联邦银行委员会	2005 年	定期报告	受监管机构	对冲基金敞口及有关控制，包括尽职调查、风险管理和运营过程	分析信息后表明没有值得关注的领域
美国纽约联邦储备银行	2004~2007 年	每年一次	受监管银行	信用风险管理	银行一般改进了对冲基金敞口的风险管理，但应该继续提高企业整体风险管理系统和做法，包括扩大范围的压力测试

资料来源：作者自行整理。

参考文献

一、中文著作

巴顿·比格斯：《对冲基金风云录》，张桦、王小青译，中信出版社2007年版。
贝多广：《证券经济理论》，上海人民出版社1995年版。
博登海默：《法理学——法哲学及其方法》，邓正来、姬敬武译，华夏出版社1987年版。
陈安：《国际经济法学专论（上编·总论）》，高等教育出版社2002年版。
陈洁：《证券欺诈侵权损害赔偿研究》，北京大学出版社2003年版。
陈欣：《衍生金融交易国际监管制度研究》，北京大学出版社2006年版。
陈学斌、邹平座编：《金融监管学》，高等教育出版社2003年版。
德珍著：《中国非公募资产（基金）营运和管理研究》，复旦大学出版社2004年版。
丁邦开、周仲飞主编：《金融监管学原理》，北京大学出版社2004年版。
冯菊平著：《国际游资与汇率风险》，中国经济出版社2006年版。
顾功耘主编：《金融衍生工具的法律规制》，北京大学出版社2007年版。
郭春松著：《中国银行业监管协调与合作研究》，中国金融出版社2007年版。
郭雳著：《美国证券私募发行法律问题研究》，北京大学出版社2004年版。
黄人杰著：《证券投资基金管理人法律制度研究》，中国工商出版社2004年版。
黄少明著：《对冲基金透视》，中国金融出版社2001年版。
姜洋著：《中国证券商监管制度研究》，中国金融出版社2001年版。
克利夫德·E·凯尔什主编：《金融服务业的革命》，刘怡、陈珂等译，西南财经大学出版社2004年版。
李建国著：《基金治理结构——一个分析框架及其对中国问题的解释》，中国社会科学出版社2003年版。
李金泽著：《跨国银行市场准入法律制度》，法律出版社2003年版。
李仁真主编：《欧盟银行法研究》，武汉大学出版社2002年版。
李仲翔、李仲飞、汪寿阳著：《以风险为基础的基金监管现代化》，清华大学出版社2002年版。

林俊国著：《金融监管的国际合作机制》，社会科学文献出版社 2007 年版。
刘仁伍等编译：《国际金融监管前沿问题》，中国金融出版社 2002 年版。
鲁篱、黄亮、程乐明著：《金融公会法律制度研究》，中国金融出版社 2005 年版。
孟龙著：《市场经济国家金融监管比较》，中国金融出版社 1995 年版。
纳赛尔·萨博著：《投机资本——全球金融业中看不见的手》，齐寅峰、古志辉等译，机械工业出版社 2002 年版。
潘道义、何长领编：《私募基金理论、实务与投资》，机械工业出版社 2002 年版。
潘静成、刘文华主编：《中国经济法教程》，中国人民大学出版社 1995 年版。
齐斌著：《证券市场信息披露法律监管》，法律出版社 2000 年版。
邵诚、刘作翔主编：《法与公平论》，西北大学出版社 1995 年版。
沈宗灵著：《法理学》，高等教育出版社 1994 年版。
孙国华主编：《法理学教程》，中国人民大学出版社 1994 年版。
佟柔主编：《中国民法》，法律出版社 1990 年版。
王苏生著：《证券投资基金管理人的责任》，北京大学出版社 2001 年版。
吴文旭著：《当前国际短期资本流动的监管问题研究》，西南交通大学出版社 2006 年版。
夏斌、陈道富著：《中国私募基金报告》，上海远东出版社 2002 年版。
杨志华著：《证券法律制度研究》，中国政法大学出版社 1995 年版。
徐国栋著：《民法基本原则解释》，中国政法大学出版社 1992 年版。
阎维杰著：《金融机构市场退出研究》，中国金融出版社 2006 年版。
叶永刚、何国华等著：《香港金融保卫战》，武汉大学出版社 1999 年版。
俞可平主编：《治理与善治》，社会科学文献出版社 2000 年版。
岳彩申著：《跨国银行法律制度研究》，北京大学出版社 2002 年版。
约翰·依特维尔、艾斯·泰勒著：《全球金融风险监管》，成家军、郑薇译，经济科学出版社 2001 年版。
张国清著：《投资基金治理结构的法律分析》，北京大学出版社 2004 年版。
张蕾著：《证券投资基金法律制度》，学苑出版社 2004 年版。
张文显著：《法学基本范畴研究》，中国政法大学出版社 1993 年版。
张文显主编：《市场经济与现代法精神论略》，法理学论丛第一卷，法律出版社 1999 年版。
张忠军著：《金融监管法论——以银行法为中心的研究》，法律出版社 1998 年版。
张忠军著：《金融业务融合与监管制度创新》，北京大学出版社 2007 年版。
周仲飞、郑晖编：《银行法原理》，中信出版社 2004 年版。
周仲飞编：《银行监管案例精编》，上海财经大学出版社 2004 年版。
朱孟楠著：《金融监管的国际协调与合作》，中国金融出版社 2003 年版。

二、中文论文

巴曙松:《日本对冲基金发展状况及监管经验对我国的借鉴》,《当代财经》2007 年第 1 期,第 25 页。
陈楚钟、罗思婕:《论对冲基金的国际监管分歧》,《金融经济》2007 年第 8 期,第 90 页。
陈肇强:《香港对冲基金监管制度评析》,《财贸研究》2003 年第 4 期,第 92 页。
程少功:《对我国本土对冲基金的形成与发展探析》,《金融经济》2007 年第 8 期,第 34 页。
冯彦辉:《论国际证券的合作监管》,《贵州社会科学》2005 年 11 月,第 16 页。
高西庆:《证券市场强制性信息披露的理论基础》,《证券市场导报》1996 年第 10 期,第 4 页。
蒋海、萧松华、齐洁:《金融监管效率的基石:激励相容的监管机制》,载《当代经济科学》2004 年 7 月版,第 16 页。
荆才:《对冲基金大吸退休金》,香港《文汇报》2006 年 11 月 3 日,B3 版。
李勋:《我国发展对冲基金的法律研究》,《法治论丛》2007 年第 7 期,第 57 页。
李勋:《德国对冲基金监管制度研究》,《时代法学》2007 年 8 月号,第 116 页。
李勋:《对冲基金监管的若干基本问题研究》,《昆明理工大学学报社科版》2007 年第 4 期,第 103 页。
李勋:《关于对冲基金的若干法律问题研究》,《行政与法》2007 年第 10 期,第 109 页。
李国安:《全球金融服务自由化与金融监管法律问题研究》,《法商研究》2002 年第 4 期,第 68 页。
梁兆棋:《对冲基金治理研究》,上海财经大学博士学位论文,2007 年 9 月。
廖凡:《美国破产法金融合约例外条款评析》,《证券市场导报》2007 年第 5 期,第 8 页。
骆惠南、李作为:《论衍生产品使香港地区股市走上健康发展之路——兼论对冲基金对股市的作用》,《国际金融研究》2008 年第 2 期,第 60 页。
邱永红:《WTO 框架下国际证券监管合作与协调》,《湖北经济学院学报》2006 年 7 月第 4 卷第 4 期,第 56 页。
饶戈平、黄瑶:《论全球化进程与国际组织的互动关系》,《法学评论》2002 年第 2 期,第 7 页。
唐韵:《2007,对冲基金瞄准中国》,《中国经济周刊》2007 年第 3 期,第 41 页。
王刚:《国际对冲基金的最新发展与监管框架研究》,《现代财经——天津财经大学学报》2007年第9期，第18页。
王刚、张赞松：《国际对冲基金监管法律制度比较研究》，《上海金融》2008年第8期，第56页。
王刚、吴畏：《金融稳定视角下的对冲基金监管问题研究》，《国际金融研究》2009年第3期。
王霞：《我国私募基金规范发展若干问题研究》，深圳证券交易所综合研究报告第0150号，2007年3月30日。
王霞：《中国私募基金发展前景和当前问题研究》，深圳证券交易所综合研究报告第0145号，2006年9月20日。
汪泽著：《论场外衍生产品的法律规制——以ISDA文件为研究对象》，对外经济贸易大学博士学位论文，2006年版。
萧凯：《WTO的制度性影响及其法律分析》，《法学评论》2000年第4期，第110页。
许成钢：《不完备法律》，《经济社会体制比较》2001年第5期，第23页。
徐慧娟：《英国金融服务管理署监管方式改革及其启示》，《外国经济与管理》2007年第4期，第63页。
严启发、李晓炜：《对冲基金对我国可能带来的冲击及其监管》，《中国金融》2007年第4期，第68页。
张玲：《跨国破产合作的框架》，《经济论坛》2004年第20期，第120页。
张跃文：《国际对冲基金进入我国的前景及对策研究》，《中国金融》2008年第3期，第66页。
钟伟、黄海南：《对冲基金在我国的发展及建议》，《中国金融》2008年第4期，第40页。
周仲飞：《巴塞尔国际银行监管合作模式的缺欠及完善》，《法学评论》2003年第1期，第86页。

三、英文论著

AIMA. Guide to Sound Practices for Hedge Fund Valuation, 2007.
AIMA. Industry Guidance Note on Side Letters, September 27, 2006.
AIMA and Simmons & Simmons. A Survey into Italian Hedge Fund Market, from a Participant's Perspective, June 2006.
AIMA. Asset Pricing and Fund Valuation Practices in the Hedge Fund Industry, April 2005.
Alex A. Weber. "Hedge Funds: A Central Bank Perspective", Conference on Hedge Funds and Financial Stability, Paris, April 2007, p. 1.

Allen Arthur Robinson. Legal Action Commenced in Hong Kong Against Service Providers to Hedge Fund, August 2006.

AMF. Reports of the Working Group on the Assessment of the French Regulatory Framework for Funds of Hedge Funds and on Possible Areas of Improvement, September 2007, p. 6.

Andre Perold. Long-term Capital Management. L. P. Boston, Mass. Harvard Business School Publishing, 1999.

Andrew Crockett. The Evolution and Regulation of Hedge Funds. Conference on Hedge Funds and Financial Stability, Paris, April 2007, p. 2.

Andrew W. Lo +. Risk Management for Hedge Funds: Introduction and Overview. 2001, p. 3.

Ashley Taylor, Jean-Pierre Zigrand. Highwayman or Heroes: Should Hedge Fund be Regulated, Journal of Financial Stability, 2005.

Asiamoney. Cultivating Chinese Hedges. October 2006, p. 24.

Armelle Guizot. Hedge Funds & Operational Risk: A Guide to Best Practice. Risk Books, 2007, p. 1.

Armelle Guizot. Buy-Side View: A Call for Risk Management Standards, *GARP Risk Review*. July/August 2006. pp. 43-48.

Bank of Japan. Financial Systems and Bank Examination Department, Financial Markets Department, Recent Developments in Hedge Funds. June 13, 2006.

Barry J. Eichengreen, Donald J.Mathieson, Sunil Sharma, Bankim Chadha, Laura E. Kodres. and Anne Janson. Hedge Funds and Financial Market Dynamics. IMF, May 15, 1998.

Basle Committee on Banking Supervision. Bank's Interaction with Highly Leveraged Institutions. January 1999.

Bob Rankin. The Impact of Hedge Funds on Financial Markets: Lessons from the Experience of Australia. Australian Reserve Bank, March 25, 1999.

Bollen. N.P., and V. Krepely. Red Flags for Fraud in the Hedge Fund Industry. Working Paper, Vanderbilt University, pp. 2-23.

Brown S. J., W. N. Goetzmann and J. M. Park. Hedge Funds and the Asian Currency Crisis of 1997. Manuscript, 1998.

Burton G.Malkiel. Hedge Funds: Risk and Return. Princeton University Atanu Saha, Analysis Group, CEPS Working Paper No.104, October 2004.

Callum Mccarthy. Transparency Requirements and Hedge Funds. Conference on Hedge Funds and Financial Stability, Paris, April 2007, p. 7.

Capco White Paper. Understanding and Mitigating Operational Risk in Hedge Fund Investments. March 2003.

Carpenter. J.N., "Does Option Compensation Increase Managerial Risk Appetite". The Journal of Finance, 55 (5), October 2000.

CESR. Guidelines Concerning Eligible Assets for Investment by UCITS, the Classification of Hedge Funds Indices as Financial Indices, July 2007.

Corentin Christory, Stephane Daul, Jean–Rene Giraud. Quantification of Hedge Fund Default Risk. January 2007, p. 3.

CRPMG II. Towards Financial Stability–Private Perspective. June 2005, p. 245.

Culp Christopher. Identifying, Measuring and Monitoring Liquidity Risk. John Wiley & Sons, Inc., 2001.

Daneie Nouy. Indirect Supervision of Hedge Funds. Conference on Hedge Funds and Financial Stability, Paris, p. 10.

Dick Frase, Dechert. Regulatory Creep and Convergence: Hedge Funds and the Regulators. Iain Cullen & Helen Parry, *Hedge Funds: Law and Regulation*, Sweet & Maxwell, London, 2001.

Donald E. Lacey, Jr. Democratizing the Hedge Fund: Considering the Advent of Retail Hedge Funds. Harward Law School, April 2003, p. 46.

EDHEC. Mitigating Hedge Funds' Operational Risks: Benefits and Limitations of Managed Account Platforms. June 2005.

Edwards, Franklin R. New Proposals to Regulate Hedge Funds: SEC Rule 203 (b) (3) –2. Columbia Business School, October 21, 2004.

Ernst & Young. Global Hedge Fund Survey 2007: Navigating New Complexities. October 2007.

European Central Bank. Large EU Bank's Exposures to Hedge Funds. November 2005.

European Central Bank. Financial Stability Review. June 2005.

European Central Bank. Financial Stability Review. June 2007, p. 54.

European Fund and Asset Management. Hedge Funds Regulation in Europe –A Comparative Survey. August 2005, p. 8.

Final Report to Basel Committee on Banking Supervision, Committee on the Global Financial System of the G–10 Central Banks, International Association of Insurance Supervisors, International Organization of Securities Commissions, Multidisciplinary Working Group on Enhanced Disclosure, April 26, 2001.

Financial Stability Forum. Working Group on Highly Leveraged Institutions. 2000, p.1.

Financial Stability Forum. Update of the FSF's 2000 HLI Report. May 2007.

Franklin R. Edwards. New Proposals to Regulate Hedge Funds: SEC Rule 203 (b) (3) -2. Columbia Business School, October, 21, 2004.

Franklin R. Edwards, Edward R. Morrison. Derivatives and the Bankruptcy Code: Why the Special Treatment. *Yale Journal on Regulation*, Vol.22: 2005.

Franklin R. Edwards. Hedge Funds and the Collapse of Long-Term Capital Management, *Journal of Economic Perspectives*. Volume 13, Number2. Spring 1999.

FSA. Hedge Funds: A Discussion of Risk and Regulatory Engagement. 2005, p. 1.

FSA. Hedge Funds: A Discussion of Risk and Regulatory Engagement, Feedback on DP 05/4. February 2006, p. 46.

FSA. Wider-Range Retail Investment Products-Consumer Protection in a Rapid Changing World. June 2005.

FSA, Fund of Alternative Investment Funds (FAIFs). March 2007.

FSF. Working Group on Highly Leveraged Institutions. 2000, p. 52.

Fung, William, and David A. Hsieh. Measuring the Market Impact of Hedge Funds. *Journal of Empirical Finance*, Volume 7, 2000, pp. 1-36.

GAO. Long-Term Capital Management: Regulators Need to Focus Greater Attention on Systematic Risk. October 1999.

Greg N. Gregoriou, William R.Keiting, and Robert Christopherson. Improving the Corporate Goverance of Hedge Funds. *International Corporate Goverance After Sarbanes-Oxley*, John Wiley & Sons Ltd., April 2006.

Gene A. Gohlke. SEC Expectations for Regulatory Compliance. Speech by SEC Staff: Remarks before the Fund of Funds Forum, November 14, 2005.

Gupta, A., Liang, B. Do Hedge Funds Have Enough Capital? A Value-at-Risk Approach. *Journal of Financial Economics*, 77 (1), pp.219-253.

Hans Van Houtte. The Law of Cross-Border Securities Transactions. Sweet and Maxwell, 1999.

Harold S. Burson. Harmonization of International Bankruptcy Law: A United States Perspective. *Fordham L.Rev*. Vol.64, 1996, p.2543.

Hedge Fund Street. Hedge Fund GLG Partners Being Probed by FSA. November 13, 2005.

Hedge Fund Working Group. Hedge Fund Standard: Final Report. January 2008.

HKSFC. Report of the Survey on Hedge Funds Managed by SFC Licensed Managers. (March 31 2004-March 31 2006), October 2006.

HKSFC Newsletter. SFC Adopts a Pragmatic Approach to Licensing Fund Manager. June 11, 2007.

Hyuna Park. Predicting Hedge Fund Failure: A Comparison of Risk Measures. September 2007.

Ibbotson, Roger G. and Peng Chen. Sources of Hedge Fund Returns: Alphas, Betas, and Costs. Yale ICF Working Paper No. 05-17, 2005, Yale University, New Haven, CN.

International Monetary Fund. Global Financial Stability Report. April 2004.

International Monetary Fund. Global Financial Stability Report. April 2008.

IOSCO. Report on Transparency of Short Selling. Report of the Technical Committee of the International Organization of Securities Commissions, June 2003.

IOSCO. Regulatory and Investor Protection Issues Arising from the Participation by Retail Investors in (Funds-of) Hedge Funds. 2003, p. 2.

IOSCO. The SRO Consultative Committee of the International Organization of Securities Commissions, Model For Effective Regulation. May 2000.

IOSCO. The Regulatory Environment for Hedge Funds: A Survey and Comparison. November 2006, p. 23.

IOSCO. Principles for the Valuation of Hedge Funds Portfolios. November 2007.

IOSCO. Objectives and Principles of Securities Regulation. February 2008, p.2.

IOSCO. Report on Funds of Hedge Funds, Final Report. June 2008.

Jams R. Barth, Mark Bertus, Tong li and Triphon Phumiwasana. Hedge Funds: A Global Perspective on Strategies and Risks. p. 34.

Janet Dine. The Regulation of Derivatives: Identifying Difficulties and Creating Models of Regulation, Alastair Hudson, Modern Financial Techniques, Derivatives and Law, Kluwer Law International, 2000, p.141.

Jean-Pierre Musrier, Alain Dubois. Risk and Return of Banking Activities Related to Hedge Funds. Conference on Hedge Funds and Financial Stability, Paris, April 2007, p. 1.

John M. Fontecchio. The General Agreement on Trade in Services: Is It the Answer to Creating a Harmonized Global Securities System? . *North Carolina Journal of International Law and Commercial Regulation*, 1994, p. 20.

Joint Forum. Multidisciplinary Working Group on Enhanced Disclosure. 2001, p. 2.

Jon Danielsson, Jean-Pierre Zigrand, Regulating Hedge Funds. Conference on Financial Stability, Paris, April 2007, p. 10.

Joseph Hellrung. Hedge Fund Regulation: Investors Are Knocking at the Door, But

Can the SEC Clean House Before Everyone Rushes in. North Carolina Banking Institute, 2005 (4), p. 12.

Julian Bartlett. Corporate Governance of Hedge Funds. AIMA Journal, September 2001.

Kane E.J (1994) A Market Perspective on Financial Regulation. CATO, Vol. 13, 1994, pp.333–338.

Karrie H.McMillan, larry E. Bergmann. Hedge Funds and Prime Brokers: the Legal Relationship from the Us Perspective. *Hedge Funds and Prime Broker*, 2007. p. 61.

Kevin Warsh, Testimony on Hedge Funds Before the Committee on Financial Services, U.S. House of Representatives. July 11, 2007.

Kosowski, Robert, Narayan Y. Naik and Melvyn Teo. Do Hedge Funds Deliver Alpha? A Bayesian and Bootstrap Analysis. Unpublished Working Paper, 2005, London Business School, London, UK.

Liang B. Hedge Funds: The Living and the Dead. *Journal of Financial and Quantitative Analysis 35*, no.3. 2000. pp.309–336.

Liang, B.2002. Hedge Fund Returns: Auditing and Accuracy. *Journal of portfolio Management*, Weatherhead School of Management, Case Western Reserve University. pp. 1–30.

Lo, Andrew W., Getmansky, Mila and Mei, Shauna X. Sifting through the Wreckage: Lessons from Recent Hedge–Fund Liquidations. *Journal of Investment Management*, 4th Quarter, 2004 Available at SSRN: http://ssrn.com/abstract=622521.

Lodovico Gandini. Benefits of Allocation of Traditional Portfolios to Hedge Funds. Spring 2004, pp. 10.

Lori A.Richards, Director. SEC Office of Compliance Inspections and Examinations, Compliance Programs: Our Shared Mission, Remarks before the Investment Advisor Compliance Best Practices Summit. Feb. 28, 2005.

Mahmood Bagheri, Chizu Nakajima. Optimal Level of Financial Regulation Under the GATS: A Regulatory Competition and Cooperation Framework for Capital Adequacy and Disclosure of Information. *Journal of International Economic Law*, 2002, pp. 517–537.

Malakhov, Alexey, Novikov, Dmitry and Jagannathan, Ravi. Do Hot Hands Exist Among Hedge Fund Managers? An Empirical Evaluation. February 2006.

Malkiel, Burton G. and Atanu Saha. Hedge Funds: Risk and Return. *Financial Ana–*

lyst Journal Vol. 61, 2005, pp. 80–88.

Marc–Russell–Jones. Regulation is the Catalyst for a Division in the European Hedge Funds Industry. Northern Trust, 2007, p. 1.

Marcial L.Macharg. Waking Up to Hedge Funds: Is U.S. Regulation Taking a New Direction. Working Paper Series No.11 of Institute for Law and Finance, Johann Wolfgang Goethe–Universitat Frankfurt, May 22, 2003, p.16.

Mark Berman. Hedge Funds: What Are They, How are Unregulated Hedge Funds Regulated and How Do They View the Hedge Fund–Prime Broker Relationship. *Hedge Fund and Prime Broker*, 2007.

Mark J.Anson. Hedge Fund Incentive Fees and the Free Option. *Institutional Investor Inc.*, Fall, 2001, pp. 43–48.

Martin Wheatley. Enhancing Hong Kong as a Hedge Fund Hub of Asia. Hong Kong: Hedge Fund Hub of Asia–2007 Conference, December 11, 2007.

Maurna Desmond. Paulson Eyes Sickly Hedge Funds. July 22, 2008.

MFA. Sound Practice for Hedge Fund Managers. November 2007, p. 1.

Michel Prada. The World of Hedge Funds: Prejudice and Reality. The AMF's Contribution to the Debate on Alternative Investment Strategies, Conference on Hedge Funds and Financial Stability, Paris, April 2007, p. 3.

Milind Sharma. AIRAP–Alternative RAPMs for Alternative Investments. Lhabitant ed. *Hedge Funds: Quantitative Insights*, John Wiley & Sons, 2004, p. 204.

Mike Moore. The World Trade Organization, Globalization, and the Future of International Trade Essay: The WTO, Looking ahead. *Fordham International Law Journal*, 2000, 24, p. 6.

Moody. Moody's Approach to Evaluating and Assigning Operations Quality Ratings to Hedge Funds. October 19, 2006.

Neil Courtis ed, *Financial Regulation in Offshore Centers*, Central Banking Publications, 2001, p. 165.

OECD Steering Group on Corporate Governance. The Implication of Alternative Investment Vehicles for Corporate Governance: A Synthesis of Research about Private Equity Firms and Active Hedge Funds. July 2007.

Patrick Stevenson. Fund of Hedge Funds: Origins, Role and Future, Conference on Hedge Funds and Financial Stability, Paris, April 2007, p.1.

Peter V. Rajsingh. Other Views: Well–Governed Hedge Funds Will Be a Cut Above the Rest. Investment News, May3, 2004.

Phillip Cotter, *Hedge Funds and Managed Futures*, Verlag Paul Haupt, Bern,

2000.

Price Water House. Under the Spotlight–the Regulation, Taxation and Distribution of Hedge Funds Around the Globe. June 2007, p. 10.

President's Working Group. Hedge Funds, Leverage and Lessons of Long–Term Capital Management., April 1999, p. 64.

Price Water House Coopers. The Regulation and Distribution of Hedge Funds in Europe, 2005, p.12.

Price Water House. Global Hedge Fund Valuation and Risk Management Survey. 2005.

Remarks by Hector Sants, Managing Director, Wholesale & Institutional Markets, FSA. Hedge Funds, Regulators and Emerging Markets. IOSCO Shanghai EMC Meeting , 21 September 2006.

René M. Stulz. Hedge Funds: Past, Present and Future. Working Paper, 2007.

Report of the Alternative Investment Expert Group. Managing, Servicing and Marketing Hedge Funds in Europe. June 2006, p. 34.

Report of the Asset Manager's Committee to the President's Working Group on Financial Markets. Best Practice for the Hedge Fund Industry. April 2008.

Report of the US President's Working Group on Financial Markets, 1999. Hedge Funds, Leverage and Lessons of Long Term Capital Management. p. 1.

Richard Horwitz, *Hedge Fund Risk Fundamentals: Solving the Risk Management and Transparency Challenges*, Risk Fundamentals LLC, 2004.

Riva D. Atlas & William Walsh. Pension Officers Putting Billions into Hedge Funds. Global Action on Aging, November 27, 2005.

Robert Keohane, *After Hegemony: Cooperation and Discord in the World Political Economy*, Princeton University Press, 1986, p. 6.

Roger T. Cole, Greg Feldberg, David Lynch. Hedge Funds, Credit Risk Transfer and Financial Stability. Conference on Hedge Funds and Financial Stability, Paris, April 2007, p. 1.

Scot Tucker, Comment. Interest Rate Swaps and the 1990 Amendment to the United States Bankruptcy Code: A Measure of Certainty Within Swap Market Contracts. 1991 *Utah Law. Review*. p.583–584.

Scott J. Lederman. *Hedge Fund Regulation*, Practicing Law Institute, New York City, 2007, p.17.

SEC. Implication of the Growth of Hedge Funds Report of the Staff of the U.S. Securities and Exchange Commission. September 2003, p.83.

SEC. Testimony Concerning Investor Protection and the Regulation of Hedge Fund Advisors Before the US Senate Committee on Banking, Housing, and Urban Affairs. 108th Congress. (2004) Testimony of William H. Donaldson, US Securities and Exchange Commission.

Securities Industry Association Prime Broker Committee, SEC No-Action Letter. January 25, 1994.

Serena Ng. Moving the Market-Tracking the Numbers/Street Sleuth: Prime Brokers Get a Caution Flag. *Wall Street Journal*, March 8, 2006.

Speech by Hector Sants, Chief Exective, FSA. Hedge Funds-Lessons from the Recent Market Turmoil, A Supervisor's Perspective. EDHEC Alternative Investments, 20 November 2007.

Staff Report to the Securities and Exchange Commission. Implications of the Growth of Hedge Funds. September 2003, p.80.

Stephen J. Brown, William N. Goetzmann, Bing Liang. Fees on Fees in Funds of Funds. June 2004, Yale ICF Working Paper No.02-33.

Suzanne Woolley. Debate Rages as Index Provides Pile on Assets. *Absolute Returns*, April, 2005.

TABB Group. Hedge Funds2008: Prime Broker Perspective, Volatility and Expanding. 2008.

Testimony Concerning Hedge Funds Before the Subcommittee on Securities and Investment of the US Senate Committee on Banking, Housing, and Urban Affairs, Susan Ferris Wyderko, Director, Office of Investor Education and Assistance, US Securities and Exchange Commission May 16, 2006.

Testimony of James A. Overdahl, Chief Economist U.S. Commodity Futures Trading Commission Before the US House of Representatives Committee on Financial Services, July 11, 2007.

Thomas Schneewis & Richard Spurgin, Hedge Fund Portfolio Diversification, Return Enhancers or Both. Isenberg School of Management & University of Massachusetts, 2000.

Tomas Garbaravicius and Frank Dierick. Hedge Funds and Their Implications for Financial Stability. European Central Bank Occasional Paper Series No.34, August 2005.

US States Government Accountability Office. Hedge Funds: Regulators and Market Participants Are Taking Steps to Strengthen Market Discipline, But Continued Attention Is Needed. Report to Congressional Requesters, January 2008.

William Hutchings and Mike Foster，Financial Times. February 18，2008.

四、主要网站

巴塞尔银行监管委员会：www.bis.org.
国际证券监管组织：www.iosco.org.
金融稳定论坛：www.fsforum.org.
美国证券交易委员会：www.sec.gov.
美国商品期货交易委员会：www.cftc.gov.
英国金融服务署：www.fsa.gov.uk.
美国联邦储备委员会：www.fed.gov.
交易对手风险管理集团：www.crmpolicygroup.org.
美国联邦审计署：www.gao.gov.
香港证券期货监督管理委员会：www.hksfc.gov.
另类投资管理协会：www.aima.org.
管理基金协会：www.mfainfo.org.
对冲基金标准工作集团：www.hfwg.org.
普华永道会计师事务所：www.pwc.com.
对冲基金监管公司：www.hedgefundregualtion.com.

索　引

F

G

H

J

K

L

M

P

Q

S

T

X

Y

Z

后　记

本书是我在中国社科院金融所从事博士后研究期间，在博士后合作指导老师、中国社科院李扬副院长的亲切鼓励和指导下，在我博士论文的基础上修改完成的。在此首先要对李扬老师的提携与点拨表示衷心的感谢！

本书选题是在我的博士导师，上海财经大学副校长周仲飞教授的指导下完成的。2005 年 9 月我一入学周老师即提出在学期间独立完成 5 篇 CSSCI 核心期刊论文这一远超过当时学校统一标准的科研要求，督促我全力以赴，切实提高科研能力，在化压力为动力的过程中不断提升把握问题本质和全面分析问题的能力。本研究从 2006 年 9 月拟定论文选题、确定选题、拟定提纲、开题报告直至论文成文后字句的润色、格式的规范、标点的运用、注解的规范、图表的制作，导师都付出了极大的辛劳和宝贵的时间。特别是 2007 年周老师推荐我申请国家留学基金资助，到美国奥本大学从事访问研究一年，期间在国际金融监管权威 Jim Barth 教授指导下进一步理清了研究思路，搜集了最新资料，对最终顺利完成论文提供了根本保证。周老师严谨治学的态度、渊博的学识和公正无私的做人原则永远是我学习的榜样。在此，我要向周老师和 Jim Barth 教授表示最衷心的感谢！

在本书写作过程中，博士同学杨文云、徐慧娟、戈建国、李虹、陈文君、干云峰提供了大量中肯的意见，招商银行总行吴畏、上海证监局张赞松在资料搜集和后期整理方面提供了大量帮助，在此一并表示感谢！

在从事博士后研究期间，得到社科院金融所胡滨研究员、尹振涛副研究员和银监会政策研究局刘春航局长、李文泓副局长、张晓朴研究员、吴祖鸿处长和银监会法规部姚勇处长的关心、指导与帮助。博士求学期间，得到上海财经大学金融学院戴国强教授、丁健平教授、金德环教授和上海财经大学其他师长的关心与帮助，在此向他们表示衷心感谢！

感谢上海财经大学法学院郑少华教授、刘水林教授，金融学院曹啸副教授、骆玉鼎副教授在论文预答辩过程中提出的有益的修改意见。

感谢上海财经大学图书馆崔松波主任、许岭主任和外文阅览室各位老师在图书借阅、外文图书订购和阅览、借阅等方面提供的宝贵支持！

感谢国家留学基金委员会“建设高水平大学”项目对我在美国留学期间学习和生活的支持！感谢中国博士后科研基金会、上海金融与法律研究院、上海财经大学研究生创新基金、光华基金会、平安励志计划对本书研究在经费上的支持。

感谢我的母亲徐连子女士，家人的深厚亲情，是我不断进步的精神动力和智力支持！

需要说明的是，本论文只是对对冲基金监管法律制度进行了初步和尚显肤浅的分析和探讨。这项研究，无论是选题还是制度框架，在国际国内都是一种斗胆的尝试，加上本人对经济金融运行的本质和规律认识、对法律制度的运作流程和相互制约机制都还未达到深刻领悟的程度，文中的纰漏与失误在所难免。这也将成为本人今后不断努力完善的动力！

王　刚

2012 年 8 月 26 日